rororo

Zu diesem Buch

Julian Barnes erzählt in zehn miteinander korrespondierenden Geschichten seriös und trotzdem sexy von Gott und der Welt. Die schönste Geschichte aber ist das ½ Kapitel über die Liebe.

«Die Kunst des Julian Barnes ist ein Schiff, das jeder besteigen sollte, den es zu den Abenteuern des Gedankens drängt.» (FAZ)

Julian Barnes, geboren am 19. Januar 1946 in Leicester, studierte Jura und Französisch in Oxford, war Lexikograph für den Oxford English Dictionary, Literaturkritiker der «Times» und TV-Kritiker beim «Observer». Seine Romane wurden in über zwanzig Sprachen übersetzt und mit mehreren Literaturpreisen ausgezeichnet. Julian Barnes lebt in London.

Julian Barnes

Eine Geschichte der Welt in 10½ Kapiteln

Deutsch von
Gertraude Krueger

Rowohlt Taschenbuch Verlag

Die Originalausgabe erschien 1989 bei
Jonathan Cape LTD., London
Umschlaggestaltung: C. Günther / W. Hellmann

Veröffentlicht im Rowohlt Taschenbuch Verlag GmbH,
Reinbek bei Hamburg, Februar 2000

Gesetzt aus der Stempel Garamond PostScript, PageOne
Gesamtherstellung Clausen & Bosse, Leck
Printed in Germany
ISBN 3 499 22134 9

Inhalt

1	Der blinde Passagier	7
2	Die Besucher	47
3	Die Religionskriege	83
4	Die Überlebende	111
5	Schiffbruch	151
6	Der Berg	189
7	Drei einfache Geschichten	225
8	Stromaufwärts!	253
	In Klammern	297
9	Projekt Ararat	331
10	Der Traum	377

Für Pat Kavanagh

EINS

Der blinde Passagier

Die Behemoths haben sie mit den Nashörnern, den Flußpferden und den Elefanten zusammen in den Laderaum gesteckt. Es war eine vernünftige Entscheidung, sie als Ballast zu verwenden; aber ihr könnt euch vorstellen, wie es da stank. Und es war niemand zum Ausmisten da. Die Männer waren schon mit dem Fütterdienst überlastet, und ihre Frauen, die unter den lodernden Feuerzungen ihrer Duftwässer bestimmt genauso schlimm rochen wie wir, waren viel zu zart dafür. Wenn also überhaupt ausgemistet werden sollte, mußten wir das schon selber machen. Sie haben alle paar Monate den dicken Lukendeckel auf dem Achterdeck hochgekurbelt und die Putzvögel reingelassen. Na ja, erst mußten sie mal den Geruch rauslassen (und es meldeten sich nicht sehr viele freiwillig zum Kurbeln); dann sind sechs oder acht nicht gar so zartbesaitete Vögel etwa eine Minute lang vorsichtig um die Luke rumgeflattert, bevor sie da reintauchten. Ich kann mich nicht erinnern, wie die alle hießen – und eins von diesen Pärchen gibt es auch gar nicht mehr –, aber ihr wißt schon, was für welche ich meine. Habt ihr schon mal Flußpferde mit offenem Maul gesehen, und muntere kleine Vögelchen picken ihnen wie wildgewordene Dentalhygieniker zwischen den Zähnen rum? Stellt euch das so ähnlich vor, nur viel größer und dreckiger. Ich bin eigentlich nicht zimperlich, aber selbst mich hat's geschüttelt bei dem Anblick unter Deck: eine Reihe schielender Monster läßt sich in einer Kloake maniküren.

Es herrschte strenge Disziplin auf der Arche: das ist

schon mal der erste Punkt. Es war nicht so wie bei diesen Kindergartenausgaben aus angemaltem Holz, mit denen ihr früher vielleicht auch gespielt habt – allenthalben glückliche Pärchen, die aus der Behaglichkeit fein geschrubbter Boxen fröhlich über die Reling lugen. Ihr dürft euch das nicht wie eine Mittelmeer-Kreuzfahrt vorstellen, wo wir träge Roulette spielten und alle sich zum Dinner umzogen; auf der Arche gingen nur die Pinguine im Frack. Denkt daran: Das war eine lange und gefährliche Seereise – gefährlich, auch wenn die Regeln zum Teil vorher festgelegt worden waren. Denkt auch daran, daß wir das gesamte Tierreich an Bord hatten: Hättet ihr etwa die Geparden in Sprungweite der Antilopen untergebracht? Ein gewisser Sicherheitsstandard war unerläßlich, und doppelt verriegelte Schlösser, Boxeninspektionen, eine nächtliche Ausgangssperre nahmen wir hin. Doch leider gab es auch Bestrafungen und Isolierzellen. Irgendwer ganz oben kriegte einen Informationensammeltick; und gewisse Mitreisende ließen sich als Lockvögel einspannen. Ich muß zu meinem Bedauern berichten, daß das Verpfeifen bei der Obrigkeit mitunter weit verbreitet war. Das war kein Naturschutzpark da auf unserer Arche; bisweilen war das eher so etwas wie ein schwimmendes Gefängnis.

Also, ich weiß ja, daß die Darstellungen auseinandergehen. Eure Spezies hat ihre vielfach wiedergekaute Version, die auch Skeptiker noch immer entzückt; und die Tiere haben ein Kompendium sentimentaler Mythen. Aber die werden euch schon nicht den Wind aus den Segeln nehmen, nicht wahr? Wo man sie doch als Helden gefeiert hat, wo es doch mittlerweile Ehrensache ist, daß der hinterste und letzte seinen Stammbaum stolz direkt bis zur Arche zurückverfolgen kann. Sie waren auserwählt, sie haben durchgehalten, sie haben überlebt: da ist es nur normal, daß sie verfängliche Episoden vertuschen, daß ihr Gedächtnis sie im geeigneten Moment im Stich läßt. Aber ich bin frei von solchen Befangenheiten. Ich war niemals auserwählt. Genaugenommen war ich, wie diverse andere Arten, ausdrücklich nicht auserwählt. Ich war ein blinder Passagier; ich habe gleichfalls überlebt; ich bin entwischt (von Bord zu gehen war kein bißchen leichter, als an Bord zu gehen); und ich floriere. Ich stehe etwas außerhalb der übrigen Tiergesellschaft, die noch immer ihre nostalgischen Zusammenkünfte hat: da gibt es sogar einen Club der Seefesten für Arten, denen kein einziges Mal schlecht geworden ist. Wenn ich an Die Reise zurückdenke, fühle ich mich niemandem verpflichtet; mir verschmiert keine Dankbarkeitsvaseline die Linse. Meiner Darstellung könnt ihr vertrauen.

Daß die «Arche» mehr als nur ein einziges Schiff war, habt ihr vermutlich erfaßt? Wir haben die ganze Flottille so genannt (man konnte wohl kaum hoffen, das gesamte Tierreich in einen Kasten von gerade mal dreihundert Ellen Länge zu pferchen). Es regnete vierzig Tage und vierzig Nächte? Ha, natürlich nicht – das wäre ja nicht mehr gewesen als ein gewöhnlicher englischer Sommer. Nein, es regnete ungefähr anderthalb Jahre lang, nach meiner Rechnung. Und die Wasser waren auf Erden hundert und fünfzig Tage? Macht da mal ruhig an die vier Jahre draus. Und so weiter. Im Umgang mit Daten war eure Spezies immer schon ein hoffnungsloser Fall. Ich erklär mir das mit eurem komischen Tick mit der Sieben.

Am Anfang bestand die Arche aus acht Schiffen: Noahs Galeone, die das Proviantschiff im Schlepptau hatte, dann vier etwas kleinere Schiffe, auf denen jeweils einer von Noahs Söhnen das Kommando führte, und dahinter, in sicherer Entfernung (da die Familie, was Krankheiten anging, abergläubisch war) das Hospitalschiff. Das achte Schiff sorgte kurze Zeit für Rätselraten: eine pfeilschnelle kleine Schaluppe mit filigranem Sandelholz-Prunkheck, die Hams

Arche hinterherscharwenzelte. Wenn man leewärts kam, wurde man bisweilen von seltsamen Düften gekitzelt; nachts, wenn der Sturm nachließ, konnte man ab und zu flotte Musik und schrilles Gelächter hören – überraschende Töne für uns, da wir angenommen hatten, alle Frauen von allen Söhnen Noahs seien auf ihren eigenen Schiffen in sicherer Hut. Doch dieses parfümierte, lachende Boot hielt nicht viel aus: es sank bei einer jähen Sturmbö, woraufhin Ham wochenlang Trübsal blies.

Das Proviantschiff ging als nächstes verloren, in einer sternenlosen Nacht, als der Wind abgeflaut war und der Ausguck döste. Am Morgen zog Noahs Flaggschiff nichts als einen dicken Tampen hinter sich her, der durchgenagt war von etwas, das scharfe Schneidezähne besaß und ein Geschick, sich an nasse Taue zu klammern. Das hat heftige Auseinandersetzungen zur Folge gehabt, kann ich euch sagen; ja, vielleicht war das der erste Fall, daß eine Art über Bord ging. Nicht lange danach ging das Hospitalschiff verloren. Es wurde gemunkelt, daß es zwischen den beiden Ereignissen einen Zusammenhang gebe, daß Hams Frau – der es etwas an Gelassenheit gebrach – beschlossen habe, an den Tieren Rache zu üben. Offenbar war ihr Lebenswerk an gestickten Bettdecken mit dem Proviantschiff untergegangen. Aber bewiesen wurde nie etwas.

Trotzdem, das weitaus schlimmste Desaster war, daß wir Varadi verloren. Ham und Sem und der andere, dessen Name mit J anfängt, sind euch ja bekannt; aber von Varadi wißt ihr nichts, oder? Er war der jüngste und stärkste von Noahs Söhnen; was ihn bei der Familie natürlich nicht allzu beliebt machte. Humor hatte er auch – er hat jedenfalls viel gelacht, was eurer Spezies im allgemeinen als Beweis genügt. Ja, Varadi war immer fröhlich. Man konnte ihn mit einem Papagei auf jeder Schulter über das Achterdeck spazieren sehen; den Vierfüßlern klapste er immer liebevoll aufs Hinterteil, was sie mit einem dankbaren Brüller quittierten; und es hieß, daß auf seiner Arche lange nicht so ein tyrannisches Regime herrschte wie auf den anderen. Aber da habt ihr's: Eines Morgens wachten wir auf und sahen, daß Varadis Schiff vom Horizont verschwunden war und ein Fünftel des Tierreichs mit ihm. Ihr hättet, glaube ich, eure Freude gehabt an dem Simurgh mit seinem Silberkopf und seinem Pfauenschwanz; doch der Vogel, der im Baum der Erkenntnis nistete, war gegen die Wogen nicht besser gefeit als die Scheckige Wühlmaus. Varadis ältere Brüder sprachen von Navigationsfehlern als Ursache; sie meinten, Varadi habe viel zuviel Zeit dabei vertrödelt, mit den Tieren zu fraternisieren; sie deuteten sogar an, vielleicht habe Gott ihn für irgendein obskures Vergehen bestraft, das er als fünfundachtzigjähriges Kind begangen habe. Doch egal wie die Wahrheit über Varadis Verschwinden aussehen mag, er war jedenfalls ein schwerer Verlust für eure Spezies. Seine Gene hätten euch sehr gut getan.

Für uns hatte das ganze Theater mit der Reise so angefangen, daß man uns aufforderte, uns zu einer bestimmten Zeit an einem bestimmten Ort zu melden. Das war das erste, was wir von dem Vorhaben erfuhren. Von dem politischen Hintergrund hatten wir keine Ahnung. Der Zorn Gottes auf seine eigenen Geschöpfe war uns neu; wir wurden da einfach mit reingezogen, ob wir wollten oder nicht. *Wir* waren überhaupt nicht schuld (diese Geschichte mit der Schlange glaubt ihr ja nicht wirklich, oder? – das war nichts als Adams Greuelpropaganda), und trotzdem waren die Konsequenzen für uns genauso schlimm: jede Art bis auf ein einzelnes Zuchtpaar ausgelöscht, und dieses Pärchen auf hoher See ausgesetzt und einem alten Gauner anvertraut, der gerne mal einen über den Durst trank und bereits im siebten Lebensjahrhundert stand.

So wurde der Befehl ausgegeben; bezeichnenderweise hat

man uns aber nicht die Wahrheit gesagt. Habt ihr etwa gedacht, daß in unmittelbarer Nähe von Noahs Palast (oh, er war ja nicht arm, der gute Noah) praktischerweise je ein Exemplar von jeder Art dieser Welt gewohnt hat? Na, na. Nein, es bedurfte einer Ausschreibung, und dann war unter denen, die sich vorstellten, das beste Pärchen zu selektieren. Da sie keine weltweite Panik auslösen wollten, kündigten sie einen Paar-Wettbewerb an – so was wie eine Mischung aus Schönheitskonkurrenz, Intelligenztest und Wahl des Glücklichsten Goldenen Hochzeitspaars – und sagten, die Bewerber sollten sich bis zu einem bestimmten Monat an Noahs Tor einfinden. Ihr könnt euch vorstellen, was das für Probleme gab. Erst mal ist nicht jeder von Natur aus wettbewerbsorientiert, also kamen vielleicht nur die größten Gierhälse. Tiere, die nicht clever genug waren, um zwischen den Zeilen zu lesen, wußten einfach nicht, wozu sie eine Luxuskreuzfahrt für zwei gewinnen sollten, alles inklusive, besten Dank auch. Außerdem hatten Noah und seine Mitarbeiter die Tatsache nicht bedacht, daß manche Arten zu einer bestimmten Jahreszeit ihren Winterschlaf halten; geschweige denn die noch offensichtlichere Tatsache, daß gewisse Tiere langsamer zu Fuß sind als andere. Da war zum Beispiel ein besonders lässiges Faultier – ein vortreffliches Geschöpf, ich kann mich persönlich dafür verbürgen –, das gerade mal am Fuße seines Baumes angelangt war, als es auch schon in dem großen Aufwasch der Rache Gottes ausgelöscht wurde. Wie nennt ihr das – natürliche Zuchtwahl? Ich nenne das berufliche Inkompetenz.

Die Organisation war, ehrlich gesagt, das reinste Chaos. Noah wurde mit dem Bau der Archen nicht planmäßig fertig (als den Handwerkern aufging, daß es nicht genug Kojen gab, um sie selbst ebenfalls mitzunehmen, war das auch keine Hilfe); mit dem Ergebnis, daß man der Auswahl der Tiere nicht hinreichend Aufmerksamkeit schenkte. Das erste einigermaßen ansehnliche Paar, das daherkam, erhielt den Zuschlag – das war allem Anschein nach das System; auf jeden Fall wurde die Untersuchung des Stammbaums mehr als flüchtig gehandhabt. Und natürlich, sie *sagten* zwar, sie würden zwei von jeder Art nehmen, aber als die Sache dann konkret wurde ... galt für manche Geschöpfe einfach: Teilnahme unerwünscht. Das war bei uns der Fall; darum mußten wir als blinde Passagiere reisen. Und es gab jede Menge Tiere, die rechtlich einwandfrei belegen konnten, daß sie eine eigene Art sind, und deren Antrag abgewiesen wurde. Nein, von euch haben wir schon zwei, hieß es. Was macht das schon für einen Unterschied, ob da ein paar Ringe mehr um den Schwanz oder so Büschelschöpfe auf dem Rücken sind? Wir *haben* euch. Tut uns leid.

Es gab prachtvolle Tiere, die ohne einen Gatten eintrafen und zurückgelassen werden mußten; es gab Familien, die sich nicht von ihren Sprößlingen trennen lassen wollten und lieber gemeinsam in den Tod gingen; es gab ärztliche Untersuchungen, oftmals von brutaler Zudringlichkeit; und die ganze Nacht lang war die Luft vor Noahs Palisade dicht erfüllt vom Wehklagen der Abgewiesenen. Könnt ihr euch die Stimmung vorstellen, als schließlich bekannt wurde, warum wir uns diesem Witz von einem Wettbewerb hatten unterziehen sollen? Es gab eine Menge Neid und mieses Verhalten, wie man sich vorstellen kann. Einige der vornehmeren Arten trotteten einfach in den Wald davon: sie verzichteten auf ein Überleben zu den beleidigenden Bedingungen, die ihnen von Gott und Noah geboten wurden, und gaben der Vernichtung und den Wogen den Vorzug. Harte und neidvolle Worte wurden über die Fische gesprochen; die Amphibien machten eine ausgesprochen selbstzufriedene Miene; Vögel trainierten, so lange wie möglich in der Luft zu bleiben. Gelegentlich wurde beobachtet, wie gewisse Affenarten versuchten, sich ein eigenes primitives Floß zu bauen. In einer Woche gab es im Lager der Auserwählten einen mysteriösen Ausbruch von Lebensmittelvergiftung, und für weniger widerstandsfähige Arten mußte der Selektionsprozeß zum Teil von vorne anfangen.

Es gab Zeiten, wo Noah und seine Söhne regelrecht hysterisch wurden. Das deckt sich nicht mit eurer Darstellung des Ganzen? Ihr habt immer in dem Glauben gelebt, Noah sei weise, gerecht und gottesfürchtig gewesen, und jetzt hab ich ihn schon als einen hysterischen Gauner hingestellt, der sich gerne mal einen auf die Nase goß? Die beiden Anschauungen schließen sich gegenseitig nicht unbedingt aus. Sagen wir's mal so: Noah war ziemlich schlimm, aber *ihr hättet erst die anderen sehen sollen.* Es hat uns nicht weiter überrascht, daß Gott reinen Tisch zu machen beschloß; das einzig Verwunderliche war, daß er überhaupt etwas von dieser Spezies erhalten wollte, deren Erschaffung kein besonders günstiges Licht auf ihren Schöpfer warf.

Zeitweise stand Noah durchaus auf der Kippe. Die Arche wurde nicht planmäßig fertig, die Handwerker mußten ausgepeitscht werden, Hunderte von verstörten Tieren biwakierten bei seinem Palast, und keiner wußte, wann der Regen kommen würde. Gott wollte ihm nicht mal ein Datum angeben. Jeden Morgen sahen wir nach den Wolken: würde wie üblich ein westlicher Wind den Regen bringen, oder würde Gott seinen Spezial-Wolkenbruch aus einer ungewöhnlichen Richtung schicken? Und als sich das Wetter langsam eintrübte, wuchsen die Möglichkeiten einer Revolte. Einige der Abgewiesenen wollten die Arche besetzen und sich selbst damit retten, andere wollten sie schlicht zerstören. Spekulativ veranlagte Tiere fingen an, alternative Kriterien der Selektion zu unterbreiten, die sich auf Größe oder Nützlichkeit der Tiere statt allein auf deren Zahl gründeten; doch Noah lehnte jede Verhandlung hochmütig ab.

Er war ein Mann, der seine eigenen kleinen Theorien hatte, und wollte von denen anderer nichts wissen.

Als die Flottille sich der Vollendung näherte, mußte sie rund um die Uhr bewacht werden. Es gab viele Versuche, sich als blinder Passagier einzuschmuggeln. Eines Tages wurde ein Handwerker bei dem Versuch ertappt, sich zwischen den unteren Spanten des Proviantschiffes einen Pfaffenwinkel auszukehlen. Und es bot sich manch ein Bild des Jammers: ein junger Elch, der an der Reling von Sems Arche baumelte; Vögel, die im Sturzflug die Schutznetze angriffen; und so weiter. Blinde Passagiere wurden bei ihrer Entdeckung unverzüglich hingerichtet; doch ließen sich die Verzweifelten durch solch öffentliche Spektakel nie abschrecken. Unsere Art gelangte, wie ich mit Stolz berichten kann, ohne Bestechung oder Gewaltanwendung an Bord; andererseits sind wir nicht so leicht zu entdecken wie ein junger Elch. Wie wir das geschafft haben? Wir hatten einen vorausschauenden Ahn. Während Noah und seine Söhne die Tiere, wenn sie die Gangway hochkamen, roh filzten, mit derben Händen durch verdächtig zottelige Vliese fuhren und Prostata-Untersuchungen durchführten, die zu den ersten und unhygienischsten ihrer Art zählten, waren wir ihren Blicken bereits entronnen und sicher in unseren Kojen. Einer der Schiffszimmerleute hatte uns in Sicherheit gebracht, ohne zu ahnen, was er da tat.

Zwei Tage lang blies der Wind aus allen Richtungen gleichzeitig; dann begann es zu regnen. Wasser ergoß sich aus einem galligen Himmel, auf daß die verderbte Welt rein werde. Große Tropfen zerbarsten auf dem Deck wie Taubeneier. Die selektierten Vertreter einer jeden Art wurden vom Lager der Auserwählten auf die ihnen zugewiesene Arche gebracht: es sah aus, als sei eine Massenhochzeit angeordnet worden. Dann machten sie die Luken dicht, und wir hatten uns nun an die Dunkelheit, die Enge und den Gestank zu gewöhnen. Nicht, daß uns das anfangs viel ausgemacht hätte, dafür waren wir von der Aussicht auf unser Überleben zu beschwingt. Der Regen fiel und fiel, ging gelegentlich in Hagel über und prasselte gegen das Holz. Manchmal konnten wir draußen das Krachen des Donners hören und oft das Wehgeheul des verlassenen Getiers. Nach einiger Zeit wurde das Geschrei seltener: wir wußten, die Wasser hatten zu steigen begonnen.

Schließlich kam der ersehnte Tag. Zuerst hielten wir es für eine Wahnsinnstat der letzten übriggebliebenen Dickhäuter, die sich gewaltsam Zugang zu der Arche verschaffen oder sie zumindest umschmeißen wollten. Doch nein: Das Schiff legte sich deshalb auf die Seite, weil das Wasser es langsam vom Stapel hob. Wenn ihr mich fragt, war das der Höhepunkt der Reise; das war der Punkt, wo Brüderlichkeit unter dem Getier und Dankbarkeit gegen den Menschen strömten wie der Wein an Noahs Tisch. Später ... aber vielleicht war es naiv von den Tieren, daß sie Noah und Gott überhaupt je vertraut hatten.

Schon bevor die Wasser stiegen, hatte es Anlaß zum Unmut gegeben. Ich weiß ja, daß eure Spezies gern auf unsere Welt herabblickt, weil sie uns für grausam, kannibalisch und hinterlistig hält (wogegen sich mit Verlaub einwenden ließe, daß das den Abstand zu euch nicht größer, sondern kleiner macht). Bei uns galt aber stets, von Anfang an, das Gleichheitsprinzip. Ja, sicher, wir haben uns gegenseitig aufgefressen und so; die schwächeren Arten wußten nur zu gut, was sie zu erwarten hatten, wenn sie etwas Größerem über den Weg liefen, das noch dazu Hunger hatte. Aber das war für uns einfach der Lauf der Dinge. Die Tatsache, daß ein Tier ein anderes töten konnte, machte das erste Tier dem zweiten nicht überlegen; nur gefährlicher. Es mag für euch vielleicht schwer vorstellbar sein, aber wir hatten Respekt voreinander. Daß man ein anderes Tier auffraß, war kein Grund, es zu verachten; und das Gefressenwerden flößte dem Opfer – oder der Familie des Opfers – keine übertriebene Bewunderung für die speisende Spezies ein.

Noah – oder Noahs Gott – hat das alles geändert. Ihr hattet euren Sündenfall, und wir auch. Wir sind aber nicht von selbst gefallen, uns hat man geschubst. Als die Selektionen für das Lager der Auserwählten vorgenommen wurden, da haben wir es zuerst gemerkt. Das ganze Gerede von wegen zwei von jeder Sorte stimmte (und auf einer simplen Stufe hatte es ja auch was Einleuchtendes); doch war es noch nicht die ganze Wahrheit. Im Lager fiel uns mit der Zeit auf, daß manche Arten nicht auf ein Pärchen zurückgestutzt worden waren, sondern auf sieben Tiere (wieder dieser Tick mit der Sieben). Zuerst dachten wir, die zusätzlichen fünf seien vielleicht als Ersatz vorgesehen für den Fall, daß das Originalpaar auf der Reise krank würde. Aber dann kam es langsam heraus. Noah – oder Noahs Gott – hatte verfügt, daß es zwei Klassen von Viechern gibt: die Reinen und die Unreinen. Von den reinen Tieren kamen je sieben in die Arche; von den unreinen aber je ein Paar.

Es kam, wie man sich denken kann, zu heftigem Unwillen über das Spalterische von Gottes tierpolitischen Maßnahmen. Ja, zunächst waren selbst die reinen Tiere von dem Ganzen peinlich berührt; sie wußten, sie hatten wenig getan, um diese besondere Protektion zu verdienen. Allerdings war das «Reinsein», wie ihnen rasch klar wurde, kein ungeteilter Segen. «Rein» zu sein bedeutete, daß sie aufgegessen werden konnten. Sieben Tiere waren an Bord willkommen, doch fünf waren für die Kombüse bestimmt. Eine komische Ehre, die ihnen da angetan wurde. Doch zumindest bedeutete es, daß sie bis zum Tag ihrer rituellen Schlachtung so komfortabel wie möglich untergebracht wurden.

Ich konnte der Situation öfter mal was Lustiges abgewinnen, als Ausgestoßener hatte ich gut lachen. Doch unter den Arten, die sich selbst ernst nahmen, kam es zu allen möglichen verzwickten Eifersüchteleien. Dem Schwein war das alles Wurscht, da es von Natur aus keine gesellschaftlichen Ambitionen hatte; doch einige der anderen Tiere empfanden den Begriff der Unreinheit als persönliche Kränkung. Und es muß gesagt werden, daß das System – wenigstens so, wie Noah es verstand – sehr wenig sinnvoll war. Was war so Besonderes an paarhufigen Wiederkäuern, fragte man sich? Warum sollten das Kamel und das Kaninchen als zweitklassig eingestuft werden? Was sollte eine Unterteilung in Fische, die Schuppen, und Fische, die keine hatten? Der Schwan, der Pelikan, der Reiher, der Wiedehopf: gehören sie nicht zu den edelsten Arten? Und doch wurde ihnen das Reinheits-Abzeichen nicht zuteil. Warum mußte man die Maus und die Eidechse – die eh schon genug Probleme hatten, sollte man meinen – herunterputzen und ihr Selbstvertrauen noch weiter untergraben? Hätten wir nur einen Funken Logik hinter dem Ganzen erkennen können; hätte Noah es nur besser erklärt. Aber er tat nichts, als blind zu gehorchen. Noah war, wie man euch wohl schon oft erzählt hat, ein sehr gottesfürchtiger Mann; und bei dem Naturell, das Gott hatte, fuhr man damit wohl auch am besten. Doch wenn ihr das Weinen der Krustentiere gehört hättet, das würdevolle und verstörte Klagen des Hummers, wenn ihr die trauervolle Scham des Storches gesehen hättet, dann hättet ihr begriffen, daß es unter uns nie wieder so werden würde wie früher.

Und dann war da noch ein kleines Problem. Durch einen unglücklichen Zufall hatten wir sieben Artgenossen an Bord schmuggeln können. Jetzt waren wir nicht nur blinde Passagiere (was manche übelnahmen), wir waren nicht nur unrein (was manche bereits zu verachten begannen), sondern noch dazu machten wir uns über jene reinen und gesetzestreuen Arten lustig, indem wir ihre heilige Zahl nachäfften. Es wurde rasch beschlossen, daß wir verheimlichen sollten, wie viele wir nun waren – und wir traten nie zusammen am gleichen Ort auf. Wir fanden heraus, auf welchen Teilen des Schiffs wir willkommen waren und welche wir lieber meiden sollten.

Ihr seht also, es war von Anfang an ein unglücklicher Konvoi. Manche von uns trauerten denen nach, die wir hatten zurücklassen müssen; andere ärgerten sich über ihren Status; wieder andere machten sich, auch wenn sie theoretisch durch den Titel der Reinheit begünstigt waren, zu Recht Sorgen wegen der Bratpfanne. Und obendrein waren da noch Noah und seine Familie.

Ich weiß nicht, wie ich euch das am besten beibringen soll, aber Noah war kein netter Mensch. Es ist mir klar, daß das ein unangenehmer Gedanke ist, da ihr ja alle von ihm abstammt; trotzdem, es ist halt so. Er war ein Ungeheuer, ein aufgeblasener Patriarch, der den halben Tag damit zubrachte, vor seinem Gott zu kriechen, und den anderen halben damit, seine Wut an uns auszulassen. Er hatte einen Tannenholzknüppel, mit dem ... na ja, manche Tiere haben die Streifen heute noch. Es ist erstaunlich, was Angst alles bewirkt. Ich habe gehört, bei eurer Spezies kann ein schwerer Schock innerhalb von Stunden die Haare weiß werden lassen; auf der Arche hatte die Angst sogar noch dramatischere Folgen. Zum Beispiel gab es ein Eidechsenpaar, die brauchten nur Noahs Tannenholzsandalen die Treppe – oder wie das auf einem Schiff heißt: den Niedergang – herunterkommen zu hören, da wechselten die auch schon die Farbe. Ich hab es selbst gesehen; die Haut legte ihren Naturton ab und verschmolz mit dem Hintergrund. Noah hielt immer inne, wenn er an ihrer Box vorbeikam, fragte sich kurz, warum sie wohl leer war, dann spazierte er weiter; und wenn seine Tritte verhallten, kehrten die verschreckten

Eidechsen langsam zu ihrer normalen Farbe zurück. Anscheinend hat sich das über die Nachflutjahre als nützlicher Trick erwiesen; doch angefangen hat das alles schon als chronische Reaktion auf den «Admiral».

Bei den Rentieren war es komplizierter. Sie waren ständig nervös, aber das war nicht nur Furcht vor Noah, das saß tiefer. Ihr wißt doch, daß manche von uns Tieren in die Zukunft schauen können? Das ist schließlich sogar *euch* aufgefallen, nachdem wir euch jahrtausendelang unsere Lebensgewohnheiten vorgeführt haben. «Ach, guck mal», sagt ihr, «die Kühe setzen sich auf die Weide, das heißt, es gibt Regen.» Na ja, natürlich ist das alles viel subtiler, als ihr euch überhaupt vorstellen könnt, und es hat ganz bestimmt nicht den Sinn, eine billige Wetterfahne für die Menschen abzugeben. Jedenfalls ... die Rentiere plagte etwas, das tiefer saß als Noah-Angst, seltsamer war als Gewitter-Hysterie; etwas ... Langfristiges. Sie schauderten in ihren Boxen oben, bei drückender Hitze wieherten sie neurotisch; sie schlugen gegen die Tannenholzwände aus, wenn es keine offenkundige – und auch keine nachträglich erwiesene – Gefahr gab und wenn Noah sich, für seine Verhältnisse, ausgesprochen zurückhaltend benommen hatte. Doch die Rentiere spürten etwas. Und es war etwas, das über unseren damaligen Kenntnisstand hinausging. Als ob sie sagen wollten: «Ihr meint, schlimmer wird es nicht mehr? Freut euch nicht zu früh.» Trotzdem, was immer es war, nicht mal die Rentiere konnten es genauer erklären. Irgendwas Fernes, Schwerwiegendes ... Langfristiges.

Wir übrigen machten uns, verständlicherweise, viel mehr Gedanken um die unmittelbare Situation. Zum Beispiel wurde gegen kranke Tiere stets erbarmungslos vorgegangen. Dies sei kein Hospitalschiff, ließ die Obrigkeit uns immer wieder wissen; Kranksein war untersagt, Krankfeiern ebenso. Was wohl kaum als gerecht oder realistisch bezeichnet werden kann. Aber man wäre schön dumm gewesen, wenn man sich krank gemeldet hätte. Ein Anflug von Räude, und du warst über Bord, bevor du noch die Zunge zur Untersuchung rausstrecken konntest. Und was meint ihr wohl, was dann mit eurer besseren Hälfte geschah? Was soll man mit fünfzig Prozent eines Zuchtpaars anfangen? Noah war jedenfalls nicht sentimental genug, den trauernden Partner zu beschwören, er möge weiterleben bis zum natürlichen Ende seiner Tage.

Anders ausgedrückt: Was zum Teufel glaubt ihr, haben Noah und seine Familie auf der Arche gegessen? *Uns*, natürlich. Ich meine, wenn ihr euch heutzutage im Tierreich umseht, dann glaubt ihr doch nicht etwa, das sei alles, was es je gegeben habe? Eine Menge Tiere, die mehr oder weniger gleich aussehen, und dann eine Weile nichts und wieder eine Menge Tiere, die mehr oder weniger gleich aussehen? Ich weiß schon, ihr habt da eine Theorie, um das Ganze auf die Reihe zu kriegen – irgendwas mit Beziehung zur Umwelt und ererbten Fähigkeiten oder so –, aber die rätselhaften Sprünge im Spektrum der Schöpfung lassen sich viel simpler erklären. Ein Fünftel aller Arten dieser Erde ist mit Varadi untergegangen; und was die übrigen Verschollenen angeht, die hat Noah mit seiner Clique aufgegessen. Aber ja. Zum Beispiel gab es da ein Polarschnepfenpärchen – ausgesprochen schöne Vögel. Als sie an Bord kamen, war ihr Gefieder bläulich-braun gesprenkelt. Ein paar Monate später kamen sie in die Mauser. Das war ganz normal. Mit dem Verschwinden der Sommerfedern zeigte sich allmählich ihr Winterkleid von reinem Weiß. Zwar befanden wir uns nicht in arktischen Breiten, so daß das technisch überflüssig war; aber die Natur läßt sich nun mal nicht aufhalten, nicht wahr? Noah aber auch nicht. Kaum sah er die Schnepfen weiß werden, da befand er, daß sie kränkelten, und in zärtlicher Sorge um die Gesundheit des übrigen Schiffes ließ er sie mit etwas Seetang dazu in den Kochtopf wandern. Er war in vieler Hinsicht ein Ignorant und auf jeden Fall kein Ornithologe. Wir setzten eine Petition auf und machten ein paar Dinge klar von wegen Mauser und so. Am Ende hat er's wohl auch kapiert. Aber da war die Polarschnepfe schon hinüber.

Natürlich war damit nicht etwa Schluß. Für Noah und seine Familie waren wir nichts als eine schwimmende Cafeteria. Rein oder unrein war denen auf der Arche egal; erst kommt das Fressen, dann die Moral, das war das Motto. Und ihr könnt euch gar nicht vorstellen, um welche Mannigfaltigkeit der Tierwelt Noah euch geprellt hat. Oder doch, denn genau das tut ihr ja: ihr stellt sie euch vor. Die ganzen Fabeltiere, die sich eure Dichter in früheren Jahrhunderten zusammenphantasiert haben: nicht wahr, ihr nehmt an, die seien entweder bewußt erfunden oder aber angstverzerrte Darstellungen von Tieren, die man nach einer allzu üppigen Jagdvesper im Wald nur undeutlich vorbeihuschen sah? Die Erklärung ist einfacher, fürchte ich: Noah und sein Stamm haben sie weggeputzt. Am Anfang der Reise gab es, wie ich bereits sagte, ein Behemoth-Paar bei uns im Laderaum. Ich selber hab ja nicht viel von ihnen zu sehen bekommen, aber ich hab mir sagen lassen, daß das imposante Tiere waren. Doch Ham, Sem oder der, dessen Name mit J anfängt, hat scheint's beim Familienrat gemeint, wenn man den Elefanten und das Flußpferd habe, könne man auch ohne den Behemoth auskommen; und außerdem – sein Argument verband praktische mit grundsätzlichen Erwägungen – hätte die Familie Noah mit zwei so großen Fleischkolossen für Monate ausgesorgt.

Natürlich hat das so dann nicht geklappt. Nach ein paar Wochen kamen Beschwerden darüber, daß es jeden Tag Behemoth zum Abendessen gab, und so wurde – bloß um Abwechslung in den Speiseplan zu bringen – irgendeine andere

Art geopfert. Ab und zu erinnerte man sich mit schlechtem Gewissen an die Notwendigkeit einer sparsamen Haushaltsführung, aber ich kann euch eins sagen: Am Ende der Fahrt war noch eine Menge gepökelter Behemoth über.

Der Salamander ging den gleichen Weg. Der richtige Salamander, meine ich, nicht das unscheinbare Tier, das ihr noch so nennt; unser Salamander lebte im Feuer. Das Tier war eine einmalige Nummer, laßt euch das gesagt sein; doch Ham oder Sem oder dieser andere erklärten immer wieder, auf einem Schiff aus Holz sei das einfach ein zu großes Risiko, und daher mußten die Salamander samt den Doppelfeuern, in denen sie wohnten, weg. Das Karfunkel verschwand ebenfalls, bloß weil Hams Frau so eine alberne Geschichte gehört hatte, daß da ein kostbarer Edelstein in seinem Schädel wäre. Sie hat sich immer sehr herausgeputzt, die gute Frau Ham. Also nahmen sie ein Karfunkel und hackten ihm den Kopf ab; sie spalteten den Schädel und fanden absolut nichts. Vielleicht findet man den Edelstein nur im Kopf von dem Weibchen, meinte Hams Frau. Also machten sie das andere auch auf, mit dem gleichen negativen Resultat.

Die folgende Vermutung äußere ich mit einigem Zögern; aber ich meine, aussprechen muß ich es doch. Zuweilen hatten wir den Verdacht, da würde nach einem gewissen System getötet. Es wurde ganz gewiß mehr vertilgt, als zu Nahrungszwecken strenggenommen nötig war – viel mehr. Und gleichzeitig war an manchen Arten, die umgebracht wurden, sehr wenig Eßbares dran. Überdies wußten die Möwen gelegentlich zu berichten, sie hätten gesehen, wie Kadaver mit einwandfreiem Fleisch dick an den Knochen vom Heck geworfen wurden. Langsam argwöhnten wir, daß Noah und sein Stamm bestimmte Tiere auf dem Kieker hatten, einfach weil die so waren, wie sie waren. Der Basilisk zum Beispiel ging sehr bald über Bord. Nun war er sicher kein besonders erfreulicher Anblick, doch fühle ich mich verpflichtet festzuhalten, daß da sehr wenig Eßbares unter diesen Schuppen saß und daß der Vogel zu der Zeit eindeutig nicht krank war.

Ja, im Rückblick wurde für uns ein Schema erkennbar, und angefangen hatte die Sache mit dem Basilisken. Ihr habt natürlich nie einen gesehen. Doch wenn ich euch einen vierbeinigen Hahn mit einem Schlangenschwanz schildere, wenn ich euch sage, daß er einen ganz gemeinen Blick hatte und ein mißgestaltetes Ei legte, das er von einer Kröte ausbrüten ließ, dann begreift ihr sicher, daß er nicht gerade das anziehendste Tier auf der Arche war. Trotzdem, er hatte Rechte wie alle anderen auch, nicht wahr? Nach dem Basilisken war der Greif dran; nach dem Vogel Greif die Sphinx; nach der Sphinx das Flügelroß. Ihr habt wohl gedacht, das seien nichts als überkandidelte Phantasiegebilde? Keine Spur. Und seht ihr, was sie alle gemeinsam hatten? Es waren alles Kreuzungen. Wir meinen, es war Sem – obwohl es durchaus Noah persönlich gewesen sein könnte –, der auf das mit der Reinheit der Arten verfiel. Spinnerei, natürlich; und wie wir unter uns sagten, brauchte man sich ja bloß Noah und seine Frau anzuschauen, oder ihre drei Söhne und deren drei Frauen, da sah man schon, was für ein genetisch verschlampter Haufen mal aus der Menschheit werden würde. Was sollten die sich also plötzlich wegen Kreuzungen so haben?

Trotzdem, das Einhorn machte uns am meisten Kummer. Diese Geschichte hat uns monatelang deprimiert. Natürlich gab es das übliche schmutzige Gerede – Hams Frau habe sein Horn zu schändlichen Zwecken mißbraucht – und die übliche postume Verleumdungskampagne seitens der Obrigkeit über den Charakter des Tieres; aber das widerte uns nur noch mehr an. Unumstößliche Tatsache ist, daß Noah eifersüchtig war. Das Einhorn war bei uns allen hoch angesehen, und das konnte er nicht ertragen. Noah – weshalb sollte ich euch nicht die Wahrheit sagen? – war übellaunig, unzuverlässig, mißgünstig, feige und roch schlecht. Noch nicht mal seefest war er: wenn die See hoch ging, zog er sich in seine Kabine zurück, ließ sich auf sein Tannenholzbett fallen und stand nur auf, um sich in seinem Tannenholzwaschbecken auszukotzen; was da rauskam, war noch ein Deck weiter zu riechen. Das Einhorn dagegen war stark, ehrlich, furchtlos, tadellos gepflegt und ein Seemann, dem nie auch nur für einen Moment übel wurde. Einmal, bei einem Sturm, verlor Hams Frau nahe der Reling den Halt und war drauf und dran, über Bord zu gehen. Das Einhorn – dem eine breite Lobby eine Sondergenehmigung für Deckspaziergänge verschafft hatte – galoppierte hinüber, stieß mit dem Horn in ihre Umhangschleppe und nagelte sie dadurch an Deck fest. Großartig, wie man ihm seine Tat gedankt hat: zum Einschiffungssonntag gab es bei Noahs Einhorn-Schmortopf. Dafür kann ich mich verbürgen. Ich habe persönlich mit dem Lastfalken gesprochen, der einen Topf davon heiß an Sems Arche geliefert hat.

Ihr müßt mir natürlich nicht glauben; aber was steht denn in euren eigenen Archiven? Nehmen wir mal die Geschichte mit Noahs Blöße – ihr erinnert euch? Es geschah nach der Landung. Noah war, was nicht weiter überrascht, noch mehr von sich eingenommen als vorher schon – er hatte die Menschheit gerettet, er hatte den Bestand seiner Dynastie gesichert, er hatte von Gott einen förmlichen Bund gewährt bekommen –, und da beschloß er, in den letzten dreihundertfünfzig Jahren seines Lebens eine ruhige Kugel zu schieben. Er gründete an den unteren Berghängen ein Dorf (das ihr Ahira nennt) und verbrachte seine Zeit damit, sich neue Orden und Ehrenzeichen für sich einfallen zu lassen: Heiliger Ritter vom Sturm, Großkomtur des Ungewitters und so weiter. Euer heiliger Text teilt euch mit, er habe auf seinem Anwesen Weinberge gepflanzt. Ha! Man braucht wahrlich nicht viel Scharfsinn, um diesen Euphemismus zu entschlüsseln: Ständig betrunken war er. Eines Nachts, nach einer besonders wüsten Sause, hatte er sich gerade fertig ausgezogen, da klappte er auf dem Schlafzimmerboden zusammen – kein ungewöhnliches Ereignis. Zufällig kamen Ham und seine Brüder gerade an seinem «Zelt» (sie nahmen immer noch das alte sentimentale Wüstenwort zur Bezeichnung ihrer Paläste) vorbei und schauten mal nach, ob ihrem trunksüchtigen Vater auch nichts passiert sei. Ham ging ins Schlafzimmer und ... na ja, ein nackter Mann um die Sechshundertfünfzig im Vollrausch ist kein schöner Anblick. Als guter Sohn tat Ham, was sich gehört: er holte seine Brüder, um den Vater zuzudecken. Als Zeichen der Ehrerbietung – obwohl die Sitte schon damals allmählich außer Gebrauch kam – traten Sem und der, der mit J anfängt, rückwärts in ihres Vaters Kammer und schafften es, ihn ins Bett zu bringen, ohne daß ihr Blick auf die Fortpflanzungsorgane fiel, die eure Spezies mysteriöserweise mit Scham erfüllen. Eine durch und durch fromme und ehrenwerte Tat, sollte man meinen. Und wie reagierte Noah, als er mit so einem bohrenden Heurigen-Kater aufwachte? Er verfluchte den Sohn, der ihn gefunden hatte, und verfügte, Hams Kinder sollten alle zu Knechten der Familien der beiden Brüder werden, die mit dem Arsch voran in sein Zimmer gekommen waren. Wo bitte sehr ist da der Sinn? Eure Erklärung kann ich mir schon denken: Sein Verstand war vom Alkohol angegriffen, und drum sei eher Mitleid als Kritik angebracht. Na gut, mag ja sein. Aber ich möchte nur eins sagen: *Wir* haben ihn auf der Arche erlebt.

Er war ziemlich groß, der Noah – ungefähr so wie ein Gorilla, obwohl die Ähnlichkeit damit aufhört. Der Flottillenkapitän – er beförderte sich selbst auf halbem Weg zum Admiral – war ein häßlicher alter Kerl mit plumpen Bewegungen und wenig Sinn für Körperpflege. Er brachte es noch nicht mal fertig, sich eigene Haare wachsen zu lassen, außer um das Gesicht herum; drum war er zwecks Bekleidung auf die Häute anderer Arten angewiesen. Stellte man ihn und den Gorilla nebeneinander, wäre leicht zu erkennen, welches das höherstehende Geschöpf ist: das mit den anmutigen Bewegungen, der überlegenen Stärke und dem Entlausungstrieb. Auf der Arche haben wir uns ständig den Kopf zerbrochen, warum Gott sich statt der näherliegenden Kandidaten ausgerechnet den Menschen zu seinem Protegé erkoren hatte. Die meisten anderen Arten hätten sich ihm weitaus ergebener gezeigt. Hätte er von vornherein auf den Gorilla gesetzt, dann möchte ich bezweifeln, daß es auch nur halb so viel Ungehorsam gegeben hätte – womöglich hätte man überhaupt keine Sintflut zu veranstalten brauchen.

Und gerochen hat der Kerl … Das naß gewordene, lebendige Fell einer Tierart, die Wert darauf legt, sich zu putzen, das ist eine Sache; aber ein klammer, salzverkrusteter Pelz, der ungeputzt am Hals einer schlampigen Spezies hängt, der er noch nicht mal gehört, das ist etwas ganz anderes. Selbst als die ruhigeren Zeiten anbrachen, wurde unser alter Noah anscheinend nie ganz trocken (ich gebe hier wieder, was die Vögel gesagt haben, und auf die Vögel war Verlaß). Er trug die Feuchtigkeit und den Sturm mit sich herum wie eine schuldbelastete Erinnerung oder die Verheißung von noch mehr schlechtem Wetter.

Abgesehen davon, daß man zum Mittagessen verbraten werden konnte, gab es noch andere Gefahren auf der Reise. Nehmt zum Beispiel mal unsere Art. Nachdem wir einmal an Bord und gut verstaut waren, waren wir ziemlich zufrieden mit uns. Das war, wohlverstanden, lange vor der Zeit dieser feinen Spritze mit alkoholischer Phenollösung, vor Kreosot und metallischen Naphthalinen und Pentachlorphenol und Benzol und Paradichlorbenzol und Orthodichlorbenzol. Glücklicherweise sind wir auch nicht der Familie Cleridae begegnet oder der Milbe pediculoides oder Schmarotzerwespen aus der Familie Braconidae. Aber einen Feind hatten wir doch, und der war geduldig: die Zeit. Was, wenn die Zeit uns die unvermeidlichen Veränderungen abverlangte?

Es war uns eine ernsthafte Warnung, als wir eines Tages feststellen mußten, daß Zeit und Natur bei unserem Cousin *xestobium rufovillosum* ihre Wirkung taten. Das löste eine ziemliche Panik aus. Es war gegen Ende der Reise, als es ruhiger wurde und wir nur noch die Tage absaßen und auf Gottes Wohlgefallen warteten. Mitten in der Nacht, die Arche lag in einer Flaute, und es herrschte Stille überall – eine Stille, die so ungewöhnlich und dicht war, daß alle Tiere innehielten, um ihr zu lauschen, wodurch sie noch tiefer wurde –, hörten wir zu unserer Überraschung das Ticken von *xestobium rufovillosum*. Vier- oder fünfmal ein scharfes Klicken, dann eine Pause, dann eine ferne Antwort. Wir, das bescheidene, das diskrete, das mißachtete, aber vernünftige *anobium domesticum*, wir wollten unseren Ohren nicht trauen. Daß aus dem Ei die Larve wird, aus der Larve die Puppe und aus der Puppe die Imago, ist das unerbittliche Gesetz unserer Welt: Verpuppung ist an sich nichts Tadelnswertes. Doch daß unsere Cousins, nach ihrer Transformation ins Erwachsensein, sich diesen Moment, ausgerechnet diesen aussuchten, um ihre amourösen Absichten anzuzeigen, war beinahe nicht zu glauben. Da waren wir, den Gefahren der See ausgesetzt, Tag für Tag der endgültigen Vernichtung gewärtig, und *xestobium rufovillosum* konnte an nichts anderes denken als Sex. Vermutlich war es eine neurotische Reaktion auf die Angst vor der Vernichtung oder so. Aber trotzdem …

Einer von Noahs Söhnen kam nachsehen, was das für ein

Geräusch sei, während unsere blöden Cousins, hoffnungslos in den Fängen der erotischen Werbung, die Kiefer gegen die Wand ihrer Gänge schlugen. Zum Glück hatte der Sproß des «Admirals» nur wenig Ahnung von dem ihnen anvertrauten Tierreich und hielt das schematische Klicken für ein Knarzen der Schiffsbohlen. Bald kam wieder Wind auf, und *xestobium rufovillosum* konnte seine Rendezvous in Sicherheit abwickeln. Wir anderen aber waren durch diese Affaire sehr viel vorsichtiger geworden. *Anobium domesticum* beschloß, mit sieben zu null Stimmen, sich nicht zu verpuppen bis nach der Landung.

Man muß schon sagen, daß Noah bei gutem wie bei schlechtem Wetter ein äußerst mittelmäßiger Seemann war. Er war seiner Frömmigkeit, nicht seiner navigatorischen Fähigkeiten wegen ausgewählt worden. Bei Sturm taugte er gar nichts, und wenn die See ruhig war, taugte er auch nicht viel mehr. Woher ich das beurteilen will? Ich gebe auch hier wieder, was die Vögel gesagt haben – die Vögel, die sich wochenlang in der Luft halten können, die Vögel, die mindestens so hochentwickelte Navigationssysteme haben wie die von eurer Spezies erfundenen und damit von einem Ende des Planeten zum anderen ihren Weg finden. Und die *Vögel* haben gesagt, Noah habe keinen Schimmer gehabt – große Töne spucken und beten, das war alles. War doch gar nicht so schwer, was er zu tun hatte, oder? Während des Unwetters mußte er überleben, indem er dem heftigsten Teil des Sturms davonfuhr; und bei ruhigem Wetter mußte er dafür sorgen, daß wir nicht allzu weit von unserem ursprünglichen Bezugspunkt abtrieben und dann in irgendeiner unbewohnbaren Sahara landeten. Man kann Noah bestenfalls zugute halten, daß er den Sturm überlebt hat (wobei er sich kaum um Klippen und Küstenlinien zu kümmern brauchte, was das Ganze erleichterte) und daß wir uns nicht aus Versehen mitten auf einem großen Ozean wiederfanden, als die

Fluten schließlich zurückgingen. Wer weiß, wie lange wir sonst noch auf See geblieben wären.

Natürlich hatten die Vögel angeboten, Noah ihre Fachkenntnisse zur Verfügung zu stellen; aber er war zu stolz. Er gab ihnen ein paar einfache Erkundungsaufgaben – nach Strudeln und Tornados auszugucken –, aber ihre wahren Fähigkeiten zu nutzen verschmähte er. Außerdem schickte er mehrere Arten in den Tod, indem er sie bei entsetzlichem Wetter aufsteigen ließ, obschon sie gar nicht die Konstitution dafür hatten. Als Noah die Trillergans bei Windstärke Neun losschickte (es stimmt ja, der Vogel hatte eine aufreizende Art zu schreien, besonders wenn man schlafen wollte), bot die Sturmschwalbe sich freiwillig als Ersatz an. Das Angebot wurde jedoch verächtlich abgelehnt – und das war das Ende der Trillergans.

Schon gut, schon gut, Noah hatte auch seine Qualitäten. Er war ein Überlebenskünstler – und das gilt nicht nur für Die Reise. Er hatte auch das Geheimnis des langen Lebens heraus, das eurer Spezies späterhin verlorenging. Aber ein netter Mensch war er nicht. Habt ihr gewußt, daß er den Esel einmal kielholen ließ? Ist das in euren Archiven? Das war im Jahre zwei, als die Regeln ein ganz klein wenig gelockert worden waren und ausgesuchte Reisende miteinander Kontakt haben durften. Na ja, Noah hat den Esel dabei erwischt, wie er die Stute besteigen wollte. Da ist er echt an die Decke gegangen, hat gegeifert, so eine Verbindung würde zu nichts Gutem führen – was unsere Theorie über seinen Horror vor Kreuzungen so ziemlich bestätigte –, und gesagt, er werde an dem Tier ein Exempel statuieren. Also haben sie dem Esel die Hufe zusammengebunden, ihn über Bord geworfen und, während die See am Durchdrehen war, unter dem Schiff durch- und auf der anderen Seite wieder hochgezogen. Die meisten von uns haben das auf sexuelle Eifersucht zurückgeführt, ganz einfach. Das Erstaunliche aber war, wie der Esel die Sache genommen hat. Von Duldsamkeit verstehen sie ja was, die Burschen. Als sie ihn über die Reling hievten, war er fürchterlich zugerichtet. Seine armen alten Ohren sahen wie glitschige Seetangwedel aus und sein Schwanz wie ein aufgeschwemmter Tampen, und dann haben sich von den anderen Tieren, die Noah mittlerweile auch nicht mehr so toll fanden, ein paar um ihn versammelt, und ich meine, es war der Ziegenbock, der ihn sanft in die Seite stupste, ob er noch am Leben sei, und da machte der Esel ein Auge auf, ließ es im Kreis der besorgten Mäuler herumwandern und sprach: «Jetzt weiß ich, wie das ist, ein Seehund zu sein.» Nicht schlecht unter den Umständen? Aber ich muß euch sagen, da hättet ihr fast schon wieder eine Spezies verloren.

Ich nehme an, es war nicht alles Noahs Schuld. Ich meine, dieser Gott, den er da hatte, war ein echt repressives Rollenvorbild. Noah konnte nichts tun, ohne sich erst mal zu fragen, was *Er* wohl denken würde. Also, das ist ja nun kein Zustand. Sich ständig nach Bestätigung umzusehen – das ist doch nicht erwachsen, oder? Und Noah hatte noch nicht mal die Entschuldigung, er sei ja noch so jung. Er war um die Sechshundert, nach dem System eurer Spezies gerechnet. Sechshundert Jahre sollten doch eine gewisse geistige Flexibilität hervorgebracht haben, eine gewisse Fähigkeit, eine Angelegenheit von mehr als einer Seite zu betrachten. Keine Spur. Nehmen wir mal die Konstruktion der Arche. Was macht er da? Er baut sie aus Tannenholz. *Tannen*holz? Sogar Sem machte Einwände, aber nein, das wollte er, und das mußte er haben. Daß da nicht viel Tannenholz in der Gegend wuchs, wurde als unerheblich abgetan. Sicher hat er nur die Anweisungen seines Rollenvorbildes befolgt; aber trotzdem. Jeder, der auch nur ein bißchen was von Holz versteht – und *ich* spreche gewissermaßen als Autorität auf diesem Gebiet –, hätte ihm sagen können, daß ein paar Dutzend andere Baumarten genauso gut, wenn nicht besser geeignet gewesen wären; und obendrein ist der Gedanke, alle Teile eines Schiffes aus ein und demselben Holz zu bauen, lächerlich. Man wählt sein Material je nach dem Zweck, für den es gedacht ist; das weiß doch jeder. Aber so war er nun mal, der alte Noah – kein Funken geistige Flexibilität. Sah immer alles nur von einer Seite. Badinstallationen aus Tannenholz – hat man je so was Lächerliches gehört?

Er hatte das, wie gesagt, von seinem Rollenvorbild. Was Gott wohl dazu meint? Das war die Frage, die er ständig auf den Lippen hatte. Noahs Gottergebenheit hatte ein bißchen was Linkes; was Gruseliges, falls ihr versteht, was ich meine. Aber der wußte natürlich, wo Barthel den Most holt; und ich nehme an, wenn man so zum Vorzugs-Überlebenden erkoren wird und weiß, daß die eigene Dynastie bald die einzige auf der Welt ist – das muß einem ja zu Kopf steigen, nicht wahr? Und was seine Söhne betrifft – Ham, Sem und den, der mit J anfängt –, deren Egos hat das bestimmt auch nicht sonderlich gutgetan. Haben sich an Deck aufgeplustert, als wären sie die Königliche Familie.

Eines möchte ich nämlich ganz klar machen. Diese Sache mit der Arche. Ihr meint vielleicht immer noch, daß Noah, bei all seinen Fehlern, im Grunde so etwas wie ein früher Naturschützer war, daß er die Tiere eingesammelt hat, weil er sie nicht aussterben lassen wollte, daß er es nicht ertragen konnte, nie wieder eine Giraffe zu sehen, daß er es für *uns* getan hat. Das war absolut nicht der Fall. Er hat uns zusammengetrommelt, weil sein Rollenvorbild ihm das aufgetragen hatte, aber auch aus Eigennutz, ja Zynismus. *Er wollte etwas zu essen haben, wenn die Sintflut zurückgegangen war.* Nach fünfeinhalb Jahren unter Wasser waren die Gemüsegärten zum größten Teil weggeschwemmt, das kann ich euch sagen; da gedieh nur noch Reis. Und daher wußten die meisten von uns, daß wir in Noahs Augen einfach nur künftige Abendessen auf zwei, vier oder sonstwievielen Beinen waren. Wenn nicht jetzt, dann später; wenn nicht wir, dann unsere Nachkommen. Ihr könnt euch vorstellen, daß das kein angenehmes Gefühl ist. Es herrschte eine Atmosphäre von Paranoia und Terror auf dieser Arche Noah. Wer von uns würde als nächster drankommen? Wenn du Hams Frau heute nicht gefällst, bist du morgen abend vielleicht schon frikassiert. Eine derartige Unsicherheit kann die merkwürdigsten Verhaltensweisen hervorrufen. Ich weiß noch, wie ein Lemmingpaar dabei erwischt wurde, wie es Richtung Reling rannte – sie sagten, sie wollten der Sache ein für allemal ein Ende machen, sie könnten die Ungewißheit nicht länger ertragen. Sem schnappte sie aber gerade noch und sperrte sie in eine Packkiste. Wenn er sich langweilte, zog er zuweilen den Deckel von der Kiste auf und fuchtelte innen mit einem großen Messer herum. Er fand das lustig. Aber es sollte mich sehr wundern, wenn das nicht die gesamte Art traumatisiert hat.

Und als Die Reise vorbei war, hat Gott Noah natürlich offiziell einen Freitisch verschafft. Der Lohn für all seinen Gehorsam war die Befugnis, uns für den Rest seines Lebens nach Belieben aufzuessen. Das gehörte alles zu irgendeinem Pakt oder Bund, den die beiden miteinander zusammengeschustert hatten. Ein ganz schön nichtiger Vertrag, wenn ihr mich fragt. Schließlich mußte Gott, nachdem er alle anderen vom Erdboden verschwinden ließ, sehen, wie er mit der einen Verehrerfamilie zurechtkam, die er noch hatte, nicht wahr? Konnte ja nicht gut sagen, Nein, ihr laßt auch noch zu wünschen übrig. Noah hat wahrscheinlich begriffen, daß er Gott in der Hand hatte (es wäre ja ein ganz schönes Armutszeugnis, wenn man erst die Sintflut losläßt und sich dann gezwungen sieht, seine First Family abzuservieren), und unserer Ansicht nach hätte er uns sowieso gegessen, Vertrag hin oder her. Für uns sprang bei diesem sogenannten Bund absolut nichts heraus – außer unserem Todesurteil. Ach ja, einen winzigen Brocken hat man uns hingeworfen – Noah und seine Clique durften keine trächtigen Weibchen essen. Ein Hintertürchen, das ein hektisches Treiben im Umkreis der gestrandeten Arche und außerdem ein paar merkwürdige psychologische Nebenwirkungen zur Folge hatte. Habt ihr euch schon mal Gedanken gemacht, wo die hysterische Schwangerschaft herkommt?

Dabei fällt mir diese Sache mit Hams Frau wieder ein. Alles nur Gerüchte, hieß es, und ihr könnt euch denken, wie solche Gerüchte möglicherweise entstanden sind. Hams Frau war auf der Arche nicht sonderlich beliebt; und weite Kreise meinten, wie ich bereits sagte, der Verlust des Hospitalschiffs ginge auf ihr Konto. Sie war noch sehr attraktiv – erst an die Hundertfünfzig zur Zeit der Sintflut –, aber auch eigensinnig und aufbrausend. Sie hatte den armen Ham eindeutig unter dem Pantoffel. Also, die Tatsachen sind wie folgt. Ham und seine Frau hatten zwei Kinder – das heißt, zwei männliche Kinder, so haben die nämlich gezählt – namens Chus und Mizraim. Sie hatten noch einen dritten Sohn, Put, der auf der Arche geboren wurde, und einen vierten, Kanaan, der nach der Landung kam. Noah und seine Frau hatten dunkles Haar und braune Augen; genau wie Ham und seine Frau; und im übrigen auch Sem und Varadi und der, der mit J anfängt. Und die Kinder von Sem und Varadi und von dem, der mit J anfängt, hatten alle dunkles Haar und braune Augen. Genau wie Chus und Mizraim und Kanaan. Aber Put, der, der auf der Arche geboren wurde, hatte rotes Haar. Rotes Haar und grüne Augen. Das sind die Tatsachen.

An dieser Stelle begeben wir uns nun aus dem sicheren Hafen der Tatsachen hinaus auf die offenen Meere des Gerüchts (so pflegte sich Noah übrigens auszudrücken). Ich selbst war ja nicht auf Hams Arche, also gebe ich nur wieder, ganz nüchtern und sachlich, was die Vögel zu erzählen wußten. Es gab im wesentlichen zwei Geschichten, und davon könnt ihr euch selbst eine aussuchen. Ihr erinnert euch an den Fall mit dem Handwerker, der sich auf dem Proviantschiff einen Pfaffenwinkel herausgehauen hatte? Also, es wurde erzählt – wenn auch nicht offiziell bestätigt –, bei einer Durchsuchung der Räumlichkeiten von Hams Frau habe man eine Kammer entdeckt, von der keiner wußte, daß es sie gab. In den Plänen war sie jedenfalls nicht eingezeichnet. Hams Frau bestritt jegliche Kenntnis davon, doch wurde offenbar eins von ihren jakledernen Unterhemden dort an einem Haken hängend gefunden, und bei der peinlich genauen Untersuchung des Fußbodens stieß man auf mehrere rote Haare, die sich zwischen den Planken verfangen hatten.

Die zweite Geschichte – die ich wiederum kommentarlos weitergebe – tangiert heiklere Dinge, doch da sie einen beträchtlichen Prozentsatz eurer Spezies direkt betrifft, fühle ich mich verpflichtet fortzufahren. Es gab auf Hams Arche ein ganz außerordentlich schönes und gepflegtes Menschenaffenpaar. Sie waren, nach allem, was man hört, hochintelligent, stets aufs perfekteste geputzt und hatten so lebhafte Gesichter, daß man hätte schwören können, sie seien drauf und dran, sich sprachlich auszudrücken. Außerdem hatten sie einen wallenden roten Pelz und grüne Augen. Nein, eine derartige Spezies existiert nicht mehr: sie hat Die Reise nicht überlebt, und die Umstände ihres Todes an Bord sind nie völlig geklärt worden. Da war irgendwas mit einer Spiere, die herunterfiel ... Aber was für ein merkwürdiger Zufall, haben wir immer gedacht, daß eine Spiere herunterfällt und dabei gleich beide Angehörige einer ausgesprochen flinken Art auf einen Schlag getötet werden.

Die offizielle Erklärung war natürlich ganz anders. Es gab keine geheimen Kammern. Es gab keine Rassenmischung. Die Spiere, welche die Menschenaffen getötet hatte, war ein riesiges Ding, das gleich noch eine Purpur-Bisamratte, zwei Pygmäenstrauße und ein Paar Plattschwanz-Erdferkel mit wegputzte. Die merkwürdige Farbgebung von Put war ein Zeichen Gottes – was es zu bedeuten hatte, überstieg allerdings zu jener Zeit die Dechiffrierfähigkeit des Menschen. Später wurde der Sinn klar: es war ein Zeichen, daß die erste Halbzeit der Reise vorbei war. Daher war Put ein gesegnetes Kind und kein Grund zu Besorgnis oder Strafmaßnahmen. Noah selbst hat etwas in dem Sinn verkündet. Gott sei ihm im Traum erschienen und habe ihm befohlen, nicht Hand zu legen an den Knaben, und da Noah, wie er hervorhob, ein gerechter Mann sei, habe er gehorcht.

Ich brauche euch wohl nicht zu erzählen, daß die Meinungen darüber, was man nun glauben sollte, bei den Tieren ziemlich auseinandergingen. Die Säugetiere zum Beispiel weigerten sich, die Idee, das Männchen der rothaarigen, grünäugigen Menschenaffen könnte fleischliche Beziehungen zu Hams Frau unterhalten haben, auch nur in Betracht zu ziehen. Nun wissen wir zwar nicht einmal, was im innersten Herzen unserer engsten Freunde vorgeht, doch waren die Säugetiere bereit, bei ihren Eutern und Zitzen zu schwören, das hätte es nie gegeben. Dafür hätten sie das Menschenaffen-Männchen zu gut gekannt, sagten sie, und sie könnten sich für seine hohen Ansprüche bei der Körperkultur verbürgen. Er habe sogar, deuteten sie an, etwas von einem Snob an sich gehabt. Und angenommen – nur mal angenommen –, ihm hätte der Sinn nach schärferer Kost gestanden, so gab es viel Verlockenderes im Angebot als Hams Frau. Warum nicht eins von diesen süßen kleinen Gelbschwanzäffchen, die für eine Pfote voll Muskatnußbrei jeder haben konnte?

Damit bin ich schon fast am Ende meiner Offenbarungen. Meine Absichten – damit wir uns recht verstehen – sind durchaus freundschaftlicher Art. Falls ihr meinen solltet, ich sei dabei auf Streit aus, dann liegt das höchstwahrscheinlich daran, daß eure Spezies – ich hoffe, es macht euch nichts aus, wenn ich das sage – so hoffnungslos dogmatisch ist. Ihr glaubt, was ihr glauben wollt, und dabei bleibt ihr. Aber schließlich habt ihr, natürlich, allesamt Noahs Gene in euch. Daran liegt es bestimmt auch, daß ihr oft so merkwürdig wenig Neugier zeigt. Eine Frage zu eurer Frühgeschichte stellt ihr beispielsweise nie: Was ist mit dem Raben passiert?

Als die Arche oben auf dem Berg landete (es war natürlich komplizierter, aber lassen wir die Einzelheiten beiseite), schickte Noah einen Raben und eine Taube aus, um zu sehen, ob die Fluten vom Erdboden zurückgegangen seien. Nun hat der Rabe in der Version, die euch überliefert ist, eine sehr kleine Rolle; so werdet ihr zu dem Schluß verleitet, der sei nur hierhin und dorthin geflattert, ohne daß viel dabei herausgekommen sei. Die drei Ausflüge der Taube dagegen werden als Heldentat hingestellt. Wir weinen, wenn sie nicht findet, da ihr Fuß ruhen kann; wir sind überglücklich, wenn sie mit einem Ölblatt zur Arche zurückkehrt. Ihr habt diesen Vogel, soweit ich weiß, zu etwas von symbolischem Wert erhoben. Ich möchte jetzt nur auf eines hinweisen: Der Rabe hat stets darauf bestanden, *er* habe den Ölbaum gefunden: er habe ein Blatt davon zur Arche zurückgebracht; doch Noah habe entschieden, es sei «angemessener» zu sagen, die Taube habe ihn entdeckt. Ich persönlich habe immer dem Raben geglaubt, der, von allem anderen mal abgesehen, in der Luft viel stärker war als die Taube; und es hätte Noah ähnlich gesehen (wieder mal nach dem Vorbild von seinem Gott da), daß er unter den Tieren Streit anzettelte. Noah ließ verbreiten, der Rabe habe sich, statt so schnell wie möglich mit Beweisen von trockenem Boden zurückzukehren, herumgetrieben und sei dabei ertappt worden (von wessen Blick? So eine Verleumdung hätte sich nicht mal die aufstiegsorientierte Taube zuschulden kommen lassen), wie er sich an Aas gütlich getan habe. Der Rabe, das brauche ich wohl kaum hinzuzufügen, fühlte sich durch diese Instant-Geschichtsklitterung verletzt und verraten, und manche – die bessere Ohren haben als ich – sagen, man könne bis zum heutigen Tag ein trauriges Krächzen der Unzufriedenheit aus seiner Stimme heraushören. Die Taube hingegen klang vom Moment unserer Ausschiffung an geradezu unerträglich blasiert. Sie sah sich bereits auf Briefköpfen und -marken abgebildet.

Bevor die Rampen heruntergelassen wurden, hielt der «Admiral» eine Ansprache an die Tiere auf seiner Arche, und seine Worte wurden denen auf den anderen Schiffen übermittelt. Er dankte uns für unsere Mitarbeit, er entschuldigte sich für die gelegentliche Kargheit der Rationen, und er versprach, da wir alle unseren Teil der Vereinbarung eingehalten hätten, werde er bei den anstehenden Verhandlungen mit Gott beste Gegenleistungen herausschlagen. Manche von uns lachten da etwas ungläubig: wir dachten an das Kielholen des Esels, den Verlust des Hospitalschiffs, die Vernichtungspolitik gegenüber Kreuzungen, den Tod des Einhorns ... Für uns war klar, jetzt tat Noah so, als könne er kein Wässerlein trüben, weil er nämlich ahnte, was jedes klar denkende Tier tun würde, sobald es einen Fuß auf dem Trockenen hätte: sich in die Wälder und Hügel absetzen. Er wollte uns offenbar so einseifen, daß wir nahe bei Noahs Neuem Palast blieben, dessen Errichtung er gleichzeitig bekanntzumachen beliebte. Die Annehmlichkeiten hier würden unter anderem kostenloses Wasser für die Tiere und Zusatzfutter in harten Wintern umfassen. Er hatte offenbar Angst, daß die Fleischversorgung, an die er sich auf der Arche gewöhnt hatte, so schnell ein Ende nähme, wie die zwei, vier oder sonstwievielen Beine die Lieferanten davontragen konnten, und daß die Familie Noah dann wieder auf Beeren und Nüsse angewiesen wäre. Erstaunlicherweise hielten manche Tiere Noahs Angebot für fair: Schließlich, so argumentierten sie, kann er uns nicht alle aufessen, vielleicht merzt er nur die Alten und Kranken aus. Also blieben einige – nicht die Gescheitesten, das muß man schon sagen – da und warteten darauf, daß der Palast gebaut werde und das Wasser fließe wie Wein. Die Schweine, die Rinder, die Schafe, ein paar von den dümmeren Ziegen, die Hühner ... Wir haben sie gewarnt, zumindest haben wir es versucht. Wir haben immer spöttisch «Gekocht oder gebraten?» gemurmelt, aber vergebens. Wie gesagt, sie waren nicht sonderlich gescheit und hatten womöglich Angst davor, in die freie Wildbahn zurückzukehren; sie waren von ihrem Kerker und ihrem Kerkermeister abhängig geworden. Was dann die nächsten Generationen über geschah, war eigentlich vorherzusehen: sie wurden Schatten ihrer selbst. Die Schweine und Schafe, die ihr heutzutage rumlaufen seht, sind im Vergleich zu ihren quicklebendigen Ahnen auf der Arche die reinsten Zombies. Ihr «Leben» ist eine hohle Farce. Und manchen von ihnen, wie dem Puter, widerfährt die zusätzliche Schmach, daß man sie dann noch farciert – bevor sie gekocht oder gebraten werden.

Und dann natürlich, was hat Noah denn wirklich herausgeholt bei seinem berühmten Landungsvertrag mit Gott? Was hat er für die Opfer und den Gehorsam seines Stammes (von den noch beträchtlicheren Opfern des Tierreiches ganz zu schweigen) bekommen? Gott hat gesagt – und da legt Noah die Sache so günstig wie irgend möglich aus –, daß er verspricht, keine Sintflut mehr zu schicken und daß er als Zeichen dieser seiner Absicht uns den Regenbogen schafft. Den Regenbogen! Ha! Sicher, der sieht sehr hübsch aus, und der erste, den er für uns hergestellt hat, ein irisierender Halbkreis mit einem bleicheren Bruder daneben und beide an einem indigoblauen Himmel schillernd, ließ uns allerdings von unseren Weiden aufblicken. Man konnte die Idee dahinter erkennen: Wenn der Regen zögernd der Sonne Platz machte, erinnerte dieses strahlende Symbol uns jedesmal daran, daß der Regen nie mehr endlos weitergehen und sich zu einer Sintflut entwickeln würde. Aber trotzdem. Ein besonders gutes Geschäft war das nicht. Und war es einklagbar? Seht mal zu, ob ein Regenbogen einer richterlichen Beweisprüfung standhält.

Die gewitzteren Tiere durchschauten Noahs Halbpensions-Angebot; sie setzten sich ab in die Hügel und Wälder, und was Wasser und Winterfutter anging, da verließen sie sich auf ihre eigenen Fähigkeiten. Die Rentiere hauten, wie uns nicht entging, mit als erste ab, sie rasten dem «Admiral» und all seinen künftigen Abkömmlingen davon und nahmen ihre mysteriösen Vorahnungen mit. Ihr habt übrigens recht, wenn ihr die geflüchteten Tiere – laut Noah undankbare Verräter – für die edleren Arten haltet. Kann ein Schwein edel sein? Ein Schaf? Ein Huhn? Hättet ihr doch nur das Einhorn gesehen ... Das war auch so ein strittiger Aspekt von Noahs Rede nach der Landung an die, die noch vor seinem Palisadenzaun rumhingen. Er sagte, Gott habe, indem er uns den Regenbogen gab, praktisch versprochen, daß er den Weltvorrat an Wundern immer schön nachfülle. Einen klareren Hinweis auf die Hunderte von Original-Wundern, die während der Reise von Noahs Schiffen über Bord geworfen wurden oder in den Eingeweiden seiner Familie verschwanden, habe ich selten gehört. Der Regenbogen als Ersatz für das Einhorn? Warum hat Gott nicht einfach das Einhorn rekonstruiert? Wir Tiere hätten uns darüber mehr gefreut als über einen Riesenhinweis auf Gottes Großmut am Himmel, wenn es wieder mal aufhört zu regnen.

Ich habe wohl schon erzählt, daß es fast genauso schwer

war, von der Arche runter- wie auf sie raufzukommen. Einige auserwählte Arten hatten, unseligerweise, ziemlich viel gepfiffen, daher war es ausgeschlossen, daß Noah einfach die Rampen runterrauschen ließe und «Land ahoi!» riefe. Jedes Tier mußte eine strenge Leibesvisitation hinnehmen, bevor es entlassen wurde; manche wurden sogar in Bottiche mit Wasser getaucht, das nach Teer roch. Etliche Weibchen klagten, daß sie sich einer inneren Untersuchung durch Sem unterziehen mußten. Es wurden ziemlich viele blinde Passagiere entdeckt: ein paar nicht ganz so unscheinbare Käfer, einige Ratten, die sich während der Reise törichterweise vollgefressen hatten und zu fett geworden waren, sogar die eine oder andere Schlange. Wir sind – ich glaube, es muß nicht länger ein Geheimnis bleiben – in der ausgehöhlten Spitze eines Widderhorns runtergekommen. Er war ein großes, mürrisches, subversives Tier, mit dem wir in den letzten drei Jahren auf See bewußt Freundschaft gepflegt hatten. Er hatte keinen Respekt vor Noah und wollte ihm nach der Landung nur allzu gern eins auswischen.

Als wir alle sieben aus diesem Widderhorn krabbelten, waren wir euphorisch. Wir hatten überlebt. Wir hatten uns an Bord geschmuggelt, hatten überlebt und waren entkommen – und alles, ohne uns mit Gott oder mit Noah auf irgendeinen zweifelhaften Bund einzulassen. Wir hatten es ganz allein geschafft. Wir fühlten uns als Art geadelt. Das kommt euch vielleicht komisch vor, aber es war so: Wir fühlten uns geadelt. Auf dieser Reise hatten wir nämlich eine Menge gelernt, und das Wichtigste davon war: daß der Mensch im Vergleich zu den Tieren eine sehr wenig entwikkelte Spezies ist. Eure Schlauheit, euer beträchtliches Potential leugnen wir natürlich nicht. Doch ihr befindet euch nach wie vor in einem frühen Stadium eurer Entwicklung. Wir, zum Beispiel, sind stets wir selbst: so ist das, wenn man entwickelt ist. Wir sind, was wir sind, und wir wissen, was das ist. Ihr erwartet ja nicht, daß eine Katze plötzlich anfängt zu bellen, nicht wahr, oder daß ein Schwein anfängt zu muhen? Doch das ist es sozusagen, was diejenigen von uns, die die Reise auf der Arche mitgemacht haben, von eurer Spezies zu erwarten gelernt haben. Mal bellt ihr, mal miaut ihr; mal wollt ihr wild sein, mal zahm. Bei Noah wußte man nur in einer einzigen Hinsicht, woran man war: daß man bei ihm nie wußte, woran man war.

Mit der Wahrheit nimmt sie es auch nicht allzu genau, eure Spezies. Ständig vergeßt ihr Sachen, oder wenigstens tut ihr so. Daß Varadi und seine Arche verlorengingen – redet davon irgend jemand? Ich sehe ja ein, daß dieses vorsätzliche Wegschauen vielleicht auch sein Gutes hat: Wenn ihr das Schlechte ignoriert, könnt ihr leichter weitermachen. Aber indem ihr das Schlechte ignoriert, glaubt ihr am Ende, das Schlechte gebe es gar nicht. So werdet ihr immer wieder überrascht. Ihr seid überrascht, daß Kanonen töten, daß Geld den Charakter verdirbt, daß es im Winter schneit. Eine solche Naivität kann charmant sein; sie hat aber leider auch ihre Gefahren.

Zum Beispiel wollt ihr noch nicht einmal zugeben, was Noah, euer Stammvater – der fromme Patriarch, der engagierte Naturschützer – in Wahrheit für einen Charakter hatte. Eine eurer frühen israelitischen Legenden behauptet dem Vernehmen nach, Noah habe das Prinzip des Rausches entdeckt, als er beobachtete, wie eine Ziege von fermentierten Trauben betrunken wurde. Was für ein schamloser Versuch, die Verantwortung auf die Tiere abzuwälzen; und bedauerlicherweise paßt das auch ins Muster. Am Sündenfall war die Schlange schuld, der ehrliche Rabe war faul und gefräßig, die Ziege hat Noah zum Alki gemacht. Hört mal zu: Ihr könnt mir glauben, Noah war auf keinerlei bocksfüßiges Wissen angewiesen, um hinter das Geheimnis des Weinstocks zu kommen.

Alles auf andere schieben, das ist immer euer erster Gedanke. Und wenn man es nicht auf andere schieben kann, dann muß man behaupten, eigentlich sei das Problem ja gar kein Problem. Dann werden die Regeln umgeschrieben, die Torpfosten verschoben. Manche von den Gelehrten, die euren heiligen Texten ihr Leben geweiht haben, wollten sogar beweisen, daß der Noah von der Arche nicht derselbe Mann war wie der Noah, dem Trunkenheit und Exhibitionismus vorgeworfen werden. Wie könnte auch ein Trunkenbold von Gott auserwählt worden sein? Ähm, tja, er war es gar nicht. Nicht *der* Noah. Da liegt einfach eine Verwechslung vor. Und schon ist das Problem weg.

Wie konnte ein Trunkenbold von Gott auserwählt werden? Das hab ich euch schon mal gesagt – weil alle anderen Kandidaten noch verdammt viel schlimmer waren. Noah war noch der Beste von einem ganz üblen Haufen. Und was das Trinken angeht: Um die Wahrheit zu sagen, Die Reise hat ihm den Rest gegeben. Der gute Noah hatte in der Zeit vor der Einschiffung schon immer gern seine paar Hörner gegorenen Safts getrunken; wer hatte das nicht? Doch durch Die Reise wurde er zum Schluckspecht. Er ist einfach mit der Verantwortung nicht fertig geworden. Er hat schlechte Navigationsentscheidungen getroffen, er hat vier von seinen acht Schiffen und etwa ein Drittel der ihm anvertrauten Arten verloren – er wäre vors Kriegsgericht gekommen, wenn noch irgendwer dagewesen wäre, um sich auf den Richterstuhl zu setzen. Und obwohl er so große Töne spuckte, hatte er doch ein schlechtes Gewissen, daß er die halbe Arche verloren hatte. Schuldgefühle, Unreife, der dauernde Streß, wenn man einen Job halten will, dem man eigentlich nicht gewachsen ist – das ergibt eine starke Mischung, die sich bei den meisten eurer Artgenossen genauso verderblich ausgewirkt hätte. Man könnte, glaube ich, sogar argumentieren, Gott habe Noah in den Suff getrieben. Vielleicht sind eure Gelehrten deshalb so nervös, so darauf bedacht, den ersten Noah vom zweiten zu trennen: die Konsequenzen sind unangenehm. Aber die Geschichte von dem «zweiten» Noah – die Trunksucht, die Unsittlichkeit, die Bestrafung eines pflichtbewußten Sohnes aus einer Laune heraus – also, diejenigen von uns, die den «ersten» Noah auf der Arche kannten, hat das nicht weiter überrascht. Ein deprimierender, jedoch vorhersehbarer Fall von alkoholbedingter Degeneration, fürchte ich.

Wie gesagt, wir waren euphorisch, als wir von der Arche kamen. Von allem anderen mal ganz abgesehen, hatten wir für den Rest unseres Lebens genug Tannenholz gegessen. Das ist noch ein Grund, warum wir wünschten, Noah wäre bei der Konstruktion der Flotte nicht so bigott gewesen: das hätte manchem von uns eine abwechslungsreichere Ernährung verschafft. Für Noah wohl kaum ein Gesichtspunkt, natürlich, da wir ja gar nicht dasein sollten. Und jetzt, wo ein paar tausend Jahre ins Land gegangen sind, erscheint dieser Ausschluß noch härter als damals. Es gab sieben von uns blinden Passagieren, doch hätte man uns als seegängige Art zugelassen, wären nur zwei Bordkarten ausgestellt worden; und wir hätten diese Entscheidung akzeptiert. Gut, Noah konnte nicht voraussehen, wie lange seine Reise dauern würde, doch wenn man bedenkt, wie wenig wir sieben in fünfeinhalb Jahren gegessen haben, hätte sich das Risiko bestimmt gelohnt, nur ein Paar von uns an Bord zu lassen. Aber letztendlich, was können wir dafür, wir sind halt Holzwürmer.

ZWEI

Die Besucher

Franklin Hughes war eine Stunde vor der Zeit an Bord gekommen, um gegenüber den Leuten, die ihm die nächsten zwanzig Tage seinen Job erleichtern würden, das gebotene Maß Jovialität an den Tag zu legen. Jetzt lehnte er an der Reling und sah zu, wie die Passagiere die Gangway hochkamen: Paare mittleren und vorgerückten Alters zumeist, von denen manche einen eindeutigen Herkunftsstempel trugen, andere, mit mehr Anstand, ihre Nationalität im Moment noch verschmitzt anonym hielten. Franklin hatte den Arm leicht, doch unbestreitbar um die Schulter seiner Reisegefährtin gelegt und machte sich wie jedes Jahr ein Spiel daraus zu erraten, woher sein Publikum kam. Am leichtesten waren die Amerikaner, die Männer in der pastellfarbenen Freizeitkleidung der Neuen Welt, die Frauen mit ihrer Gleichgültigkeit gegen Schwabbelbäuche. Am zweitleichtesten waren die Briten, die Männer in den Tweedjacken der Alten Welt, unter denen sich kurzärmelige Hemden in Okker oder Beige verbargen, die Frauen mit ihren stämmigen Knien und ihrer Versessenheit darauf, jeden Berg hochzustapfen, auf dem sie einen griechischen Tempel witterten. Es gab zwei kanadische Paare, mit auffälligen Ahornblattemblemen auf ihren Frotteemützen; eine schlaksige schwedische Familie mit vier Blondköpfen; ein paar verwechselbare Franzosen und Italiener, die Franklin einfach mit einem gemurmelten *Baguette* oder *Makkaroni* identifizierte; und sechs Japaner, die sich von dem Klischee absetzten, indem sie alle miteinander nicht eine einzige Kamera zur Schau stellten. Mit Ausnahme einiger Familiengruppen und vereinzelter alleinreisender Engländer von kunstinteressiertem Aussehen kamen sie brav paarweise die Gangway herauf.

«Die Tiere gingen zu ihm bei Paaren», bemerkte Franklin. Er war ein großer, korpulenter Mann irgendwo in den Vierzigern, mit blaßgoldenem Haar und einem rötlichen Teint, den mißgünstige Naturen dem Alkohol und wohlmeinende einem Übermaß an Sonne zuschrieben; sein Gesicht kam einem auf eine solche Weise vertraut vor, daß man zu fragen vergaß, ob man es nun für gutaussehend hielt oder nicht. Seine Begleiterin, oder Assistentin, aber jedenfalls, wie sie insistierte, nicht Sekretärin, war eine schlanke, dunkelhaarige junge Frau, die eine für die Reise neu gekaufte Garderobe spazierentrug. Franklin, ganz auf alter Hase getrimmt, trug ein khakifarbenes Buschhemd und verknitterte Jeans. Das war zwar nicht unbedingt die Uniform, die manche Passagiere bei einem Gastdozenten von Rang erwarteten, wies jedoch exakt auf den Ursprung des Ranges hin, den Franklin behauptete. Als amerikanischer Wissenschaftler hätte er eventuell einen Baumwollkreppanzug hervorgeholt; als britischer Wissenschaftler vielleicht ein knitteriges eiskremfarbiges Leinenjackett. Aber Franklins Ruhm (der nicht ganz so weit reichte, wie er meinte) rührte vom Fernsehen. Franklin hatte als Sprachrohr für anderer Leute Ansichten begonnen, ein junger Mann im Cordanzug, der auf angenehme und nicht bedrohliche Art Kultur erläutern konnte. Nach einiger Zeit kam er darauf, daß nichts dagegen sprach, die Sachen auch zu schreiben, wenn er sie sprechen konnte. Anfangs hieß es nur «mit Ergänzungen von Franklin Hughes», dann wurde er als Koautor genannt, und schließlich war das vollständige «von und mit Franklin Hughes» erreicht. Was sein spezielles Wissensgebiet war, konnte niemand so recht ausmachen, doch schweifte er ungebunden durch die Welten der Archäologie,

Geschichte und vergleichenden Kulturwissenschaft. Seine Spezialität waren zeitgenössische Bezüge, die tote Themen wie Hannibals Zug über die Alpen oder Wikingerschätze in East Anglia oder die Paläste des Herodes für den durchschnittlichen Betrachter auszugraben und wiederzubeleben vermochten. «Hannibals Elefanten waren die Panzerdivisionen jener Zeit», erklärte er zum Beispiel, während er breitbeinig und passioniert in einer ausländischen Landschaft stand; oder: «Das sind so viele Infanteristen, wie zum Pokalendspiel ins Wembley-Stadion reingehen»; oder: «Herodes war nicht nur ein Tyrann und der Einiger seines Landes, er war auch Kunstmäzen – vielleicht sollten wir ihn uns wie einen Mussolini mit gutem Geschmack vorstellen.»

Franklins Fernsehruhm brachte ihm bald eine zweite Frau ein, und ein paar Jahre später eine zweite Scheidung. Heute war in seinen Verträgen mit Aphrodite Cultural Tours stets die Stellung einer Kabine für seine Assistentin vorgesehen; die Mannschaft der *Santa Euphemia* stellte mit Bewunderung fest, daß die Assistentinnen sich in der Regel nicht von einer Reise zur anderen hielten. Franklin war großzügig zu den Stewards und beliebt bei denen, die ein paar tausend Pfund für ihre zwanzig Tage gezahlt hatten. Er hatte die sympathische Angewohnheit, bei seinen Lieblingsthemen bisweilen mit solcher Inbrunst abzuschweifen, daß er innehalten und sich mit einem verwirrten Lächeln umsehen mußte, bevor er sich darauf besann, wo er eigentlich sein sollte. Oft sprachen Passagiere miteinander über Franklins offensichtliche Begeisterung für sein Thema, davon, wie erfrischend das in diesen zynischen Zeiten wirke und wie lebendig er die Geschichte für sie werden lasse. Wenn sein Buschhemd zuweilen nachlässig zugeknöpft war und seine Jeanshosen ab und zu Hummerflecken hatten, so war das nur ein weiterer Beweis seiner hinreißenden Begeisterung für seinen Job. Außerdem wies seine Kleidung auf die bewundernswerte Demokratisierung der Wissenschaft in der modernen Zeit hin; augenscheinlich mußte man kein verknöcherter Professor mit steifem Kragen sein, um die Grundzüge der griechischen Architektur zu verstehen.

«Das Begrüßungsbuffet ist um acht», sagte Franklin. «Ich sollte wohl noch ein paar Stunden rumfeilen an meinem Auftritt von morgen früh.»

«Das hast du doch bestimmt schon oft gemacht?» Tricia hoffte noch so halb, er würde mit ihr an Deck bleiben, wenn sie in den Golf von Venedig hinausfuhren.

«Muß jedes Jahr anders sein. Sonst verliert man den Schwung.» Er streifte ihren Unterarm mit einer leichten Berührung und ging nach unten. In Wirklichkeit würde sein Einführungsvortrag am nächsten Morgen um zehn genau der gleiche sein wie in den vergangenen fünf Jahren. Der einzige Unterschied – die einzige Vorkehrung, die verhindern sollte, daß Franklin den Schwung verlor – war die Anwesenheit von Tricia anstelle von ... von, wie hieß das letzte Mädchen noch gleich? Er hielt aber gern die Fiktion aufrecht, daß er vorher noch an seinen Vorlesungen arbeitete, und er konnte gut und gern darauf verzichten, wieder einmal Venedig entschwinden zu sehen. Das würde im nächsten Jahr auch noch dasein, ein oder zwei Zentimeter näher an der Wasserstandslinie und der rosige Teint, genau wie sein eigener, noch etwas fleckiger geworden.

Vom Deck aus blickte Tricia auf die Stadt, bis der Campanile von San Marco nur noch ein Bleistiftstummel war. Sie hatte Franklin vor drei Monaten kennengelernt, als er in der Talkshow auftrat, für die sie als Dokumentationsassistentin arbeitete. Sie waren ein paarmal miteinander im Bett gewesen, aber sonst war bisher noch nicht viel los. Den Mädchen in ihrer Wohnung hatte sie gesagt, sie verreise mit einem Schulfreund; wenn es gut lief, könnte sie alles erzählen, wenn sie zurück war, doch im Moment war sie etwas abergläubisch. Franklin Hughes! Und bisher war er sehr aufmerksam gewesen, hatte ihr sogar pro forma ein paar Aufgaben zugewiesen, damit sie nicht allzusehr bloß wie eine Freundin aussah. So viele Leute beim Fernsehen kamen ihr irgendwie unecht vor – charmant, doch nicht übermäßig aufrichtig. Franklin war privat genau wie im Fernsehen: er ging auf andere zu, machte Witze, erzählte einem gern was. Was er sagte, glaubte man. Die Fernsehkritiker machten sich über seine Kleidung lustig und über das Büschel Brusthaar, wo sein Hemd offenstand, und manchmal spotteten sie über das, was er sagte, aber das war nur Neid, und sie hätte gerne mal ein paar dieser Herren Kritiker gesehen beim Versuch, so einen Auftritt hinzulegen wie Franklin. Daß es leicht aussieht, hatte er ihr bei ihrem ersten Mittagessen erzählt, das sei am allerschwersten hinzukriegen. Das andere Geheimnis beim Fernsehen, sagte er, sei zu wissen, wann man den Mund halten und den Bildern die Arbeit überlassen müsse – «Man muß eine feine Balance halten zwischen Wort und Bild». Insgeheim hoffte Franklin auf das Nonplusultra im Nachspann: «Von und mit Franklin Hughes, Produktion: Franklin Hughes». In seinen Träumen choreographierte er sich bisweilen eine gigantische Einstellung für einen Gang durch das Forum Romanum, die ihn vom Bogen des Septimus Severus bis zum Vestatempel führen würde. Das einzige Problem war, wo er die Kamera aufstellen sollte.

Die erste Etappe der Fahrt, der Adriaküste entlang, verlief so ziemlich wie gewohnt. Da war das Begrüßungsbuffet, bei dem die Mannschaft die Passagiere taxierte und die Passagiere vorsichtig einander umkreisten; Franklins Einführungsvortrag, bei dem er seinem Publikum schmeichelte, seinen Fernsehruhm abwiegelte und verkündete, es sei eine erfrischende Abwechslung, zu richtigen Menschen zu sprechen statt zu einem Glasauge und einem Kameramann, der

«Da ist ein Galgen drin, können wir das noch mal machen, Kinder?» schrie (der technische Bezug war für die Mehrzahl seiner Zuhörer unverständlich, was Franklin durchaus beabsichtigte: sie durften eine snobistische Haltung zum Fernsehen haben, aber nicht meinen, das wäre eine Arbeit für Idioten); und dann war da Franklins zweiter Einführungsvortrag, der genauso klappen mußte und in dem er seiner Assistentin klarmachte, daß sie beide vor allem daran denken sollten, sich gut zu amüsieren. Natürlich werde er arbeiten müssen – ja, es werde Zeiten geben, wo er sich gezwungenermaßen, auch wenn er keinerlei Lust dazu habe, mit seinen Notizen in seine Kabine einschließen müsse –, doch im großen und ganzen sei er der Meinung, sie sollten das als zwei Wochen Urlaub von dem lausigen englischen Wetter und dem ganzen Hauen und Stechen im Television Centre betrachten. Tricia nickte zustimmend, auch wenn sie als Dokumentationsassistentin bislang keinerlei Hauen und Stechen beobachtet, geschweige denn erlitten hatte. Ein Mädchen mit mehr Lebenserfahrung hätte gleich begriffen, daß Franklin damit «Erwarte nicht mehr von mir als das» sagen wollte. Tricia, in ihrer sanftmütigen und optimistischen Art, interpretierte seinen kleinen Vortrag etwas milder als «Wir wollen zusehen, daß wir keine falschen Erwartungen aufbauen» – und zu Franklin Hughes' Ehre sei gesagt, daß das so ungefähr war, was er sagen wollte. Er pflegte sich jedes Jahr mehrmals leicht zu verlieben, ein Hang, den er gelegentlich beklagte, aber jedesmal genoß. Doch war er beileibe nicht herzlos, und sowie er spürte, daß ein Mädchen – und besonders ein nettes Mädchen – ihn mehr brauchte als er sie, wurde ihm augenblicklich mulmig. Aus dieser knisternden Panik heraus machte er gewöhnlich einen von zwei Vorschlägen – das Mädchen solle zu ihm ziehen oder sie solle Leine ziehen –, wobei er keins von beiden wirklich wollte. Daher war seine Begrüßungsansprache an Jenny oder Cathy oder in diesem Fall Tricia eher ein Ausdruck von Vorsicht als von Zynismus, obwohl es nicht weiter verwunderlich war, daß Jenny oder Cathy oder in diesem Fall Tricia ihn, wenn die Sache dann auseinanderging, als berechnender in Erinnerung hatten, als er eigentlich gewesen war.

Die gleiche Vorsicht, die angesichts zahlreicher schauerlicher Nachrichtenmeldungen hartnäckig auf ihn einwisperte, hatte Franklin Hughes veranlaßt, sich einen irischen Paß zuzulegen. Die Welt war kein einladender Ort mehr, wo man mit dem alten dunkelblauen britischen Deckel, garniert mit den Wörtern «Journalist» und «BBC», bekam, was man wollte. «Der Minister des Innern Ihrer Britannischen Majestät», Franklin konnte es auswendig hersagen, «bittet und ersucht im Namen Ihrer Majestät alle zuständigen Stellen und Personen, dem Inhaber dieses Ausweises jede erforderliche Hilfe und Unterstützung zu gewähren.» Ein frommer Wunsch. Jetzt reiste Franklin mit einem grünen irischen Paß mit einer goldenen Harfe auf dem Umschlag, weshalb er sich immer wie ein Guinness-Vertreter vorkam, wenn er ihn vorzeigte. Innen fehlte auch das Wort «Journalist» in Hughes' im großen und ganzen ehrlicher Selbstdarstellung. Es gab Länder auf der Welt, in denen Journalisten nicht willkommen waren und wo man weißhäutige Journalisten mit einem angeblichen Interesse an archäologischen Ausgrabungen für offensichtliche britische Spione hielt. Die nicht so kompromittierende Angabe «Schriftsteller» war gleichzeitig als ein Stückchen Selbstermunterung gedacht. Wenn Franklin sich als Schriftsteller bezeichnete, könnte ihm das den Anstoß geben, auch einer zu werden. Es gab eine eindeutige Chance für ein Buch-zu-der-Serie beim nächsten Mal; und darüber hinaus spielte er mit dem Gedanken an etwas, das seriös und trotzdem sexy wäre – eine persönliche Geschichte der Welt etwa – und sich möglicherweise monatelang auf den Bestsellerlisten hielte.

Die *Santa Euphemia* war ein ältliches, doch komfortables Schiff mit einem gepflegten italienischen Kapitän und einer tüchtigen griechischen Mannschaft. Bei diesen Aphrodite Tours erschien eine vorhersagbare Klientel, von der Nationalität her verschieden, doch vom Geschmack her homogen. Der Menschenschlag, der lieber Bücher las, als an Deck Ringewerfen zu spielen, und sich lieber in die Sonne legte, als in die Disco zu gehen. Sie folgten dem Gastdozenten überallhin, machten die meisten der zusätzlich angebotenen Ausflüge mit und verschmähten die Stroheselchen in den Andenkenläden. Sie waren nicht aus romantischen Gründen gekommen, auch wenn ein Streichtrio bisweilen zu altmodischem Tanzvergnügen animierte. Sie speisten der Reihe nach am Kapitänstisch, hatten gute Ideen für den Maskenball und lasen brav die Bordzeitung, die neben ihrer Tagesroute Geburtstagsgrüße und konfliktfreie Meldungen vom europäischen Kontinent brachte.

Die Atmosphäre kam Tricia etwas schlaff vor, aber es war eine wohlorganisierte Schlaffheit. Wie in der Ansprache an seine Assistentin hatte Franklin auch in seiner Einführungsvorlesung hervorgehoben, daß die nächsten drei Wochen dem Vergnügen und der Erholung zu dienen hätten. Er deutete taktvoll an, das Interesse für das klassische Altertum sei nicht bei allen Menschen gleich ausgeprägt, er werde jedenfalls keine Anwesenheitsliste führen und bei Fehlenden ein schwarzes Kreuzchen machen. Franklin bekannte auf seine sympathische Art, daß es Gelegenheiten gab, wo selbst er einer weiteren Reihe korinthischer Säulen vor wolkenlosem Himmel nichts mehr abgewinnen konnte; aber er machte das so, daß die Passagiere ihm nicht unbedingt zu glauben brauchten.

Die Ausläufer des nördlichen Winters lagen hinter ihnen; jetzt führte die *Santa Euphemia* ihre zufriedenen Passagiere gemessen in einen ruhigen mediterranen Frühling. Tweedjacketts wichen Leinenjacken, Hosenanzüge nicht mehr ganz aktuellen Strandkleidern. Sie passierten den Isthmus von Korinth bei Nacht, wobei manche Passagiere im Nachtzeug am Bullauge hingen und die robusteren Naturen an Deck waren und von Zeit zu Zeit fruchtlose Blitzsalven aus ihren Fotoapparaten abgaben. Vom Jonischen Meer in die Ägäis: bei den Kykladen wurde es ein wenig frischer und bewegter, aber das machte niemandem etwas aus. Sie gingen im halbseidenen Mykonos an Land, wo sich ein betagter Schuldirektor beim Klettern in den Ruinen den Knöchel verstauchte; dann im marmornen Paros und im vulkanischen Thira. Zehn Tage von der Kreuzfahrt waren verstrichen, als sie in Rhodos haltmachten. Während die Passagiere an Land waren, nahm die *Santa Euphemia* Treibstoff, Gemüse, Fleisch und noch mehr Wein an Bord. Sie nahm auch ein paar Besucher an Bord, was sich aber erst am nächsten Morgen herausstellte.

Sie fuhren auf Kreta zu, und um 11 Uhr begann Franklin mit seinem gewohnten Vortrag über Knossos und die minoische Kultur. Er mußte ein bißchen vorsichtig sein, denn seine Hörer wußten in der Regel über Knossos Bescheid, und es gab immer welche, die ihre eigenen Theorien hatten. Franklin freute sich, wenn die Leute Fragen stellten; es machte ihm nichts aus, wenn das Wissen, das er vermittelt hatte, durch obskure oder auch korrekte Informationen ergänzt wurde – er bedankte sich dann mit einer höflichen Verbeugung und einem auf deutsch gemurmelten «Herr Professor», des Inhalts, daß sich manche Leute ruhig den Kopf mit abstrusen Einzelheiten vollstopfen konnten, solange nur einige von uns den Gesamtzusammenhang im Auge behielten; was Franklin Hughes hingegen nicht ausstehen konnte, waren Langweiler mit irgendeiner fixen Idee, die sie dringend bei dem Gastdozenten an den Mann bringen mußten. Entschuldigung, Mr. Hughes, das sieht mir sehr ägyptisch aus – woher wollen wir eigentlich wissen, daß das nicht die Ägypter gebaut haben? Gehen jetzt nicht auch Sie davon aus, Homer habe zu der Zeit geschrieben, von der alle glauben, daß er (ein kleiner Lacher) – oder sie – geschrieben habe? Ich bin ja weiß Gott kein Experte, aber wäre es nicht viel einleuchtender, wenn ... Es gab immer mindestens einen, der den verwunderten, aber klar denkenden Amateur spielte; er – oder sie – ließ sich von der geltenden Meinung nicht zum Narren halten, sondern wußte, daß Historiker ständig bluffen und daß die beste Methode zum Verständnis komplizierter Sachverhalte die Anwendung einer von keinerlei echtem Wissen oder gar Forschungen belasteten schwungvollen Intuition ist. «Ich bin Ihnen für Ihre Ausführungen dankbar, Mr. Hughes, aber wäre es nicht viel logischer ...» Was Franklin öfter mal gern gesagt hätte, aber nie sagte, war, daß diese forschen Vermutungen über frühere Kulturen in aller Regel auf Hollywoodschinken mit Kirk Douglas oder Burt Lancaster zu beruhen schienen. Er malte sich aus, wie er einem dieser Witzbolde bis zum Schluß zuhörte und dann, mit einem kleinen ironischen Pfeifton auf dem Adverb, sagte: «Ihnen ist natürlich klar, daß der Film ‹Ben Hur› nicht *hundertprozentig* glaubwürdig ist?» Aber noch nicht auf dieser Reise. Genauer gesagt erst, wenn er wüßte, daß es seine letzte Reise wäre. Dann könnte er sich ein wenig gehenlassen. Er könnte freimütiger sein mit seinen Hörern, weniger vorsichtig mit dem Saufen, empfänglicher für einen flirtenden Blick.

Die Besucher kamen zu spät zu Franklin Hughes' Vortrag über Knossos, und er hatte den Teil, wo er in die Rolle von Sir Arthur Evans schlüpfte, schon abgeschlossen, als sie die Doppeltüren aufmachten und einen einzelnen Schuß gegen die Decke abgaben. Franklin, noch ganz berauscht von seinem eigenen Auftritt, murmelte: «Kann mir das mal jemand übersetzen?», aber der Witz war alt und nicht genug, um die

Aufmerksamkeit der Passagiere wieder zu gewinnen. Sie hatten Knossos bereits vergessen und betrachteten den großen Mann mit Schnurrbart und Brille, der nun Franklins Platz am Rednerpult einnehmen wollte. Unter normalen Umständen hätte ihm Franklin das Mikrophon wohl erst nach einer höflichen Erkundigung nach seinen Referenzen überlassen. Da der Mann aber ein großes Maschinengewehr hatte und eine jener rotkarierten Kopfbedeckungen trug, die einst das Abzeichen der liebenswerten Wüstenkrieger auf der Seite von Lawrence von Arabien gewesen, in letzter Zeit jedoch zum Abzeichen bellender Terroristen geworden waren, die nichts anderes im Sinn hatten, als unschuldige Menschen abzuschlachten, machte Franklin nur eine vage Handbewegung des Inhalts «Übernehmen Sie bitte» und setzte sich auf seinen Stuhl.

Franklins Publikum – wie er es in einer Anwandlung von Besitzgier bei sich noch nannte – wurde still. Jeder vermied unvorsichtige Bewegungen; geatmet wurde äußerst diskret. Es waren drei Besucher, die beiden anderen bewachten die Doppeltüren zum Vortragssaal. Der Große mit der Brille hatte beinahe etwas von einem Gelehrten, als er ans Mikrophon klopfte, wie das Vortragende überall zu tun pflegen: teils um zu prüfen, ob es funktioniert, teils um die Aufmerksamkeit auf sich zu lenken. Letzteres war eigentlich nicht notwendig.

«Entschuldigen Sie bitte die Störung», begann er, was ein, zwei nervöse Lacher hervorrief. «Aber leider ist es notwendig, Ihre Ferien eine Zeitlang zu unterbrechen. Ich hoffe, es wird keine lange Unterbrechung sein. Sie werden alle hierbleiben und sich nicht von Ihrem Platz rühren, bis wir Ihnen sagen, was Sie tun sollen.»

Eine Stimme, männlich, ärgerlich und amerikanisch, fragte aus der Mitte des Hörsaals: «Wer sind Sie, und was zum Teufel wollen Sie?» Der Araber beugte sich wieder zu dem Mikrophon, von dem er eben fortgegangen war, und antwortete mit der herablassenden Gewandtheit eines Diplomaten: «Es tut mir leid, aber zu diesem Zeitpunkt kann ich keine Fragen entgegennehmen.» Dann, nur um sicherzustellen, daß man ihn nicht irrtümlich für einen Diplomaten hielt, fuhr er fort: «Wir halten nichts von unnötiger Gewalt. Doch als ich den Schuß gegen die Decke abgab, um Ihre Aufmerksamkeit zu erregen, hatte ich diesen kleinen Riegel hier so eingestellt, daß das Gewehr nur einen Schuß aufs Mal abgibt. Wenn ich den Riegel verschiebe –» er tat es, wobei er die Waffe auf halber Höhe hielt, wie ein Schießlehrer mit einer außergewöhnlich begriffsstutzigen Klasse –, «feuert das Gewehr in Serie, bis das Magazin leer ist. Ich hoffe, das ist klar.»

Der Araber verließ den Saal. Einige Leute hielten sich bei den Händen; ab und zu war ein Schniefen oder Schluchzen zu hören, aber meist war Stille. Franklin schaute zu Tricia hinten links im Hörsaal hinüber. Seine Assistentinnen durften zu seinen Vorträgen kommen, sich aber nicht mitten in sein Blickfeld setzen – «sonst komme ich noch auf falsche Gedanken». Sie schien keine Angst zu haben, sondern sich eher um das adäquate Benehmen zu sorgen. Franklin wollte sagen: «Hör mal, so was ist mir noch nie passiert, das ist nicht normal, ich weiß auch nicht, was man da tut», begnügte sich statt dessen aber mit einem unbestimmten Nikken. Nach zehn Minuten hartnäckigen Schweigens stand eine Mittfünfzigerin aus Amerika auf. Augenblicklich schrie einer der Besucher, die die Tür bewachten, sie an. Sie kümmerte sich nicht darum, wie sie auch das Flüstern und die nach ihr greifende Hand ihres Gatten ignorierte. Sie ging durch den Mittelgang auf die Bewaffneten zu, blieb ein paar Meter vor ihnen stehen und sagte mit klarer, langsamer, von Panik vereiterter Stimme: «Ich muß auf die verdammte Toilette.»

Die Araber antworteten nicht und sahen sie auch nicht an. Statt dessen gaben sie mit einer kleinen Bewegung ihrer Gewehre so klar, wie so etwas nur sein kann, zu verstehen, daß sie momentan eine große Zielscheibe darstellte und daß jedes weitere Vordringen dieses Faktum auf eindeutige und endgültige Weise bestätigen würde. Sie drehte sich um, ging zu ihrem Platz zurück und fing an zu weinen. Sofort begann eine zweite Frau auf der rechten Seite des Saals zu schluchzen. Franklin sah wieder zu Tricia hin, nickte, stand auf, schaute bewußt nicht zu den beiden Wächtern und trat zurück ans Rednerpult. «Wie ich bereits sagte …» Er gab ein achtunggebietendes Husten von sich, und alle Augen wandten sich wieder ihm zu. «Wie gesagt war der Palast von Knossos keinesfalls die erste menschliche Siedlung an dieser Stätte. Was wir gemeinhin die minoischen Kulturschichten nennen, reicht bis zu einer Tiefe von rund 5,2 Metern, doch darunter liegen noch Reste menschlicher Behausungen bis zu einer Tiefe von rund 7,9 Metern. Wo der Palast errichtet wurde, hatte es schon mindestens zehntausend Jahre lang Leben gegeben, bevor der erste Stein gelegt wurde …»

Es kam ihm normal vor, daß er wieder dozierte. Er fühlte sich so, als sei ihm der Federmantel der Führerschaft umgehängt worden. Er beschloß, dem Rechnung zu tragen, zunächst andeutungsweise. Verstanden die Wächter Englisch? Vielleicht. Waren sie je in Knossos gewesen? Unwahrscheinlich. Also erfand Franklin, als er das Megaron im Palast beschrieb, eine große Tontafel, die, wie er behauptete, möglicherweise über dem Gipsthron gehangen hatte. Darauf stand – an dieser Stelle sah er zu den Arabern hinüber – «Wir leben in schwierigen Zeiten». Während er mit der Beschreibung der Stätte fortfuhr, förderte er weitere Tafeln zutage, von denen viele, wie er nun furchtlos auszuführen begann, allgemeingültige Botschaften trugen. «Wir dürfen vor allem nichts Unbesonnenes tun», lautete eine. Eine andere: «Leere Drohungen nützen so wenig wie eine Scheide ohne Schwert.» Eine andere: «Der Tiger wartet stets, bevor er springt.» (Hughes fragte sich kurz, ob man in der minoischen Kultur etwas von Tigern gewußt hatte.) Er war sich nicht sicher, wie viele seiner Zuhörer mitgekriegt hatten, was er da tat, doch ab und zu gab es ein zustimmendes Brummen. Auf eine seltsame Art machte es ihm auch Spaß. Er beendete seinen Rundgang durch den Palast mit einer seiner vielen Inschriften, die für die minoische Kultur ganz besonders wenig typisch war: «Es gibt eine große Macht, wo die Sonne untergeht, die gewisse Dinge nicht zulassen wird.» Dann sammelte er seine Notizen auf und setzte sich unter herzlicherem Beifall als sonst hin. Er sah zu Tricia hinüber und zwinkerte ihr zu. Sie hatte Tränen in den Augen. Er blickte kurz in die Richtung der beiden Araber und dachte, euch hab ich's gezeigt, da könnt ihr sehen, aus welchem Holz wir geschnitzt sind, wir lassen uns nicht so leicht unterkriegen. Fast wünschte er, er hätte sich irgendeinen minoischen Aphorismus über Leute mit roten Geschirrtüchern auf dem Kopf ausgedacht, mußte sich aber eingestehen, daß er das nicht gewagt hätte. Den würde er sich für später aufsparen, wenn sie alle in Sicherheit wären.

Sie warteten eine halbe Stunde lang in einer nach Urin riechenden Stille, bevor der Anführer der Besucher zurückkam. Er sprach kurz mit den Wächtern und ging dann durch den Gang zum Rednerpult. «Wie ich höre, hat man Ihnen einen Vortrag über den Palast von Knossos gehalten», fing er an, und Franklin spürte, wie an seinen Handflächen der Schweiß ausbrach. «Das ist gut. Es ist wichtig, daß Sie andere Kulturen verstehen. Ihre Blüte und –» er machte eine bedeutungsvolle Pause – «ihren Untergang. Ich hoffe sehr, daß Sie einen schönen Ausflug nach Knossos haben werden.»

Er ging schon vom Mikrophon weg, als die gleiche amerikanische Stimme, diesmal in versöhnlicherem Ton, als würde sie die minoischen Tafeln beachten, sagte: «Entschuldigung, könnten Sie uns vielleicht ungefähr sagen, wer Sie sind und was Sie wollen?»

Der Araber lächelte: «Ich weiß nicht, ob das zum gegenwärtigen Zeitpunkt eine gute Idee wäre.» Er nickte zum Zeichen, daß er fertig sei, dann hielt er inne, als ob eine höfliche Frage zumindest eine höfliche Antwort verdiente. «Lassen Sie mich es so ausdrücken. Wenn alles nach Plan abläuft, werden Sie bald mit Ihren Studien der minoischen Kultur fortfahren können. Wir werden verschwinden, wie wir gekommen sind, und Sie werden meinen, wir seien einfach nur ein Traum gewesen. Dann können Sie uns vergessen. Sie werden nur in Erinnerung behalten, daß wir Sie etwas aufgehalten haben. Aus diesem Grund brauchen Sie weder zu wissen, wer wir sind, noch woher wir kommen noch was wir wollen.»

Er hatte das niedrige Podium schon fast verlassen, als Franklin, durchaus zu seinem eigenen Erstaunen, sagte: «Entschuldigung.» Der Araber drehte sich um. «Keine weiteren Fragen.» Hughes fuhr fort: «Das ist keine Frage. Ich meine nur ... Sie haben bestimmt andere Dinge im Kopf ... aber falls wir hier bleiben müssen, dann sollten Sie uns austreten lassen.» Der Anführer der Besucher runzelte die Stirn. «Auf das WC», erläuterte Franklin; dann noch einmal, «auf die Toilette.»

«Natürlich. Sie werden auf die Toilette gehen können, wenn wir Sie von hier wegbringen.»

«Wann wird das sein?» Franklin spürte, wie er sich von seiner eigenmächtig übernommenen Rolle etwas hinreißen ließ. Der Araber wiederum bemerkte einen gewissen unannehmbaren Mangel an Unterwürfigkeit. Er antwortete barsch: «Wenn wir es bestimmen.»

Er ging. Zehn Minuten später kam ein Araber herein, den

sie vorher noch nicht gesehen hatten, und flüsterte Hughes etwas zu. Er stand auf. «Sie wollen uns von hier in den Speisesaal bringen. Wir werden paarweise dorthin gebracht. Bewohner ein und derselben Kabine haben sich als solche auszuweisen. Wir werden zu unseren Kabinen geführt, wo wir die Toilette benutzen dürfen. Außerdem sollen wir unsere Pässe holen, aber sonst nichts.» Der Araber flüsterte wieder. «Und wir dürfen die Toilettentür nicht abschließen.» Unaufgefordert fuhr Franklin fort: «Ich glaube, es ist diesen Besuchern unseres Schiffes ziemlich ernst. Ich glaube, wir sollten nichts tun, was sie verärgern könnte.»

Es stand nur ein Wächter zur Verfügung, um die Passagiere wegzubringen, und der Prozeß dauerte mehrere Stunden. Als Franklin und Tricia auf das C-Deck gebracht wurden, sagte er in beiläufigem Ton, als machte er eine Bemerkung über das Wetter: «Nimm den Ring von deiner rechten Hand und steck ihn dir an den Ehering-Finger. Dreh den Stein so rum, daß man ihn nicht sieht. Mach's nicht jetzt, mach's, wenn du pinkeln gehst.»

Als sie im Speisesaal waren, wurden ihre Pässe von einem fünften Araber kontrolliert. Tricia wurde zum anderen Ende geschickt, wo in der einen Ecke die Briten untergebracht waren und in der anderen die Amerikaner. In der Mitte des Saals waren die Franzosen, die Italiener, zwei Spanier und die Kanadier. Der Tür am nächsten waren die Japaner, die Schweden und Franklin, der alleinige Ire. Mit als letzte wurden die Zimmermanns hereingeführt, ein korpulentes, gutgekleidetes Ehepaar aus Amerika. Hughes hatte zuerst gemeint, der Mann sei aus der Konfektionsbranche, ein Zuschneidemeister etwa, der sich selbständig gemacht hatte; doch bei einem Gespräch auf Paros hatte sich herausgestellt, daß er ein vor kurzem in den Ruhestand getretener Professor der Philosophie aus dem Mittleren Westen war. Als das Paar auf dem Weg zur amerikanischen Seite an

Franklins Tisch vorbeikam, murmelte Zimmermann obenhin: «... und schieden die Reinen von den Unreinen.»

Als alle versammelt waren, wurde Franklin in das Büro des Zahlmeisters geführt, wo sich der Anführer eingerichtet hatte. Franklin ertappte sich bei der Überlegung, ob die etwas knollige Nase und der Schnurrbart womöglich an der Brille hingen; vielleicht war alles zusammen abnehmbar.

«Ah, Mr Hughes. Sie scheinen ihr Sprecher zu sein. Auf jeden Fall ist dies ab jetzt offiziell Ihre Stellung. Sie werden ihnen folgendes erklären: Wir tun, was wir können, damit sie sich wohl fühlen, aber sie müssen einsehen, daß es da gewisse Schwierigkeiten gibt. Sie werden jede Stunde fünf Minuten lang miteinander reden dürfen. Gleichzeitig dürfen diejenigen, die das wünschen, dann auf die Toilette gehen. Immer eine Person aufs Mal. Ich sehe, daß das alles vernünftige Leute sind, und hätte es nicht gern, wenn sie sich entschließen würden, unvernünftig zu sein. Ein Mann sagt übrigens, er könne seinen Paß nicht finden. Er sagt, er heißt Talbot.»

«Mr Talbot, ja.» Ein zerstreuter älterer Engländer, der gerne Fragen zur Religion in der Antike stellte. Ein sanfter Typ ohne eigene Theorien, Gott sei Dank.

«Er soll bei den Amerikanern sitzen.»

«Aber er ist Brite. Er kommt aus Kidderminster.»

«Wenn er weiß, wo sein Paß ist, und er ist Brite, kann er bei den Briten sitzen.»

«Man merkt doch, daß er Brite ist. Ich kann mich dafür verbürgen.» Der Araber sah unbeeindruckt aus. «Er spricht doch nicht wie ein Amerikaner, oder?»

«Ich habe nicht mit ihm gesprochen. Außerdem, Sprechen ist doch kein Beweis, nicht wahr? Sie sprechen, glaube ich, wie ein Brite, aber Ihr Paß sagt, Sie sind kein Brite.» Franklin nickte langsam. «Also werden wir auf den Paß warten.»

«Warum trennen Sie uns so voneinander?»

«Wir dachten, Sie sitzen sicher gern bei Ihresgleichen.» Der Araber bedeutete ihm durch ein Zeichen, daß er gehen solle.

«Da ist noch etwas. Meine Frau. Darf sie bei mir sitzen?»

«Ihre Frau?» Der Mann sah auf eine vor ihm liegende Passagierliste. «Sie haben keine Frau.»

«Doch. Sie reist als Tricia Maitland. Das ist ihr Mädchenname. Wir haben vor drei Wochen geheiratet.» Franklin machte eine Pause, dann fügte er wie ein Geständnis hinzu: «Meine dritte Frau, übrigens.»

Doch der Araber schien unbeeindruckt von Franklins Harem. «Sie haben vor drei Wochen geheiratet? Und doch haben Sie anscheinend nicht dieselbe Kabine. Steht es so schlecht?»

«Nein, ich habe eine Extra-Kabine für meine Arbeit, wissen Sie. Die Vorträge. Es ist ein Luxus, eine zweite Kabine zu haben, ein Privileg.»

«Sie ist Ihre Frau?» Der Tonfall verriet nichts.

«Jawohl», antwortete er, leicht gereizt.

«Aber sie hat einen britischen Paß.»

«Sie ist Irin. Wer einen Iren heiratet, wird Irin. Das ist irisches Recht.»

«Mr Hughes, sie hat einen britischen Paß.» Er zuckte die Achseln, als sei das ein unlösbares Dilemma, dann fand er eine Lösung. «Aber wenn Sie bei Ihrer Frau zu sitzen wünschen, dann dürfen Sie sich zu ihr an den britischen Tisch setzen.»

Franklin lächelte unbehaglich. «Wenn ich der Sprecher der Passagiere bin, wie kann ich Sie sehen, um Ihnen die Forderungen der Passagiere zu übermitteln?»

«Die Forderungen der Passagiere? Nein, Sie haben nichts begriffen. Die Passagiere haben keine Forderungen. Sie sehen mich nicht, es sei denn, ich will Sie sehen.»

Nachdem Franklin die neuen Anweisungen weitergegeben hatte, saß er für sich allein an seinem Tisch und überdachte die Lage. Das Gute war, daß man sie soweit einigermaßen anständig behandelt hatte; bisher war niemand geschlagen oder erschossen worden, und die Leute, die sie gefangenhielten, waren anscheinend nicht die hysterischen Schlächter, die man vielleicht erwartet hätte. Andererseits lag das Schlechte ziemlich nah bei dem Guten: Da sie nicht hysterisch waren, würden sich die Besucher vielleicht auch als zuverlässig, tüchtig und schlecht von ihrem Vorhaben abzubringen erweisen. Und was war ihr Vorhaben? Warum hatten sie die *Santa Euphemia* entführt? Mit wem standen sie in Verhandlungen? Und wer steuerte dieses vermaledeite Schiff, das, soweit Franklin erkennen konnte, langsam und weiträumig im Kreis herum fuhr?

Von Zeit zu Zeit nickte er den Japanern am nächsten Tisch aufmunternd zu. Es entging ihm nicht, daß Passagiere am hinteren Ende des Speisesaals immer mal wieder in seine Richtung schauten, als wollten sie sich vergewissern, daß er noch da war. Er war zum Verbindungsmann geworden, vielleicht gar zum Anführer. Dieser Vortrag über Knossos war, unter den Umständen, geradezu brillant gewesen; er hatte viel mehr Mumm bewiesen, als er für möglich gehalten hätte. Aber nun so alleine dazusitzen, das machte ihn fertig; es brachte ihn ins Grübeln. Seine zuerst aufgewallten Gefühle – die an Übermut gegrenzt hatten – waren am Versikkern; Lethargie und Beklemmung nahmen überhand. Vielleicht sollte er sich zu Tricia und den Briten setzen. Aber dann würden sie ihm womöglich seine Staatsbürgerschaft aberkennen. Dieses Aufteilen der Passagiere: hatte es das zu bedeuten, was er befürchtete?

Am späten Nachmittag hörten sie ein Flugzeug über sich, in ziemlich niedriger Höhe. Es gab gedämpften Jubel in der amerikanischen Sektion des Speisesaals; dann entfernte sich das Flugzeug. Um sechs Uhr erschien einer der griechischen Stewards mit einem großen Tablett voll belegter Brote; Franklin merkte, wie sich die Angst auf den Hunger auswirkt. Um sieben, als er pinkeln ging, flüsterte eine amerikanische Stimme: «Gut gemacht, weiter so.» An seinem Tisch zurück, versuchte er, nüchterne Zuversicht auszustrahlen. Das Dumme war, je mehr er nachdachte, desto weniger fröhlich wurde ihm zumute. Westliche Regierungen hatten in den letzten Jahren eine Menge Tamtam um den Terrorismus gemacht – daß man der Bedrohung die Stirn bieten und sie dann in die Knie zwingen werde; doch schien die Bedrohung nie zu begreifen, was mit ihren Knien angestellt wurde, und hielt kaum verändert an. Wer dazwischengeriet, kam um; Regierungen und Terroristen überlebten.

Um neun wurde Franklin wieder in das Büro des Zahlmeisters bestellt. Die Passagiere sollten für die Nacht verlegt werden: die Amerikaner in den Vortragssaal zurück, die Briten in die Disco und so weiter. Diese getrennten Lager würden dann abgeschlossen werden. Das war notwendig: auch die Besucher brauchten ihren Schlaf. Die Pässe sollten jederzeit zur Kontrolle bereitgehalten werden.

«Was ist mit Mr Talbot?»

«Er ist amerikanischer Ehrenbürger geworden. Bis er seinen Paß findet.»

«Was ist mit meiner Frau?»

«Miss Maitland. Was ist mit ihr?»

«Darf sie zu mir kommen?»

«Ah. Ihre britische Frau.»

«Sie ist Irin. Wer einen Iren heiratet, wird Irin. Das ist geltendes Recht.»

«Recht, Mr Hughes. Immer erzählen die Leute *uns*, was das Recht ist. Es ist mir oft ein Rätsel, wieso sie etwas als Recht oder Unrecht empfinden.» Er sah zu einer Mittelmeerkarte an der Wand hinter Franklin hinüber. «Gibt es zum Beispiel ein Recht darauf, Bomben auf Flüchtlingslager zu werfen? Ich habe oft versucht herauszufinden, nach welchem Recht das erlaubt sein soll. Doch das ist eine lange Debatte, und manchmal glaube ich, Debatten führen zu nichts, genau wie das Recht zu nichts führt.» Er zuckte wegwerfend die Achseln. «Was die Angelegenheit mit Miss Maitland betrifft, so wollen wir hoffen, daß ihre Nationalität nicht, wie soll ich sagen, relevant wird.»

Franklin versuchte, ein Schaudern zu unterdrücken. Es gab Zeiten, wo ein Euphemismus viel erschreckender sein konnte als eine offene Drohung. «Können Sie mir sagen, wann es womöglich … relevant wird?»

«Die sind dumm, wissen Sie. Die sind dumm, weil sie meinen, wir sind dumm. Sie lügen auf eine höchst durchsichtige Art. Sie sagen, sie seien nicht befugt zu handeln. Sie sagen, dergleichen lasse sich nicht so schnell arrangieren. Natürlich läßt sich das. Es gibt doch so etwas wie das Telefon. Wenn sie glauben, sie hätten aus früheren Vorkommnissen dieser Art gelernt, dann sind sie dumm, wenn sie nicht merken, daß auch wir daraus gelernt haben. Wir kennen ihre Taktiken, das Lügen und Verzögern, all diese Versuche, irgendeine Art von Beziehung zu den Freiheitskämpfern aufzubauen. Wir wissen das alles. Und wir kennen die Grenzen der körperlichen Handlungsfähigkeit. So sehen wir uns durch Ihre Regierungen genötigt, zu tun, was wir angekündigt haben. Würden sie sofort anfangen zu verhandeln, dann gäbe es keine Probleme. Aber sie fangen erst an, wenn es zu spät ist. Dafür müssen sie dann den Kopf hinhalten.»

«Nein», sagte Franklin. «*Wir* müssen den Kopf hinhalten.»

«Sie, Mr Hughes, brauchen sich, glaube ich, nicht so bald Sorgen zu machen.»

«Wie bald ist bald?»

«Ich glaube sogar, Sie brauchen sich vielleicht überhaupt keine Sorgen zu machen.»

«Wie bald ist bald?»

Der Anführer hielt inne, dann machte er eine bedauernde Geste. «Morgen irgendwann. Der Zeitplan, müssen Sie wissen, steht fest. Das haben wir ihnen von Anfang an gesagt.»

Ein Teil von Franklin Hughes konnte nicht glauben, daß er diese Unterhaltung führte. Ein anderer Teil wollte sagen, er sei schon immer für die Sache – was immer das sein mochte – seiner Geiselnehmer eingetreten, und die gälische Eintragung in seinem Paß bedeute übrigens, daß er Mitglied der IRA sei, und dürfte er in Gottes Namen bitte in seine Kabine gehen und sich hinlegen und das Ganze vergessen. Statt dessen wiederholte er: «Zeitplan?» Der Araber nickte. Ohne nachzudenken sagte Franklin: «Einer pro Stunde?» Sofort wünschte er, er hätte nicht gefragt. Am Ende brachte er den Kerl noch auf Ideen.

Der Araber schüttelte den Kopf. «Zwei. Jede Stunde ein Paar. Man muß den Einsatz erhöhen, sonst nehmen sie einen nicht ernst.»

«Mein Gott. Einfach an Bord kommen und einfach so Leute umbringen. Einfach so?»

«Sie meinen, es wäre besser, wenn wir ihnen erklären, warum wir sie umbringen?» Der Ton war sarkastisch.

«Äh, ja, doch.»

«Meinen Sie, sie hätten Verständnis?» Jetzt war es eher Spott als Sarkasmus. Franklin schwieg. Er fragte sich, wann sie zu töten anfangen würden. «Gute Nacht, Mr Hughes», sagte der Anführer der Besucher.

Franklin wurde für die Nacht in einer Kabine mit der schwedischen Familie und den drei Paaren aus Japan untergebracht. Sie waren, folgerte er, die am wenigsten gefährdete Gruppe unter den Passagieren. Die Schweden, weil ihre Nation für ihre Neutralität berühmt war; Franklin und die Japaner vermutlich deshalb, weil Irland und Japan in jüngster Zeit Terroristen hervorgebracht hatten. Wie grotesk. Die sechs Japaner, die eine Kultur-Kreuzfahrt durch Europa machten, waren nicht gefragt worden, ob sie für die verschiedenen politischen Killer in ihrem eigenen Land waren; ebensowenig war Franklin zur IRA befragt worden. Ein dank genealogischem Dusel erworbener Guinness-Paß ließ die Möglichkeit offen, daß er mit den Besuchern sympathisierte, und das war sein Schutz. In Wirklichkeit haßte Franklin die IRA, genau wie er alle politischen Gruppen haßte, die ihn störten, oder stören könnten, bei seiner Ganztagsbeschäftigung, Franklin Hughes zu sein. Soweit er wußte – und seinem Prinzip folgend hatte er auch dieses Jahr nichts dergleichen gefragt –, hatte Tricia viel mehr übrig für die verschiedenen weltweiten Gruppen von gemeingefährlichen Irren, die es indirekt darauf abgesehen hatten, die Karriere von Franklin Hughes aufzuhalten. Und doch war sie mit den diabolischen Briten zusammengepfercht.

In dieser Nacht wurde in der Kabine wenig gesprochen. Die Japaner blieben für sich; die schwedische Familie war mit dem Versuch beschäftigt, ihre Kinder abzulenken, indem sie von zu Hause und von Weihnachten und von englischen Fußballmannschaften redeten; und Franklin fühlte sich belastet durch das, was er wußte. Er hatte Angst, ihm war übel; doch seine Isolierung schien ihn zum Komplizen der Geiselnehmer zu machen. Er versuchte, an seine zwei Frauen zu denken und an die Tochter, die jetzt – was? – fünfzehn sein mußte: er mußte sich immer an das Jahr ihrer Geburt erinnern und ihr Alter von da aus berechnen. Er mußte sich wirklich vornehmen, sie öfter zu sehen. Vielleicht könnte er sie mitnehmen, wenn sie die nächste Serie filmten. Sie würde bei seinem berühmten Spaziergang durch das Forum zusehen können; das würde ihr gefallen. Also, wo könnte er die Kamera aufstellen? Oder vielleicht eine

Fahraufnahme. Und ein paar Statisten mit Toga und Sandalen – ja, das gefiel ihm …

Am nächsten Morgen wurde Franklin in das Büro des Zahlmeisters gebracht. Der Anführer bedeutete ihm, sich zu setzen. «Ich habe beschlossen, Ihrem Rat zu folgen.»

«Meinem Rat?»

«Die Verhandlungen nehmen, fürchte ich, einen schlechten Verlauf. Das heißt, es gibt keine Verhandlungen. Wir haben unseren Standpunkt erläutert, aber sie zeigen äußerst wenig Bereitschaft, ihren Standpunkt zu erläutern.»

«Sie?»

«Sie. Wenn sich also nicht sehr bald etwas ändert, werden wir gezwungen sein, Druck auf sie auszuüben.»

«Druck?» Selbst Franklin, der ohne die Fähigkeit, Euphemismen einzusetzen, beim Fernsehen keine Karriere gemacht hätte, war außer sich. «Sie meinen, Menschen umzubringen.»

«Das ist bedauerlicherweise der einzige Druck, den sie verstehen.»

«Wie wär's, wenn Sie andere Arten ausprobieren?»

«Aber das haben wir doch. Wir haben es damit versucht, uns ja nicht zu rühren und zu warten, bis die Weltmeinung uns zu Hilfe kommt. Wir haben es damit versucht, brav zu sein und zu hoffen, daß wir zum Lohn unser Land zurückbekommen. Ich kann Ihnen versichern, daß diese Systeme nicht funktionieren.»

«Warum versuchen Sie es nicht mit einem Mittelweg?»

«Ein Embargo für amerikanische Waren, Mr Hughes? Ich glaube nicht, daß sie uns ernst nehmen würden. Beirut importiert nicht mehr genug Chevrolets? Nein, bedauerlicherweise gibt es Leute, die nur bestimmte Arten von Druck verstehen. Es geht auf der Welt nur vorwärts …»

«… wenn man Menschen umbringt? Eine fröhliche Philosophie.»

«Die Welt ist kein fröhlicher Ort. Ich dachte, das hätten Sie aus der Beschäftigung mit antiken Kulturen gelernt. Egal ... Ich habe beschlossen, Ihrem Rat zu folgen. Wir werden den Passagieren erklären, was vor sich geht. Wie sie in die Geschichte verstrickt sind. Was diese Geschichte ist.»

«Das werden sie sicher zu würdigen wissen.» Franklin war mulmig zumute. «Sagen Sie ihnen, was los ist.»

«Genau. Sehen Sie, um vier Uhr wird es nötig sein, mit dem ... mit dem Töten anzufangen. Natürlich hoffen wir, daß es nicht nötig sein wird. Aber wenn doch ... Sie haben recht, man muß ihnen die Sache erklären, wenn es möglich ist. Sogar ein Soldat weiß, warum er kämpft. Es ist nur fair, daß die Passagiere es ebenso erfahren.»

«Aber sie kämpfen doch nicht.» Franklin war über den Tonfall des Arabers genauso aufgebracht wie über das, was er sagte. «Es sind Zivilisten. Sie machen Urlaub. Sie kämpfen nicht.»

«Es gibt keine Zivilisten mehr», entgegnete der Araber. «Ihre Regierungen tun zwar so, aber es stimmt nicht. Diese Atomwaffen, die Sie da haben, sollen die nur auf eine Armee abgeschossen werden? Die Zionisten zumindest haben das begriffen. Ihre Leute kämpfen alle. Wer einen zionistischen Zivilisten tötet, tötet einen Soldaten.»

«Hören Sie, es sind keine zionistischen Zivilisten auf diesem Schiff, Herrgott noch mal. Das sind Leute wie der arme alte Mr Talbot, der seinen Paß verloren hat und jetzt zu einem Amerikaner gemacht worden ist.»

«Um so mehr muß die Sache erklärt werden.»

«Ich verstehe», sagte Franklin, und er ließ den Spott durchklingen. «Sie wollen also die Passagiere zusammenrufen und ihnen erklären, daß sie in Wirklichkeit alle zionistische Soldaten sind und daß Sie sie deshalb umbringen müssen.»

«Nein, Mr Hughes, Sie verstehen nicht recht. Ich will gar

nichts erklären. Sie würden nicht darauf hören. Nein, Mr Hughes, *Sie* werden ihnen die Sache erklären.»

«Ich?» Franklin verspürte keine Nervosität. Was er verspürte, war Entschlossenheit. «Ganz sicher nicht. Sie können Ihre Drecksarbeit alleine machen.»

«Aber Mr Hughes, Sie sind ein geübter Redner. Ich habe Sie gehört, wenn auch nur kurz. Sie machen das so gut. Sie könnten den historischen Aspekt der Sache vermitteln. Mein Erster Offizier wird Ihnen alle Informationen geben, die Sie benötigen.»

«Ich benötige keinerlei Informationen. Machen Sie Ihre Drecksarbeit alleine.»

«Mr Hughes, ich kann wirklich nicht nach zwei Seiten gleichzeitig verhandeln. Es ist jetzt neun Uhr dreißig. Sie haben eine halbe Stunde Zeit für Ihre Entscheidung. Um zehn werden Sie mir sagen, daß Sie den Vortrag halten. Sie haben dann zwei Stunden, wenn nötig drei Stunden, zur Besprechung mit meinem Ersten Offizier.» Franklin schüttelte den Kopf, doch der Araber fuhr ungerührt fort. «Dann haben Sie bis drei Uhr Zeit, um den Vortrag vorzubereiten. Ich schlage vor, daß Sie ihn fünfundvierzig Minuten lang machen. Ich werde Ihnen, natürlich, höchst interessiert und aufmerksam zuhören. Und um drei Uhr fünfundvierzig werden wir, falls ich mit Ihrer Erklärung der Angelegenheit zufrieden bin, als Gegenleistung die irische Staatsbürgerschaft Ihrer jüngst angetrauten Ehefrau anerkennen. Das ist alles, was ich zu sagen habe, Sie werden mir um zehn Ihre Antwort zukommen lassen.»

Zurück in der Kabine mit den Schweden und Japanern, mußte Franklin an eine TV-Serie über Psychologie denken, die er einmal moderieren sollte. Sie war gleich nach der Pilotsendung abgesetzt worden, und niemand hatte den Verlust groß bedauert. In dieser Sendung wurde unter anderem von einem Experiment zur Ermittlung des Punktes berichtet, wo Altruismus von Eigennutz abgelöst wird. So formuliert, hörte es sich beinahe ehrenwert an; der tatsächliche Test hatte Franklin jedoch mit Abscheu erfüllt. Die Wissenschaftler hatten ein Affenweibchen genommen, das vor kurzem geboren hatte, und es in einen speziellen Käfig gesetzt. Die Mutter stillte und versorgte ihr Junges noch auf eine Art, die von dem Mutterverhalten der Ehefrauen der Forscher vermutlich nicht allzu verschieden war. Dann drehten sie an einem Schalter und heizten den Metallboden des Affenkäfigs allmählich auf. Erst hüpfte sie unbehaglich herum, dann winselte sie andauernd, dann fing sie an, von einem Bein aufs andere zu treten, und hielt dabei die ganze Zeit ihr Junges in den Armen. Der Boden wurde noch heißer gemacht, der Schmerz der Äffin noch offenkundiger. An einem bestimmten Punkt wurde die Hitze des Bodens unerträglich, und die Äffin mußte sich, wie die Experimentatoren es ausdrückten, zwischen Altruismus und Eigennutz entscheiden. Entweder mußte sie extreme Schmerzen und vielleicht den Tod erleiden, um ihr Junges zu schützen, oder ihren Säugling auf den Boden legen und sich daraufstellen, um selbst keinen Schaden zu nehmen. In jedem Fall hatte früher oder später der Eigennutz über den Altruismus triumphiert.

Franklin war fast übel geworden bei dem Experiment, und er war froh gewesen, daß die Serie nicht über die Pilotsendung hinausgekommen war, wenn er so etwas hätte präsentieren sollen. Jetzt kam er sich ein bißchen so vor wie dieses Affenweibchen. Man ließ ihn zwischen zwei gleich abstoßenden Vorstellungen wählen: seine Freundin im Stich zu lassen und dafür seine Integrität zu wahren, oder seine Freundin zu retten, indem er einer Gruppe unschuldiger Menschen gegenüber rechtfertigte, warum es in Ordnung war, daß man sie töten wollte. Und würde Trish dadurch gerettet werden? Man hatte Franklin noch nicht einmal versprochen, daß er selbst sicher war; vielleicht würden sie alle beide, zu Iren umklassifiziert, bloß ans Ende der Todesliste rücken, aber dennoch draufbleiben. Mit wem würden sie anfangen? Den Amerikanern, den Briten? Wenn sie mit den Amerikanern anfingen, wieviel Aufschub würde das bedeuten, bis die Briten getötet wurden? Vierzehn, sechzehn Amerikaner – er übersetzte sich das brutal mit sieben oder acht Stunden. Wenn sie um vier anfingen und die Regierungen hart blieben, würden sie um Mitternacht anfangen, die Briten umzubringen. In welcher Reihenfolge würden sie es tun? Die Männer zuerst? Wahllos? Alphabetisch? Trishs Nachname war Maitland. Genau in der Mitte des Alphabets. Würde sie den Morgen erleben?

Er sah sich auf Tricias Körper stehen, um seine eigenen brennenden Füße zu schützen, und ihn schauderte. Er würde den Vortrag halten müssen. Das war der Unterschied zwischen einem Affen und einem Menschen. Ein Mensch war letztendlich eben doch zum Altruismus fähig. Aus dem Grund war er kein Affe. Natürlich war es mehr als wahrscheinlich, daß seine Hörer, wenn er den Vortrag hielt, daraus genau den umgekehrten Schluß ziehen würden – daß Franklin von Eigennutz getrieben werde und mit dieser üblen Kriecherei seine eigene Haut retten wolle. Aber das war eben das Problem mit dem Altruismus, er war ständigen Mißverständnissen ausgesetzt. Und er würde ihnen allen alles hinterher erklären können. Wenn es ein «hinterher» gab. Wenn es ein «ihnen allen» gab.

Als der Erste Offizier kam, bat Franklin, noch einmal den Anführer sprechen zu können. Er hatte vor, für den Vortrag freies Geleit für sich und Tricia zu fordern. Doch der Erste Offizier war nur gekommen, um eine Antwort zu hören, nicht um die Gespräche wiederaufzunehmen. Franklin nickte dumpf. Er war im Verhandeln nie sehr gut gewesen.

Um zwei Uhr fünfundvierzig wurde Franklin in seine Kabine gebracht und durfte sich waschen. Um drei betrat er den Vortragssaal und fand dort die aufmerksamste Hörerschaft, die er je vor sich gehabt hatte. Er füllte ein Glas aus der Karaffe mit schalem Wasser, das auszuwechseln sich keiner gekümmert hatte. Er spürte die Grundwelle der Erschöpfung unter sich, die Kabbelung von Panik. Nach nur einem Tag schienen die Männer fast bärtig zu sein, die Frauen verschrumpelt. Sie sahen bereits nicht mehr wie sie selbst aus oder wie die Menschen, mit denen Franklin zehn Tage verbracht hatte. Vielleicht konnte man sie so leichter umbringen.

Bevor er im eigenen Namen schreiben durfte, war Franklin zum Experten dafür geworden, wie man anderer Leute Ideen so überzeugend wie möglich darstellt. Doch noch nie hatte er das Manuskript mit so unguten Gefühlen betrachtet; noch nie hatte ein Regisseur ihm solche Bedingungen auferlegt; noch nie war sein Honorar so sonderbar gewesen. Als er sich auf die Aufgabe einließ, hatte er sich zuerst eingeredet, er könnte sicher einen Weg finden, seinen Hörern anzudeuten, daß er unter Zwang handelte. Er würde sich einen Trick einfallen lassen wie den mit den falschen minoischen Inschriften; oder er würde seinen Vortrag so übertrieben gestalten, eine solche Begeisterung für die ihm aufgedrängte Sache vorschützen, daß jedermann die Ironie kapieren müßte. Nein, das würde nicht klappen. «Ironie», hatte ihm ein altehrwürdiger Fernsehproduzent einst anvertraut, «läßt sich als das definieren, was die Leute nicht kapieren.» Und die Passagiere wären unter den derzeitigen Umständen wohl sowieso nicht darauf eingestimmt. Die Besprechung hatte alles noch schwieriger gemacht: Der Erste Offizier hatte präzise Anweisungen gegeben und hinzugefügt, jedes Abweichen davon hätte zur Folge, daß nicht nur Miss Maitland Britin bliebe, sondern auch Franklins irischer Paß nicht länger anerkannt würde. Die wußten allerdings, wie man verhandelt, die Schweinehunde.

«Ich hatte gehofft», begann er, «das nächste Mal, wenn ich zu Ihnen spreche, die Geschichte von Knossos wiederaufnehmen zu können. Leider haben sich die Umstände, wie Sie wohl wissen, inzwischen geändert. Wir haben Besucher unter uns.» Er machte eine Pause und schaute den Gang hinunter zu dem Anführer, der vor der Doppeltür stand und zu beiden Seiten einen Wächter neben sich hatte. «Die Lage ist jetzt anders. Wir sind in anderer Leute Hand. Unser ... Schicksal hängt nicht mehr von uns ab.» Franklin hüstelte. Das war nicht besonders gut. Er schweifte bereits in Euphemismen ab. Seine Pflicht, seine einzige intellektuelle Pflicht, war die, so direkt wie möglich zu sprechen. Franklin hätte ohne weiteres zugegeben, daß er ein Showman sei und auch einen Kopfstand in einem Heringsfaß machen würde, wenn das die Einschaltquote um ein paar Tausend erhöhte; aber es war noch ein Rest von Gefühl in ihm – eine Mischung von Bewunderung und Scham –, das ihm eine besondere Achtung vor solchen Rednern einflößte, mit denen er so gar keine Ähnlichkeit hatte: die ruhig und mit ihren eigenen, einfachen Worten sprachen, und deren Unbewegtheit ihnen Autorität verlieh. Franklin, der wußte, daß er nie so sein würde wie sie, versuchte beim Weiterreden ihrem Beispiel zu folgen.

«Man hat mich gebeten, Ihnen etwas zu erklären. Zu erklären, wie Sie – wir – in die Lage geraten sind, in der wir uns jetzt befinden. Ich bin kein Fachmann für Nahostpolitik, doch ich werde versuchen, die Sache so klar darzustellen, wie ich irgend kann. Wir sollten vielleicht damit beginnen, daß wir ins neunzehnte Jahrhundert zurückgehen, lange bevor der Staat Israel gegründet wurde ...» Franklin hatte seinen Rhythmus wiedergefunden, der ihm lag, wie ein Cricketspieler, der den Ball immer aus der gleichen Entfernung wirft. Er spürte, wie seine Hörer sich langsam entspannten. Die Umstände waren ungewöhnlich, aber sie bekamen eine Geschichte erzählt, und sie gaben sich dem Erzähler hin, wie es Zuhörer zu allen Zeiten getan hatten, sie wollten sehen, wie die Sache ausging, wollten die Welt erklärt bekommen. Hughes entwarf eine Idylle des neunzehnten Jahrhunderts, nichts als Nomaden und Ziegenzucht und die traditionelle Gastfreundschaft, die es einem erlaubte, drei Tage lang in einem fremden Zelt zu bleiben, ehe man nach dem Zweck des Besuches gefragt wurde. Er sprach von den ersten zionistischen Siedlern und westlichen Vorstellungen von Grundbesitz. Von der Balfour-Deklaration. Von der jüdischen Einwanderung aus Europa. Vom Zweiten Weltkrieg. Von Europas schlechtem Gewissen wegen des Holocaust, für das die Araber bezahlen sollten. Von den Juden, die aus ihrer Verfolgung durch die Nazis gelernt hatten, daß man nur dann überleben könne, wenn man wie die Nazis sei. Von ihrem Militarismus, Expansionismus, Rassismus. Daß ihr Präventivschlag gegen die ägyptische Luftwaffe zu Beginn des Sechstagekrieges moralisch gesehen ein exaktes Pendant zu Pearl Harbour gewesen sei (bei dieser Passage, und auch noch einige Zeit danach, sah Franklin die Japaner – und die Amerikaner – bewußt nicht an). Von den Flüchtlingslagern. Dem Landraub. Der künstlichen Aufrechterhaltung der israelischen Wirtschaft mit Hilfe des Dollars. Den Greueltaten gegen die Vertriebenen. Der jüdischen Lobby in Amerika. Daß die Araber von den Westmächten im Nahen Osten nur die Gerechtigkeit forderten, die die Juden bereits erfahren hätten. Von der bedauerlichen Notwendigkeit von Gewalt – eine Lektion, die die Araber von den Juden gelernt, genau wie die Juden sie von den Nazis gelernt hätten.

Franklin hatte zwei Drittel seiner Zeit verbraucht. Wenn er beim Publikum zum Teil eine dumpfe Feindseligkeit verspürte, so war da seltsamerweise auch eine noch weiter verbreitete Schläfrigkeit, als hätten sie diese Geschichte schon gehört und damals auch nicht geglaubt. «Und damit kommen wir zum Hier und Heute.» Damit hatte er wieder ihre volle Aufmerksamkeit; den Umständen zum Trotz empfand Franklin ein freudiges Prickeln. Er war der Hypnotiseur, der mit den Fingern schnippt. «Es gibt im Nahen Osten, wie wir begreifen müssen, keine Zivilisten mehr. Die Zionisten haben das begriffen, die westlichen Regierungen nicht. Wir sind leider Gottes keine Zivilisten. Das haben wir den Zionisten zu verdanken. Die Gruppe Black Thunder hat Sie – uns – als Geiseln genommen, um die Freilassung von dreien ihrer Mitglieder zu erwirken. Sie werden sich vielleicht erinnern» (da hatte Franklin allerdings seine Zweifel, da Vorfälle dieser Art häufig und beinahe austauschbar waren), «daß vor zwei Jahren ein Zivilflugzeug mit drei Angehörigen der Black Thunder an Bord von der amerikanischen Luftwaffe zur Landung auf Sizilien gezwungen wurde, daß die italienischen Behörden unter Verstoß gegen das internationale Recht diesen Piratenakt noch unterstützten, indem sie die drei Freiheitskämpfer gefangennahmen, daß Großbritannien das amerikanische Vorgehen in den Vereinten Nationen verteidigte und daß die drei Männer jetzt in Frankreich und Deutschland im Gefängnis sitzen. Die Gruppe Black Thunder hält nicht auch noch die andere Wange hin, und die vorliegende legitime ... Entführung –» Franklin gebrauchte das Wort vorsichtig, mit einem Blick auf den Anführer, als wolle er seine Verachtung für Euphemismen demonstrieren – «ist eine Antwort auf den damaligen Piratenakt. Leider setzen sich die westlichen Regierungen nicht so für ihre Bürger ein, wie sich die Gruppe Black Thunder für ihre Freiheitskämpfer einsetzt. Unglücklicherweise lehnen sie es bislang ab, die Häftlinge freizulassen. Bedauerlicherweise hat die Gruppe Black Thunder keine Alternative, als ihre Drohung wahrzumachen, was den westlichen Regierungen von Anfang an mit aller Klarheit ...»

In diesem Moment stand ein großer, unsportlicher Amerikaner mit einem blauen Hemd auf und begann, durch den Gang auf die Araber zuzurennen. Ihre Gewehre waren nicht so eingestellt, daß sie nur einen Schuß aufs Mal abfeuerten. Der Krach war sehr laut, und es gab sofort eine Menge Blut. Ein Italiener, der in der Schußlinie saß, bekam eine Kugel in den Kopf und fiel quer über den Schoß seiner Frau. Ein paar Leute standen auf und setzten sich schnell wieder hin. Der Anführer der Black Thunder sah auf seine Uhr und winkte Hughes, er solle fortfahren. Franklin nahm einen großen Schluck schales Wasser. Er hätte lieber etwas Stärkeres gehabt. «Die Uneinsichtigkeit der westlichen Regierungen», fuhr er fort, wobei er sich jetzt bemühte, mehr wie ein offizieller Sprecher zu klingen als wie Franklin Hughes, «und ihre rücksichtslose Gleichgültigkeit Menschenleben gegenüber macht es notwendig, daß Opfer gebracht werden. Sie werden das aufgrund meiner bisherigen Ausführungen als historisch unvermeidlich verstehen. Die Gruppe Black Thunder vertraut uneingeschränkt darauf, daß die westlichen Regierungen rasch an den Verhandlungstisch kommen werden. Der letzte Versuch, sie dazu zu bewegen, macht es erforderlich, bis zu diesem Zeitpunkt jede Stunde zwei von Ihnen ... von uns ... hinzurichten. Die Gruppe Black Thunder findet dieses Vorgehen bedauerlich, doch lassen ihr die westlichen Regierungen keinen anderen Ausweg. Die Reihenfolge der Hinrichtungen wurde entsprechend der Schuld der westlichen Nationen an der Lage im Nahen Osten festgelegt.» Franklin konnte seine Hörer nicht mehr ansehen. Er senkte die Stimme, konnte aber nicht vermeiden, daß er noch zu hören war, als er weitersprach. «Zionistische Amerikaner zuerst. Dann andere Amerikaner. Dann Briten. Dann Franzosen, Italiener und Kanadier.»

«Verdammte Scheiße, was hat Kanada im Nahen Osten je

getan? Was denn, verdammte Scheiße?» rief ein Mann, der noch immer eine Ahornblattmütze aus Frottee trug. Er wurde von seiner Frau am Aufstehen gehindert. Franklin, der die Hitze vom metallenen Boden seines Käfigs nicht mehr ertragen konnte, sammelte automatisch seine Papiere auf, trat vom Podium, ohne irgend jemanden anzusehen, ging den Gang entlang, wo er sich die Kreppsohlen blutig machte, als er an dem toten Amerikaner vorbeikam, ignorierte die drei Araber, die ihn erschießen konnten, wenn sie wollten, und ging ohne Begleitung oder Widerstand in seine Kabine. Er schloß die Tür ab und legte sich auf seine Koje.

Zehn Minuten später waren Schüsse zu hören. Von fünf bis elf, pünktlich zur vollen Stunde wie eine fürchterliche Parodie auf amtliches Glockenläuten, krachten Schüsse. Dann folgte ein Klatschen, wenn die Leichen paarweise über die Reling geworfen wurden. Kurz nach elf gelang es zweiundzwanzig Angehörigen der amerikanischen Spezialeinheiten, die der *Santa Euphemia* seit fünfzehn Stunden gefolgt waren, an Bord zu kommen. In dem Kampf wurden sechs weitere Passagiere, darunter Mr Talbot, der amerikanische Ehrenbürger aus Kidderminster, erschossen. Von den acht Besuchern, die beim Proviantladen in Rhodos geholfen hatten, wurden fünf getötet, zwei davon, nachdem sie sich ergeben hatten.

Weder der Anführer noch der Erste Offizier überlebte, so daß kein Zeuge blieb, der Franklin Hughes' Geschichte von dem Handel, den er mit den Arabern abgeschlossen hatte, bestätigen konnte. Tricia Maitland, die für ein paar Stunden Irin geworden war, ohne es zu wissen, und die im Laufe von Franklin Hughes' Vortrag ihren Ring wieder an den Finger zurückgesteckt hatte, an den er ursprünglich gehörte, sprach nie wieder ein Wort mit ihm.

DREI

Die Religionskriege

Quelle: *Archives Municipales de Besançon (section CG, boîte 377a). Der folgende, bislang unveröffentlichte Fall ist rechtshistorisch von besonderem Interesse, da als* procureur pour les insectes *der berühmte Rechtsgelehrte Bartholomé Chassenée (auch Chassanée oder Chasseneux) fungierte, nachmals erster Präsident des* Parlament de Provence. *Chassenée, geboren 1480, machte sich einen Namen, als er vor dem geistlichen Gericht von Autun Ratten verteidigte, die wegen vorsätzlicher Zerstörung der Gerstenernte angeklagt waren. Die nachfolgenden Dokumente, von der einleitenden* pétition des habitans *bis zum abschließenden Urteil des Gerichts, geben das Verfahren nicht vollständig wieder – zum Beispiel sind die Aussagen der Zeugen, und das konnten einheimische Bauern sein bis hin zu hervorragenden Fachleuten für die Verhaltensmuster der Angeklagten, nicht überliefert –, doch schließen die Anträge an das Gericht auch die Beweismittel ein und beziehen sich des öfteren ausdrücklich auf diese, so daß von der wesentlichen Struktur und Beweisführung des Verfahrens nichts fehlt. Wie zu der Zeit üblich, wurden die Plädoyers und die* conclusions du procureur épiscopal *auf französisch gehalten, während der Spruch des Gerichts feierlich in Latein verkündet wurde.*

(Anmerkung des Übersetzers: *Das Manuskript ist fortlaufend und durchweg von derselben Hand geschrieben. Wir haben also nicht die Originalanträge vor uns, die von dem Schreiber des jeweiligen Anwalts niedergeschrieben wurden, sondern die Arbeit eines Dritten, vielleicht eines*

Gerichtsdieners, der womöglich einzelne Abschnitte der Plädoyers ausgelassen hat. Ein Vergleich mit den Dokumenten in boîtes 371–379 deutet darauf hin, daß der Fall in der vorliegenden Form zu einer Sammlung exemplarischer oder typischer Verfahren gehört haben könnte, die in der Ausbildung von Rechtsgelehrten eingesetzt wurden. Diese Annahme wird dadurch erhärtet, daß von allen Beteiligten nur Chassenée namentlich genannt wird, als sollte den Studenten das lehrreiche Geschick eines hervorragenden Verteidigers vor Augen geführt werden, ohne Rücksicht auf den Ausgang des Falles. Die Schreibweise ist der ersten Hälfte des sechzehnten Jahrhunderts zuzuordnen, so daß wir es mit einem zeitgenössischen Dokument zu tun haben, selbst wenn es sich, was durchaus möglich ist, um die Abschrift einer Prozeßdarstellung durch einen Dritten handeln sollte. Ich habe mich nach Kräften bemüht, den mitunter ausschweifenden Stil der Plädoyers – vor allem des ungenannten procureur des habitans *– angemessen wiederzugeben.)*

Pétition des habitans

Wir, die Einwohner von Mamirolle in der Diœcese Besançon, die wir GOtt den Allmächtigen fürchten und Seiner Braut der Kirche in Demut ergeben sind, und die wir dazu gar pünktlich und gehorsam sind in der Zahlung unseres Zehnten, ersuchen an diesem 12ten Tage des August 1520 das Gericht hiermit gar dringend und nachdrücklich, es möge uns entheben und entbinden der verbrecherischen Übergriffe jener Übeltäter, welche uns nun schon viele Lenze heimgesucht, welche den Zorn GOttes über uns und Schmach und Schande über unsere Ortschaft gebracht haben, und welche uns alle, die wir gottesfürchtig sind und gehorsam in unseren Pflichten wider die Kirche, mit unverzüglichem und verheerendem Tode bedrohen, der gleich

Donnerhall auf uns herniederfahren wird aus der Höhe, was sich gewißlich begeben wird, so das Gericht in seiner erhabenen Weisheit die Übeltäter nicht schleunig und gerechtermaßen unseres Dorfes verweist und sie, die sie uns verhaßt und unerträglich sind, beschwört, sich hinwegzubegeben bei Strafe von Verdammnis, Anathema und Excommunicatio aus der Heiligen Kirche und der Herrschaft GOttes.

Plaidoyer des habitans

Messieurs, diese armen und demütigen Bittsteller treten vor Euch hin in Not und Bedrängnis, wie einst die Bewohner der Inseln Menorca und Mallorca vor den mächtigen Kaiser Augustus hin traten mit der Bitte, in seiner Macht und Gerechtigkeit ihre Inseln von jenen Karnickeln zu befreien, als welche ihre Ernten zerstörten und ihren Lebensunterhalt zunichte machten. Wenn Kaiser Augustus jenen ergebenen Untertanen zu helfen vermochte, wieviel leichter mag dieses Gericht die drückende Last aufheben, welche also schwer Euren Bittstellern auf den Schultern lieget, als wie der große Aeneas dazumal seinen Vater Anchises aus der brennenden Stadt Troja hinweggetragen. Von einem Blitzstrahl geblendet wurde der alte Anchises, und wie geblendet eben jetzt sind diese Eure Bittsteller aus dem Lichte der Gnade des HErrn in Finsternis geschleudert ob des verbrecherischen Gebarens eben jener, welche in diesem Verfahren angeklaget und gleichwohl nicht einmal vor Gericht erschienen sind, Red' und Antwort zu stehen zu den Vorwürfen, allermaßen sie dieses Tribunales gering achten und GOtt lästerlich begegnen und sich lieber in sündige Finsternis hüllen denn der Wahrheit des Lichtes ins Auge zu sehen.

Wisset also, *Messieurs*, was Euch schon unterbreitet wurde von Zeugen demütigen Glaubens und untadeliger

Ehrlichkeit, einfachen Bittstellern, also furchtsam vor diesem Gericht, daß ihnen nichts denn der klare Quell der Wahrheit aus dem Munde fließet. Sie haben Zeugnis abgelegt über die Geschehnisse des zweiundzwanzigsten Tages des Monats April in diesem Jahre des HErrn, als welcher der Tag ist der alljährlichen Pilgerfahrt von Hugo, Bischof zu Besançon, zu der bescheidenen Kirche Saint Michel in ihrem Dorfe. Sie haben vor Euch geschildert, mit Einzelheiten, welche in Eurem Gedächtnis brennen gleich dem Feuerofen, aus dem Sadrach, Mesach und Abed-Nego unversehrt herfürgingen, daß sie wie in jedem Jahr ihre Kirche geschmückt und verzieret hatten, auf daß sie dem bischöflichen Auge wohlgefällig sei, daß sie Blumen auf dem Altar aufstellen und die Tür neuerlich sichern ließen wider den Einfall von Tieren, daß sie aber, wie sie auch wider Schwein und Kuh die Tür versperren mochten, doch die Tür nicht versperren konnten wider jene teuflischen *bestioles*, welche durch das kleinste Loch kriechen, gleichwie David den Spalt in des Goliath Rüstung fand. Sie haben Euch dargetan, wie sie des Bischofs Thron an Tauen von den Dachsparren herabließen, als wo er angebunden ist von einem Ende des Jahres auf das andere und herniedergeholet wird allein für den Tag von des Bischofes Pilgerfahrt, auf daß nicht ein Kind oder ein Fremder sich unversehens darauf setze und ihn also profaniere, denn dies ist eine demütige und fromme Tradition und des Lobes GOttes und dieses Gerichtes gar wert. Wie der Thron herniedergelassen und vor dem Altar aufgestellt wurde, gleichwie das jedes Jahr geschah, seit der älteste Methusalah am Orte denken kann, und wie die klugen Dorfleute in der Nacht vor der Ankunft des Bischofs eine Wache dort aufstellten, also hatten sie acht, daß der Thron nicht beflecket werde. Und wie am nächsten Tage Hugo, Bischof zu Besançon, auf seiner alljährlichen Pilgerfahrt, gleich Gracchus zu seinem geliebten Volke, zu der bescheidenen Kirche Saint Michel kam und sich der Frömmigkeit und des treuen Glaubens freute. Und wie er, da er erst nach seiner Gewohnheit den Dorfleuten zu Mamirolle von der Kirchentreppe seinen allgemeinen Segen gegeben hatte, in feierlicher Procession durch das Schiff der Kirche schritt, in untertänigem Abstand gefolgt von seiner Herde, und sich, gar in der Pracht seines Gewandes, vor dem Altare niederwarf, gleichwie Jesus Christus sich vor seinem Allmächtigen Vater niedergeworfen. Alsodann erhob er sich, stieg die einfache Treppe zum Altar empor, wandte sich der Gemeinde zu und ließ sich nieder auf seinen Thron. O böser Tag! O böse Eindringlinge! Und wie der Bischof fiel, wobei sein Haupt auf die Altarstufen schlug und er wider seinen Willen in einen Stand der Blödigkeit gestürzet wurde. Und wie, da der Bischof und sein Gefolge sich entfernt hatten, indem der Bischof im Stande der Blödigkeit hinweggetragen wurde, die entsetzten Bittsteller des Bischofs Thron examinierten und in dem Bein, welches eingestürzet war gleich den Mauern von Jericho, schändliche und widernatürliche Verheerungen von Holzwürmern entdeckten, und wie diese Holzwürmer, da sie ihr teuflisches Werk im Geheimen und Finstern verrichten, das Bein dermaßen verzehret hatten, daß der Bischof gleich dem mächtigen Daedalus aus den Himmeln des Lichts in die Finsternis der Blödigkeit fiel. Und wie die Bittsteller, in ihrer großen Furcht vor dem Zorn GOttes, zu dem Dache der Kirche Saint Michel hinauf stiegen und das Gerüst examinierten, in welchem der Thron dreihundertvierundsechzig Tage des Jahres geruht hatte, und wie sie fanden, daß der Holzwurm das Gerüst gleichermaßen verheeret hatte, so daß selbiges auseinanderbrach, da sie es anrührten, und in frevlerischer Weise auf die Altartreppe herniederfiel, und wie alles Dachgebälk schändlicherweise mit jenen teuflischen *bestioles* behaftet gefunden wurde, was die Bittsteller um ihr eigenes Leben fürchten ließ, dieweil sie gleichermaßen arm wie fromm sind und ihre Armut nicht zuließe, daß sie eine neue Kirche bauen, wogleich ihre Frömmigkeit sie heißt, ihren Heiligen Vater also inbrünstig anzubeten wie sie es die Zeit ihres Lebens getan, und das an geweihter Stätte und nicht in den Feldern und Wäldern.

Höret also, *Messieurs*, die Bittschrift dieser demütigen Dorfleute, niedergedrückt gleich dem Gras unter dem Fuße. Sie sind gewohnet vielerlei Heimsuchungen, der Heuschrekken, welche den Himmel verdunkeln, als wenn die Hand GOttes über die Sonne striche, der Verheerungen der Ratten, die Verwüstungen anrichten gleich dem Eber in den Fluren um Kalydon, wie von Homer im ersten Buch der Ilias berichtet wird, des Getreidekäfers, welcher das Korn in seinem Winterspeicher verzehret. Um wie viel schändlicher und widriger ist aber diese Plage, welchselbe jenes Korn angreift, das die Dorfleute mit ihrer demütigen Frömmigkeit und der Zahlung des Zehnten im Himmel droben angehäufet haben. Denn diese Übeltäter, welche bis zum heutigen Tag Eures Gerichtes nicht geachtet, sie haben gefrevelt an GOtt, da sie Sein Haus angriffen, sie haben gefrevelt an Seiner Braut der Kirche, da sie Hugo, Bischof zu Besançon, in die Finsternis der Blödigkeit stürzten, sie haben gefrevelt an diesen Bittstellern, da sie drohten, Gebälk und Gefüge ihrer Kirche herniederstürzen zu lassen auf die unschuldigen Häupter von Kindern und Säuglingen, derweilen das Dorf gar im Gebet ist, und darum ist es recht und vonnöten, daß das Gericht diesen Tieren auferlege und gebiete, ihre Wohnstatt zu verlassen, sich hinwegzubegeben aus dem Hause GOttes, und daß das Gericht die nötigen Anathemata und Excommunicationes über sie verhänge, wie vorgeschrieben von unserer Heiligen Mutter, der Kirche, für welche Eure Bittsteller beständig beten.

Da es Euch, *Messieurs*, gefallen hat, mich in diesem Verfahren zum Procurator der *bestioles* zu bestellen, will ich trachten, dem Gericht zu erklären, weshalb die Anschuldigungen wider sie null und nichtig sind und das Verfahren einzustellen ist. Zu Anfang muß ich bekennen, wie sehr es mich befremdet, daß meine Clienten, die kein Verbrechen begangen haben, also behandelt werden, als wären sie die übelsten Verbrecher, die dieses Gericht je erlebt, und daß meine Clienten, wiewohl bekanntermaßen stumm, geladen wurden, ihr Gebaren zu erklären, gleichsam als gebrauchten sie gewöhnlich die menschliche Zunge, da sie ihren täglichen Verrichtungen nachgehen. Ich will mich, in aller Bescheidenheit, bemühen, daß meine sprechende Zunge für ihre schweigende Zunge Dienst tue.

Sintemalen Ihr mir verstattet habt, im Namen dieser unglückseligen Tiere zu sprechen, so will ich zum ersten statuieren, daß dieses Gericht nicht die Jurisdictio hat, über die Angeklagten zu urteilen, und daß die wider sie ausgefertigte Vorladung nicht Gültigkeit hat, dieweil selbige impliciert, die Empfänger seien mit Vernunft und Willen begabt und also imstande, ein Verbrechen zu begehen wie auch einer Vorladung zu der Verhandlung besagten Verbrechens Folge zu leisten. Welches jedoch nicht der Fall ist, allermaßen meine Clienten unvernünftige Tiere sind und allein nach dem Instincte handeln, welch letzteres bestätigt wird von dem ersten Buch der *Pandectes*, in dem Absatz *Si quadrupes*, wo geschrieben steht *Nec enim potest animal injuriam fecisse, quod sensu caret.*

Zum andern will ich, ergänzungs- und hilfsweise, beantragen, daß, so das Gericht gar die Jurisdictio hätte über die *bestioles*, es doch wider Vernunft und Gesetz wäre, daß das anwesende Tribunal ihren Fall verhandeln sollte, denn es ist ein wohlbekannter und seit alters gültiger Grundsatz, daß der Angeklagte nicht *in absentia* verurteilt werden soll. Es wurde vorgebracht, der Holzwurm sei in aller Form schriftlich geladen worden, an eben diesem Tage vor diesem Gericht zu erscheinen, und er habe sein Erscheinen frech verweigert und damit seine gewöhnlichen Rechte verwirkt und zugelassen, daß er *in absentia* verurteilt werde. Wider dieses Argument bringe ich zwei Gegenargumente vor. Zum ersten, daß die Vorladung zum Erscheinen wohl richtig ausgefertigt war, doch haben wir einen Beweis, daß die *bestioles* sie entgegengenommen haben? Denn es ist verfügt, daß eine Ladung nicht allein ausgefertigt, sondern auch zugestellt werde, und der Procurator *pour les habitans* hat versäumt auszuführen, in welcher Form der Holzwurm den Empfang der Vorladung bestätigt hat. Zum andern, und außerdem, ist es ein in den Annalen des Rechts noch fester verankerter Grundsatz, daß eines Angeklagten Versäumnis oder Nichterscheinen entschuldigt werden mag, so gezeigt werden kann, daß Dauer oder Beschwernis oder Gefährlichkeit der Reise unmöglich machen, daß er sicher vor Gericht erscheine. Würdet Ihr eine Ratte vorladen und dann erwarten, daß sie sich zu Eurem Gericht begebe und dabei eine Stadt voller Katzen passiere? Und was diesen Punkt betrifft, so ist nicht allein die Entfernung zwischen Wohnsitz und Gericht eine unerhört weite Reise für die *bestioles*, sie würden die Fahrt dazu unter Gefahr ihres Lebens von jenen Raubtieren machen, welche nach ihrem armseligen Leben trachten. Es steht ihnen darum mit Recht und in Sicherheit und mit allem Respecte vor diesem Tribunale zu, höflich abzulehnen, der Vorladung Folge zu leisten.

Zum dritten ist die Vorladung incorrect abgefaßt, da sie auf jene Holzwürmer Bezug nimmt, welche gegenwärtig in der Kirche Saint Michel im Dorf Mamirolle ihre Wohnstatt haben. Ist damit jede einzelne *bestiole* gemeint, die in der Kirche ist? Es gibt deren aber viele, die ein friedliches Leben leben und die *habitans* in keiner Weise bedrohen. Soll ein ganzes Dorf vor Gericht geladen werden, bloß weil eine Räuberbande darinnen haust? Das ist kein billiges Recht. Überdies gilt der Grundsatz, daß Angeklagte dem Gericht namhaft gemacht werden. Wir sollen zwei gesonderte Freveltaten examinieren, den Schaden an dem Beine von des Bischofs Thron und den Schaden an dem Kirchendach, und jedes noch so kärgliche Wissen um das Wesen der angeschuldigten Tiere macht offenbar, daß jene Holzwürmer, welche gegenwärtig in dem Bein ihre Wohnstatt haben, unmöglich etwas mit dem Dach zu schaffen gehabt haben können, und daß jene Holzwürmer, die im Dach ihre Wohnstatt haben, unmöglich etwas mit dem Bein zu schaffen gehabt haben können. Es ist mithin so, daß zwei Parteien zweier Verbrechen beschuldigt sind, ohne daß in der Vorladung zwischen den Parteien und den Verbrechen ein Unterschied gemacht würde, weshalb die Vorladung unterlassener Specificierung wegen nichtig wird.

Zum vierten, und unbeschadet des Vorgenannten, will ich geltend machen, daß es, wie wir dargelegt haben, nicht allein dem menschlichen Gesetz wie dem kirchlichen Gesetze widerspräche, wollte man auf diese Weise über die *bestioles* urteilen, sondern es widerspräche zugleich dem Göttlichen Gesetz. Denn woher kommen diese winzigen Kreaturen, denen die erhabene Macht dieses Gerichts entgegengeschleudert wird? Wer hat sie erschaffen? Kein anderer denn der Allmächtige GOtt, der uns alle erschaffen hat, die Erhabensten wie die Geringsten. Und lesen wir nicht im ersten Kapitel des Heiligen Buches Genesis, daß GOtt schuf die Tiere auf Erden, ein jegliches nach seiner Art, und das Vieh nach seiner Art und allerlei Gewürm auf Erden nach seiner Art; und GOtt sah, daß es gut war? Und weiter, hat GOtt nicht gegeben den Tieren auf Erden und allem Gewürm alle Samen auf der ganzen Erde und alle Bäume auf der ganzen

Erde und alle Früchte von allen Bäumen zu ihrer Speise? Und annoch weiter, hat Er sie nicht alle geheißen: seid fruchtbar und mehret euch und füllet die Erde? Der Schöpfer hätte die Tiere auf Erden und alles Gewürm nicht geheißen, sich zu mehren, hätte Er sie nicht, in Seiner unendlichen Weisheit, mit Nahrung versorgt, welches Er also tat, indem er sonders die Samen und die Früchte und die Bäume zur Speise gab. Was haben diese demütigen *bestioles* seit dem Tage der Schöpfung anderes getan, denn die unveräußerlichen Rechte zu üben, die ihnen in jener Zeit verliehen wurden, Rechte, welche der Mensch nicht die Macht hat zu beschneiden oder aufzuheben? Daß der Holzwurm seine Wohnstatt nimmt, wo er sie eben nimmt, mag dem Menschen ungelegen sein, das ist aber nicht Grund genug, löcken zu wollen wider die Gesetze der Natur, als welche festgeleget wurden bei der Schöpfung, denn solches Löcken wäre offener, anmaßlicher Ungehorsam wider unseren Schöpfer. Der HErr blies dem Holzwurm den Odem des Lebens ein und gab ihm die Bäume auf Erden zur Speise: vermessen und verderblich wäre es, wollten wir trachten, den Willen GOttes umzustoßen. Nein, ich beantrage vielmehr bei dem Gericht, daß wir unser Augenmerk nicht auf die angeblichen Freveltaten von GOttes geringster Kreatur richten, sondern auf die Freveltaten des Menschen selbst. GOtt tut nichts ohne Ziel, und Ziel der Erlaubnis, daß die *bestioles* in der Kirche Saint Michel ihre Wohnstatt nehmen, kann nichts anderes gewesen sein, denn Warnung vor und Strafe für der Menschen Bosheit. Daß dem Holzwurm vor allen anderen Gebäuden die Kirche zu verheeren verstattet ward, ist, wie ich weiter darlegen will, eine noch schärfere Warnung und Strafe. Sind jene, die als Bittsteller vor das Gericht hintreten, sich ihres Gehorsams vor GOtt so sicher, ihrer Demut und christlichen Tugend so gewiß, daß sie das geringste Tier anklagen würden, bevor sie sich selbst anklagten? Hütet euch vor der

Sünde des Stolzes, sage ich diesen Bittstellern. Zeuch am ersten den Balken aus deinem Auge; darnach besiehe, wie du den Splitter aus deines Bruders Auge ziehest.

Zum fünften und letzten ersucht der Procurator *pour les habitans* das Gericht, jenen Blitzstrahl wider die *bestioles* zu schleudern, welcher als Excommunicatio bekannt ist. Es ist meine Pflicht, vor Euch darzulegen, und unbeschadet alles Vorgenannten, daß solche Strafe gleichermaßen unbillig wie ungesetzlich ist. Da Excommunicatio Trennung des Sünders von der Gemeinschaft mit GOtt bedeutet, das Verweigern der Erlaubnis, von dem Brot zu essen und von dem Wein zu trinken, welche der Leib und das Blut Christi sind, das Verstoßen aus der Heiligen Kirche und ihrem Licht und ihrer Wärme, wie sollte es da Rechtens sein, daß man ein Tier auf dem Felde oder ein Gewürm auf Erden excommuniciere, welches niemalen ein Communicant der Heiligen Kirche war? Es kann keine ziemliche und gebührende Strafe sein, daß man einen Angeklagten dessen beraube, was er ohnehin niemals besessen. Das ist schlechtes Recht. Und zum andern ist Excommunicatio ein Prozeß von großem Schrekken, ein Verstoßen des Sünders in garstige Finsternis, eine ewige Trennung des Sünders von dem Lichte und der Güte GOttes. Wie könnte das eine billige Strafe sein für die *bestiole*, welcher keine unsterbliche Seele eignet? Wie wäre es möglich, einen Angeklagten zu ewiger Qual zu verurteilen, so er nicht ewiges Leben hat? Diese Tiere können nicht aus der Kirche ausgestoßen werden, da sie nicht Glieder derselben sind, und wie der Apostel Paulus sagt: «Richtet ihr, die da drinnen sind, und nicht auch, die draußen sind.»

Ich beantrage darum, daß die Anklage abgewiesen und nicht weiter verfolgt wird und, unbeschadet des Vorgesagten, daß die Angeklagten freizusprechen und von jeder weiteren Strafverfolgung auszunehmen sind.

Bartholomé Chassenée, Rechtsgelehrter

Messieurs, es ist mir eine Ehre, erneut vor Eurem erhabenen Gericht aufzutreten und zu plaidieren für Gerechtigkeit gleich jener armen beleidigten Mutter, welche vor Salomon auftrat, ihr Kind zu fordern. Wie Odysseus wider Ajax will ich wider den Procurator für die *bestioles* streiten, welcher Euch viele Argumente vorgelegt hat, die so aufgeputzt waren wie Isebel.

Zum ersten bringt er vor, daß dieses Gericht nicht Macht noch Jurisdictio habe, über die bestialischen Freveltaten zu richten, die zu Mamirolle geschehen, und zu diesem Ende macht er geltend, wir wären in GOttes Augen nicht besser denn die Holzwürmer, nicht erhabener und nicht geringer, darum hätten wir nicht das Recht, über sie zu Gericht zu sitzen wie Jupiter, dessen Tempel auf dem Tarpejischen Felsen stand, von welchem Verräter herabgestürzet wurden. Ich aber werde das widerlegen, wie unser HErr die Geldverleiher aus dem Tempel zu Jerusalem heraustrieb, und das auf diese Weise. Steht der Mensch nicht über den Tieren? Geht nicht aus dem Heiligen Buche Genesis klar hervor, daß die Tiere, welche vor dem Menschen erschaffen wurden, also erschaffen wurden, auf daß sie seinem Gebrauch dienlich seien? Hat der HErr nicht Adam geheißen, zu herrschen über die Fische im Meer und über die Vögel unter dem Himmel und über alles Getier, das auf Erden kreucht? Gab der Mensch nicht einem jeglichen Vieh und Vogel unter dem Himmel und Tier auf dem Felde seinen Namen? Wurde die Herrschaft des Menschen über die Tiere nicht bestätiget von dem Psalmisten und wiederum bekräftiget von dem Apostel Paulus? Und wie sollte der Mensch über die Tiere herrschen, wo dies nicht das Recht einschlösse, sie zu strafen für ihre Übeltaten? Des weiteren ist dieses Recht, über die Tiere zu Gericht zu sitzen, welches der Procurator für die *bestio-*

les so fleißig leugnet, dem Menschen von GOtt selbst eigens gegeben, wie aus dem Heiligen Buch Exodus hervorgeht. Hat der HErr nicht Moses das Heilige Gesetz gegeben: Auge um Auge, Zahn um Zahn? Und fuhr er nicht auf diese Weise fort, wenn ein Ochse einen Mann oder Weib stößet, daß er stirbt, so soll man den Ochsen steinigen und sein Fleisch nicht essen. Macht das Heilige Buch Exodus nicht auf diese Weise das Gesetz klar? Und fährt es nicht weiter fort, wenn jemands Ochse eines andern Ochsen stößet, daß er stirbt, so sollen sie den lebendigen Ochsen verkaufen und das Geld teilen und das Aas auch teilen. Hat der HErr nicht so bestimmt, und dem Menschen das Urteil über die Tiere gegeben?

Zum andern, daß das Verfahren wegen Nichterscheinens vor Gericht dem Holzwurme zu erlassen sei. Er ist doch auf correcte Weise vorgeladen worden, wie es dem ordentlichen Rechtsgang entspricht. Er ist geladen worden, gleich wie die Juden von Kaiser Augustus geladen wurden, daß sie geschätzt würden. Und haben die Israeliter nicht gehorcht? Welcher von den hier Anwesenden würde die *bestioles* daran hindern, daß sie vor Gericht erscheinen? Dies möchte vielleicht meiner demütigen Bittsteller Wunsch gewesen sein, und es möchte vielleicht ihr Sinn danach gestanden haben, zu diesem Ende das Bein des Throns, welches Hugo, Bischof zu Besançon, in den Stand der Blödigkeit stürzte, da es sein Haupt wider die Altarstufen schlagen ließ, in den Flammen zu verbrennen, aber als gute Christen geboten sie Einhalt ihrer Hand und stellten statt dessen die Sache Eurem erhabenen Urteil anheim. Auf welchen Feind möchten die beschuldigten *bestioles* also stoßen? Der werte Procurator tat der Katzen Erwähnung, die da Ratten essen. Ich war mir nicht bewußt, *Messieurs*, daß Katzen sich darauf verlegt hätten, Holzwürmer auf dem Wege zum Gericht zu verschlingen, aber man würde mich sicherlich corrigieren, so ich mich irrte. Nein, für die Weigerung der Angeklagten, vor Euch zu erscheinen, gibt es nur eine Erklärung: es ist blinder, ja mutwilliger Ungehorsam, ein verstocktes Schweigen, eine Schuld, welche mit Feuer brennt gleich dem Dornbusch, der Moses erschien, ein Busch, welcher mit Feuer brannte und doch nicht verzehret ward, gleich wie ihre Schuld weiter brennt mit jeder Stunde, die sie sich halsstarrig zu erscheinen weigern.

Zum dritten wird vorgebracht, GOtt habe den Holzwurm erschaffen, gleich wie Er den Menschen erschaffen hat, und Er habe ihm die Samen und die Früchte und die Bäume zur Speise gegeben, und darum liege auf allem, was er speisen möge, der Segen GOttes. Welches wahrlich die Hauptsache und das Wesentliche ist in dem Plaidoyer des Procurators für die *bestioles*, und ich widerlege es hiermit auf diese Weise. Das Heilige Buch Genesis sagt uns, daß GOtt in seiner unendlichen Gnade und Großmut den Tieren auf dem Felde und dem Gewürm all die Samen und die Früchte und die Bäume zur Speise gab. Er gab die Bäume den Geschöpfen, welche den Instinct haben, Bäume zu verzehren, mag dies auch dem Menschen ein Hindernis sein und zu Ungemach gereichen. Das geschnittene Holz aber gab Er ihnen nicht. Wo in dem Heiligen Buche Genesis würde erlaubt, daß das Gewürm auf Erden das geschnittene Holz bewohne? Als der HErr erlaubte, daß ein Geschöpf sich in den Eichbaum verkrieche, hatte Er da im Sinn, daß dasselbe Geschöpf das Recht habe, sich zu verkriechen in das Haus des HErrn? Wo in der Heiligen Schrift gäbe der HErr den Tieren das Recht, Seine Tempel zu verschlingen? Und heißt der HErr Seine Knechte, daß sie vorübergehen, da Seine Tempel verschlungen werden und Seine Bischöfe in den Stand der Blödigkeit gebracht? Das Schwein, welches die Heilige Hostie des Sacramentums frißt, wird für seine Blasphemie gehängt, und die *bestiole*, welche in der Wohnung des HErrn selbst Wohnstatt nimmt, ist nicht weniger blasphemisch.

Des weiteren, und unbeschadet des Vorhergehenden, es wurde vorgebracht, daß der HErr den Holzwurm geschaffen habe, gleich wie Er den Menschen geschaffen hat, und daß darum alles, was der Holzwurm tun mag, den Segen des HErrn habe, und möge es noch so verderblich und frevelhaft sein. Hat aber der Allmächtige GOtt, in Seiner unvergleichlichen Weisheit und Wohltätigkeit, den Getreidekäfer geschaffen, auf daß er unsere Ernten vernichte, und den Holzwurm, auf daß er das Haus des HErrn vernichte? Die weisesten Doctores unserer Kirche haben viele Jahrhunderte lang jeden Vers der Heiligen Schrift examinieret, gleichwie die Soldaten des Herodes nach unschuldigen Kindlein suchten, und sie haben nicht ein Kapitel, nicht eine Zeile, nicht einen Satz gefunden, darin des Holzwurmes erwähnet würde. Die Frage, die ich dem Gericht als die in diesem Fall wesentliche vorlege, ist darum folgende: War der Holzwurm je auf der Arche Noah? In der Heiligen Schrift ist nirgends die Rede davon, daß der Holzwurm Noahs mächtiges Schiff bestiegen habe oder davon herabgestiegen sei. Und wahrlich, wie hätte dem also sein können, denn war die Arche nicht aus Holz gebaut? Wie hätte der HErr in Seiner ewigen Weisheit ein Geschöpf an Bord zulassen können, dessen tägliches Trachten zu Schiffbruch geführt hätte, zu Tod und Untergang des Menschen und allen Getiers der Schöpfung? Wie möchte solches sein? Es folgt darum, daß der Holzwurm nicht auf der Arche war, sondern ein widernatürliches und unvollkommenes Geschöpf ist, welches zur Zeit der großen Plage und Verderbnis der Sintflut nicht existierte. Von was er gezeugt, ob von ekler Spontaneität oder übelwollender Hand, wir wissen es nicht, seine abscheuliche Tücke aber ist offenbar. Dies schändliche Geschöpf hat seinen Leib dem Teufel vermacht und ist damit aus Schutz und Schirm des HErrn herausgetreten. Welcher Beweis vermochte deutlicher zu sein denn die Art seiner Schändungen, die arglistige Verworfenheit, mit der er Hugo, Bischof zu Besançon, in die Blödigkeit gestürzt? War das nicht nach des Teufels Art, also im Finstern und Verborgenen zu procedieren viele Jahre lang, um dann mit seinen eklen Absichten zu triumphieren? Der Procurator für die *bestioles* jedoch bringt vor, daß der Holzwurm den Segen GOttes habe in allem, was er tue, und allem, was er esse. Er behauptet also, was sie taten, da sie das Bein von des Bischofes Thron verzehrten, habe den Segen des HErrn gehabt. Er behauptet weiter, der HErr habe mit eigener Hand einen Bischof Seiner eigenen Heiligen Kirche geschlagen, gleich wie Er Belsaze geschlagen habe, wie Er Amalek geschlagen habe, wie Er die Midianiter geschlagen habe, wie Er die Kanaaniter geschlagen habe, wie Er Sihon den Amoriter geschlagen habe. Ist das nicht eine schändliche Blasphemie, welche das Gericht exstirpieren muß, gleichwie Herkules den Augiasstall reinigte?

Und zum vierten wird behauptet, das Gericht habe nicht die Macht noch das Recht, die Excommunicatio zu decretieren. Dies aber heißt, eben die Autorität leugnen, die GOtt Seiner lieben Braut der Kirche verliehen hat, welche Er zur Herrin gemacht hat über die ganze Welt; alles hat Er unter ihre Füße getan, wie der Psalmist bestätigt, Schafe und Ochsen allzumal, auch die wilden Tiere, die Vögel unter dem Himmel, die Fische im Meer und was im Meer gehet. Geleitet vom Heiligen Geist, kann die Kirche nicht Unrecht tun. Fürwahr, lesen wir nicht in unseren Heiligen Schriften von Schlangen und giftigen Reptilien, welchen das Gift hinweggezaubert wurde? Lesen wir nicht im Heiligen Buch Ekklesiastes, daß «eine Schlange ohne Beschwörung sticht»? Darum ist es in heiligem Einklang mit der Lehre GOttes, daß die Kirche Jahrhunderte lang ihre gewaltige, aber gerechte Macht gebrauchte, Anathema und Excommunicatio wider jene verderblichen Tiere zu schleudern, deren ekles Dasein das Auge GOttes beleidigt. Haben nicht Davids Maledictiones der Berge zu Gilboa gemacht, daß Regen und Tau dort aufhörten? Hat nicht Jesus Christus, der Sohn GOttes, bestimmt, daß ein jeglicher Baum, der nicht gute Früchte bringt, abgehauen und ins Feuer geworfen werden solle? Und wenn ein unvernünftiges Ding vernichtet werden soll, maßen es keine Früche trägt, mit wieviel mehr Recht ist es erlaubt, es zu verfluchen, maßen die größere Strafe die geringere in sich schließt: *cum si liceat quid est plus, debet licere quid est minus.* Ist nicht die Schlange verflucht worden im Garten Eden, daß sie auf ihrem Bauche kriechen solle ihr Lebtag? Und als die Stadt Aix von Schlangen befallen war, welche in den warmen Bädern wohnten und viele der Einwohner mit ihren Bissen töteten, da hat nicht der Heilige Bischof zu Grenoble die Schlangen excommunicieret, woraufhin sie verschwanden? Und also hat der Bischof zu Lausanne den Genfer See von dem Befall mit Aalen befreit. Und also hat der nämliche Bischof jene Schmarotzer aus den Wassern des nämlichen Sees vertrieben, welche sich von dem Lachs nährten, den die Frommen nach ihrer Gewohnheit an Fastentagen verzehrten. Und hat nicht Egbert, Bischof zu Trier, die Schwalben anathematisiert, deren Zwitschern die Gebete der Frommen störte? Und hat nicht St. Bernard auf ähnliche Weise und aus ähnlichem Grund Schwärme von Fliegen excommuniciert, welche am folgenden Tag, gleich Sanheribs Heerscharen, alles eitel tote Leichname waren? Und hat nicht der Bischofsstab von St. Magnus, Missionar des Allgäu, Ratten, Mäuse und Marienkäfer aller Art vertrieben und vertilget? Ist es darum nicht würdig und recht, daß dieses Gericht den Bannstrahl der Excommunicatio wider diese Schänder und Meuchler von GOttes heiligem Tempel schleudere? Der Procurator für die *bestioles* macht geltend, dieweil ein Holzwurm keine unsterbliche Seele habe, könne er nicht excommunicieret werden. Doch haben wir nicht gezeigt, daß zum ersten der Holzwurm kein natürliches Tier ist, da er nicht auf der Arche Noah war, und daß zum andern die Taten, derenthalben er geladen wurde, vor Gericht zu erscheinen, ein klarer Beweis sind, daß ein böser Geist sich seiner bemächtigt hat, nämlich der des Luzifer? Um so notwendiger ist darum der Beschluß der Excommunicatio, welche ich hiermit von diesem Gericht erbitte und verlange.

Réplique des insectes

Messieurs, wir haben uns bis jetzt an vielen Argumenten ergetzt, davon etliche der Wind hinweggefegt hat wie die geworfelte Spreu, etliche vor Euch auf dem Boden liegen wie das wertvolle Korn. Ich nehme Eure Geduld hiermit ein wenig mehr in Anspruch mit meiner Duplic auf die Behauptungen des Procurators *des habitans*, dessen Argumente fallen werden gleich den Mauern von Jericho vor dem Posaunenschall der Wahrheit.

Zum ersten erwähnt der Procurator die Länge der Zeit, da die *bestioles* in dem Bein von des Bischofs Thron ihre Wohnstatt gehabt und ihre finstere Absicht horteten, und bietet das zum Beweise, daß das Werk teuflisch inspirieret sei. Dies war der Grund, daß ich den guten Bruder Frolibert vor Euch rief, denn er ist weise in den Gebräuchen des Gewürms auf Erden, und fürwahr, Ihr wißt, daß er in der Abtei St. Georges den Honig macht. Und hat er nicht geltend gemacht, daß weise Männer glauben, die *bestioles* lebten nicht länger denn wenige kurze Lenze? Nun wissen wir aber alle, daß ein Befall mit Holzwurm über viele menschliche Generationen fortdauern mag, ehe er macht, daß das Holz zerfällt, wie es unter Hugo, Bischof zu Besançon, zerfiel, wodurch es ihn in den Zustand der Blödigkeit versetzte. Woraus wir schließen müssen, die Holzwürmer, die vor dieses Gericht geladen wurden, seien lediglich die Nachkommen über viele Generationen von Holzwürmern, welche in der Kirche Saint Michel ihre Wohnstatt genommen haben. So den *bestioles* böse Absicht zugeschrieben werden soll, dann doch allein der ersten Generation von *bestioles* und nicht ihrer unschuldigen Nachkommenschaft, welche sich ohne Schuld dort wohnen sieht, wo sie nun eben wohnt? Aus diesem Grunde beantrage ich denn abermals, daß das Verfahren eingestellt wird. Und weiter, es gibt keinen Beweis von seiten der Anklage, was Gelegenheit und Datum betrifft, zu welchem der Holzwurm mutmaßlich in das Holz eingedrungen sein soll. Der Procurator hat gesucht zu behaupten, den *bestioles* sei von der Heiligen Schrift nicht das Recht verliehen worden, daß sie geschnittenes Holz bewohnen. Darauf antworten wir zum ersten, daß die Heilige Schrift ihnen in keiner offenkundigen Form verbietet, dieses zu tun; zum andern, so GOtt nicht gewollt hätte, daß sie das geschnittene Holz essen, Er ihnen nicht den Instinct verliehen hätte, dieses zu tun; und zum dritten, daß, sintemalen ein Angeklagter unschuldig ist, bis daß er für schuldig befunden wird, mangels gegenteiliger Beweise zugunsten der *bestioles* ein Besitzvorrang das Holz betreffend angenommen werden muß, nämlich daß sie in dem Holze waren, da es von dem Holzfäller geschnitten wurde, welcher es an den Tischler verkaufte, welcher es zu dem Thron verarbeitet hat. Der Holzwurm hat denn keineswegs befallen, was der Mensch gebaut hat, vielmehr hat der Mensch mutwillig des Holzwurmes Wohnstatt zerstört und für seine eigenen Zwecke gebraucht. Auch aus diesem Grund verlangen wir, daß das Verfahren eingestellt wird.

Des weitern wird vorgebracht, der Holzwurm habe auf der Arche Noah kein Recht zur Überfahrt gehabt und müsse darum vom Teufel besessen sein. Darauf antworten wir, daß die Heilige Schrift zum ersten nicht eine jede Art der Schöpfung GOttes aufführt, und daß die Rechtsvermutung dahin gehen solle, daß jegliche Creatur auf der Arche gewesen sei, so nicht eigens gesagt wird, daß sie nicht dort gewesen sei. Und zum andern, daß, so der Holzwurm, wie der Procurator mutmaßt, nicht auf der Arche gewesen sein sollte, es gar noch offenkundiger würde, daß dem Menschen über dieses Geschöpf keine Herrschaft gegeben worden sei. GOtt schickte die verderbliche Flut, die Welt zu läutern, und da die Wasser abnahmen und die Welt neu geboren wurde, gab Er dem Menschen Herrschaft über die Tiere. Wo aber steht geschrieben, daß Er ihm auch Herrschaft gegeben habe über Tiere, als welche gar nicht auf der Arche gereist waren?

Zum dritten ist es eine unerhörte Verunglimpfung unseres Plaidoyers, so man behauptet, daß Hugo, Bischof zu Besançon, laut unserer Einlassung von GOttes eigener Hand in die Finsternis der Blödigkeit gestürzt worden sei. Eine solche Einlassung wurde unsererseits nie gemacht, denn nur ein Blasphemist könnte ebensolches behaupten. Ist es aber nicht wahrlich der Fall, daß GOttes Wege unseren Blicken oft auf geheimnisvolle Weise verborgen sind? Da der Bischof zu Grenoble von seinem Pferde fiel und getötet wurde, haben wir weder dem HErrn noch dem Pferd noch dem Holzwurm die Schuld gegeben. Da der Bischof zu Konstanz auf dem Bodensee über Bord ging, schlossen wir nicht darauf, daß GOtt ihn in das Wasser gestürzt oder daß der Holzwurm das Boot zum Kentern gebracht habe. Da der Pfeiler in dem Kloster Saint Théodoric auf den Fuß des Bischofs zu Lyon einstürzte, so daß er hernach allweil mit einem Stecken gehen mußte, haben wir nicht dem HErrn noch dem Pfeiler noch dem Holzwurm die Schuld gegeben. Die Wege des HErrn sind uns fürwahr oft verborgen, ist es nicht aber auch der Fall, daß der HErr viele Plagen kommen ließ über die Unwürdigen? Hat Er nicht eine Plage von Fröschen über Pharao gesandt? Hat Er nicht Stechmücken und vielerlei Ungeziefer über Ägyptenland gesandt? Hat Er nicht, wider diesen Pharao, auch eine Plage von bösen Blattern gesandt, und Donner und Hagel, und eine Plage von vielen Heuschrecken? Hat Er nicht Hagel wider die fünf Könige der Amoriter gesandt? Hat Er nicht gar Seinen eigenen Knecht Hiob mit Schwären geschlagen? Und eben aus diesem Grunde habe ich Vater Godric vor Euch gerufen und ihn nach den Registern über die Zahlung des Zehnten von den Einwohnern zu Mamirolle befragt. Und wurden da nicht vielerlei Entschuldigungen angeboten von den Unbilden des Wetters und den Ernten, die mißraten seien, und der Krankheit, die da gewesen in dem Dorfe, und dem Haufen Soldaten, die durchgezogen und etliche der starken jungen Männer des Dorfes gemordet hätten? Aber nichtsdestoweniger war deutlich und offenbar, daß der Zehnte nicht gezahlt wurde, wie es die Kirche verfügt, daß da ein mutwilliges Unterlassen war, welches Ungehorsam wider den HErrn unsern GOtt und Seine irdische Braut die Kirche bedeutet. Und ist es nicht darum der Fall, daß Er, gleichwie Er eine Heuschreckenplage sandte, den Pharao zu geißeln, und allerlei Ungeziefer über Ägyptenland, also den Holzwurm in die Kirche sandte, die Einwohner für ihren Ungehorsam zu geißeln? Wie möchte dergleichen geschehen sein ohne die Erlaubnis des HErrn? Meinen wir denn, der Allmächtige GOtt sei ein so schwaches und zages Geschöpf, daß Er nicht vermöchte, seinen Tempel wider diese winzigen *bestioles* zu schützen? Es wäre doch gewißlich eine Blasphemie, so man an GOttes Macht zweifelte, dieses zu tun. Und daraus müssen wir schließen, daß die Heimsuchung entweder auf göttlichen Befehl oder mit göttlicher Erlaubnis kam, daß GOtt den Holzwurm sandte, die ungehorsamen Sünder zu strafen, und daß die Sünder sich ducken sollen vor Seinem Zorn und sich geißeln für ihre Sünden und ihren Zehnten zahlen, wie sie geheißen sind. Wahrlich, hier ist Ursach zu Gebeten und Fasten und Geißeln und der Hoffnung auf die Gnade GOttes und nicht zu Anathemata wider und Excommunicatio der Vollstrecker, der eigentlichen Mittler von Ziel und Absicht des HErrn.

Zum vierten beantragen wir darum, da wir anerkennen, daß der Holzwurm GOttes Geschöpf ist und als solches ein Recht auf Unterhalt hat, gleichwie der Mensch ein Recht auf Unterhalt hat, und insgleichen anerkennen, daß Gerechtigkeit mit Gnade einhergehen soll, beantragen wir also, unbeschadet des Vorhergehenden, daß das Gericht von den *habitans* zu Mamirolle, welche so säumig waren in der Zahlung ihres Zehnten, verlangt, daß sie besagten *bestioles* anderen Weidegrund bestimmen und zuteilen, allwo sie friedlich grasen mögen ohne künftigen Schaden für die Kirche Saint Michel, und daß den *bestioles* von dem Gericht, welches alle Macht dazu hat, befohlen wird, zu besagtem Weidegrund zu ziehen. Denn was erhoffen und verlangen meine demütigen Clienten anderes, denn daß man ihnen erlaube, friedlich und im Verborgenen zu leben, ohne Einmischung und fälschliche Anschuldigung. *Messieurs*, ich plaidiere abschließend dafür, daß das Verfahren eingestellt wird, und hilfsweise, daß die *bestioles* freigesprochen werden, und wiederum hilfsweise, daß sie ersucht werden, zu frischen Weidegründen zu ziehen. Ich beuge mich in ihrem Namen dem Urteil des Gerichts.

Bartholomé Chassenée, Rechtsgelehrter

Conclusions du procureur épiscopal

Die Argumente, welche die Verteidigung vorgebracht hat, wurden rechtmäßig und mit Gewicht kundgetan und verdienen umständliches und ernsthaftes Bedenken, denn das

Gericht soll den Bannstrahl der Excommunicatio nicht leichthin oder willkürlich schleudern, denn wo er leichthin oder willkürlich geschleudert wird, mag er, auf Grund seiner besonderen Energie und Kraft, so er das Objekt nicht trifft, auf das er gerichtet ist, auf den zurückfallen, welcher ihn geschleudert hat. Die Argumente, welche die Anklage vorgebracht hat, wurden gleichfalls mit viel Gelehrsamkeit und Bildung kundgetan, und dieses ist fürwahr eine tiefe See, darin man unmöglich auf den Grund gehen kann.

In der von dem Procurator für die *bestioles* aufgeworfenen Frage bezüglich der vielen Generationen des Holzwurms, und ob die hier vorgeladene Generation des Holzwurms die Generation sei, welche das Verbrechen verübte, haben wir dieses zu sagen. Zum ersten, daß es in der Heiligen Schrift im Buche Exodus geschrieben steht, daß der HErr der Väter Übeltat heimsuchen wird an den Kindern bis in das dritte und vierte Glied, und darum hat das Gericht in dieser Sache die Macht, in aller Gottesfurcht mehreren Generationen von Holzwürmern den Proceß zu machen, die alle wider den HErrn gesündigt haben, und das wäre fürwahr ein großartiger Akt der Gerechtigkeit. Und zum andern, so wir das Argument des Procurators *pour les habitans* acceptieren, die *bestioles* seien vom Teufel besessen, was wäre dann natürlicher – in diesem Falle, schändlicher und widernatürlicher –, denn daß solche Besessenheit es dem Holzwurm erlaubte, über die normale Frist seiner Jahre hinaus zu leben, und also möchte es sein, daß nur eine einzige Generation des Gewürms den gesamten Schaden an Thron und Dach gezeitigt hätte. In jedem Fall hat das Argument des Procurators *pour les habitans* großen Eindruck auf uns gemacht, daß der Holzwurm nicht habe auf der Arche Noah sein können – denn welcher kluge Seekapitän würde in seiner Weisheit erlauben, daß solche Urheber des Schiffbruchs sein Schiff bestiegen? – und derohalben nicht zu GOttes Urgeschöpfen zu zählen sei. Was des

Holzwurms Status in der mächtigen Hierarchie sein mag – ob er zum Teil natürlich sei, ob er die lebendige Verderbnis sei, oder ob er ein Geschöpf des Teufels sei –, ist eine Sache für jene großen Doctores der Kirche, welche solche Sachen wägen.

Auch können wir nicht all die Myriaden von Gründen kennen, warum GOtt erlaubt haben mag, daß eine Plage von Holzwürmern seine bescheidene Kirche befalle. Vielleicht wurden Bettler an der Tür abgewiesen. Vielleicht wurde der Zehnte nicht pünktlich bezahlt. Vielleicht gab es Frivolitäten innerhalb der Kirche und das Haus des HErrn wurde zu einem gemeinen Ort für Stelldicheins gemacht, woraufhin GOtt die Insecten sandte. Wir sollen nie der Pflicht zur Wohltätigkeit vergessen und der Erfordernis, daß wir Almosen geben, und hat nicht Eusebios die Hölle mit einem kalten Ort verglichen, wo Heulen und Zähneklappern von schrecklichem Froste rühren und nicht von dem ewigen Feuer, und ist nicht die Wohltätigkeit eines der Mittel, damit wir uns in die Gnade des HErrn begeben? Darum raten wir zu dem Spruche der Excommunicatio über diese *bestioles*, welche den Tempel des HErrn so schändlich und tückisch verwüstet haben, und raten insgleichen, daß von den *habitans* all jene Bußen und Gebete gefordert werden, als welche in solchen Fällen üblich sind.

Sentence du juge d' Église

Namens und kraft GOttes, des Allmächtigen, des Vaters, des Sohnes und des Heiligen Geistes, und der gebenedeiten Mutter Maria unseres HErrn Jesu Christi, und kraft der Macht der Heiligen Apostel Peter und Paul wie auch jener Macht, welche uns in diesem Verfahren ein Amt gegeben, und da wir uns mit dem Heiligen Kreuz gewappnet haben, und da wir die Furcht GOttes vor Augen haben, vermahnen wir die vorgenannten Holzwürmer als abscheuliches Geschmeiß und befehlen ihnen, daß sie bei Strafe von Maledictio, Anathema und Excommunicatio innerhalb von sieben Tagen die Kirche Saint Michel im Dorfe Mamirolle in der Diœcese Besançon verlassen und ohne Verzug oder Hinderung zu jenen Weidegründen ziehen, welche die *habitans* ihnen bieten, dort ihre Wohnstatt nehmen und niemals wieder die Kirche Saint Michel verheeren. Daß dieser Spruch Rechtskraft erlange und wirksam werde, was an Maledictio, Anathema und Excommunicatio je verhänget werden mag, sei den *habitans* zu Mamirolle hiermit aufgegeben, daß sie sorgsam sich der Pflicht der Wohltätigkeit befleißigen, ihren Zehnten abliefern, wie die Heilige Kirche gebietet, sich jeglicher Frivolität im Hause des HErrn enthalten und einmal im Jahr, am Jahrestag des verhaßten Tages, da Hugo, Bischof zu Besançon, in die Finsternis der Blödigkeit gestürzet wurde …

Hier bricht das Manuskript in den Archives Municipales de Besançon ab, ohne Einzelheiten des vom Gericht auferlegten alljährlichen Büßens oder Gedenkens zu nennen. Der Zustand des Pergaments deutet darauf hin, daß es im Laufe der letzten viereinhalb Jahrhunderte, und vielleicht mehr als einmal, von Termiten angegriffen wurde, die die abschließenden Worte des juge d' Église verzehrt haben.

VIER

Die Überlebende

Eins-und-vier-und-neun-und-zwei
begann Columbus' Segelei

Und was dann? Sie konnte sich nicht erinnern. Nach all den Jahren: Als brave Zehnjährige mit verschränkten Armen hatten sie es der Lehrerin im Chor nachgeplappert. Alle außer Eric Dooley, der hinter ihr saß und an ihrem Zopf kaute. Einmal sollte sie aufstehen und die nächsten zwei Zeilen aufsagen, aber sie war erst ein paar Zentimeter von ihrem Platz hochgekommen, da schnellte ihr Kopf zurück, und die Klasse lachte. Eric hatte ihren Zopf mit den Zähnen festgehalten. Vielleicht konnte sie sich deshalb nie an die nächsten zwei Zeilen erinnern.

Doch an die Rentiere erinnerte sie sich ganz genau. Es hatte alles mit den Rentieren angefangen, die zu Weihnachten durch die Luft flogen. Sie war ein Mädchen, das glaubte, was man ihr sagte, und die Rentiere flogen. Wahrscheinlich hatte sie sie zum ersten Mal auf einer Weihnachtskarte gesehen. Sechs, acht, zehn davon, nebeneinander angeschirrt. Sie bildete sich immer ein, je zwei wären Mann und Frau, ein glückliches Paar, wie die Tiere, die in die Arche gingen. Das wäre doch richtig, nicht wahr, das wäre doch natürlich? Aber ihr Papa sagte, man könne an den Geweihen sehen, daß die Rentiere vor dem Schlitten Männchen seien. Erst war sie nur enttäuscht, doch später nahm ihr Groll zu. Der Weihnachtsmann hatte einen reinen Männerverein unter sich. Typisch. Absolut sautypisch, dachte sie.

Sie flogen, darauf kam es an. Sie glaubte nicht daran, daß der Weihnachtsmann sich durch den Kamin quetschte und am Fußende des Betts Geschenke hinlegte, aber daß die Rentiere flogen, das glaubte sie. Die Leute wollten es ihr ausreden, sie sagten, wenn du das glaubst, dann glaubst du einfach alles. Da war sie aber schon vierzehn, kurzhaarig und dickköpfig und hatte immer eine Antwort parat. Nein, sagte sie dann, wenn ihr glauben könntet, daß die Rentiere fliegen können, dann würdet ihr auch einsehen, daß alles möglich ist. Alles.

So um die Zeit ging sie in den Zoo. Was sie faszinierte, waren die Geweihe. Sie waren ganz seidig, als hätte man sie mit einem edlen Stoff aus einem piekfeinen Laden überzogen. Sie sahen aus wie Äste in einem Wald, den jahrhundertelang kein Mensch betreten hatte; weiche, glänzende, bemooste Äste. Sie stellte sich einen Waldhang mit sanftem Licht vor, und unter ihren Füßen knackten ein paar herabgefallene Nüsse. Genau, und am Ende des Weges steht ein Lebkuchenhaus, sagte ihre beste Freundin Sandra, als sie ihr das erzählte. Nein, dachte sie, die Geweihe werden zu Ästen, die Äste zu Geweihen. Es hängt alles zusammen, und die Rentiere können eben *doch* fliegen.

Einmal sah sie, wie sie kämpften, im Fernsehen. Sie rasten und stießen gegeneinander, griffen einander frontal an, verkeilten sich mit ihren Geweihen. Sie kämpften so heftig, daß sie sich die Haut vom Geweih scheuerten. Sie hatte gedacht, es wäre nur trockener Knochen darunter und das Geweih würde aussehen wie im Winter die Äste, von denen hungrige Tiere die Rinde abgeschält haben. Aber so war das nicht. Überhaupt nicht. Sie bluteten. Die Haut riß ab, und darunter war nicht nur Knochen, sondern auch Blut. Die Geweihe wurden dunkelrot und weiß, so daß sie sich von den sanften Grün- und Brauntönen der Landschaft abhoben wie eine Schale Knochen im Schlachterladen. Es ist entsetzlich, dachte sie, aber wir müssen der Sache ins Gesicht sehen. Es hängt wirklich alles zusammen, auch die Teile, die wir nicht mögen, besonders das, was wir nicht mögen.

Sie sah viel fern nach dem ersten großen Unfall. Es war kein sehr schwerer Unfall, hieß es, eigentlich nicht, nicht so, als wäre eine Bombe explodiert. Und überhaupt war es weit weg, in Rußland, und die hatten da drüben keine richtigen modernen Kraftwerke wie wir, und selbst wenn sie die gehabt hätten – ihr Sicherheitsstandard war offensichtlich viel niedriger, also konnte so was bei uns nicht passieren, und man brauchte sich doch keine Sorgen zu machen, nicht wahr? Es könnte den Russen sogar eine Lehre sein, sagten die Leute. Daß sie sich's zweimal überlegen würden, bevor sie auf den Knopf drückten.

Auf eine seltsame Art erregte es die Leute. Machte mehr her als die neuesten Arbeitslosenzahlen oder der Preis einer Briefmarke. Außerdem, das Schlimme passierte meistens anderen Leuten. Da war eine Giftwolke, und jeder verfolgte ihren Kurs, wie man die Verlagerung eines recht interessanten Tiefdruckgebiets auf der Wetterkarte verfolgen würde. Eine Zeitlang kauften die Leute keine Milch mehr und fragten den Schlachter, wo das Fleisch herkam. Aber bald hörten sie auf, sich Sorgen zu machen, und vergaßen das Ganze.

Zuerst hatte man geplant, die Rentiere zwei Meter tief zu vergraben. Es war keine große Meldung, nur so zehn Zeilen auf der Auslandsseite. Die Wolke war über die Weidegebiete der Rentiere gezogen, mit dem Regen war Gift heruntergekommen, die Flechten wurden radioaktiv, die Rentiere hatten die Flechten gefressen und waren auch radioaktiv geworden. Was hab ich gesagt, sagte sie, es hängt alles zusammen.

Die Leute konnten nicht verstehen, warum sie sich so

aufregte. Sie sagten, sie solle nicht so sentimental sein, und es sei ja schließlich nicht so, daß sie von Rentierfleisch leben müßte, und wenn sie einen Überschuß an Mitgefühl habe, sollte sie sich den vielleicht besser für die Menschen aufsparen. Sie versuchte zu erklären, aber sie war nicht sehr gut im Erklären, und sie verstanden es nicht. Diejenigen, die meinten, sie hätten es verstanden, sagten: Ja, ist schon klar, es hat alles mit deiner Kindheit zu tun und den albernen romantischen Vorstellungen, die du als Kind gehabt hast, aber du kannst ja nicht dein ganzes Leben lang an blöden romantischen Vorstellungen hängen, du mußt doch endlich mal erwachsen werden, du mußt realistisch sein, wein jetzt bitte nicht, das heißt, vielleicht ist das gar nicht schlecht, komm, heul dich mal richtig aus, vielleicht tut dir das auf die Dauer gut. Nein, das ist es nicht, sagte sie, das ist es ganz und gar nicht. Dann fingen die Karikaturisten an, Witze zu machen, in denen die Rentiere vor lauter Radioaktivität so strahlten, daß der Weihnachtsmann an seinem Schlitten keine Scheinwerfer mehr brauchte und Rudolf, das Rotnasige Rentier, deswegen eine leuchtende Nase hatte, weil es aus Tschernobyl kam; aber sie fand das nicht lustig.

Hört mal, sagte sie zu den Leuten. Die messen die Stärke der Radioaktivität in etwas, das sich Becquerel nennt. Als der Unfall passiert ist, mußte die Regierung von Norwegen entscheiden, wieviel Strahlung im Fleisch unschädlich sei, und da sind die auf eine Zahl von 600 Becquerel gekommen. Aber die Leute mochten die Vorstellung nicht, daß ihr Fleisch vergiftet sei, und bei den norwegischen Schlachtern lief das Geschäft nicht sonderlich gut, und eine Sorte Fleisch wollte echt keiner kaufen, nämlich Rentierfleisch, was ja nicht weiter verwunderlich war. Also hat die Regierung folgendes gemacht. Sie hat gesagt, offenbar wollen die Leute nicht so furchtbar oft Renfleisch essen, weil sie solche Angst haben, und da schadet es ihnen genausowenig, wenn sie ab und zu mal stärker verseuchtes Fleich essen, wie wenn sie weniger verseuchtes Fleisch essen, aber dafür öfter. Also haben sie den zulässigen Grenzwert für Rentierfleisch auf 6000 Becquerel erhöht. Simsalabim! Heute ist es schädlich, wenn man Fleisch mit 600 Becquerel drin ißt, morgen ist es unschädlich, auch wenn das Zehnfache drin ist. Das galt natürlich nur für Renfleisch. Offiziell ist es gleichzeitig immer noch gefährlich, ein Schweinekotelett oder ein Nackenstück vom Lamm mit 601 Becquerel drin zu essen.

In einer Fernsehsendung wurde gezeigt, wie ein paar Bauern aus Lappland ein totes Rentier zur Untersuchung ablieferten. Das war kurz nachdem der Grenzwert auf das Zehnfache erhöht worden war. Der Beamte aus dem Ministerium für was auch immer, Landwirtschaft oder so, hat die Stückchen von Rentierinnereien kleingehackt und die üblichen Tests damit gemacht. Die Messung ergab 42 000 Becquerel. *42 Tausend.*

Zuerst war geplant, sie zu vergraben, zwei Meter tief. Aber nichts bringt die Leute auf so schlaue Gedanken wie eine schöne Katastrophe. Die Rentiere *vergraben*? Nein, dann sieht das so aus, als hätte es da ein Problem gegeben, als wäre wirklich was schiefgegangen. Man müßte sie doch auf eine Art loswerden können, die mehr Nutzen bringt. An Menschen konnte man das Fleisch nicht verfüttern, aber warum nicht an Tiere? Eine gute Idee – aber was für Tiere? Natürlich nicht solche, die schließlich von Menschen gegessen werden, wir müssen da schon an uns selbst denken. Also haben sie beschlossen, das Fleisch an Nerze zu verfüttern. Was für eine schlaue Idee. Nerze sollen ja nicht besonders nett sein, und Leute von der Art, die sich einen Nerzmantel leisten können, haben womöglich eh nichts dagegen, wenn sie noch eine kleine Dosis Radioaktivität dazu kriegen. Wie ein Tupfer Parfüm hinterm Ohr oder so. Ganz schick, eigentlich.

Inzwischen achtete kaum noch jemand auf das, was sie ihnen erzählte, aber sie ließ nicht locker. Hört zu, sagte sie, anstatt die Rentiere zu vergraben, malen sie jetzt also einen großen blauen Streifen auf die Kadaver und verfüttern sie an Nerze. Ich finde, sie hätten sie vergraben sollen. Wenn man was vergräbt, schämt man sich wenigstens ordentlich dabei. Seht doch mal, was wir mit den Rentieren gemacht haben, würden sie sagen, wenn sie die Grube ausheben. Oder würden sie möglicherweise sagen, wenigstens. Sie würden möglicherweise darüber nachdenken. Warum strafen wir immer die Tiere? Wir tun so, als ob wir sie gern haben, wir halten sie als Schoßtiere und werden rührselig, wenn wir meinen, sie reagieren wie wir, aber haben wir die Tiere nicht von Anfang an gestraft? Indem wir sie getötet und gequält und ihnen unsere Schuld aufgehalst haben?

Nach dem Unfall aß sie kein Fleisch mehr. Wenn sie eine Scheibe Rindfleisch oder einen Löffel Eintopf auf ihrem Teller fand, mußte sie jedesmal an Rentiere denken. Die armen Viecher mit den wundgescheuerten Geweihen, die vom Kämpfen ganz blutig waren. Dann die Reihe von Kadavern, jede mit einem blauen Farbstreifen auf dem Rücken, die an einer Reihe glänzender Haken vorbeiratterten.

Darauf, erklärte sie, habe sie sich hierhin aufgemacht. Richtung Süden also. Man sagte ihr, sie sei blöd, sie laufe nur weg, sie sei nicht realistisch; wenn die Sache ihr dermaßen wichtig sei, dann sollte sie dableiben und mit Argumenten dagegen kämpfen. Aber es deprimierte sie zu sehr. Die Leute hörten nicht genug auf ihre Argumente. Außerdem sollte man immer dahin gehen, wo man glaubte, daß die Rentiere fliegen könnten: *das* war realistisch. Oben im Norden konnten sie nicht mehr fliegen.

Ich möchte wissen, wie es Greg ergangen ist. Ich möchte wissen, ob er in Sicherheit ist. Ich möchte wissen, was er jetzt über mich denkt, wo er weiß, daß ich recht hatte. Ich hoffe, er haßt mich nicht deswegen. Männer kriegen oft einen Haß, wenn man recht hat. Vielleicht tut er aber auch so, als wäre überhaupt nichts passiert; so kann er sicher sein, daß er recht gehabt hat. Eben, es war nicht das, was du gedacht hast, es war bloß ein Komet, der im Himmel verglüht ist, oder ein Sommergewitter, oder eine Falschmeldung im Fernsehen. Blöde Kuh.

Greg war ein ganz gewöhnliches Mannsbild. Nicht, daß ich etwas anderes wollte, als ich ihn kennenlernte. Er ging zur Arbeit, kam nach Hause, saß rum, trank Bier, ging mit seinen Kumpels aus und trank noch mehr Bier, am Zahltag hat er mich manchmal ein bißchen verkloppt. Wir kamen ganz gut miteinander aus. Wegen Paul hatten wir natürlich Streit. Greg hat gesagt, ich sollte es ihm besorgen lassen, damit er nicht mehr so aggressiv wäre und aufhören würde, die Möbel zu zerkratzen. Ich hab gesagt, das hätte überhaupt nichts damit zu tun, alle Katzen würden die Möbel zerkratzen, besorgen sollten wir ihm vielleicht einen Kratzbaum. Greg hat gesagt, woher ich denn wüßte, ob ihn das nicht noch ermutigt, ihm sozusagen die Erlaubnis gibt, alles noch viel mehr zu zerkratzen? Ich hab gesagt, sei doch nicht dämlich. Er hat gesagt, es wäre wissenschaftlich erwiesen, daß Katzen weniger aggressiv sind, wenn man sie kastriert. Ich hab gesagt, ob das Gegenteil nicht wahrscheinlicher ist – daß sie böse und gewalttätig werden, wenn man sie verstümmelt? Da hat Greg eine große Schere genommen und gesagt, das können wir ja gleich mal rauskriegen. Ich hab geschrien.

Ich wollte nicht, daß er Paul kastrieren läßt, auch wenn der die Möbel ziemlich übel zugerichtet hat. Später ist mir dann etwas eingefallen. Rentiere werden nämlich auch kastriert. In Lappland. Die Lappen suchen sich ein großes

Männchen aus und kastrieren es, und danach ist es zahm. Dann hängen sie ihm eine Glocke um den Hals, und dieser Klingelbulle, wie sie ihn nennen, führt die andern Rentiere immer da hin, wo die Herdenbesitzer es wollen. Die Idee funktioniert also möglicherweise doch, aber ich finde es trotzdem falsch. Die Katze kann ja nichts dafür, daß sie eine Katze ist. Greg hab ich davon natürlich nichts erzählt, von dem Klingelbullen. Manchmal, wenn er mich verkloppt hat, hab ich gedacht, vielleicht sollten wir es erst mal dir besorgen lassen, vielleicht bist du dann nicht mehr so aggressiv. Aber gesagt hab ich das nie. Es hätte eh nichts gebracht.

Wir haben uns immer über Tiere gestritten. Greg fand mich rührselig. Einmal hab ich ihm erzählt, daß die alle Wale zu Seife verarbeiten. Er hat gelacht und gesagt, das wär eine verdammt gute Verwendung für sie. Ich bin in Tränen ausgebrochen. Ich glaube, geradesosehr darum, weil er so was denken konnte, wie weil er es gesagt hat.

Über den großen Knall haben wir uns nicht gestritten. Er hat einfach gesagt, Politik wäre Männersache und ich wüßte nicht, wovon ich rede. Mehr ist bei unseren Gesprächen über die Vernichtung des Planeten nicht herausgekommen. Wenn ich sagte, ich würde mir Sorgen machen, was Amerika wohl tut, wenn Rußland nicht nachgibt oder umgekehrt, oder über den Nahen Osten oder sonstwas, dann hat er gesagt, ob das bei mir vielleicht das prämenstruelle Syndrom sei. Mit so jemandem kann man doch nicht reden, oder? Er wollte nicht mal darüber diskutieren, nicht mal darüber streiten. Einmal hab ich gesagt, vielleicht ist es ja wirklich das prämenstruelle Syndrom, und da hat er gesagt, ja, das hab ich mir gedacht. Ich hab gesagt, nein, hör zu, vielleicht sind die Frauen einfach stärker mit der Welt verbunden. Er hat gesagt, wie meinst du das, und ich hab gesagt, na ja, es hängt doch alles zusammen, nicht wahr, und die Frauen sind enger mit den ganzen Kreisläufen der Natur und von Geburt und Wiedergeburt auf dem Planeten verbunden als die Männer, die ja im Grunde nichts als Befruchtungsmaschinen sind, und wenn die Frauen mit dem Planeten im Einklang stehen, dann kann es doch sein, wenn oben im Norden schreckliche Dinge passieren, Dinge, die die gesamte Existenz des Planeten bedrohen, daß Frauen diese Dinge vielleicht spüren können, so wie manche Leute wissen, daß ein Erdbeben kommt, und vielleicht löst das das PMS aus. Blöde Kuh, hat er gesagt, eben drum ist Politik halt Männersache, und hat sich noch ein Bier aus dem Kühlschrank geholt. Ein paar Tage später hat er zu mir gesagt, was ist nun mit dem Ende der Welt? Ich hab ihn nur angeguckt, und er hat gesagt, soweit ich sehe, hatten deine ganzen prämenstruellen Spannungen nur damit zu tun, daß du deine Periode gekriegt hast. Ich hab gesagt, du machst mich so wütend, daß ich mir fast das Ende der Welt herbeiwünsche, bloß damit man sieht, wie unrecht du hast. Er hat gesagt, es täte ihm leid, aber was wüßte er schon, er wäre ja nur eine Befruchtungsmaschine, wie ich ihm klargemacht hätte, und er würde schätzen, daß die anderen Befruchtungsmaschinen da oben im Norden das schon wieder hinkriegen.

Schon wieder hinkriegen? So redet der Klempner, oder der Mann, der kommt, um das Dach wieder festzunageln. «Schätze, das werden wir schon irgendwie hinkriegen», sagen sie mit so einem zuversichtlichen Augenzwinkern. Tja, diesmal haben sie es nicht wieder hingekriegt, oder? Nein, verdammt noch mal. Und in den letzten Tagen der Krise ist Greg nachts nicht immer heimgekommen. Selbst er hatte endlich was gemerkt und beschlossen, sich noch ein bißchen zu amüsieren, bevor alles aus ist. Auf eine Art konnte ich ihm gar nicht böse sein, außer daß er es nicht zugeben wollte. Er hat gesagt, er bleibt weg, weil er es nicht mehr aushält, nach Hause zu kommen und von mir angemotzt zu werden. Ich hab ihm gesagt, ich hätte Verständnis dafür und es wäre in Ordnung, als ich das aber näher erklärt habe, ist er richtig ausgerastet. Er hat gesagt, wenn er fremdgehen wollte, dann nicht wegen der Weltlage, sondern weil ich ihn ständig nerve. Die sehen einfach nicht die Zusammenhänge, nicht wahr? Wenn Männer in dunkelgrauen Anzügen und gestreiften Krawatten da oben im Norden anfangen, gewisse strategische Vorkehrungen zu treffen, wie das bei denen heißt, dann fangen Männer wie Greg in Schlappen und T-Shirts hier unten im Süden an, bis spät in der Nacht in der Kneipe rumzuhängen, und wollen da Mädchen aufreißen. Das sollten sie doch kapieren, nicht? Das sollten sie doch zugeben.

Als ich wußte, was passiert war, habe ich darum gar nicht gewartet, bis Greg nach Hause kam. Er war weg und kippte sich noch ein Bier hinter die Binde und meinte, die Kerle da oben würden das schon wieder hinkriegen, und komm doch solange rüber, Kleine, und setz dich mir aufs Knie. Ich hab bloß Paul genommen und in seinen Korb gesteckt und bin mit so vielen Konservendosen, wie ich tragen konnte, und ein paar Flaschen Wasser in den Bus gestiegen. Ich hab keinen Zettel dagelassen, weil es nichts zu sagen gab. An der Endstation auf der Harry Chan Avenue bin ich ausgestiegen und bin zu Fuß Richtung Esplanade gegangen. Und ratet mal, was ich da sehe, was da auf einem Autodach in der Sonne liegt? Eine verschlafene, freundliche Schildpattkatze. Ich hab sie gestreichelt, sie hat geschnurrt, ich hab sie auf den Arm hochgenommen, ein oder zwei Leute sind stehengeblieben und haben geguckt, aber ich war um die Ecke und in der Herbert Street, bevor sie irgendwas sagen konnten.

Greg muß wohl sauer gewesen sein wegen dem Boot. Andererseits gehörte ihm nur ein Viertel davon, und wenn alle vier ihre letzten Tage damit zubringen wollten, in der Kneipe zu saufen und Mädchen aufzureißen wegen den Männern in den dunkelgrauen Anzügen, denen man es meiner Meinung nach schon vor Jahren hätte besorgen sollen, dann würde ihnen das Boot ja nicht fehlen, nicht wahr? Ich hab es aufgetankt, und als ich ablegte, sah ich, daß die Schildpattkatze, die ich einfach irgendwo hingesetzt hatte, oben auf Pauls Körbchen hockte und mich anschaute. «Du bist jetzt Linda», hab ich gesagt.

Sie ließ die Welt von einem Ort aus hinter sich, der Doctor's Gully heißt. Am Ende der Esplanade in Darwin, hinter dem modernen YMCA-Gebäude, führt eine Zickzackstraße zu einem verlassenen Bootsanleger hinunter. Der große, heiße Parkplatz ist meistens leer, außer wenn die Touristen kommen, um bei der Fischfütterung zuzusehen. Sonst ist heutzutage in Doctor's Gully nichts mehr los. Bei Flut kommen jeden Tag Hunderte, ja Tausende von Fischen direkt ans Ufer, um sich füttern zu lassen.

Sie dachte, wie vertrauensvoll die Fische doch waren. Die denken wohl, diese riesigen zweibeinigen Geschöpfe geben ihnen aus reiner Herzensgüte zu fressen. Vielleicht hat es mal so angefangen, aber jetzt kostet es für Erwachsene 2.50 $ Eintritt, für Kinder 1.50 $. Sie fragte sich, warum keiner von den Touristen, die in den großen Hotels an der Esplanade wohnten, das komisch fand. Aber es macht sich ja keiner mehr Gedanken über die Welt. Wir leben in einer Welt, wo man Kinder dafür bezahlen läßt, daß sie die Fische fressen sehen. Heutzutage werden selbst die Fische ausgebeutet, dachte sie. Ausgebeutet, und dann vergiftet. Das Meer da draußen füllt sich immer mehr mit Gift an. Die Fische werden auch sterben.

Doctor's Gully war menschenleer. Jetzt segelte kaum noch einer von dort ab; sie waren alle schon vor Jahren zum Jachthafen hinübergewechselt. Aber ein paar Boote lagen noch oben auf den Steinen und sahen herrenlos aus. Einem davon, rosa und grau mit einem kümmerlichen Mast, hatte man NICHT ZU VERKAUFEN an die Seitenwand gepinselt. Darüber mußte sie immer lachen. Hinter diesem lag das kleine Boot von Greg und seinen Freunden, weitab von der Stelle, wo die Fische gefüttert wurden. Hier waren die Felsen mit Altmetall übersät – Motoren, Boiler, Ventile, Rohre, alle orangebraun von Rost. Beim Gehen störte sie Schwärme von orangebraunen Schmetterlingen auf, die sich in dem Schrott eingenistet hatten und ihn als Tarnung benutzten. Was haben wir mit den Schmetterlingen gemacht, dachte sie; seht doch mal, wo wir die leben lassen. Sie sah auf das Meer hinaus, über die struppigen Mangrovenbüschel, die am Ufer hochragten, zu einer Reihe kleiner Tanker hin und weiter zu niedrigen, buckligen Inseln am Horizont. Das war der Ort, von wo aus sie die Welt hinter sich ließ.

An Melville Island vorbei, durch die Dundas Strait und in die Arafurasee hinaus; danach ließ sie den Wind ihre Richtung bestimmen. Meistens schienen sie nach Osten zu treiben, aber sie achtete nicht allzusehr darauf. Wohin man geht, interessiert einen nur dann, wenn man wieder dahin zurückkehren will, von wo man aufgebrochen ist, und sie wußte, das war unmöglich.

Sie hatte keine säuberlichen Pilzwolken am Horizont erwartet. Sie wußte, es würde nicht so sein wie im Film. Manchmal wechselte das Licht, manchmal war da ein fernes Grollen. So etwas brauchte überhaupt nichts zu bedeuten; doch irgendwo war es geschehen, und den Rest erledigten die Winde, die den Planeten umkreisten. Nachts lockerte sie das Segel und ging in die kleine Kajüte hinunter, so daß Paul und Linda das Deck für sich hatten. Paul wollte den Neuankömmling zuerst bekämpfen – die alte Geschichte mit den Gebietsansprüchen. Doch nach ein, zwei Tagen hatten die Katzen sich aneinander gewöhnt.

Sie dachte, sie habe vielleicht ein bißchen viel Sonne abbekommen. Den ganzen Tag war sie draußen in der Hitze gewesen, nur mit einer alten Baseballmütze von Greg als Schutz. Er hatte so eine Sammlung von blödsinnigen Mützen mit albernen Sprüchen drauf. Diese hier war rot mit einer weißen Aufschrift, Reklame für ein Restaurant irgendwo. NUR WER BEI BJ ASS, WEISS, WAS ICH SCHEISSE. Ein Saufkumpan von Greg hatte sie ihm mal zum Geburtstag geschenkt, und Greg wurde nie müde, sich über den Witz zu freuen. Er saß dann da auf dem Boot mit einer Dose Bier in der Hand und seiner Mütze auf dem Kopf und fing einfach an, vor sich hin zu glucksen. Dann lachte er noch viel mehr, bis alle guckten, und verkündete schließlich: «Nur wer bei BJ aß, weiß, was ich scheiße.» Da konnte er sich überhaupt nicht mehr einkriegen, so ging das jedesmal. Sie haßte die Mütze, aber es war sinnvoll, sie zu tragen. Die Zinksalbe und die Tuben mit dem ganzen anderen Zeug hatte sie vergessen.

Sie wußte, was sie tat. Sie wußte, daß das, was Greg ihr kleines Abenteuer genannt hätte, womöglich zu nichts führen würde. Wenn sie mal einen Plan hatte, egal was für einen – aber besonders, wenn Greg darin nicht mit einbezogen war –, sprach er immer von ihrem kleinen Abenteuer. Sie meinte nicht, daß sie auf einer unberührten Insel landen würde, wo man bloß eine Bohne über die Schulter zu werfen brauchte, und schon schoß eine ganze Reihe von Ranken empor und winkte mit den Schoten. Sie erwartete nicht, daß da ein Korallenriff wäre, ein Streifen Sand aus dem Reiseprospekt und eine wippende Palme. Sie bildete sich nicht ein, daß da nach ein paar Wochen ein gutaussehender Typ in einem Dinghi auftauchen würde mit zwei Hunden an Bord; danach ein Mädchen mit zwei Hühnern, ein Bursche mit zwei Schweinen und so weiter. Ihre Erwartungen waren nicht hoch. Sie dachte einfach, man müßte es versuchen, egal was dabei rauskäme. Man war dazu verpflichtet. Da durfte man sich nicht drücken.

Letzte Nacht war ich mir nicht sicher. Ich war dabei, aus einem Traum aufzutauchen, oder vielleicht war ich noch im Traum, aber die Katzen hab ich gehört, das schwöre ich. Besser gesagt, die Laute einer rolligen Katze, wenn sie ruft. Nicht, daß Linda weit zu rufen brauchte. Als ich richtig wach war, war da nur das Geräusch der Wellen am Schiffsrumpf. Ich ging die Stufen hoch und stieß die Türen auf. Ich konnte die beiden im Mondlicht sehen, wie sie da selbstgefällig auf ihren Pfoten saßen, nebeneinander, und mich ihrerseits anguckten. Ganz wie zwei Kinder, die die Mutter des Mädchens fast beim Knutschen erwischt hätte. Eine rollige Katze hört sich an, als wenn ein Baby schreit, nicht wahr? Das müßte einem doch zu denken geben.

Ich zähle die Tage nicht nach. Hat ja keinen Sinn, oder? Wir werden eh nicht mehr in Tagen rechnen. Tage und Wochenenden und Ferien – so rechnen die Männer in den grauen Anzügen. Wir werden zu einem älteren Zyklus zurückkehren müssen, zunächst von Sonnenaufgang bis Sonnenuntergang, und dann kommt der Mond dazu und die Jahreszeiten und das Wetter – das neue, schreckliche Wetter, mit dem wir dann leben müssen. Wie zählen die Stämme im Dschungel die Tage? Es ist noch nicht zu spät, daß wir von ihnen lernen. Menschen dieser Art haben den Schlüssel zu einem Leben mit der Natur. Sie würden ihre Katzen nicht kastrieren. Sie würden sie vielleicht anbeten, sie würden sie vielleicht sogar essen, aber kastrieren lassen würden sie sie nicht.

Ich esse gerade so viel, daß ich bei Kräften bleibe. Ich fange gar nicht erst an auszurechnen, wie lange ich wohl auf See sein werde, um dann die Rationen in achtundvierzig

Portionen einzuteilen oder dergleichen. Das ist die alte Denkweise, die Denkweise, die uns in das Ganze hineingeritten hat. Ich esse so viel, daß ich bei Kräften bleibe, und fertig. Natürlich fische ich. Ich bin sicher, daß das unschädlich ist. Aber wenn ich etwas fange, kann ich nicht anders, als es Paul und Linda zu geben. So lebe ich immer noch von Konserven, während die Katzen dick und rund werden.

Ich muß besser aufpassen. Muß wohl in der Sonne ohnmächtig geworden sein. Bin zu mir gekommen und lag auf dem Rücken, und die Katzen leckten mir übers Gesicht. Fühlte mich ganz ausgedörrt und fiebrig. Zu viel Essen aus der Dose, vielleicht. Wenn ich nächstes Mal einen Fisch fange, esse ich ihn wohl besser selbst, auch wenn ich mich damit unbeliebt mache.

Ich möchte mal wissen, was Greg so treibt. Treibt er überhaupt was? Irgendwie seh ich ihn da vor mir, ein Bier in der Hand, lachend und mit dem Finger zeigend. «Nur wer bei BJ aß, weiß, was ich scheiße», sagt er. Er guckt mich an und liest es von meiner Mütze ab. Auf dem Knie hat er ein Mädchen. Mein Leben mit Greg ist jetzt so weit weg für mich wie mein Leben im Norden.

Neulich hab ich einen fliegenden Fisch gesehen. Ich bin mir ganz sicher. Ich kann es mir nicht eingebildet haben, oder? Ich war richtig froh. Fische können fliegen, und Rentiere auch.

Ich hab eindeutig Fieber. Irgendwie hab ich einen Fisch gefangen und sogar gekocht. Großes Theater von Paul und Linda. Träume, schlechte Träume. Treiben immer noch mehr oder weniger nach Osten, glaube ich.

Ich bin sicher, daß ich nicht allein bin. Ich meine, ich bin sicher, daß es überall auf der Welt solche Leute wie mich gibt. Es kann nicht nur mich geben, nur mich allein in einem Boot mit zwei Katzen, und alle anderen bleiben an Land und rufen Blöde Kuh. Ich wette, es gibt Hunderte, ja Tausende von Booten mit Menschen drin und Tieren, und die machen das, was ich mache. Verlaßt das Schiff, so rief man früher. Jetzt heißt es, verlaßt das Land. Gefahren gibt's überall, aber an Land noch mehr. Wir sind einst alle aus dem Meer gekrochen, nicht wahr? Vielleicht war das ein Fehler. Jetzt gehen wir dahin zurück.

Ich stelle mir all die anderen Leute vor, die das machen, was ich mache, und das gibt mir Hoffnung. Es muß ein Instinkt sein beim Menschen, nicht wahr? Bei Gefahr soll man auseinanderlaufen. Nicht einfach vor der Gefahr weglaufen, sondern die Chancen für unser Überleben als Spezies erhöhen. Wenn wir uns über den ganzen Erdball verteilen, kann das Gift nicht jedem schaden. Selbst wenn sie ihr ganzes Gift abgefeuert haben, muß es noch eine Chance geben.

Nachts höre ich die Katzen. Ein hoffnungsvoller Laut.

Schlechte Träume. Alpträume, nehme ich an. Wann wird ein Traum zum Alptraum? Diese Träume von mir gehen weiter, wenn ich aufgewacht bin. Wie wenn man einen Brummschädel hat. Die schlechten Träume lassen das übrige Leben nicht weitergehen.

Sie dachte, sie sehe ein anderes Boot am Horizont, und steuerte darauf zu. Leuchtkugeln hatte sie nicht, und es war zu weit weg, als daß sie hätte rufen können, also steuerte sie nur darauf zu. Es segelte parallel zum Horizont, und sie hatte es eine runde halbe Stunde im Blick. Dann verschwand es. Vielleicht war es überhaupt kein Boot, sagte sie sich;

doch was es auch war, sein Verschwinden hinterließ ein Gefühl der Niedergeschlagenheit.

Sie erinnerte sich an etwas Schreckliches, das sie einmal in einem Zeitungsbericht über das Leben auf einem Supertanker gelesen hatte. Heute wurden die Schiffe immer größer und die Mannschaften immer kleiner, und alles wurde mit Technologie gemacht. Man programmierte einfach einen Computer am Golf oder sonstwo, und dann steuerte sich das Schiff die ganze Strecke bis nach London oder Sydney praktisch allein. Das war viel schöner für die Eigner, die eine Menge Geld sparten, und viel schöner für die Mannschaft, deren einzige Sorge die Langeweile war. Die meiste Zeit saßen sie unter Deck rum und tranken Bier wie Greg, soweit sie das ausmachen konnte. Tranken Bier und guckten Videos.

Eins würde sie nie vergessen von dem Artikel. Es hieß da, in früheren Zeiten sei immer jemand oben im Krähennest oder auf der Brücke gewesen und habe aufgepaßt, daß nichts passiere. Heute hatten die großen Schiffe aber keine solche Wache mehr, oder die Wache bestand jedenfalls nur aus einem Mann, der ab und zu mal auf einen Bildschirm mit lauter Radarpünktchen guckte. Wenn man in früheren Zeiten auf einem Floß oder Dinghi oder so auf dem Meer herumirrte, und ein Schiff kam daher, dann hatte man eine ziemlich gute Chance, gerettet zu werden. Man winkte und schrie und feuerte Raketen ab, wenn man welche hatte; man ließ sein Hemd von der Mastspitze wehen; und es waren immer Leute da, die nach einem Ausschau hielten. Heutzutage kann man wochenlang auf dem Ozean treiben, und dann kommt endlich ein Supertanker daher, und der fährt einfach vorbei. Man erscheint nicht auf dem Radarschirm, weil man zu klein ist, und es ist reine Glückssache, wenn da zufällig gerade jemand an der Reling hängt und kotzt. Es war schon oft vorgekommen, daß Schiffbrüchige, die in früheren Zeiten gerettet worden wären, einfach nicht aufgelesen wurden; und es waren sogar schon Leute von dem Schiff überfahren worden, das sie für ihre Rettung hielten. Sie versuchte sich vorzustellen, wie entsetzlich das wäre, das schreckliche Warten und dann das Gefühl, wenn das Schiff vorbeifährt, und man kann überhaupt nichts machen, alles Schreien wird von den Motoren übertönt. Das ist es, was mit der Welt nicht stimmt, dachte sie. Wir haben keine Wachposten mehr. Wir machen uns keine Gedanken darüber, andere zu retten, wir fahren einfach weiter und verlassen uns auf unsere Maschinen. Alle sind unter Deck und trinken Bier mit Greg.

Also hätte das Schiff am Horizont sie vielleicht sowieso nicht entdeckt. Nicht, daß sie gerettet werden wollte oder so. Es hätte einfach neue Nachrichten von der Welt geben können, weiter nichts.

Allmählich hatte sie immer mehr Alpträume. Die schlechten Träume erstreckten sich länger in den Tag hinein. Sie merkte, daß sie auf dem Rücken lag. In ihrem Arm tat etwas weh. Sie hatte weiße Handschuhe an. Sie war in einer Art Käfig, soweit sie erkennen konnte: zu beiden Seiten von ihr ragten Metallgitter auf. Männer kamen und besuchten sie, immer nur Männer. Sie dachte, sie müßte die Alpträume aufschreiben, die Alpträume wie auch die wahren Dinge, die passierten. Sie sagte den Männern in den Alpträumen, sie würde über sie schreiben. Da lächelten sie und meinten, sie würden ihr Stift und Papier geben. Sie lehnte ab. Sie sagte, sie würde ihre eigenen Sachen nehmen.

Sie wußte, daß die Katzen mit Fisch gut verpflegt wurden. Sie wußte, daß sie nicht viel Bewegung hatten und zunahmen. Aber sie hatte den Eindruck, daß Linda mehr zunahm als Paul. Sie mochte nicht glauben, daß es geschah. Sie wagte es nicht.

Eines Tages sah sie Land. Sie ließ den Motor an und steuerte darauf zu. Sie kam so nahe heran, daß sie Mangroven und Palmen erkannte, dann war der Treibstoff alle, und die Winde trugen sie fort. Es war eine Überraschung, daß sie weder Trauer noch Enttäuschung in sich spürte, als die Insel verschwand. Auf jeden Fall, dachte sie, wäre es sowieso Schummelei gewesen, das neue Land mit Hilfe eines Dieselmotors zu finden. Man mußte die alten Vorgehensweisen wiederentdecken: die Zukunft lag in der Vergangenheit. Sie würde sich ganz von den Winden lenken und beschützen lassen. Sie warf die leeren Treibstoffkanister über Bord.

Ich bin verrückt. Ich hätte schwanger werden sollen, bevor ich losgefahren bin. Natürlich. Wieso hab ich nicht erkannt, daß das die Antwort ist? Die ganzen Witze von Greg, daß er nur eine Befruchtungsmaschine ist, und ich hab das Nächstliegende nicht erkannt. Dazu war er da. Dafür hab ich ihn kennengelernt. Diese Seite der Angelegenheit kommt mir jetzt überhaupt so komisch vor. Gummifitzel und Tubenausdrücken und Pillenschlucken. Das gibt's jetzt nicht mehr. Jetzt überlassen wir uns wieder der Natur.

Ich möcht wissen, wo Greg ist; ob er überhaupt noch ist. Vielleicht ist er ja tot. Ich hab mit dem Spruch vom Überleben der Tauglichsten nie so recht was anfangen können. Wer uns anschaut, würde immer meinen, Greg wäre der Tauglichere zum Überleben: er ist größer, stärker, praktischer, jedenfalls nach unseren Maßstäben, konservativer, gelassener. Ich mache mir immerzu Sorgen, ich hab noch nie Tischlerarbeiten gemacht, ich komme nicht so gut allein zurecht. Aber ich bin diejenige, die überleben wird, oder jedenfalls eine Chance hat. Das Überleben der Besorgtesten – ob es das heißen soll? Leute wie Greg werden aussterben wie die Dinosaurier. Nur die, die begreifen, was passiert, werden überleben, so ist das wohl geregelt. Ich wette, es gab Tiere, die gespürt haben, daß die Eiszeit kommt, und sich auf eine lange und gefahrvolle Reise begeben haben, um ein weniger schädliches, wärmeres Klima zu finden. Und ich wette, die Dinosaurier haben die für neurotisch gehalten, haben es auf das prämenstruelle Syndrom geschoben, haben Blöde Kuh gesagt. Ich möchte mal wissen, ob die Rentiere erkannt haben, was ihnen bevorstand. Meint ihr, sie haben das jemals irgendwie gespürt?

Sie sagen, ich verstehe das nicht richtig. Sie sagen, ich stelle nicht die rechten Zusammenhänge her. Hört sie euch doch an, hört sie euch an mit ihren Zusammenhängen. Da ist dies passiert, sagen sie, und als Folge davon ist das passiert. Es gab eine Schlacht hier und einen Krieg dort, ein König wurde abgesetzt, berühmte Männer – immer berühmte Männer, ich hab die Nase voll von berühmten Männern – brachten Ereignisse zustande. Vielleicht war ich zu lange in der Sonne, aber denen ihre Zusammenhänge kann ich nicht sehen. Ich schaue mir die Geschichte der Welt an, die – was sie anscheinend nicht begreifen – dem Ende zu geht, und ich sehe nicht das, was sie sehen. Was ich sehe, sind die alten Zusammenhänge, denen wir keine Beachtung mehr schenken, weil es dann leichter ist, die Rentiere zu vergiften und ihnen Streifen auf den Rücken zu malen und sie an Nerze zu verfüttern. Wer hat das zustande gebracht? Welcher berühmte Mann wird auf dieses Verdienst Anspruch erheben?

Es ist lachhaft. Hört euch diesen Traum an. Ich war im Bett, und ich konnte mich nicht bewegen. Alles war ein bißchen verschwommen. Ich wußte nicht, wo ich war. Da war ein Mann. Ich weiß nicht mehr, wie er aussah – einfach ein Mann. Er sagte: «Wie geht es Ihnen?»

Ich sagte: «Gut.»

«Wirklich?»

«Natürlich. Warum auch nicht?»

Er gab keine Antwort, sondern nickte bloß und schien meinen Körper, der natürlich unter dem Bettzeug war, von oben bis unten zu betrachten. Dann sagte er: «Keine von diesen Anwandlungen?»

«Was für Anwandlungen?»

«Sie wissen, wovon ich rede.»

«Entschuldigung», erwiderte ich – es ist komisch, wie man in Träumen total förmlich wird, wo man es im wirklichen Leben nicht würde – «Entschuldigung, aber ich habe in der Tat nicht die leiseste Ahnung, worauf Sie anspielen könnten.»

«Sie haben Männer überfallen.»

«Ach ja? Worauf war ich aus, ihre Brieftaschen?»

«Nein. Wie es scheint, waren Sie auf Sex aus.»

Ich fing an zu lachen. Der Mann runzelte die Stirn; an das Stirnrunzeln kann ich mich erinnern, auch wenn der Rest von seinem Gesicht weg ist. «Das ist wirklich zu durchsichtig», sagte ich, eiskalt wie eine Schauspielerin in einem alten Film. Ich lachte noch ein bißchen. Kennt ihr den Moment, wenn einem, als ob die Wolken aufreißen, im Traum klar wird, daß man nur träumt? Er runzelte wieder die Stirn. Ich sagte: «Seien Sie nicht so offensichtlich.» Das hat er nicht gemocht, und er ist gegangen.

Als ich aufwachte, grinste ich in mich hinein. Da denk ich an Greg und die Katzen und ob ich hätte schwanger werden sollen, und schon hab ich einen Sex-Traum. Der Verstand kann ziemlich direkt sein, nicht wahr? Wieso glaubt er eigentlich, er könnte sich so etwas erlauben?

Ich komm nicht von diesem Reim los, während wir dahin treiben, wo wir eben hintreiben:

> Eins-und-vier-und-neun-und-zwei
> begann Columbus' Segelei

Und was dann? Bei denen hört es sich immer so simpel an. Namen, Daten, Erfolge. Ich hasse Daten. Daten kommandieren einen rum, Daten wissen immer alles.

Sie war immer zuversichtlich, daß sie die Insel erreichen würde. Als der Wind sie dann hintrug, schlief sie gerade. Sie brauchte nichts mehr weiter zu tun, als zwischen zwei Felshöckern hindurchzusteuern und das Boot auf einem Kiesstreifen auflaufen zu lassen. Da wartete keine perfekte Sandfläche auf die Fußstapfen von Touristen, da war keine Korallenbank, nicht einmal eine wippende Palme. Sie war erleichtert und dankbar dafür. Es war besser, daß der Sand Felsen war, der üppige Dschungel ein Gestrüpp, der fruchtbare Boden ein Dreckhaufen. Bei zuviel Schönheit, zuviel Grün hätte sie womöglich den Rest des Planeten vergessen.

Paul sprang an Land, aber Linda wartete, bis sie getragen wurde. Ja, dachte sie, es war an der Zeit, daß wir Land finden. Sie beschloß, erst einmal im Boot zu schlafen. Eigentlich sollte man ja gleich nach der Ankunft anfangen, eine Blockhütte zu bauen, aber das war doch blöd. Vielleicht zeigte sich, daß die Insel gar nicht geeignet war.

Sie dachte, mit der Landung auf der Insel würden die Alpträume aufhören.

Es war sehr heiß. Man könnte meinen, die haben hier Zentralheizung, sagte sie zu sich selbst. Es wehte kein Lüftchen, das Wetter blieb immer gleich. Sie gab auf Paul und Linda acht. Sie waren ihr Trost.

Sie fragte sich, ob die Alpträume daher kamen, daß sie im Boot schlief, daß sie die ganze Nacht eingesperrt war, nachdem sie den ganzen Tag frei herumgelaufen war. Sie dachte, vielleicht protestiert da mein Verstand in mir und will herausgelassen werden. Daher machte sie sich oberhalb der Hochwasserlinie ein Schutzhäuschen und schlief dort.

Das machte keinen Unterschied.

Irgendwas Furchtbares ging mit ihrer Haut vor.

Die Alpträume wurden schlimmer. Sie kam zu dem Schluß, das sei normal, soweit man das Wort *normal* noch gebrauchen konnte. Jedenfalls war es zu erwarten, bei ihrem Zustand. Sie war vergiftet worden. Wie schlimm das Gift war, wußte sie nicht. In ihren Träumen waren die Männer immer sehr höflich, ja liebenswürdig. Deshalb wußte sie auch, daß sie ihnen nicht trauen durfte: es waren Versucher. Der Verstand produzierte seine eigenen Argumente gegen die Realität, gegen sich selbst, gegen das, was er wußte. Offenbar steckte etwas Chemisches dahinter, vielleicht Antikörper oder so. Der Verstand, der durch das, was passiert war, unter Schock stand, dachte sich selbst Gründe dafür aus, daß er leugnen konnte, was passiert war. Mit so etwas hätte sie rechnen sollen.

Ich will euch mal ein Beispiel geben. Ich bin ganz schön schlau in meinen Alpträumen. Wenn die Männer kommen, tu ich so, als wäre ich nicht überrascht. Ich benehme mich, als wäre es normal, daß sie da sind. Ich nehme sie beim Wort. Gestern nacht hatten wir den folgenden Wortwechsel. Ihr könnt davon halten, was ihr wollt.

«Warum hab ich weiße Handschuhe an?» fragte ich.

«Sie meinen also, das wären weiße Handschuhe?»

«Was meinen Sie denn?»

«Wir mußten an Ihrem Arm einen Tropf anlegen.»

«Muß ich deshalb weiße Handschuhe tragen? Wir sind doch nicht in der Oper.»

«Das sind keine Handschuhe. Das sind Bandagen.»

«Ich dachte, Sie haben gesagt, ich hätte einen Tropf im Arm.»

«Das stimmt. Die Bandagen sollen den Tropf festhalten.»

«Aber ich kann meine Finger nicht bewegen.»

«Das ist normal.»

«Normal?» sagte ich. «Was ist heutzutage denn normal?» Darauf fand er keine Antwort, deshalb machte ich weiter. «An welchem Arm ist denn der Tropf?»

«Am linken. Das sehen Sie doch selbst.»

«Warum haben Sie mir dann den rechten Arm auch bandagiert?»

Darüber mußte er lange nachdenken. Schließlich sagte er: «Weil Sie sich mit dem freien Arm den Tropf rausziehen wollten.»

«Warum sollte ich das wollen?»

«Ich würde meinen, das können nur Sie selber uns sagen.»

Ich schüttelte den Kopf. Er gab sich geschlagen und ging. Dem hab ich's aber gut gegeben, nicht wahr? Und in der nächsten Nacht hab ich mich wieder mit ihnen angelegt. Mein Verstand dachte offenbar, ich hätte diesen Versucher zu leicht in die Flucht geschlagen, daher lieferte er mir einen anderen, der mich ständig mit Namen ansprach.

«Wie geht es Ihnen heute, Kath?»

«Ich dachte, Sie sagen immer *uns*. Das heißt, wenn Sie sind, was Sie vorgeben zu sein.»

«Warum sollte ich *uns* sagen, Kath? Wie es mir geht, weiß ich ja. Ich habe mich nach Ihrem Befinden erkundigt.»

«Uns», sagte ich sarkastisch, «uns hier im Zoo geht's prächtig, danke der Nachfrage.»

«Wie meinen Sie das, im Zoo?»

«Die Gitter, Doofmann.» Ich hielt das nicht wirklich für einen Zoo; ich wollte herausfinden, für was sie das hielten. Gegen den eigenen Verstand anzukämpfen ist manchmal kein leichtes Geschäft.

«Die Gitter? Ach, die gehören einfach zu Ihrem Bett.»

«Meinem Bett? Entschuldigung, dann ist das also kein Kinderbettchen, und ich bin kein Baby?»

«Es ist ein Spezialbett. Schauen Sie mal.» Er ließ einen Griff schnappen und klappte ein Gitter runter, so daß ich es nicht mehr sehen konnte. Dann zog er es wieder hoch und ließ es einrasten.

«Ah, ich verstehe, Sie sperren mich ein, ist das der Sinn?»

«Nein, nein, nein, Kath. Wir wollen nur nicht, daß Sie einschlafen und aus dem Bett fallen. Falls Sie einen Alptraum haben, zum Beispiel.»

Das war eine geschickte Taktik. *Falls Sie einen Alptraum haben …* Aber um mich auszutricksen, gehörte eine ganze Menge mehr dazu. Ich glaube, ich weiß, was mein Verstand macht. Es ist tatsächlich so eine Art Zoo, was ich mir ausdenke, denn nur im Zoo habe ich mal Rentiere gesehen. Lebendige, meine ich. Daher assoziiere ich sie mit Gittern. Mein Verstand weiß, daß für mich alles mit den Rentieren angefangen hat; darum hat er diese Sinnestäuschung erfunden. Er hat was sehr Plausibles, der Verstand.

«Ich *habe* keine Alpträume», sagte ich bestimmt, als ob das Pickel wären oder so. Ich dachte, das wäre gut, wenn ich ihm erzähle, daß es ihn nicht gibt.

«Na ja, für den Fall, daß Sie anfangen zu schlafwandeln oder so.»

«Hab ich schon mal geschlafwandelt?»

«Wir können nicht auf jeden aufpassen, Kath. Da sitzen noch viele andere im gleichen Boot wie Sie.»

«Ich weiß!» schrie ich. «Ich weiß!» Ich schrie, weil ich innerlich triumphierte. Er war ja schlau, dieser Typ, aber jetzt hatte er sich verraten. *Im gleichen Boot*. Natürlich meinte er *in anderen Booten*, aber er – oder vielmehr mein Verstand – hatte sich vertan.

In der Nacht habe ich gut geschlafen.

Ihr kam ein entsetzlicher Gedanke. Wenn nun die Kätzchen nicht gesund wären? Wenn Linda Mißgeburten, Monster zur Welt brächte? Konnte es so schnell geschehen? Was für Winde hatten sie hierhergeweht, was für Gift war in diesen Winden?

Sie schlief anscheinend sehr viel. Die dumpfe Hitze dauerte an. Sie fühlte sich ziemlich oft ausgedörrt, und es half nichts, wenn sie aus dem Bach trank. Vielleicht stimmte was nicht mit dem Wasser. Ihre Haut schälte sich ab. Als sie die Hände hochhielt, sahen ihre Finger aus wie das Geweih von einem kämpfenden Rentier. Ihre Depressionen hielten an. Sie versuchte sich mit dem Gedanken aufzumuntern, daß auf der Insel wenigstens kein Freund von ihr war. Was würde Greg sagen, wenn er sie so sähe?

Es war der Verstand, entschied sie; der steckte hinter dem Ganzen. Der Verstand war einfach schlauer geworden, als ihm selbst guttat, er drehte durch. Der Verstand hatte doch diese Waffen erfunden, nicht wahr? Man konnte sich nicht vorstellen, daß ein Tier seine eigene Zerstörung erfand, nicht wahr?

Sie erzählte sich selbst die folgende Geschichte. Da war ein Bär in einem Wald, ein intelligenter, munterer Bär, ein ...

Sie wünschte, sie könnte den Männern und ihren Versuchungen einen Riegel vorschieben. Sie dachte, sie würden aufhören, als sie auf die Insel kam. Sie dachte, sie würden aufhören, als sie nicht mehr im Boot schlief. Aber sie wurden nur noch hartnäckiger und verschlagener. Wegen der Alpträume hatte sie nachts Angst einzuschlafen; dabei hatte sie so ein Bedürfnis nach Ruhe, und jeden Morgen wachte sie später auf. Die dumpfe Hitze dauerte an, eine schale Anstaltshitze; es war, als wären ringsum Radiatoren. Würde das je aufhören? Vielleicht waren die Jahreszeiten durch das, was passiert war, abgewürgt oder zumindest von vier auf zwei reduziert worden – auf diesen besonderen Winter, vor dem man sie alle gewarnt hatte, und diesen unerträglichen Sommer. Den Frühling und Herbst mußte sich die Welt vielleicht durch jahrhundertelange gute Führung erst wieder verdienen.

Ich weiß nicht, welcher von den Männern es war. Ich hab angefangen, die Augen zuzumachen. Das ist schwieriger, als man denkt. Wenn du vom Schlafen schon die Augen zuhast, dann versuch mal, sie zuzumachen, um einen Alptraum nicht zu sehen. Es ist nicht leicht. Aber wenn ich das lerne, dann kann ich vielleicht auch lernen, mir die Ohren zuzuhalten. Das wäre mir eine Hilfe.

«Wie geht es Ihnen heute vormittag?»

«Warum sagen Sie *vormittag*? Es ist immer Nacht, wenn Sie kommen.» Merkt ihr, wie ich denen nichts durchgehen lasse?

«Wenn Sie meinen.»

«Was wollen Sie damit sagen, wenn ich meine?»

«Sie sind der Boss.» Das stimmt, ich bin der Boss. Man muß seinen Verstand unter Kontrolle halten, sonst brennt er mit einem durch. Und genau das hat das Unheil heraufbeschworen, in dem wir jetzt stecken. Halt den Verstand unter Kontrolle. Also sag ich: «Gehen Sie.»

«Das sagen Sie immer wieder.»

«Wenn ich der Boss bin, darf ich das doch, oder?»

«Eines Tages werden Sie darüber reden müssen.»

«Eines *Tages*. Jetzt fangen Sie schon wieder an.» Ich hielt meine Augen geschlossen. «Und was heißt das überhaupt, *darüber*?» Ich glaubte, ich wäre ihm immer noch auf den Fersen, aber da hab ich wohl einen taktischen Fehler gemacht.

«*Darüber?* Oh, über alles ... Wie Sie sich in diese Lage gebracht haben, wie wir Ihnen helfen können, da herauszukommen.»

«Sie sind ein äußerst ignoranter Mann, wissen Sie das?»

Er ignorierte das. Ich hasse ihre Art, so zu tun, als hätten sie etwas nicht gehört, wenn sie damit nicht umgehen können. «Greg», sagte er, eindeutig das Thema wechselnd. «Ihre Schuldgefühle, daß Sie sich abgelehnt vorkamen, solche Geschichten ...»

«Lebt Greg noch?» Der Alptraum war so real, daß ich irgendwie meinte, der Mann könnte es wissen.

«Greg? Ja, Greg geht es gut. Wir dachten aber, es würde Ihnen nicht guttun ...»

«Warum sollte ich Schuldgefühle haben? Ich habe kein schlechtes Gewissen, weil ich das Boot genommen habe. Der wollte doch eh nur Bier trinken und Mädchen abschleppen. Dazu braucht er kein Boot.»

«Ich glaube nicht, daß das Boot in der Sache von wesentlicher Bedeutung ist.»

«Wie meinen Sie das, nicht von wesentlicher Bedeutung? Ohne das Boot wäre ich ja nicht hier.»

«Ich meine, Sie schieben ziemlich viel auf das Boot. Damit Sie vermeiden können, darüber nachzudenken, was vor dem Boot passiert ist. Was glauben Sie – könnte es sein, daß Sie das tun?»

«Wie soll ich das wissen? *Sie* sind doch angeblich der Fachmann.» Das war sehr sarkastisch von mir, ich weiß, aber ich konnte es mir nicht verkneifen. Ich war böse auf ihn. Als ob *ich* ignorieren würde, was passiert war, bevor ich das Boot nahm. Ich gehörte schließlich zu den wenigen Menschen, die das überhaupt zur Kenntnis genommen hatten. Der Rest der Welt verhielt sich wie Greg.

«Hm, wir scheinen Fortschritte zu machen.»

«Gehen Sie.»

Ich wußte, er würde wiederkommen. Irgendwie wartete ich gewissermaßen darauf, daß er wiederkäme. Bloß damit ich es hinter mir hätte, nehme ich an. Und er hatte mich neugierig gemacht, das gebe ich zu. Ich meine, ich weiß genau, was passiert ist, und mehr oder weniger auch warum und mehr oder weniger auch wie. Aber ich wollte mal sehen, wie schlau seine – na ja, eigentlich meine eigene – Erklärung sein würde.

«Sie meinen also, Sie wären vielleicht bereit, über Greg zu sprechen.»

«*Greg?* Was hat das denn mit Greg zu tun?»

«Nun ja, wir haben den Eindruck, und wir hätten es gern von Ihnen bestätigt, daß der ... der Bruch zwischen Ihnen und Greg eine Menge mit Ihren momentanen ... Problemen zu tun hat.»

«Sie sind wirklich ein sehr ignoranter Mann.» Es gefiel mir, das zu sagen.

«Dann helfen Sie, mich von meiner Ignoranz zu kurieren, Kath. Erklären Sie mir, wie die Dinge liegen. Wann haben Sie zuerst gemerkt, daß es mit Greg nicht mehr so lief?»

«Greg, Greg. Es hat einen verdammten Atomkrieg gegeben, und Sie wollen von nichts anderem reden als von *Greg.*»

«Ja, natürlich, der Krieg. Aber ich dachte, wir machen lieber eins nach dem anderen.»

«Und Greg ist wichtiger als der Krieg? Sie haben allerdings ein merkwürdiges System von Prioritäten. Vielleicht hat Greg ja den Krieg ausgelöst. Wissen Sie, daß er eine Baseballmütze hat, wo MAKE WAR NOT LOVE draufsteht? Vielleicht hat er da rumgesessen und Bier getrunken, und dann hat er auf den Knopf gedrückt, bloß damit er was zu tun hat.»

«Das ist ein interessanter Ansatz. Ich glaube, der könnte uns weiterführen.» Ich ging nicht darauf ein. Er fuhr fort: «Würden wir richtiggehen in der Annahme, daß Sie mit Greg gewissermaßen alles auf eine Karte gesetzt haben? Sie meinten, er wäre Ihre letzte Chance? Vielleicht haben Sie zu viele Erwartungen in ihn gesetzt?»

Jetzt hatte ich genug. «Ich heiße Kathleen Ferris», sagte ich, egal ob zu mir selbst oder sonstwem. «Ich bin achtunddreißig Jahre alt. Ich bin aus dem Norden weggegangen und in den Süden gekommen, weil ich gemerkt habe, was vor sich geht. Aber der Krieg ist mir gefolgt. Er ist trotzdem gekommen. Ich bin in das Boot gestiegen, ich habe mich von den Winden treiben lassen. Ich habe zwei Katzen mitgenommen, Paul und Linda. Ich habe diese Insel hier gefunden. Ich wohne hier. Ich weiß nicht, was aus mir werden soll, aber ich weiß, daß diejenigen unter uns, denen unser Planet nicht gleichgültig ist, zum Weiterleben verpflichtet sind.» Als ich aufhörte zu reden, stellte ich fest, daß ich, ohne es zu merken, in Tränen ausgebrochen war. Die Tränen liefen mir zu beiden Seiten am Gesicht runter und in die Ohren rein. Ich konnte nichts sehen, ich konnte nichts hören. Ich hatte das Gefühl, ich wäre am Schwimmen, am Ertrinken.

Endlich, sehr leise – oder war das nur, weil meine Ohren voll Wasser waren? – sagte der Mann: «Ja, wir haben uns schon gedacht, daß Sie die Dinge vielleicht so sehen.»

«Ich bin in die schlimmen Winde reingekommen. Meine Haut schält sich. Ich habe ständig Durst. Ich weiß nicht, wie schlimm es ist, aber ich weiß, daß ich weitermachen muß. Und wenn es nur wegen der Katzen ist. Vielleicht brauchen sie mich.»

«Ja.»

«Was soll das heißen: Ja?»

«Äh, psychosomatische Symptome können sehr überzeugend sein.»

«Geht Ihnen das nicht in den Kopf rein? Es hat einen Atomkrieg gegeben, verdammt noch mal.»

«Hmmm», sagte der Mann. Er wollte mich absichtlich provozieren.

«Na schön», antwortete ich. «Ich kann mir genausogut Ihre Version anhören. Ich merke ja, daß Sie mir etwas erzählen wollen.»

«Also, wir meinen, es geht darauf zurück, daß Ihre Beziehung zu Greg auseinanderging. Und auf die Beziehung selbst, natürlich. Die Besitzansprüche, die Gewalttätigkeiten. Aber als es dann auseinanderging ...»

Eigentlich wollte ich ja sein Spiel mitspielen, aber jetzt mußte ich ihn doch unterbrechen. «Es ist nicht wirklich auseinandergegangen. Ich hab einfach das Boot genommen, als der Krieg anfing.»

«Ja, natürlich. Aber Ihre Beziehung ging ... Sie würden nicht sagen, daß sie gutging?»

«Nicht schlechter als mit anderen Mannsbildern. Er ist

halt ein Mannsbild, der alte Greg. Für ein Mannsbild ist er normal.»

«Exakt.»

«Was soll das heißen, *exakt*?»

«Na ja, wir haben uns Ihre Unterlagen aus dem Norden schicken lassen. Es scheint da ein Schema zu geben. Sie setzen gern alles auf eine Karte. Mit dem gleichen Typ Mann. Und das ist immer ein bißchen gefährlich, nicht wahr?» Als ich keine Antwort gab, fuhr er fort: «Wir nennen es Persistentes Opfersyndrom. POS.»

Ich beschloß, das gleichfalls zu ignorieren. Ich wußte ja nicht mal, wovon er redete. Irgendeine total zusammengesponnene Geschichte.

«Es gibt eine Menge Verleugnung in Ihrem Leben, nicht wahr? Sie ... verleugnen vieles.»

«Oh, nein, das tu ich nicht», sagte ich. Das war ja lächerlich. Ich beschloß, ihn zu zwingen, die Karten auf den Tisch zu legen. «Wollen Sie mir erzählen, wollen Sie mir erzählen, es hätte keinen Krieg gegeben?»

«Das stimmt. Ich meine, es war sehr besorgniserregend. Es sah ganz so aus, als ob es einen Krieg geben könnte. Aber sie haben das wieder hingekriegt.»

«Sie haben das wieder hingekriegt!» Ich schrie das sarkastisch heraus, denn das bewies alles. Mein Verstand hatte sich an diesen Spruch von Greg erinnert, der mir so selbstgefällig vorgekommen war. Das Schreien machte mir Spaß, ich wollte noch etwas anderes schreien, also tat ich es. «Nur wer bei BJ aß, weiß, was ich scheiße!» brüllte ich. Ich verspürte ein Triumphgefühl, aber der Mann schien das nicht zu begreifen und legte mir die Hand auf den Arm, als ob ich Trost brauchte. «Ja, sie haben das wirklich irgendwie hingekriegt. Es ist überhaupt nichts passiert.»

«Ach so», gab ich zurück, immer noch in Siegerlaune. «Dann bin ich natürlich auch nicht auf der Insel?»

«Oh, nein.»

«Ich habe mir das eingebildet.»

«Ja.»

«Und das Boot gibt es natürlich auch nicht?»

«Oh, doch, Sie sind mit dem Boot weggefahren.»

«Aber da waren keine Katzen drauf.»

«Doch, Sie hatten zwei Katzen bei sich, als man Sie gefunden hat. Die Katzen waren furchtbar mager. Sie haben mit knapper Not überlebt.»

Es war schlau von ihm, mir nicht in allem zu widersprechen. Schlau, aber voraussehbar. Ich beschloß, meine Taktik zu ändern. Ich würde mich verwirrt zeigen und ein bißchen mitleiderregend. «Ich versteh das nicht», sagte ich, wobei ich nach seiner Hand griff. «Wenn es gar keinen Krieg gab, wieso war ich dann in dem Boot?»

«Greg», sagte er, mit einer ekelhaften Selbstsicherheit, als ob ich endlich etwas zugegeben hätte. «Sie sind davongelaufen. Wir haben festgestellt, daß Menschen mit Persistentem Opfersyndrom oft akute Schuldgefühle haben, wenn sie endlich die Flucht ergreifen. Dann kamen die schlechten Nachrichten aus dem Norden. Das war Ihre Entschuldigung. Sie haben alles externalisiert und Ihre Verwirrung und Angst auf die Welt übertragen. Das ist normal», setzte er gönnerhaft hinzu, obwohl ganz offensichtlich war, daß er das nicht fand. «Ganz normal.»

«Ich bin nicht das einzige persistente Opfer hier», antwortete ich. «Die ganze verdammte Welt ist ein persistentes Opfer.»

«Natürlich.» Er stimmte mir zu, ohne richtig hinzuhören.

«Es hieß, es würde Krieg geben. Es hieß, der Krieg hätte angefangen.»

«Das sagen sie immer. Aber sie haben es wieder hingekriegt.»

«Das haben Sie jetzt schon ein paarmal gesagt. Na gut. Also, nach Ihrer *Version* –» ich hob das Wort hervor – «hat man mich wo gefunden?»

«Ungefähr hundert Meilen östlich von Darwin. Sie haben sich im Kreis gedreht.»

«Im Kreis gedreht», wiederholte ich. «Das ist doch genau das, was die Welt macht.» Erst erzählt er mir, ich projiziere mich selbst auf die Welt, dann erzählt er mir, ich mache dasselbe, was – wie wir alle wissen – die Welt die ganze Zeit macht. Das war wirklich nicht sehr eindrucksvoll.

«Und wie erklären Sie sich, daß mir die Haare ausfallen?»

«Ich fürchte, die haben Sie sich ausgerissen.»

«Und daß sich meine Haut schält?»

«Sie haben eine schlimme Zeit hinter sich. Sie haben unter schwerem Streß gestanden. Es ist nichts Ungewöhnliches. Das gibt sich wieder.»

«Und wie erklären Sie sich, daß ich mich sehr klar an alles erinnern kann, was von den Meldungen vom Ausbruch des Krieges im Norden bis zu meiner Zeit hier auf der Insel passiert ist?»

«Also, der Fachausdruck heißt Konfabulation. Man erfindet eine Geschichte, mit der man die Tatsachen kaschiert, die man nicht kennt oder die man nicht akzeptieren kann. Man behält ein paar wahre Tatsachen bei und spinnt eine neue Geschichte drumherum. Besonders in Fällen von doppeltem Streß.»

«Das heißt?»

«Schwerer Streß im Privatleben, gekoppelt mit einer politischen Krise in der Außenwelt. Wir haben immer eine erhöhte Zahl von Einlieferungen, wenn es im Norden schlecht aussieht.»

«Als nächstes erzählen Sie mir wohl, daß da Dutzende von Verrückten waren, die sich auf dem Meer im Kreis gedreht haben.»

«Ein paar. Vielleicht vier oder fünf. Meistens haben es die Eingelieferten aber nicht bis zu einem Boot geschafft.» Das hörte sich an, als wäre er von meiner Zähigkeit beeindruckt.

«Und wie viele ... Einlieferungen hatten Sie dieses Mal?»

«Ein paar Dutzend.»

«Also, ich bewundere Ihre Konfabulation», sagte ich, indem ich ihm den Fachausdruck zurück an den Kopf schmiß. Das wies ihn in seine Schranken. «Ich finde Sie wirklich ziemlich schlau.» Er hatte sich natürlich verraten. *Man behält ein paar wahre Tatsachen bei und spinnt eine neue Geschichte drumherum* – genau das, was er getan hatte.

«Ich freue mich, daß wir ein bißchen vorankommen, Kath.»

«Gehen Sie und kriegen Sie irgendwas wieder hin», sagte ich. «Übrigens, gibt es irgendwelche Nachrichten von den Rentieren?»

«Was für Nachrichten wollen Sie denn?»

«Gute Nachrichten!» rief ich. «Gute Nachrichten!»

«Mal sehen, was ich da machen kann.»

Sie fühlte sich müde, als der Alptraum wegging; müde, aber siegreich. Sie hatte aus dem Versucher das Schlimmste herausgeholt, das er zu bieten hatte. Von jetzt an war sie in Sicherheit. Er hatte natürlich eine ganze Reihe dummer Fehler gemacht. *Ich freue mich, daß wir ein bißchen vorankommen:* das hätte er niemals sagen dürfen. Keiner mag es, wenn er von seinem eigenen Verstand so gönnerhaft behandelt wird. Was ihn endgültig verraten hatte, war das mit den Katzen, die mager geworden seien. Das war das Auffälligste an der ganzen Reise gewesen, wie die Katzen immer fetter wurden, wie gern sie den von ihr gefangenen Fisch mochten.

Sie faßte den Entschluß, nicht wieder mit den Männern

zu reden. Sie konnte nicht verhindern, daß sie kamen – und sie war sicher, sie würden sie noch viele Nächte lang besuchen –, aber sie würde nicht mehr mit ihnen sprechen. Sie hatte gelernt, in ihren Alpträumen die Augen zuzumachen; jetzt würde sie lernen, die Ohren und den Mund zuzumachen. Sie würde sich nicht versuchen lassen. Nein, das würde sie nicht.

Wenn sie sterben mußte, würde sie eben sterben. Sie mußte in wirklich schlimme Winde reingekommen sein; wie schlimm, würde sie erst erfahren, wenn sie entweder gesund wurde oder starb. Sie machte sich Sorgen um die Katzen, glaubte aber, daß sie sich auch alleine durchschlagen könnten. Sie würden zur Natur zurückkehren. Sie hatten es bereits getan. Als das Essen aus dem Boot zu Ende gegangen war, fingen sie an, auf die Jagd zu gehen. Besser gesagt, Paul ging auf die Jagd: Linda war zu dick dazu. Paul brachte ihr kleine Tierchen mit, wie Wühlmäuse oder Mäuse. Wenn er das machte, schossen Kath die Tränen in die Augen.

Das Ganze hing damit zusammen, daß ihr Verstand sich davor fürchtete zu sterben – zu dem Schluß kam sie am Ende. Als ihre Haut schlimm wurde und ihr die Haare auszufallen begannen, versuchte ihr Verstand, sich eine andere Erklärung dafür auszudenken. Jetzt kannte sie sogar den Fachausdruck dafür: Konfabulation. Wo hatte sie den bloß aufgeschnappt? Sie mußte ihn irgendwo in einer Zeitschrift gelesen haben. Konfabulation. Man behält ein paar wahre Tatsachen bei und spinnt eine neue Geschichte drumherum.

Sie erinnerte sich an einen Wortwechsel von der letzten Nacht. Der Mann in dem Traum hatte gesagt, Sie verleugnen vieles in Ihrem Leben, nicht wahr, und sie hatte geantwortet: Oh, nein, das tu ich nicht. Das war lustig, im nachhinein betrachtet; aber es war auch ernst. Man darf sich nichts vormachen. Das tat Greg nämlich, das taten die meisten Leute. Wir müssen die Dinge so sehen, wie sie sind; wir dürfen uns nicht mehr auf Konfabulation verlassen. Nur so werden wir überleben.

Am nächsten Tag, auf einer kleinen, gestrüppreichen Insel in der Torres Strait, wachte Kath Ferris auf und sah, daß Linda geboren hatte. Fünf Schildpattkätzchen, die sich alle aneinanderschmiegten, hilflos und blind, doch ohne jeden Defekt. Sie empfand solche Liebe. Die Katze wollte sie natürlich nicht an die Kleinen heranlassen, aber das war in Ordnung, das war normal. Sie empfand solches Glück! Solche Hoffnung!

FÜNF

Schiffbruch

Eins

Es fing mit einem bösen Vorzeichen an.

Sie hatten Kap Finisterre umrundet und segelten vor einem frischen Wind südwärts, da umkreiste ein Schwarm Tümmler die Fregatte. Die Menschen an Bord drängten sich an Heck und Brustwehr und staunten über die Fähigkeit dieser Tiere, um ein Schiff herum zu schwimmen, das mit neun oder zehn Knoten bereits gute Fahrt machte. Während sie das muntere Treiben der Tümmler bewunderten, erhob sich ein Schrei. Ein Kabinenjunge war backbord aus einer der vorderen Luken gefallen. Ein Signalschuß wurde abgegeben, ein Rettungsfloß ausgeworfen, und das Schiff drehte bei. Doch wurden diese Manöver ungeschickt ausgeführt, und als man endlich die sechsrudrige Barkasse herunterließ, geschah dies vergebens. Sie konnten das Floß nicht finden, von dem Jungen nicht zu reden. Er war erst fünfzehn Jahre alt, und die ihn kannten, waren der Meinung, er sei ein kraftvoller Schwimmer; sie vermuteten, aller Wahrscheinlichkeit nach habe er das Floß erreicht. In dem Fall ist er zweifellos darauf zugrunde gegangen, nachdem er die grausamsten Leiden durchgemacht hat.

Die Expedition nach Senegal bestand aus vier Schiffen: einer Fregatte, einer Korvette, einer Flüte und einer Brigg. Sie waren am 17. Juni 1816 mit 365 Menschen an Bord von der Insel Aix in See gestochen. Jetzt fuhren sie mit ihrer um eine Person reduzierten Besatzung weiter nach Süden. Auf Teneriffa nahmen sie Proviant auf – edle Weine, Orangen, Zitronen, Banyanfeigen und Gemüse aller Art. Hier fiel ihnen die Verderbtheit der einheimischen Bevölkerung auf: die Frauen von Saint Croix standen in ihren Türen und drängten die Franzosen hereinzukommen, in der Gewißheit, daß Eifersuchtsanfälle ihrer Ehemänner durch die Mönche der Inquisition kuriert würden, die den Ehewahn stets mißbilligend als Blendwerk des Satans bezeichneten. Nachdenkliche Passagiere führten solches Verhalten auf die südliche Sonne zurück, deren Kraft, wie man weiß, die Bande der Natur wie auch der Moral lockert.

Von Teneriffa aus segelten sie Richtung Süd-Südwest. Frische Winde und navigatorisches Ungeschick zerstreuten die Flottille. Allein passierte die Fregatte den Wendekreis und umrundete Kap Barbas. Sie fuhr dicht an der Küste entlang, bisweilen nur einen halben Kanonenschuß entfernt. Die See war mit Felsen durchsetzt; eine Brigantine konnte diese Gewässer bei Niedrigwasser nicht aufsuchen. Sie hatten Kap Blanco umrundet, oder meinten es jedenfalls, als sie in eine Untiefe gerieten; jede halbe Stunde wurde das Lot geworfen. Bei Tagesanbruch nahm M. Maudet, der wachhabende Leutnant, auf einem Hühnerkäfig die Gissung vor und befand, sie seien am Rande des Arguinriffs. Sein Rat blieb unberücksichtigt. Doch auch wer in Meeresdingen nicht bewandert war, konnte beobachten, daß das Wasser eine andere Färbung angenommen hatte; an der Schiffswand war Tang zu erkennen, und Fische wurden in Mengen gefangen. Bei ruhiger See und klarem Wetter liefen sie auf Grund. Das Lot zeigte achtzehn Faden an, kurz darauf dann sechs Faden. Die Fregatte luvte an und krängte beinahe augenblicklich; ein zweites- und drittesmal, dann stand sie still. Die Lotleine zeigte eine Tiefe von fünf Metern und sechzig Zentimetern.

Das Unglück wollte es, daß sie bei Hochwasser auf das Riff aufgelaufen waren; und bei der heftig werdenden See schlugen alle Versuche, das Schiff freizubekommen, fehl.

Die Fregatte war mit Sicherheit verloren. Da die Boote, die sie mit sich führte, nicht Raum genug hatten, die gesamte Besatzung aufzunehmen, wurde beschlossen, ein Floß zu bauen und darauf jene einzuschiffen, die nicht auf den Booten untergebracht werden konnten. Das Floß sollte dann an Land geschleppt werden, und alle wären gerettet. Dieser Plan war durchaus wohlersonnen; doch wie zwei der Beteiligten später erklären sollten, stand er in losen Sand geschrieben, der vom Hauch der Selbstsucht verweht wurde.

Das Floß wurde gebaut, und gut gebaut dazu, es wurden Plätze in den Booten ausgelost, Proviant wurde bereitgestellt. Bei Tagesanbruch, als das Wasser zwei Meter und siebzig Zentimeter hoch im Laderaum stand und die Pumpen versagten, wurde der Befehl gegeben, das Schiff zu verlassen. Doch rasch umfing Unordnung den wohlersonnenen Plan. Die Platzverteilung wurde mißachtet, und der Proviant wurde unachtsam gehandhabt, vergessen oder in den Fluten verloren. Einhundertundfünfzig Personen waren für das Floß vorgesehen, einhundertundzwanzig Soldaten einschließlich Offiziere, neunundzwanzig Matrosen und männliche Passagiere, eine Frau. Doch kaum waren fünfzig Mann an Bord dieses Gefährts – das eine Länge von zwanzig Metern und eine Breite von sieben Metern hatte –, als es wenigstens siebzig Zentimeter tief unter Wasser sank. Sie warfen die Fässer mit Mehl ab, die man geladen hatte, worauf sich das Niveau des Floßes hob; die übrigen Menschen kamen herab, und es sank erneut. Als das Gefährt vollbeladen war, schwamm es einen Meter unter dem Wasserspiegel, und die Menschen an Bord waren so zusammengedrängt, daß sie nicht einen Schritt tun konnten; vorne wie hinten standen sie bis zum Gürtel im Wasser. Lose Mehlfässer wurden von den Wellen gegen sie geschleudert; man warf ihnen einen Fünfundzwanzigpfundsack mit Schiffszwieback herunter, den das Wasser sofort in Brei verwandelte.

Es war vorgesehen gewesen, daß einer der Marineoffiziere das Kommando über das Floß übernehmen sollte; doch lehnte dieser Offizier es ab, an Bord zu gehen. Um sieben Uhr früh wurde das Signal zur Abfahrt gegeben, und die kleine Flottille entfernte sich von der aufgegebenen Fregatte. Siebzehn Personen hatten sich geweigert, das Schiff zu verlassen, oder hielten sich versteckt und blieben so an Bord, ihr Schicksal zu erfahren.

Das Floß wurde von vier Booten achtern ins Schlepp genommen, und eine Pinasse fuhr voraus, die die Wassertiefe auslotete. Als die Boote in Position gingen, erhoben sich *Vive le roi!*-Rufe bei den Männern auf dem Floß, und an der Spitze einer Muskete wurde eine kleine weiße Flagge aufgezogen. Doch gerade in diesem Augenblick höchster Hoffnung und Erwartung für die Menschen auf dem Floß gesellte sich der Pesthauch der Selbstsucht zu den üblichen Winden der Meere. Sei es aus Eigennutz, Inkompetenz, infolge eines Unglücks oder aus scheinbarer Notwendigkeit, wurde eine Leine nach der andern losgeworfen.

Das Floß war kaum zwei Meilen von der Fregatte entfernt, als es abgehängt wurde. Die Menschen an Bord hatten Wein, etwas Brandy, ein wenig Wasser und eine kleine Ration aufgeweichten Schiffszwiebacks. Man hatte ihnen weder Kompaß noch Seekarte gegeben. Ohne Ruder und Steuer war es unmöglich, das Floß unter Kontrolle zu halten, und so gut wie unmöglich, die Menschen darauf unter Kontrolle zu halten, die beständig gegeneinander geworfen wurden, während die Fluten über sie hinwegrollten. In der ersten Nacht kam ein Sturm auf und warf das Gefährt mit großer Heftigkeit herum; die Schreie der Menschen an Bord mischten sich mit dem Tosen der Wellen. Manche banden Seile an die Planken des Floßes und hielten sich daran fest; alle wurden gnadenlos hin und her geworfen. Im Morgengrauen war die Luft von kläglichen Schreien erfüllt, Gelübde, die nie würden erfüllt werden können, wurden gen Himmel getan, und alles bereitete sich darauf vor, demnächst zu sterben. Es war unmöglich, sich eine Vorstellung von dieser ersten Nacht zu machen, die nicht hinter der Wahrheit zurückgeblieben wäre.

Am nächsten Tag war die See ruhig, und bei vielen flakkerte wieder Hoffnung auf. Dessenungeachtet nahmen zwei junge Burschen und ein Bäcker, überzeugt, daß es vor dem Tod kein Entrinnen gebe, Abschied von ihren Kameraden und gaben sich willig dem Meer hin. Im Laufe dieses Tages begannen die Menschen auf dem Floß die ersten Trugbilder zu sehen. Einige bildeten sich ein, sie sähen Land, andere erspähten Schiffe, die zu ihrer Rettung gekommen waren, und als diese trügerischen Hoffnungen an den Felsen zerschellten, wurde die Mutlosigkeit dadurch noch größer.

Die zweite Nacht war schrecklicher noch als die erste. Die Fluten türmten sich berghoch, und das Floß war fortwährend dem Umschlagen nahe; die Offiziere, die sich um den kurzen Mast drängten, beorderten die Soldaten von einer Seite des Gefährts zur anderen, als Gegengewicht zu der Kraft der Wogen. In der Gewißheit, sie seien verloren, brach eine Gruppe von Männern ein Weinfaß auf und beschloß, sich die letzten Augenblicke zu versüßen, indem sie die Kraft der Vernunft fahrenließen; das gelang ihnen auch, bis durch das von ihnen gemachte Loch Meerwasser in das Faß drang und den Wein verdarb. Solcherart doppelt rasend gemacht, entschieden diese umnachteten Männer, alle dem gemeinsamen Verderben entgegenzuführen, und fielen zu diesem Zweck über die Taue her, die das Floß zusammenhielten. Da die Meuterer auf Widerstand trafen, kam es inmitten der Wogen und der Finsternis der Nacht zur offenen Schlacht. Die Ordnung wurde wiederhergestellt, und eine Stunde war Ruhe und Frieden auf jenem fatalen Gefährt. Doch um Mitternacht erhob sich die Soldateska erneut und griff ihre Oberen mit Messern und Säbeln an; die keine Waffen hatten, waren geistig so zerrüttet, daß sie versuchten, die Offiziere mit den Zähnen zu zerfleischen, und es wurden viele Bisse erlitten. Männer wurden in die See geworfen, niedergeknüppelt, erstochen; zwei Fässer Wein wurden über Bord geworfen und das letzte Wasser auch. Als man die Schurken endlich gebändigt hatte, war das Floß mit Leichen übersät.

Während des ersten Aufstandes wurde ein Arbeiter namens Dominique, der sich den Meuterern angeschlossen hatte, in das Meer geworfen. Als der Ingenieur, der die Arbeiter befehligte, das erbärmliche Geschrei dieses treulosen Wichtes hörte, stürzte er sich in das Wasser, und indem er den Schurken beim Schopf packte, gelang es ihm, ihn wieder an Bord zu ziehen. Dominiques Kopf war von einem Säbel gespalten. In der Dunkelheit wurde die Wunde verbunden und der elende Teufel ins Leben zurückgerufen. Doch kaum war er solcherart wiederhergestellt, als er sich, undankbar wie er war, von neuem den Meuterern anschloß und sich wieder mit ihnen erhob. Diesmal fand er weniger Glück und weniger Gnade; er kam in derselben Nacht um.

Den unglücklichen Überlebenden drohte jetzt das Delirium. Einige warfen sich in das Meer; einige verfielen in Stumpfsinn; einige unglückselige Teufel stürzten sich mit gezogenem Säbel auf ihre Kameraden und verlangten, daß man ihnen *den Flügel eines Hühnchens* gebe. Der Ingenieur, der mit seiner Tapferkeit den Arbeiter Dominique gerettet hatte, sah sich auf einer Reise durch das liebliche Tiefland Italiens, wo ein Offizier zu ihm sagte: «Ich erinnere mich, daß die Boote uns im Stich gelassen haben; doch fürchten Sie nichts; ich habe soeben an den Gouverneur geschrieben, und in wenigen Stunden werden wir gerettet.» Der Ingenieur, noch im Delirium gefaßt, reagierte darauf solcherart: «Haben Sie eine Taube, die Ihre Befehle derart geschwind überbringen kann?»

Den sechzig Personen, die noch auf dem Floß waren, blieb lediglich ein Faß Wein. Sie sammelten bei den Soldaten Kennmarken ein und formten Angelhaken daraus; sie nahmen ein Bajonett und bogen es so zurecht, daß man einen Hai damit fangen konnte. Woraufhin ein Hai ankam, das Bajonett schnappte, es mit einem wütenden Rucken der Kiefer wieder vollkommen gerade bog und fortschwamm.

Ein äußerstes Mittel war vonnöten, um ihr elendes Dasein zu verlängern. Einige von denen, die die Nacht der Meuterei überlebt hatten, fielen über die Leichen her und hackten Stücke davon ab, wobei sie das Fleisch augenblicklich verschlangen. Die meisten Offiziere wiesen dieses Fleisch zurück; einer schlug jedoch vor, es solle zunächst getrocknet werden, um es genießbarer zu machen. Einige versuchten, Koppelriemen und Kartuschenhülsen sowie die Lederbänder ihrer Helme zu kauen, ohne viel Gewinn. Ein Matrose ging daran, die eigenen Exkremente zu essen; doch gelang es ihm nicht.

Der dritte Tag war windstill und schön. Sie fanden Ruhe, aber grausame Träume vermehrten die Schrecken, die Hunger und Durst ihnen bereits zugefügt hatten. Das Floß, das nun weniger als die Hälfte seiner ursprünglichen Besatzung trug, hatte sich im Wasser gehoben, ein unvorhergesehener Nutzen der nächtlichen Meutereien. Dennoch blieben die Menschen an Bord bis an die Knie im Wasser und konnten nur aufrecht stehend, aneinandergedrängt zu einer kompakten Masse ruhen. Am vierten Morgen wurden sie gewahr, daß ein Dutzend ihrer Gefährten in der Nacht gestorben waren; die Leichen wurden dem Meer übergeben, bis auf eine, die gegen den Hunger zurückbehalten wurde. Um vier Uhr nachmittags zog ein Schwarm fliegender Fische über das Floß hinweg, und viele verfingen sich in den Aufbauten des Gefährts. Am Abend bereiteten sie den Fisch zu, doch war ihr Hunger so groß und jede einzelne Portion so dürftig, daß viele von ihnen den Fisch mit Menschenfleisch vermischten, und das so bereitete Fleisch wurde als weniger abstoßend empfunden. Selbst die Offiziere aßen nun davon, da es in dieser Form dargeboten wurde.

Von diesem Tag an lernten alle, Menschenfleisch zu verzehren. Die nächste Nacht sollte frischen Nachschub bringen. Einige Spanier, Italiener und Neger, die während der ersten Meuterei neutral geblieben waren, verschworen sich miteinander und faßten den Plan, ihre Oberen über Bord zu werfen und mit den Wertgegenständen und Besitztümern, die in einer Tasche verstaut und am Mast aufgehängt worden waren, an die Küste zu entkommen, die sie nahe glaubten. Wiederum ergab sich eine furchtbare Schlacht, und auf dem Unglücksfloß strömte das Blut. Als diese dritte Meuterei endlich niedergeworfen war, verblieben nicht mehr als dreißig Menschen an Bord, und das Floß hatte sich erneut im Wasser gehoben. Kaum ein Mann lag ohne Wunden da, in die unaufhörlich Salzwasser floß, und durchdringende Schreie waren zu hören.

Am siebten Tag verbargen sich zwei Soldaten hinter dem letzten Faß Wein. Sie schlugen ein Loch hinein und fingen an, den Wein durch einen Strohhalm zu trinken. Als man die beiden Verräter entdeckte, wurden sie, dem entsprechenden Gesetz gemäß, das verkündet worden war, unverzüglich in das Wasser geworfen.

Und nun mußte die entsetzlichste Entscheidung getroffen werden. Beim Durchzählen ergab sich, daß sie siebenundzwanzig waren. Fünfzehn davon würden wohl noch einige Tage leben; die übrigen, die schwere Verletzungen erlitten hatten und von denen viele delirierten, hatten äußerst geringe Überlebenschancen. In der Zeit, die bis zu ihrem Tode vergehen mochte, würden sie jedoch mit Sicherheit den beschränkten Proviant weiter verringern. Man rechnete, daß sie zusammen gut und gerne dreißig oder vierzig Flaschen Wein trinken könnten. Die Kranken auf halbe Ration zu setzen würde lediglich bedeuten, daß man sie nach und nach umbrächte. Und so kamen, nach einer Debatte, die von furchtbarster Verzweiflung beherrscht war, die fünfzehn Gesunden überein, ihre kranken Kameraden müßten zum gemeinen Wohle derer, die noch überleben könnten, in das Meer geworfen werden. Drei Matrosen und ein Soldat, deren Herzen durch den ständigen Anblick des Todes nun schon verhärtet waren, nahmen diese abscheulichen und doch notwendigen Exekutionen vor. Die Gesunden wurden von den Ungesunden geschieden wie die Reinen von den Unreinen.

Nach diesem grausamen Opfer warfen die letzten fünfzehn Überlebenden alle ihre Waffen ins Wasser und behielten nur einen Säbel zurück für den Fall, daß Stricke oder Holz zu schneiden wären. Es waren noch Nahrungsmittel für sechs Tage da, während sie auf den Tod warteten.

Dann trat ein kleines Ereignis ein, das jeder nach seinem eigenen Naturell interpretierte. Ein weißer Schmetterling, von einer in Frankreich weitverbreiteten Art, tauchte flatternd über ihren Köpfen auf und ließ sich auf dem Segel nieder. Einigen schien, in ihrem Hungerwahn, selbst das könnte noch ein Häppchen zu essen abgeben. Anderen kam die Leichtigkeit, mit der ihr Besucher sich bewegte, wie der reinste Hohn vor, da sie erschöpft und nahezu bewegungslos unter ihm lagen. Für wieder andere war dieser einfache Schmetterling ein Zeichen, ein Bote des Himmels, so weiß wie die Taube Noahs. Selbst jene Skeptiker, die darin kein Werkzeug Gottes sehen mochten, wußten mit zaghafter Hoffnung, daß Schmetterlinge sich nur in geringe Entfernung vom Land begeben.

Jedoch es zeigte sich kein Land. Unter der sengenden Sonne wurden sie von rasendem Durst verzehrt, bis sie begannen, sich die Lippen mit dem eigenen Urin zu netzen.

Sie tranken ihn aus kleinen Blechtassen, die sie erst in Wasser tauchten, um ihre inneren Säfte desto schneller zu kühlen. Es geschah, daß einem Mann die Tasse gestohlen und später zurückgegeben wurde, jedoch ohne den Urin, den sie vordem enthalten hatte. Da war ein Mann, der sich nicht überwinden konnte, den Urin zu schlucken, wie durstig er auch sein mochte. Ein Arzt unter ihnen äußerte sich, der Urin mancher Männer sei angenehmer zu schlucken als der von anderen. Des weiteren äußerte er, der einzige unmittelbare Effekt des Urintrinkens sei eine Neigung zu erneuter Urinproduktion.

Ein Offizier der Armee entdeckte eine Zitrone, die er allein für sich zu behalten gedachte; heftiges Flehen überzeugte ihn von den Unbilden der Selbstsüchtigkeit. Desgleichen wurden dreißig Knoblauchzehen gefunden, die Anlaß zu weiterem Disput gaben; wären nicht alle Waffen bis auf den einen Säbel fortgetan worden, so hätte es wohl wieder Blutvergießen gegeben. Es waren zwei Phiolen mit einem alkoholischen Mittel zur Reinigung der Zähne da; ein oder zwei Tropfen dieses Mittels, die der Besitzer widerstrebend abgab, riefen auf der Zunge eine köstliche Empfindung hervor, die für wenige Sekunden den Durst vertrieb. Ein paar Zinnstückchen bewirkten, wenn man sie in den Mund nahm, eine Art Kühle. Eine leere Phiole, die einmal Rosenessenz enthalten hatte, wurde unter den Überlebenden herumgereicht; sie inhalierten, und die Parfümreste machten einen lindernden Eindruck.

Am zehnten Tag faßten mehrere Männer nach Empfang ihrer Weinzuteilung den Plan, sich trunken zu machen und dann umzubringen; dieses Vorhaben wurde ihnen mit Mühe ausgeredet. Haie umkreisten das Floß, und ein paar Soldaten badeten in ihrem Wahn unverhohlen in Sichtweite der großen Fische. Acht der Männer konstruierten sich, im Glauben, das Land könne nicht weit sein, ein zweites Floß, um darauf zu entfliehen. Sie bauten ein schmales Gefährt mit einem niedrigen Mast und einem Stück Hängematte als Segel; doch als sie es einem Versuch unterzogen, erwies sich ihnen an der Zerbrechlichkeit des Gefährts das Tollkühne ihres Unterfangens, und so gaben sie es auf.

Am dreizehnten Tag ihres Martyriums ging die Sonne vollkommen ohne Wolken auf. Die fünfzehn armen Teufel hatten ihre Gebete an den Allmächtigen verrichtet und ihre Portion Wein untereinander verteilt, als ein Infanteriehauptmann beim Blick auf den Horizont ein Schiff erspähte und das mit einem Aufschrei kundtat. Alle dankten dem Herrgott und gaben sich dem Überschwang der Freude hin. Sie bogen Faßreifen gerade und banden Taschentücher an deren Spitze; einer aus ihrer Zahl kletterte auf die Mastspitze und schwenkte diese kleinen Flaggen. Alle beobachteten das Schiff am Horizont und stellten Mutmaßungen über seine Weiterfahrt an. Einige schätzten, es komme mit jeder Minute näher; andere behaupteten, sein Kurs liege in entgegengesetzter Richtung. Eine halbe Stunde lang lagen sie schwankend zwischen Furcht und Hoffnung. Dann verschwand das Schiff vom Meer.

Aus ihrer Freude wurden sie in Verzweiflung und Schmerz gestürzt; sie beneideten jene, die vor ihnen gestorben waren, um ihr Schicksal. Dann, um sich mit Schlaf etwas über ihre Hoffnungslosigkeit hinwegzutrösten, spannten sie ein Stück Stoff als Sonnenschutz auf und legten sich darunter. Sie nahmen sich vor, über ihre Abenteuer einen Bericht zu schreiben, den sie alle unterzeichnen würden, und ihn dann an die Mastspitze zu nageln in der Hoffnung, daß er auf irgendeine Weise zu ihren Familien und zu der Regierung gelangen möge.

Sie hatten zwei Stunden unter den grausamsten Überlegungen verbracht, als der Oberkanonier, der zum vorderen Teil des Floßes wollte, aus dem Zelt ging und eine halbe

Meile entfernt die *Argus* sah, die, unter vollen Segeln, rasch auf sie zusteuerte. Er konnte kaum Atem schöpfen. Seine Hände streckten sich der See entgegen. «Gerettet!» sagte er. «Seht die Brigg ganz in unserer Nähe!» Alles frohlockte; selbst die Verwundeten wollten zum hinteren Teil des Gefährts kriechen, um besser zu sehen, wie ihre Retter nahten. Sie umarmten einander, und es war für sie doppelte Wonne, als sie sahen, daß es Franzosen waren, denen sie ihre Erlösung zu verdanken hatten. Sie schwenkten Taschentücher und dankten der Vorsehung.

Die *Argus* strich die Segel und kam auf steuerbord längsseits, einen halben Pistolenschuß entfernt. Die fünfzehn Überlebenden, deren Stärkste nicht über die nächsten achtundvierzig Stunden hinaus gelebt hätten, wurden an Bord genommen; der Kommandant und die Offiziere der Brigg fachten mit ihrer unablässigen Pflege die Lebenslichter der Überlebenden wieder an. Zwei, die später einen Bericht über ihr Martyrium schrieben, meinten abschließend, die Art ihrer Rettung sei wahrhaft wunderbar gewesen und die Hand des Himmels habe bei dem Geschehen deutlich mitgewirkt.

Mit einem bösen Vorzeichen hatte die Fahrt der Fregatte angefangen, und sie endete mit einem Echo. Als das Unglücksfloß im Schlepptau seiner Begleitschiffe in See ging, waren siebzehn Personen zurückgelassen worden. Derart auf eigenen Wunsch allein gelassen, durchsuchten sie das Schiff unverzüglich nach allen Dingen, die nicht von den Abfahrenden mitgenommen oder von Seewasser durchdrungen waren. Sie fanden Zwieback, Wein, Brandy und Speck, genug, sie eine Weile am Leben zu halten. Zuerst herrschte Gelassenheit, da ihre Kameraden versprochen hatten, zu ihrer Rettung zurückzukehren. Doch als zweiundvierzig Tage vergangen waren, ohne daß Hilfe kam, beschlossen zwölf von den siebzehn, an Land zu gelangen. Zu diesem Zweck bauten sie ein zweites Floß, indem sie die noch vorhandenen Planken der Fregatte mit starken Seilen zusammenbanden, und schifften sich darauf ein. Wie ihre Vorgänger hatten sie weder Ruder noch Navigationsausrüstung, und sie besaßen nicht mehr als ein rudimentäres Segel. Sie nahmen einen kleinen Vorrat an Proviant mit und was an Hoffnung noch geblieben war. Viele Tage später entdeckten jedoch Mauren, die an der Sahara-Küste leben und Untertanen des Königs Said sind, die Überreste ihres Gefährts und kamen mit dieser Nachricht nach Andar. Es wurde angenommen, daß die Männer auf diesem zweiten Floß mit Sicherheit den Seeungeheuern zum Opfer gefallen waren, die an den Küsten Afrikas in großer Zahl zu finden sind.

Und zuletzt kam dann, wie zum Hohn, das Echo eines Echos. Fünf Männer blieben auf der Fregatte zurück. Einige Tage nach dem Aufbruch des zweiten Floßes versuchte ein Matrose, der sich geweigert hatte, auf dieses zweite Floß zu gehen, gleichfalls, die Küste zu erreichen. Da er kein drittes Floß für sich bauen konnte, stach er mit einem Hühnerkäfig in See. Vielleicht war es eben jener Käfig, auf dem M. Maudet an jenem Morgen, als sie auf das Riff laufen sollten, den Unglückskurs der Fregatte bestimmt hatte. Doch der Hühnerkäfig sank, und der Matrose kam um, als er nicht weiter als die halbe Länge eines Ankertaus von der *Medusa* entfernt war.

Zwei

Wie macht man aus Katastrophen Kunst?

Heutzutage ist das ein automatischer Prozeß. Ein Atomkraftwerk explodiert? Innerhalb eines Jahres haben wir in London ein Stück auf der Bühne. Ein Präsident wird ermordet? Sie können das als Buch haben oder als Film oder als verfilmtes Buch oder als verbuchten Film. Krieg? Schickt die Romanautoren rüber. Eine schaurige Mordserie? Höret den Einmarsch der Dichter. Schließlich müssen wir sie begreifen, diese Katastrophe; um sie zu begreifen, müssen wir sie uns vorstellen können, daher brauchen wir die Künstler mit ihrer Vorstellungskraft. Doch wir haben auch das Bedürfnis, sie zu rechtfertigen und zu verzeihen, diese Katastrophe, wenn auch nur ein ganz kleines bißchen. Warum ist es dazu gekommen, zu dieser Wahnsinnstat der Natur, diesem Augenblick menschlicher Tollheit? Na ja, wenigstens ist Kunst daraus entstanden. Vielleicht sind Katastrophen, letzten Endes, *dazu* da.

Er ließ sich den Kopf kahlscheren, bevor er mit dem Bild anfing, das ist allgemein bekannt. Ließ sich den Kopf kahlscheren, damit er keinen Menschen sehen konnte, schloß sich in sein Atelier ein und kam raus, als er sein Meisterwerk vollendet hatte. Ist es so gewesen?

J. L. T. Géricault, *Das Floß der ‹Medusa›*, 1818/19. Musée du Louvre, Paris. (Zwischen den Seiten 208 und 209 befindet sich eine Klappkarte mit einer vierfarbigen Reproduktion des Gemäldes.)

Am 17. Juni 1816 brach die Expedition auf.

Am 2. Juli 1816 nachmittags lief die *Medusa* auf das Riff.

Am 17. Juli 1816 wurden die Überlebenden von dem Floß gerettet.

Im November 1817 veröffentlichten Savigny und Corréard ihren Bericht von der Reise.

Am 24. Februar 1818 wurde die Leinwand gekauft.

Am 28. Juni 1818 wurde die Leinwand in ein größeres Atelier gebracht und neu gespannt.

Im Juli 1819 war das Bild fertig.

Am 28. August 1819, drei Tage vor der Eröffnung des Salons, begutachtete Louis XVIII. das Gemälde und äußerte sich dem Künstler gegenüber mit – wie es im *Moniteur Universel* hieß – «einer jener treffenden Bemerkungen, die Urteil über das Werk und Ansporn für den Künstler zugleich sind». Der König sagte: «Monsieur Géricault, Ihr Schiffbruch ist wahrlich kein Unglück.»

Mit Treue zur Wahrheit fängt es an. Der Künstler las den Bericht von Savigny und Corréard; er traf sich mit ihnen, befragte sie. Er stellte ein Dossier über den Fall zusammen. Er machte den Zimmermann der *Medusa* ausfindig, der überlebt hatte, und brachte ihn dazu, ein maßstabgetreues Modell seines Originalfloßes zu bauen. Auf diesem postierte er Wachsmodelle, die die Überlebenden darstellen sollten. In seinem Atelier stellte er ringsum eigene Gemälde von abgeschlagenen Köpfen und zerlegten Gliedmaßen auf, um die Atmosphäre mit Sterblichkeit zu tränken. Die Endfassung des Bildes enthält erkennbare Portraits von Savigny, Corréard und dem Zimmermann. (Mit welchen Gefühlen sie wohl für diese Reprise ihrer Leiden posiert haben?)

Er war vollkommen ruhig beim Malen, wie Antoine Alphonse Montfort, der Schüler von Horace Vernet, berichtet; an Körper und Armen war wenig Bewegung feststellbar, und nur eine leichte Rötung seines Gesichts verriet seine Konzentration. Er arbeitete direkt auf der weißen Leinwand und hatte nur grobe Umrisse zur Orientierung. Er malte, solange es hell war, mit einer Unerbittlichkeit, die auch technischer Notwendigkeit entsprang: die schweren, schnelltrocknenden Ölfarben, die er benutzte, verlangten, daß jeder Abschnitt, einmal begonnen, am selben Tag vollendet wurde. Er hatte sich, wie wir wissen, die rötlich-blonden Locken vom Kopf scheren lassen, was «Bitte nicht stören» heißen sollte. Aber er war nicht einsam: Modelle, Schüler und Freunde kamen weiterhin in sein Haus, das er mit seinem jungen Assistenten Louis-Alexis Jamar teilte. Zu seinen Modellen gehörte auch der junge Delacroix, der für die tote Figur posierte, die mit dem Gesicht nach unten und dem linken Arm ausgestreckt daliegt.

Fangen wir damit an, was er nicht gemalt hat. Nicht gemalt hat er:

1) wie die *Medusa* auf das Riff aufläuft;
2) den Augenblick, als die Schleppleinen losgeworfen werden und das Floß im Stich gelassen wird;
3) die nächtlichen Meutereien;
4) den notgedrungenen Kannibalismus;
5) den Massenmord aus Selbstschutz;
6) die Ankunft des Schmetterlings;
7) die Überlebenden bis an die Hüften oder Waden oder Knöchel im Wasser;
8) den eigentlichen Moment der Rettung.

Mit anderen Worten, es ging ihm nicht in erster Linie darum, 1) politisch; 2) symbolisch; 3) theatralisch; 4) schockierend; 5) aufregend; 6) sentimental; 7) dokumentarisch; oder 8) unzweideutig zu sein.

1) Die *Medusa* war ein Schiffbruch, eine Nachrichtenmeldung und ein Gemälde; außerdem war sie ein Fall. Bonapartisten fielen über Monarchisten her. Das Verhalten des Fregattenkapitäns erhellte a) die Inkompetenz und Korruption der Royalistischen Marine; b) die allgemeine Kaltherzigkeit der herrschenden Klasse gegen die unteren. Parallelen zu dem Staatsschiff, das auf Grund läuft, wären naheliegend und plump zugleich gewesen.

2) Savigny und Corréard, Überlebende und Koautoren des ersten Berichts über den Schiffbruch, wandten sich mit einem Gesuch auf Entschädigung der Opfer und Bestrafung der schuldigen Offiziere an die Regierung. Da sie bei der institutionalisierten Gerichtsbarkeit kein Gehör fanden, riefen sie mit ihrem Buch den offeneren Gerichtshof der öffentlichen Meinung an. Corréard ließ sich später als Verleger und Verfasser von Flugschriften mit einem Unternehmen namens «Zu den Schiffbrüchigen der Medusa» nieder; es wurde ein Treffpunkt von politisch Unzufriedenen. Wir können uns ein Gemälde vorstellen, das den Moment zeigt, wo die Schleppleinen losgemacht werden: eine Axt wird, in der Sonne blitzend, geschwungen; ein Offizier, dem Floß den Rücken zugewandt, löst gleichgültig einen Knoten … Es wäre ein hervorragendes Pamphlet in Bildform.

3) Die Meuterei war die Szene, die Géricault fast gemalt hätte. Mehrere Vorstudien sind uns überliefert. Nacht, Sturm, schwerer Seegang, zerfetztes Segel, erhobene Säbel, Ertrinken, Nahkampfszenen, nackte Körper. Was ist dagegen einzuwenden? Vor allem, daß es aussieht wie so eine Saloon-Schlägerei aus einem B-Western, bei der jede einzelne Person etwas zu tun hat – Faustschläge austeilt, Stühle zertrümmert, Gegnern Flaschen über den Kopf haut, sich mit schweren Stiefeln am Kronleuchter herumschwingt. Es

ist zuviel los. Man kann mehr sagen, indem man weniger zeigt.

Die überlieferten Skizzen von der Meuterei sollen traditionellen Darstellungen des Jüngsten Gerichts mit seiner Scheidung der Ungerechten von den Gerechten und dem Sturz der Aufrührer in die Verdammnis ähnlich sein. Ein solcher Bezug wäre irreführend gewesen. Auf dem Floß triumphierte nicht Tugend, sondern Stärke; und es war wenig Gnade zu erwarten. Untergründig würde diese Darstellung besagen, daß Gott auf der Seite der Offiziersklasse stand. Vielleicht tat er das damals ja auch. Gehörte Noah zur Offiziersklasse?

4) In der abendländischen Kunst gibt es sehr wenig Kannibalismus. Prüderie? Das ist eher unwahrscheinlich: die abendländische Kunst ist nicht prüde, wenn es um ausgestochene Augen, abgeschlagene Köpfe in Säcken, zu Opferzwecken amputierte Brüste, Beschneidung und Kreuzigung geht. Noch dazu war Kannibalismus ein heidnischer Brauch, der sich nützlicherweise auf Gemälden verdammen und zum klammheimlichen Anheizen von deren Betrachtern verwenden ließ. Aber manche Themen scheinen einfach öfter gemalt zu werden als andere. Nehmen wir mal den Offiziersklassen-Noah, zum Beispiel. Es gibt allem Anschein nach erstaunlich wenige Bilder von seiner Arche. Ein paar ulkige amerikanische Naive, ein trüber Giacomo Bassano im Prado, aber sonst fällt einem nicht viel ein. Adam und Eva, die Vertreibung, die Verkündigung, das Jüngste Gericht – das ist alles von bedeutenden Künstlern zu haben. Aber Noah und seine Arche? Ein entscheidender Moment in der Geschichte des Menschen, ein Sturm auf See, malerische Tiere, göttliches Eingreifen in menschliche Belange: die nötigen Elemente sind bestimmt da. Wie ließe sich dieses ikonographische Defizit dann erklären? Vielleicht damit, daß es kein Gemälde von der Arche gibt, das für sich allein so bedeutsam wäre, daß

es zu dem Sujet anregen und es populär machen könnte. Oder liegt es etwa an der Geschichte selbst: gab es womöglich eine Übereinkunft unter Künstlern, daß die Sintflut Gott nicht im allerbesten Licht erscheinen läßt?

Géricault hat eine Skizze von der Menschenfresserei auf dem Floß gemacht. Der Moment der Anthropophagie, auf den er den Scheinwerfer richtet, zeigt einen muskulösen Überlebenden, der am Ellenbogen eines muskulösen Kadavers nagt. Es ist fast schon komisch. Bei so was würde es immer das Problem sein, den richtigen Ton zu treffen.

5) Ein Gemälde ist ein Augenblick. Was würden wir meinen, was vor sich geht bei einer Szene, wo drei Matrosen und ein Soldat Leute von einem Floß ins Meer werfen? Daß die Opfer schon tot sind? Und wenn nicht, daß sie jetzt wegen ihres Geschmeides umgebracht werden? Wenn Karikaturisten Schwierigkeiten haben, uns den Hintergrund von ihrem Witz zu erklären, zeigten sie uns oft einen Zeitungsverkäufer neben einem Plakat, auf dem eine passende Schlagzeile steht. Bei einem Gemälde müßte man die entsprechenden Informationen im Titel geben: SCHMERZLICHE SZENE AUF DEM FLOSS DER MEDUSA, IN WELCHER VERZWEIFELTE ÜBERLEBENDE, VON GEWISSENSQUALEN GEPEINIGT, ERKENNEN, DASS DER PROVIANT NICHT AUSREICHT, UND SICH ZUR TRAGISCHEN, DOCH UNUMGÄNGLICHEN ENTSCHEIDUNG DURCHRINGEN, DIE VERWUNDETEN ZU OPFERN, AUF DASS SIE SELBST EINE GRÖSSERE ÜBERLEBENSCHANCE HÄTTEN. Das müßte so ungefähr reichen.

Der Titel von «Das Floß der Medusa» lautet übrigens nicht «Das Floß der Medusa». Im Katalog des Salons war das Gemälde als *Scène de naufrage* – «Szene eines Schiffsbruchs» aufgeführt. Eine politische Vorsichtsmaßnahme? Mag sein. Aber es ist zugleich auch eine nützliche Anweisung für den Betrachter: das ist ein Gemälde, keine Meinungsäußerung.

6) Es ist nicht schwer, sich die Ankunft des Schmetterlings

vorzustellen, wie andere Maler sie dargestellt hätten. Es klingt aber, als würden da die Emotionen mit relativ plumpen Mitteln in Wallung gebracht, nicht wahr? Und selbst wenn man das Problem des richtigen Tons bewältigen könnte, wären da noch zwei größere Schwierigkeiten. Erstens würde es nicht wie eine wahre Begebenheit aussehen, obwohl es eine war; was wahr ist, muß nicht unbedingt überzeugend sein. Zweitens wirft ein weißer Schmetterling mit einem Durchmesser von sechs oder sieben Zentimetern, der sich auf einem Floß von zwanzig Metern Länge mal sieben Metern Breite niederlassen will, ernsthafte Maßstabprobleme auf.

7) Ist das Floß unter Wasser, kann man es nicht malen. Die Gestalten würden alle aus dem Meer herauswachsen wie eine Aufstellung Schaumgeborener Aphroditen. Des weiteren bringt das Fehlen eines Floßes formale Probleme mit sich: wenn die Personen alle stehen, da sie ertrinken würden, wenn sie sich hinlegten, wirkt das Gemälde vor lauter senkrechten Linien steif; da müßte man besonders genial zu Werke gehen. Es empfiehlt sich also zu warten, bis noch ein paar mehr an Bord gestorben sind, das Floß sich aus dem Wasser gehoben hat und die Horizontale voll zur Verfügung steht.

8) Das Boot von der *Argus* kommt längsseits, die Überlebenden strecken die Arme aus und klettern hinein, der ergreifende Kontrast zwischen dem Zustand der Geretteten und dem der Retter, eine Szene der Erschöpfung und der Freude – alles sehr bewegend, kein Zweifel. Géricault hat mehrere Skizzen von diesem Augenblick gemacht. Es könnte in seiner Bildhaftigkeit sehr stark sein; aber es ist etwas ... direkt.

Das war das, was er *nicht* gemalt hat.

Was hat er nun also gemalt? Nach was sieht das denn aus, was er da gemalt hat?

Versetzen wir unser Auge in die Unwissenheit zurück.

Wir studieren «Szene eines Schiffbruchs» ohne jegliche Kenntnisse der französischen Marinegeschichte. Wir sehen Überlebende auf einem Floß, die einem winzigen Schiff am Horizont entgegenwinken (das ferne Schiff ist, wie wir nicht umhinkönnen zu bemerken, nicht größer, als es jener Schmetterling gewesen wäre). Unsere erste Annahme ist, daß dies der Moment des Sichtens ist, der zur Rettung führt. Dieses Gefühl rührt teilweise von einer unermüdlichen Vorliebe für Happy-Ends her, aber auch daher, daß wir uns selbst, auf einer Ebene des Bewußtseins, die Frage stellen: Woher sollten wir denn von diesen Leuten auf dem Floß wissen, wenn sie *nicht* gerettet worden wären?

Was stützt diese Vermutung? Das Schiff ist am Horizont; die Sonne ist gleichfalls am Horizont (wenn auch nicht zu sehen) und erhellt ihn mit gelbem Licht. Sonnenaufgang, folgern wir, und das Schiff kommt mit der Sonne und bringt einen neuen Tag, Hoffnung und Rettung mit sich; die schwarzen Wolken da oben (sehr schwarz) werden bald verschwinden.

Was aber, wenn es nun Sonnenuntergang ist? Morgen- und Abenddämmerung sind leicht zu verwechseln. Was, wenn es nun Sonnenuntergang ist und das Schiff gleich ebenso entschwindet wie die Sonne und die Schiffbrüchigen einer hoffnungslosen Nacht entgegensehen, schwarz wie die Wolke da oben? Verwirrt schauen wir vielleicht nach dem Segel des Floßes, um zu sehen, ob das Gefährt auf seinen Retter zu- oder von diesem weggetrieben wird, und um zu entscheiden, ob jene unheilvolle Wolke sich wohl auflöst; doch wir bekommen wenig Hilfe – der Wind bläst auf dem Bild nicht von oben oder unten, sondern von rechts nach links, und von weiteren Erkenntnissen über das Wetter zu unserer Rechten schneidet uns der Rahmen ab. Dann, wir sind noch immer unentschlossen, taucht eine dritte Möglichkeit auf: es könnte Sonnenaufgang sein, aber das rettende Schiff kommt trotzdem nicht auf die Schiffbrüchigen zu. Das wäre die deutlichste Abfuhr von seiten des Schicksals: Die Sonne geht auf, *jedoch nicht für dich.*

Das unwissende Auge weicht, etwas unwirsch und widerstrebend, dem kundigen Auge. Vergleichen wir «Szene eines Schiffbruchs» doch einmal mit dem Bericht von Savigny und Corréard. Sofort wird klar, daß Géricault nicht das Winken gemalt hat, das zur endgültigen Rettung führte: das hat sich anders abgespielt, da war die Brigg plötzlich ganz nahe beim Floß, und alles jubelte. Nein, das ist das erste Sichten, als die *Argus* für eine qualvolle halbe Stunde am Horizont auftauchte. Bei der Gegenüberstellung von Wort und Bild fällt uns sofort auf, daß Géricault nicht den Überlebenden dargestellt hat, der oben am Mast geradegebogene Faßreifen mit Taschentüchern daran schwenkt. Er hat sich statt dessen für einen Mann entschieden, der auf einem Faß gehalten wird und ein großes Tuch schwenkt. Bei dieser Veränderung stutzen wir, dann sehen wir ihren Vorzug ein: Die Wirklichkeit bot ihm das Bild eines Affen auf einer Stange; die Kunst legte einen kompakteren Bildpunkt und eine zusätzliche Vertikale nahe.

Doch machen wir uns nicht allzu rasch kundig. Geben wir die Sache an das gereizte unwissende Auge zurück. Vergessen wir das Wetter; was läßt sich aus der Belegschaft auf dem Floß selbst ersehen? Warum zählen wir nicht zuerst mal die Köpfe. Es sind zwanzig Gestalten an Bord. Zwei sind aktiv am Winken, einer aktiv am Zeigen, zwei heftig am Flehen, dazu einer, der die winkende Gestalt auf dem Faß nach Kräften unterstützt: sechs für Hoffnung und Rettung. Dann gibt es fünf Gestalten (zwei mit dem Gesicht nach unten, drei auf dem Rücken), die tot aussehen oder als würden sie im Sterben liegen, dazu ein alter Graubart in Trauerhaltung, der der gesichteten *Argus* den Rücken zuwendet: sechs dagegen. Dazwischen (in räumlicher wie in stimmungsmäßiger Hinsicht) gibt es acht weitere Gestalten: einer halb flehend, halb unterstützend; drei, die den Winkenden mit ausdruckslosem Gesicht beobachten; einer, der den Winkenden voller Pein beobachtet; zwei im Profil, die den Wogen nach- beziehungsweise entgegensehen; dazu eine obskure Gestalt an der dunkelsten, am stärksten beschädigten Stelle der Leinwand mit dem Kopf in den Händen (und sich die letzten Haare raufend?). Sechs, sechs und acht: keine absolute Mehrheit.

(Zwanzig? fragt das kundige Auge zweifelnd. Aber Savigny und Corréard haben doch gesagt, es wären nur fünfzehn Überlebende gewesen. Also sind die fünf Figuren, die vielleicht nur ohnmächtig sein könnten, alle definitiv tot? Ja. Was ist dann aber mit der Aussonderung, die es gegeben hat, wo die letzten fünfzehn gesunden Überlebenden ihre dreizehn verwundeten Gefährten ins Meer geschmissen haben? Géricault hat ein paar davon wieder aus der Tiefe des Meers herausgefischt, damit sie ihm bei der Bildkomposition behilflich sind. Und sollten die Toten bei einem Referendum über Hoffnung oder Verzweiflung etwa ihr Stimmrecht verlieren? Technisch gesehen, ja; aber nicht, wenn wir die Stimmung des Bildes beurteilen.)

Die Struktur ist also ausgewogen, sechs Dafür, sechs Dagegen, acht Weiß Nicht. Unsere beiden Augen, das unwissende und das kundige, schweifen blinzelnd umher. Immer stärker zieht es sie von dem offensichtlichen Zentrum der Aufmerksamkeit, dem Winkenden auf dem Faß, zurück zu der trauernden Gestalt vorne links, der einzigen Person, die uns aus dem Bild anschaut. Er hält im Schoß einen jungen Burschen, der – wir haben unsere Rechenaufgabe ja gemacht – mit Sicherheit tot ist. Der alte Mann hat allen lebenden Menschen auf dem Floß den Rücken zugewandt: seine Pose zeugt von Resignation, Kummer, Verzweiflung; er ist außerdem durch sein graues Haar und das rote Tuch hervorgehoben, das er als Nackenschutz trägt. Er könnte sich aus einem anderen Genre hierher verirrt haben – ein von Poussin gemalter älterer Herr, der sich verlaufen hat, vielleicht. (Unsinn, ruft da das kundige Auge dazwischen. Poussin? Guérin und Gros, wenn Sie es wissen wollen. Und der tote «Sohn»? Ein Mischmasch aus Guérin, Girodet und Prud'hon.) Was macht nun dieser «Vater»? a) Beklagt den Toten (sein Sohn? sein Kumpel?) in seinem Schoß; b) Erkennt, daß es für sie keine Rettung gibt; c) Überlegt, selbst wenn es eine Rettung gibt, ist das scheißegal, wegen des Toten, den er hier in den Armen hält? (Übrigens, sagt das kundige Auge, es hat wirklich seine Nachteile, wenn man unwissend ist. Man käme, zum Beispiel, nie darauf, daß Vater und Sohn ein abgemildertes kannibalistisches Motiv sind, nicht wahr? Als Gruppe treten sie erstmals in Géricaults einziger erhaltener Skizze zu der Kannibalismus-Szene auf; und jeder gebildete zeitgenössische Betrachter hätte sich gewiß an Dantes Beschreibung des Grafen Ugolino erinnert gefühlt, der sich in seinem Turm zu Pisa inmitten seiner sterbenden Kinder härmte – und sie dann aufaß. Ist das soweit klar?)

Egal, was wir meinen, worüber der alte Mann nachdenkt, seine Präsenz wirkt ebenso stark in dem Gemälde wie die des Winkenden. Diese Gewichtsverteilung legt den folgenden Schluß nahe: daß das Bild den mittleren Zeitpunkt beim ersten Sichten der *Argus* darstellt. Das Schiff ist bereits eine Viertelstunde in Sicht und hat noch weitere fünfzehn Minuten zu bieten. Einige meinen, es käme noch immer auf sie zu; einige sind unsicher und warten ab, was passiert; einige – darunter das weiseste Haupt an Bord – wissen, daß es sich von ihnen entfernt und daß sie nicht gerettet werden. Diese Gestalt bewegt uns dazu, die «Szene eines Schiffbruchs» als Sinnbild genarrter Hoffnungen zu lesen.

Praktisch jeder, der Géricaults Gemälde an den Wänden des Salons von 1819 sah, wußte, daß er die Überlebenden des Floßes der *Medusa* vor sich hatte, wußte, daß das Schiff am Horizont sie tatsächlich aufgenommen hat (wenn auch nicht beim ersten Versuch), und wußte, daß das, was sich auf der Expedition nach Senegal abgespielt hatte, ein politischer Skandal ersten Ranges war. Doch erhalten bleibt stets das Gemälde, das seine eigene Geschichte überlebt. Die Religion verfällt, die Ikone bleibt; ein Bericht ist in Vergessenheit geraten, seine Darstellung aber fesselt noch immer (das unwissende Auge triumphiert – ganz schön ärgerlich für das kundige Auge). Wenn wir heutzutage «Szene eines Schiffbruchs» betrachten, fällt es uns schwer, uns so richtig über Hugues Duroy de Chaumareys, den Kapitän der Expedition, aufzuregen oder über den Minister, der ihn zum Kapitän ernannte, oder über den Marineoffizier, der sich weigerte, das Kommando auf dem Floß zu übernehmen, oder die Matrosen, die die Schleppleinen losmachten, oder die meuternde Soldateska. (Wahrlich, die Geschichte demokratisiert unsere Sympathien. Waren die Soldaten nicht durch ihre Kriegserfahrungen verroht? War der Kapitän nicht ein Opfer seiner verhätschelten Erziehung? Würden wir wetten wollen, daß wir selbst uns unter ähnlichen Umständen heroisch verhalten hätten?) Die Zeit löst eine Geschichte in Form, Farbe, Emotionen auf. Modern und unwissend, denken wir uns die Geschichte neu aus: stimmen wir für den optimistischen, sich gelb färbenden Himmel, oder für den trauernden Graubart? Oder glauben wir am Ende beide Versionen? Das Auge kann von einer Stimmung und einer Interpretation zur anderen springen: war das vielleicht die Absicht?

8 a) Um ein Haar hätte er folgendes gemalt. Zwei Ölstudien von 1818, die, was den Aufbau betrifft, von allen Vorskizzen dem endgültigen Bild am nächsten kommen, weisen diesen entscheidenden Unterschied auf: das Schiff, dem zugewun-

ken wird, ist viel näher. Wir können seine Umrisse, seine Segel und Masten erkennen. Es ist ganz rechts auf der Leinwand im Profil zu sehen, wie es eben seine quälende Fahrt über den gemalten Horizont beginnt. Es hat das Floß eindeutig noch nicht gesehen. Die Wirkung dieser Vorskizzen ist aktiver, kinetischer: es kommt uns so vor, als ob das hektische Winken der Leute auf dem Floß in ein paar Minuten etwas bewirken könnte und das Bild, statt ein Augenblick in der Zeit zu sein, seiner eigenen Zukunft entgegentreibe und dabei die Frage stellte: Wird das Schiff über den Rand der Leinwand hinaussegeln, ohne das Floß zu sehen? Die Endfassung des «Schiffbruchs» ist demgegenüber weniger aktiv, seine Fragestellung weniger deutlich. Das Signalgeben wirkt aussichtsloser und die Willkür des Schicksals, der die Überlebenden ausgeliefert sind, furchteinflößender. Was ist ihre Chance auf Rettung? Ein Tropfen im Ozean.

Er war acht Monate lang in seinem Atelier. Etwa zur gleichen Zeit hat er ein Selbstportrait gezeichnet, aus dem er uns mit dem mürrischen, relativ mißtrauischen Blick ansieht, den Maler oft aufsetzen, wenn sie sich einem Spiegel gegenüberfinden; schuldbewußt nehmen wir an, die Mißbilligung gelte uns, dabei bezieht sie sich in Wirklichkeit vor allem auf das Modell. Sein Bart ist kurz und das geschorene Haar von einer griechischen Troddelkappe bedeckt (wir erfahren nur, daß er es schneiden ließ, als er mit dem Bild anfing, aber in acht Monaten wachsen Haare ziemlich lang: wie oft mußte er sie noch nachschneiden?). Er kommt uns wie eine Piratengestalt vor, entschlossen und grimmig genug, seinen gewaltigen Schiffbruch in Angriff zu nehmen und zu entern. Die Breite seiner Pinsel war, nebenbei gesagt, das Überraschende. Die Großzügigkeit des Strichs ließ Montfort vermuten, Géricault habe sehr dicke Pinsel verwendet; doch im Vergleich zu denen anderer Künstler waren sie klein. Kleine Pinsel und schwere, schnelltrocknende Ölfarben.

Wir müssen ihn uns bei der Arbeit denken. Es ist normal, daß wir versucht sind, zu schematisieren und acht Monate auf ein fertiges Bild und eine Reihe von Vorskizzen zu reduzieren; doch dieser Versuchung müssen wir widerstehen. Er ist ziemlich groß, kräftig und schlank und hat bewundernswerte Beine, die angeblich den Beinen des Epheben gleichen, der das Pferd im Mittelpunkt seines «Rennens von Barberi» zügelt. Er steht vor dem Schiffbruch, arbeitet mit intensiver Konzentration und braucht absolute Ruhe dazu: schon das Kratzen eines Stuhles konnte das unsichtbare Band zwischen Auge und Pinselspitze zerreißen. Er malt seine großen Gestalten direkt auf die Leinwand und hat dabei nur eine Umrißzeichnung als Hilfe. Wie das Werk halb fertig ist, sieht es aus, als hinge eine Reihe von Skulpturen an einer weißen Wand.

Wir müssen ihn uns in sein Atelier eingesperrt denken, wie er arbeitet, sich bewegt, Fehler macht. Da wir das Endergebnis seiner acht Monate kennen, scheint es, als habe er sich unaufhaltsam darauf zubewegt. Wir fangen mit dem Meisterwerk an und arbeiten uns durch die verworfenen Ideen und Beinah-Treffer zurück; für ihn aber waren die verworfenen Ideen zunächst einmal aufregend, und was wir von Anfang an für selbstverständlich halten, hat er erst ganz am Schluß gesehen. Für uns hat sich das Ergebnis zwangsläufig entwickelt, für ihn nicht. Wir müssen versuchen, willkürliche Entscheidungen in Betracht zu ziehen, Zufallsentdeckungen, sogar Bluff. Wir können es nur mit Wörtern erklären, doch müssen wir gleichzeitig versuchen, Wörter zu vergessen. Man mag ein Gemälde als eine Reihe von Entscheidungen darstellen, die mit 1) bis 8 a) bezeichnet sind, aber es sollte uns klar sein, daß das nur Erläuterungen von Gefühlseindrücken sind. Wir müssen an Nerven und Emotionen denken. Der Maler wird nicht in einem Schwung den Fluß hinabgetragen, dem sonnenbeschienenen Becken des fertigen Bildes entgegen, sondern er ist damit beschäftigt, auf einer offenen See voller widriger Strömungen einen Kurs zu halten.

Treue zur Wahrheit, am Anfang, gewiß; ist der Prozeß aber einmal im Gang, so wird Treue zur Kunst zur ersten Pflicht. So, wie auf dieser Darstellung, hat sich das Ereignis nie zugetragen; die Zahlen stimmen nicht; der Kannibalismus ist auf eine literarische Anspielung reduziert; die Vater-und-Sohn-Gruppe hat eine denkbar dünne dokumentarische Rechtfertigung, die Gruppe um das Faß überhaupt keine. Das Floß ist so sauber aufgeräumt, als stünde der Staatsbesuch eines Monarchen mit schwachem Magen bevor: die Menschenfleischstücke sind weggehausfraut worden, und jedermanns Haar ist so glatt und glänzend wie ein neugekaufter Malerpinsel.

Als sich Géricault seiner Endfassung nähert, stehen Formfragen im Vordergrund. Er stellt die Entfernung ein, wählt den Ausschnitt, gleicht aus. Der Horizont wird gehoben und gesenkt (wenn die winkende Gestalt unterhalb des Horizonts ist, geht das gesamte Floß trübsinnig im Meer auf; wenn sie den Horizont durchbricht, werden damit gleichsam Hoffnungen genährt). Géricault verkleinert die umliegenden Flächen von Meer und Himmel, wodurch er uns, ob wir es wollen oder nicht, auf das Floß wirft. Er streckt die Entfernung von den Schiffbrüchigen zu dem rettenden Schiff. Er korrigiert die Positionen seiner Figuren. Wie oft kommt es vor, daß auf einem Bild so viele Hauptpersonen dem Betrachter den Rücken zuwenden?

Und was das für herrlich muskulöse Rücken sind. An dieser Stelle werden wir verlegen, aber das sollten wir nicht. Oft erweist sich eine naive Frage als die entscheidende. Also los, fragen wir. *Warum sehen die Überlebenden so gesund aus?*

Wir sind voll Bewunderung dafür, wie Géricault den Zimmermann der *Medusa* ausfindig gemacht hat und ihn ein maßstabsgetreues Modell des Floßes bauen ließ ... aber ... aber wenn er sich die Mühe gemacht hat, das Floß richtig hinzukriegen, warum konnte er das nicht auch mit seinen Bewohnern so machen? Wir können ja verstehen, warum er aus der winkenden Gestalt eine gesonderte Vertikale gedeichselt hat, warum er ein paar Komparsenleichen hinzugefügt hat, um den formalen Aufbau zu stützen. Aber wieso sehen alle – sogar die Leichen – so muskelbepackt, so ... gesund aus? Wo sind die Wunden, die Narben, die Auszehrung, die Krankheit? Das sind Männer, die ihren eigenen Urin getrunken, am Leder von ihren Hüten genagt, ihre eigenen Kameraden verzehrt haben. Fünf der fünfzehn haben nach ihrer Rettung nicht mehr lange gelebt. Warum sehen sie dann so aus, als kämen sie gerade vom Body-Building?

Wenn eine Fernsehanstalt einen Dokumentarfilm über ein Konzentrationslager macht, zieht es das Auge – das unwissende wie das kundige – immer zu den pyjamatragenden Statisten hin. Ihre Köpfe sind zwar geschoren, ihre Schultern krumm, jeder Nagellack ist entfernt, und trotzdem strotzen sie vor Vitalität. Wenn wir sie im Bild nach einer Schüssel Haferschleim anstehen sehen, wo der Lagerwärter dann noch verächtlich hineinspuckt, stellen wir uns vor, wie sie sich hinter den Kulissen am Imbißwagen den Wanst vollschlagen. Ist «Szene eines Schiffbruchs» einfach ein frühes Beispiel solcher Unstimmigkeiten? Bei manchen Malern könnten wir da stutzig werden. Nicht aber bei Géricault mit seinen Darstellungen von Wahnsinn, Leichen und abgeschlagenen Köpfen. Er hat einmal einen Freund, der von der Gelbsucht gezeichnet war, auf der Straße angesprochen und ihm erzählt, wie gut er aussähe. So ein Künstler würde wohl kaum vor menschlichem Fleisch an der Grenze dessen, was es ertragen kann, zurückschrecken.

Stellen wir uns also noch etwas vor, das er nicht gemalt hat – «Szene eines Schiffbruchs» mit einer neuen Besetzung von Ausgemergelten. Verschrumpeltes Fleisch, eiternde Wunden, Bergen-Belsen-Gesichter: solche Einzelheiten würden ohne Schwierigkeiten unser Mitleid erregen. Salzwasser käme uns aus den Augen geschossen, passend zum Salzwasser auf der Leinwand. Aber das wäre überstürzt: das Gemälde würde zu direkt auf uns wirken. Ausgedörrte Schiffbrüchige in zerfetzten Lumpen gehören emotional in die gleiche Kategorie wie der Schmetterling, das eine zwingt uns eine billige Trostlosigkeit auf, genau wie uns das andere einen billigen Trost aufdrängt. Der Trick ist weiter nicht schwierig.

Die Reaktion, die Géricault hervorrufen möchte, geht dagegen über bloßes Mitleid oder Empörung hinaus, obwohl man diese Empfindungen vielleicht *en route* mitnehmen kann wie einen Anhalter. Seiner Thematik zum Trotz ist «Szene eines Schiffbruchs» voller Kraft und Dynamik. Die Gestalten auf dem Floß gleichen den Wogen: die Energie des Ozeans brandet unter ihnen, aber auch durch sie hindurch. Wären sie in lebensechter Erschöpfung gemalt worden, so wirkten sie wie bloßes Gischtgetröpfel und nicht als formbestimmende Kanäle. Denn das Auge wird weggeschwemmt – nicht gelockt, nicht überredet, sondern von der Strömung mitgerissen – hinauf zu der Spitze der winkenden Gestalt, hinab in das Tal des verzweifelnden Alten und hinüber zu dem liegenden Leichnam vorne rechts, der die Verbindung zu den wirklichen Fluten herstellt und in ihnen aufgeht. Gerade weil die Gestalten robust genug sind, daß sie eine solche Kraft vermitteln können, löst das Gemälde tiefere, unterseeische Gefühle in uns aus, kann es uns von Hoffnung und Verzweiflung, freudiger Erregung, Panik und Resignation durchströmen lassen.

Was ist geschehen? Das Gemälde hat sich vom Anker der Geschichte gelöst. Das ist nicht mehr «Szene eines Schiffbruchs», geschweige denn «Das Floß der Medusa». Wir stellen uns das grausame Elend auf diesem Unglücksgefährt nicht einfach nur vor; wir werden nicht einfach nur zu den Leidenden. Sie werden zu uns. Und das Geheimnis des Bildes liegt in seiner Energieverteilung. Schauen wir es uns noch einmal an: den heftigen Wirbelsturm, der sich aus diesen muskulösen Rücken aufbaut, während sie sich dem Pünktchen des rettenden Schiffes entgegenstrecken. Die ganze Anstrengung – wozu? Die Hauptwelle des Bildes findet formal keinen Widerhall, genau wie die meisten Gefühle der Menschen keinen Widerhall finden. Nicht nur Hoffnung, sondern jedes zehrende Verlangen: Ehrgeiz, Haß, Liebe (vor allem Liebe) – wie selten doch erreichen unsere Emotionen das Objekt, das ihnen zu gebühren scheint. Wie hoffnungslos sind unsere Signale; wie dunkel der Himmel; wie groß die Wellen. Wir sind alle verloren auf See, hin und her geworfen zwischen Hoffnung und Verzweiflung, und winken etwas zu, das vielleicht niemals kommen wird, um uns zu retten. Aus einer Katastrophe ist Kunst geworden; doch das ist kein Prozeß der Reduktion. Es ist befreiend, erweiternd, erläuternd. Aus einer Katastrophe ist Kunst geworden: dazu ist sie schließlich da.

Und was ist mit dieser früheren Katastrophe, der Sintflut? Na ja, die Ikonographie von Offiziersklassen-Noah fängt so an, wie wir uns das vorstellen. In den ersten zwölf oder noch mehr christlichen Jahrhunderten taucht die Arche (in der Regel bloß als Kasten oder Sarkophag dargestellt, um anzudeuten, daß Noahs Rettung die Befreiung Christi aus seinem Grab vorwegnimmt) allenthalben auf illuminierten Handschriften, Kirchenfenstern, Kathedralenstandbildern auf. Noah war ein äußerst beliebter Bursche: wir finden ihn auf den Bronzetüren von San Zeno in Verona, an der westlichen Fassade der Kathedrale von Nîmes und an der östlichen der Kathedrale von Lincoln; er segelt über Fresken im Campo Santo im Pisa und der Santa Maria Novella in Florenz; er ankert in Mosaiken in Monreale, dem Baptisterium in Florenz und San Marco in Venedig.

Doch wo sind die großen Gemälde, die berühmten Bilder, auf welche dies hinführt? Was ist da los – vertrocknet die Sintflut? Nicht ganz; aber die Wasser werden umgelenkt von Michelangelo. In der Sixtinischen Kapelle verliert die Arche (die jetzt eher nach einem schwimmenden Musikpavillon als nach einem Schiff aussieht) erstmals ihr kompositorisches Übergewicht; hier ist sie ganz in den Hintergrund der Szene gedrängt. Den Vordergrund füllen die Schmerzensgestalten der dem Untergang geweihten vorsintflutlichen Wesen, die man zugrunde gehen ließ, als der auserwählte Noah und seine Familie gerettet wurden. Das Schwergewicht liegt auf den Verlorenen, den Verlassenen, den aufgegebenen Sündern, Gottes Ausschußware. (Sollen wir uns gestatten, Michelangelo als Rationalisten zu postulieren, den das Mitleid zu einer subtilen Verdammung der Herzlosigkeit Gottes bewegt hat? Oder Michelangelo als Frommen, der seinen päpstlichen Auftrag erfüllt und uns vor Augen führt, was passieren kann, wenn wir uns nicht bessern? Vielleicht war es eine rein ästhetische Entscheidung – der Künstler gab den verzerrten Körpern der Verdammten den Vorzug vor einer weiteren braven Darstellung einer weiteren hölzernen Arche.) Jedenfalls hat Michelangelo, aus welchem Grund auch immer, das Thema neu orientiert – und neu belebt. Baldassare Peruzzi hat es ihm nachgetan, Raffael hat es ihm nachgetan; Maler und Illustratoren haben sich statt der Geretteten immer mehr den Verlassenen zugewandt. Und indem diese Innovation zur Tradition wurde, segelte die eigentliche Arche immer weiter fort, zog sich an den Horizont zurück wie die *Argus*, als Géricault sich seiner Endfassung näherte. Der Wind bläst weiter, und die Gezeiten dauern an: schließlich erreicht die Arche den Horizont und verschwindet dahinter. Auf Poussins «Die Sintflut» ist das Schiff nirgendwo zu sehen; uns bleibt nichts als die gepeinigte Gruppe der Nichtschwimmer, die Michelangelo und Raffael als erste in den Vordergrund gerückt haben. Der alte Noah ist aus der Kunstgeschichte hinausgesegelt.

Drei Reaktionen auf «Szene eines Schiffbruchs»:

a) Kritiker des Salons klagten, die Ereignisse, auf die sich das Gemälde beziehe, seien ihnen zwar vertraut, doch gebe es keinen inneren Anhaltspunkt zur Ermittlung der Staatsangehörigkeit der Opfer, des Himmels, unter dem sich die Tragödie abgespielt habe, oder des Datums, zu dem das Ganze geschehen sei. Das war, natürlich, genau der Sinn der Sache.

b) Delacroix erinnerte sich im Jahre 1855, wie er beinahe vierzig Jahre zuvor reagiert hatte, als die Medusa zum ersten Mal vor ihm auftauchte: «Der Eindruck, den es auf mich machte, war so stark, daß ich beim Verlassen des Ateliers ins Rennen kam, und ich rannte wie ein Wahnsinniger weiter bis zur Rue de la Planche zurück, wo ich damals wohnte, am anderen Ende des Faubourg Saint-Germain.»

c) Géricault, auf seinem Sterbebett, als Antwort an jemanden, der das Gemälde erwähnt hatte: «Bah, une vignette!»

Und da haben wir es – der Augenblick äußerster Agonie auf dem Floß wurde von der Kunst aufgenommen, verwandelt, gerechtfertigt, in ein Sinnbild voller Spannungsbögen und austarierter Gewichtungen umgewandelt, dann gefirnißt, gerahmt, verglast, in einer berühmten Kunstgalerie aufgehängt, um unsere conditio humana zu erhellen, fixiert, endgültig, stets präsent. Ist es das, was wir haben? Ah, nein. Menschen sterben; Flöße verrotten; und Kunstwerke sind davon nicht ausgenommen. Die emotionelle Struktur von Géricaults Werk, das Oszillieren zwischen Hoffnung und Verzweiflung wird durch Pigmente verstärkt: das Floß hat hell illuminierte Flächen, die mit Stellen von tiefster Dunkelheit kontrastieren. Um den Schatten so schwarz wie möglich zu machen, gebrauchte Géricault eine gewisse Menge von Bitumen, um das glänzend-düstere Schwarz zu bekommen, das er haben wollte. Bitumen ist jedoch chemisch nicht stabil, und von dem Augenblick an, da Louis XVIII. das Werk betrachtete, setzte zwangsläufig ein langsamer, irreparabler Verfall der Farboberfläche ein. «Kaum kommen wir auf diese Welt», sagt Flaubert, «da fangen wir auch schon an, stückchenweise abzubröckeln.» Das Meisterwerk, einmal vollendet, hört nicht auf: es bewegt sich weiter, und zwar bergab. Unser führender Géricault-Experte bestätigt, daß das Gemälde «nunmehr zu Teilen ruiniert ist». Und sollte der Rahmen untersucht werden, wird man ganz bestimmt feststellen, daß darin der Holzwurm haust.

SECHS

Der Berg

Tick, tick, tick, tick. Tock. Tick, tick, tick, tick. Tock. Es klang, als hätte eine Uhr einen leichten Aussetzer, als fiele die Zeit in ein Delirium. Das wäre vielleicht passend gewesen, überlegte der Colonel, aber es war nicht der Fall. Es war wichtig, sich an das zu halten, was man wußte, bis zum Ende, vor allem am Ende. Er wußte, es war nicht der Fall. Es war nicht die Zeit, es war nicht einmal eine ferne Uhr.

Colonel Fergusson lag in dem kalten quadratischen Schlafzimmer seines kalten quadratischen Hauses drei Meilen außerhalb von Dublin und lauschte dem Klicken, das von oben kam. Es war ein Uhr morgens in einer windstillen Novembernacht des Jahres 1837. Seine Tochter Amanda saß als steifes, schmollmündiges Profil an seinem Bett und las irgendeinen religiösen Hokuspokus. Die Kerze an ihrer Seite brannte stetig, was mehr war, als was dieser schwitzende Narr von einem Doktor mit Buchstaben hinter dem Namen über des Colonels Herz hatte sagen können.

Eine Provokation war das, eine eindeutige Provokation, dachte der Colonel. Da lag er auf seinem Sterbebett, gefaßt darauf, der Welt abhanden zu kommen, und sie saß dort drüben und las das neueste Traktat von Pastor Noah. Aktiver Widerspruch bis zum Schluß. Colonel Fergusson hatte es längst aufgegeben, die Sache verstehen zu wollen. Wie konnte es sein, daß das Kind, das er am meisten liebte, weder die Instinkte noch die Ansichten geerbt hatte, die er sich so mühevoll angeeignet hatte? Es war zu ärgerlich. Hätte er sie nicht über alles geliebt, würde er sie als leichtgläubige

Schwachsinnige bezeichnet haben. Und dennoch, trotz alledem, diesem lebenden, fleischgewordenen Gegenbeweis zum Trotz, glaubte er an die Fortschrittsfähigkeit der Welt, an die Aufwärtsentwicklung des Menschen, an den Sieg über den Aberglauben. Es war letzten Endes alles sehr verwirrend.

Tick, tick, tick, tick. Tock. Das Klicken über ihm hielt an. Vier, fünf laute Ticks, Stille, dann ein schwächeres Echo. Der Colonel merkte wohl, daß das Geräusch Amanda von ihrem Traktat ablenkte, wenn sie das äußerlich auch nicht zu erkennen gab. Solche Dinge konnte er einfach beurteilen, nachdem er über viele Jahre hinweg so eng mit ihr zusammengelebt hatte. Er merkte wohl, daß ihre Nase nicht wirklich in Hochwürden Abraham steckte. Und es war ihre Schuld, daß er das merkte, daß er sie so von Grund auf kannte. Er hatte ihr ja gesagt, sie solle fortgehen und heiraten, als dieser Leutnant, auf dessen Namen er sich nie besinnen konnte, sie um ihre Hand bat. Auch da hatte sie Widerworte gemacht. Sie hatte gesagt, sie liebe ihren Vater mehr als den uniformierten Bewerber. Er hatte erwidert, das sei kein stichhaltiger Grund, und überhaupt werde er ihr doch nur wegsterben. Sie hatte geweint und gesagt, er solle nicht so reden. Aber er hatte doch recht behalten, nicht wahr? Zwangsläufig mußte er doch recht behalten, nicht wahr?

Amanda Fergusson legte ihr Buch jetzt in den Schoß und sah beunruhigt zur Decke hin. Der Käfer war ein Unglücksbote. Jedermann wußte, wenn man ihn hört, stirbt jemand im Hause, bevor ein Jahr um ist. Das war eine uralte Weisheit. Sie schaute hinüber, ob ihr Vater noch wach war. Colonel Fergusson hatte die Augen geschlossen und atmete wie ein Blasebalg in langen, gleichmäßigen Stößen durch die Nase aus. Doch Amanda kannte ihn gut genug, um den Verdacht zu haben, daß er womöglich bluffte. Das sähe ihm ähnlich. Er hatte ihr schon immer Streiche gespielt.

Wie damals, als er sie nach Dublin mitgenommen hatte, an einem stürmischen Tag im Februar 1821. Amanda war siebzehn und trug ständig einen Zeichenblock mit sich herum, wie sie jetzt ihre religiösen Traktate mit sich herumtrug. Sie hatte in letzter Zeit aufregende Berichte gelesen über die Ausstellung von «Monsieur Jerricaults Großem Bild», 24 Fuß lang und 18 Fuß hoch, «Die überlebende Mannschaft der französischen Fregatte Medusa auf dem Floß» darstellend, in Bullock's Egyptian Hall in Piccadilly, London. Eintritt 1 Shilling, Erläuterungen 6 Pence, und 50000 Besucher hatten bezahlt, um dieses neue Meisterwerk der ausländischen Kunst zu sehen, das im Verein mit ständigen Schaustücken wie Mr. Bullock's prachtvoller Sammlung von 25 000 Fossilien und seinem Pantherion von ausgestopften wilden Tieren gezeigt wurde. Jetzt war das Gemälde nach Dublin gekommen, wo es in der Rotunda zur Schau gestellt wurde: Eintritt 1 Shilling 8 Pence, Erläuterungen 5 Pence.

Amanda war vor ihren fünf Geschwistern ihres frühreifen Sinns für die Aquarellmalerei wegen auserwählt worden – das war zumindest Colonel Fergussons offizielle Ausrede dafür, daß er einmal mehr seiner natürlichen Vorliebe nachgab. Nur daß sie nicht, wie versprochen, in die Rotunda gingen, sondern statt dessen zu einer Konkurrenzattraktion, die in *Saunder's News-Letters & Daily Advertiser* angezeigt war: in der Tat eine Attraktion, die Gewähr bot, daß Monsieur Jerricaults Großes Bild in Dublin nicht ebensolche Triumphe feierte wie in London. Colonel Fergusson nahm seine Tochter in den Pavilion mit, wo sie «Messrs Marshall's Marine-Peristrephisches Panorama vom Schiffbruch der französischen Fregatte Medusa und dem Unglücksfloß» erlebten: Eintritt 1 Shilling 8 Pence für die vorderen Reihen, hintere Reihe 10 Shilling, Kinder in den vorderen Reihen zum halben Preis. «Der Pavilion ist stets auf das angenehmste temperiert dank seiner Ausstattung mit Patentöfen.»

Während die Rotunda lediglich 24 mal 18 Fuß stationäre Pigmente zur Schau stellte, wurden ihnen hier an die 10000 Quadratfuß mobiler Leinwand geboten. Vor ihren Augen entfaltete sich nach und nach ein immenses Bild, oder vielmehr eine Folge von Bildern: nicht nur eine Szene, die gesamte Geschichte des Schiffbruchs zog an ihnen vorüber. Eine Episode folgte auf die andere, wobei bunte Lichter auf der rollenden Leinwand spielten und ein Orchester die Dramatik der Ereignisse unterstrich. Das Publikum wurde von dem Spektakel beständig zu Applaus bewegt, und bei besonders geglückten Ansichten des Schauspiels stupste Colonel Fergusson seine Tochter heftig in die Seite. In der sechsten Szene wurden die armen französischen Teufel auf dem Floß in ganz ähnlichen Posen dargestellt wie denen, in welchen Monsieur Jerricault sie zuerst gezeigt hatte. War es nicht aber viel großartiger, bemerkte Colonel Fergusson, wenn ihr tragisches Geschick mit Bewegung und bunten Lichtern ausgemalt war, begleitet von Musik, die er seiner Tochter vollkommen unnötigerweise als «Vive Henrico!» identifizierte.

«Das ist der Weg des Fortschritts», bemerkte der Colonel enthusiastisch, als sie den Pavilion verließen. «Diese Maler werden zusehen müssen, wo sie bleiben mit ihren Pinseln.»

Amanda gab keine Antwort, doch kehrte sie in der folgenden Woche mit einem ihrer fünf Geschwister nach Dublin zurück, und dieses Mal besuchte sie die Rotunda. Dort betrachtete sie mit großer Bewunderung Monsieur Jerricaults Leinwand, welche trotz ihrer Statik für sie viel Bewegung und Licht und, auf ihre eigene Art, auch Musik barg – ja, in einer gewissen Weise barg sie mehr davon als das vulgäre Panorama. Bei ihrer Rückkunft machte sie ihrem Vater gegenüber daraus kein Hehl.

Colonel Fergusson nickte nachsichtig ob solcher Naseweisheit und Halsstarrigkeit, schwieg aber still. Am fünften

März jedoch wies er seine Lieblingstochter frohgemut auf eine neue Anzeige in *Saunder's News-Letter* hin, die kundtat, Mr. Bullock habe den Eintrittspreis für sein immobiles Spektakel reduziert – ganz offenbar *notgedrungen* reduziert, wie der Colonel interpretierte – auf bloße zehn Pence. Am Ende dieses Monats verkündete Colonel Fergusson die Neuigkeit, das Franzmannsbild in der Rotunda sei mangels Besuchern geschlossen, wohingegen «Messrs Marshall's Peristrephisches Panorama» noch immer dreimal täglich einem Publikum vorgeführt wurde, das dank der Ausstattung mit Patentöfen stets auf das angenehmste temperiert war.

«Es ist der Weg des Fortschritts», wiederholte der Colonel im Juni dieses Jahres, nachdem er alleine der Abschiedsvorstellung im Pavilion beigewohnt hatte.

«Neuheit an sich beweist noch keinen Wert», hatte seine Tochter darauf gesagt, was ziemlich süffisant klang für ein so junges Ding.

Tick, tick, tick, tick. Tock. Colonel Fergussons vorgetäuschter Schlaf wurde cholerischer. Gottverdammich, dachte er, ist Sterben ein schwieriges Geschäft. Die lassen einen schlicht nicht machen, jedenfalls nicht zu den eigenen Bedingungen. Man muß zu anderer Leute Bedingungen sterben, und das ist ganz schön lästig, egal wie lieb man sie hat. Er öffnete die Augen und schickte sich an, seine Tochter zum aberhundertsten Mal in ihrem gemeinsamen Leben zu korrigieren.

«Liebe ist es», sagte er plötzlich. «Und sonst nichts.» Verblüfft wandte Amanda den Blick von der Decke und sah mit tränenfeuchten Augen zu ihm hin. «Das ist der Lockruf der Liebe von *xestobium rufovillosum*, Herrgott noch mal, Mädchen. Schlicht und einfach. Wenn du so ein Kerlchen in eine Schachtel steckst und mit einem Bleistift auf den Tisch klopfst, führt er sich genauso auf. Denkt, du wärst ein Weibchen, und schlägt den Kopf gegen die Schachtel, weil er zu dir hin will. Apropos, warum hast du diesen Leutnant da nicht geheiratet, wo ich es dir doch gesagt hab? Schiere Insubordination, verdammt noch mal.» Er griff hinüber nach ihrer Hand.

Doch seine Tochter gab keine Antwort, ihr gingen nach wie vor die Augen über, das Ticken da oben hielt an, und tatsächlich wurde Colonel Fergusson begraben, noch bevor das Jahr um war. In dieser Prognose waren der Doktor und der Totenuhrkäfer sich einig gewesen.

In Amandas Trauer um ihren Vater mischte sich die Sorge um seinen ontologischen Status. Bedeutete seine hartnäkkige Weigerung, den göttlichen Plan anzuerkennen – und sein leichtfertiger Gebrauch des Namens des Allmächtigen noch auf dem Sterbebett –, daß er nun der Finsternis draußen anheimfiel, einem frostigen Ort ohne Heizung durch Patentöfen? Miss Fergusson wußte, der Herr war gerecht und doch gnädig. Wer seine Gebote annahm, wurde peinlich genau dem Gesetz nach gerichtet, während der unwissende Wilde im finsteren Dschungel, der ja das Licht nicht kennen konnte, mit Sanftmut behandelt würde und eine zweite Chance bekäme. Schloß die Kategorie der unwissenden Wilden aber auch Bewohner alter quadratischer Häuser außerhalb von Dublin ein? Sollten die Qualen, die Ungläubige in Erwartung des Nichts lebenslang zu ertragen hatten, in weitere Qualen übergehen, auferlegt für die Leugnung des Herrn? Miss Fergusson fürchtete, dem sei so.

Wie hatte ihr Vater Gott so verkennen können, seinen ewigen Ratschluß und dessen grundlegende Güte? Dieser Plan und diese Güte offenbarten sich doch eindeutig in der Natur, die Gott hervorgebracht hatte, auf daß der Mensch sich daran erfreue. Das sollte nicht heißen, wie manche meinten, daß der Mensch die Natur rücksichtslos ausplündern durfte vor lauter Gier; ja, der Natur gebührte um so mehr Achtung, als sie eine Schöpfung Gottes war. Doch

Gott hatte Mensch und Natur geschaffen, und er fügte den Menschen in die Natur wie eine Hand sich in den Handschuh fügt. Amanda machte sich oft Gedanken über die Früchte des Feldes, wie verschiedenartig sie waren und wie doch jede einzelne vollkommen so geschaffen war, daß der Mensch sich daran erfreue. Zum Beispiel waren Bäume, die eßbare Früchte trugen, so gemacht, daß man leicht hinaufklettern konnte, da sie viel niedriger waren als Waldbäume. Früchte, die im reifen Zustand weich waren, wie die Aprikose, die Feige oder die Maulbeere, und die beim Fallen Schaden nehmen könnten, boten sich in geringer Entfernung vom Boden dar; während harte Früchte, die nicht Gefahr liefen, sich durch einen Sturz Verletzungen zuzuziehen, wie die Kokosnuß, die Walnuß oder die Kastanie, in beträchtlicher Höhe gediehen. Manche Früchte – wie die Kirsche und die Pflaume – waren für den Mund geformt; andere – der Apfel und die Birne – für die Hand; wieder andere, wie die Melone, waren größer gemacht, damit sie im Familienkreis verteilt werden konnten. Noch andere, wie der Kürbis, waren in einer Größe geschaffen, daß man sie mit der gesamten Nachbarschaft teilen sollte, und von diesen größeren Früchten waren viele an der äußeren Rinde mit senkrechten Teilstrichen markiert, auf daß die Portionierung einfacher sei.

Wo Amanda in der Welt göttliche Absicht, gütige Ordnung und strikte Gerechtigkeit entdeckte, hatte ihr Vater nichts als Chaos, Willkür und Boshaftigkeit gesehen. Und doch betrachteten sie beide dieselbe Welt. Im Laufe ihrer vielen Streitereien hatte Amanda ihn einmal gebeten, die häuslichen Verhältnisse der Familie Fergusson zu bedenken, die in inniger zärtlicher Verbundenheit zusammenlebte, und ihr zu erklären, ob das auch eine Folge von Chaos, Willkür und Boshaftigkeit wäre. Colonel Fergusson, der es nicht ganz über sich brachte, seine Tochter davon in Kenntnis zu setzen, daß die menschliche Familie dem gleichen Impuls entsprang, der einen Käfer beflügelte, wenn er den Kopf gegen die Wände seiner Schachtel schlug, erwiderte, die Fergussons seien seiner Meinung nach ein glücklicher Zufall. Seine Tochter erwiderte, es gebe zu viele glückliche Zufälle auf der Welt, als daß es Zufälle sein könnten.

Zum Teil, überlegte Amanda, hatte es damit zu tun, wie man die Dinge wahrnahm. Ihr Vater sah in einer vulgären Nachbildung aus bunten Lichtern und Trällermusik das wahrhaftige Abbild einer großen Tragödie auf See; während für sie eine einfache, statische, mit Pigmenten verzierte Leinwand die Wirklichkeit am besten wiedergab. Vor allem aber war es eine Frage des Glaubens. Wenige Wochen nach ihrem Besuch des Peristrephischen Panoramas ruderte ihr Vater sie langsam über den gewundenen See auf dem nachbarlichen Besitz von Lord F––––. Aufgrund einer Gedankenverbindung fing er an, sie ins Gebet zu nehmen wegen ihres Glaubens an die Realität der Arche Noah, wobei er sarkastisch vom «Mythos von der Sintflut» sprach. Amanda ließ sich von diesem Vorwurf nicht aus der Fassung bringen. Als Antwort fragte sie ihren Vater, ob er an die Realität von Mr. Bullock's Pantherion von ausgestopften wilden Tieren in seiner Egyptian Hall in Piccadilly, London, glaube. Der Colonel erwiderte verblüfft, natürlich tue er das; woraufhin seine Tochter ein belustigtes Staunen erkennen ließ. Sie glaubte an die Realität von etwas, das von Gott bestimmt und in einem Buch der Heiligen Schrift beschrieben war, das man seit Jahrtausenden las und im Gedächtnis trug; er dagegen glaubte an die Realität von etwas, das auf den Seiten von *Saunder's News-Letter & Daily Advertiser* beschrieben wurde, den die Leute aller Wahrscheinlichkeit nach schon am nächsten Morgen nicht mehr im Gedächtnis hatten. Wer von ihnen, verlangte sie nachdrücklich, mit anhaltendem und unnötigem Spott in den Augen, zu wissen, war denn nun leichtgläubiger?

Im Herbst 1839 schlug dann Amanda Fergusson, nach langem Sinnen, Miss Logan die Expedition nach Ahira vor. Miss Logan, etwa zehn Jahre älter als Miss Fergusson, war eine energische und allem Anschein nach patente Frau, die dem Colonel zugetan gewesen war, ohne daß auch nur ein Hauch von Unbesonnenheit aufgekommen wäre. Wesentlicher noch, sie war einige Jahre zuvor nach Italien gereist, als sie bei Sir Charles B---- in Diensten stand.

«Der Ort ist mir bedauerlicherweise nicht bekannt», antwortete Miss Logan bei ihrer ersten Unterredung. «Liegt er weit hinter Neapel?»

«Er liegt an den unteren Hängen des Berges Ararat», gab Miss Fergusson zurück. «Der Name Ahira leitet sich von zwei armenischen Wörtern ab, die *er pflanzte den Wein* bedeuten. Er liegt dort, wo sich Noah nach der Sintflut wieder der Landwirtschaft zuwandte. Ein uralter Weinstock, den der Patriarch mit eigener Hand gepflanzt hat, gedeiht noch immer.»

Miss Logan verbarg ihr Erstaunen über diese wunderliche Unterweisung, fühlte sich aber zu weiteren Fragen verpflichtet. «Und warum würden wir dorthin reisen wollen?»

«Um Fürbitte einzulegen für die Seele meines Vaters. Es liegt ein Kloster dort auf dem Berg.»

«Das ist ein sehr weiter Weg.»

«Ich halte ihn für angemessen.»

«Aha.» Miss Logan schaute zuerst nachdenklich drein, doch dann hellte sich ihre Miene auf. «Und werden wir von dem Wein dort trinken?» Sie gedachte ihrer Reisen in Italien.

«Das ist verboten», antwortete Miss Fergusson. «Die Überlieferung verbietet es.»

«Die Überlieferung?»

«Nun, dann der Himmel. Der Himmel hat es verboten, eingedenk des Fehltritts, zu dem die Trauben den Patriarchen verleiteten.» Miss Logan, die stets liebenswürdig gestattete, daß man ihr aus der Bibel vorlas, es jedoch an Fleiß fehlen ließ, selbst in den Seiten zu blättern, zeigte sich vorübergehend verwirrt. «Trunkenheit», erläuterte Miss Fergusson. «Noahs Trunkenheit.»

«Natürlich.»

«Es ist den Mönchen von Ahira gestattet, die Trauben zu essen, aber nicht, sie zu vergären.»

«Aha.»

«Es gibt auch einen uralten Weidenbaum, der einer Planke der Arche Noah entsprungen ist und dort wächst.»

«Aha.»

Und so wurde es abgemacht. Sie wollten im Frühjahr aufbrechen, um der in den späteren Jahreszeiten drohenden Gefahr eines Sumpffiebers zu entgehen. Sie würden je eine tragbare Bettstatt, eine Luftmatratze und ein Kissen benötigen; sie würden von Oxley's Ingweressenz mitnehmen, etwas gutes Opium, Chinin und Sedlitzpulver; eine Reise-Schreibgarnitur, eine Zündholzschachtel und einen Vorrat an Feuerschwamm; Schirme gegen die Sonne und flanellene Leibbinden, um nächtliche Bauchkrämpfe abzuwenden. Nach einiger Diskussion beschlossen sie, weder mit einem tragbaren Bad noch einer Patent-Kaffeemaschine zu reisen. Als notwendig erachteten sie jedoch ein Paar Wanderstöcke mit Eisenspitze, ein Klappmesser, kräftige Jagdpeitschen, um die Legionen von Hunden abzuwehren, auf die zu treffen sie gefaßt waren, und eine kleine Polizistenlaterne, da man sie gewarnt hatte, daß türkische Papierlaternen bei einem Hurrikan nicht zu gebrauchen seien. Sie nahmen Regenmäntel mit und schwere Wintermäntel, in der Voraussicht, daß der Traum der Lady Mary Wortley Montagu von immerwährendem Sonnenschein sich für gemeine Reisende wohl schwerlich erfüllen würde. Miss Logan hatte sich sagen lassen, Schießpulver sei die willkommenste Gabe für den türkischen Landmann und Schreibpapier für die höheren Klassen. Ein gewöhnlicher Marschkompaß, hatte man ihr weiter geraten, würde Freude bereiten, da er dem Muselman bei seinen Gebeten die Richtung weise; doch Miss Fergusson war nicht geneigt, den Heiden bei ihren falschen Anbetungen Hilfe zu leisten. Zu guter Letzt packten die Damen noch zwei kleine Glasflaschen ein, die sie mit Traubensaft aus den Früchten von Noahs Weinberg zu füllen gedachten.

Sie reisten mit dem regierungsamtlichen Postdampfer von Falmouth nach Marseille, wonach sie sich den französischen Verkehrsmitteln anvertrauten. Anfang Mai wurden sie vom britischen Botschafter in Konstantinopel empfangen. Während Miss Fergusson Umfang und Zweck ihrer Reise erläuterte, betrachtete der Diplomat sie eingehend: eine dunkelhaarige Frau in den frühen mittleren Jahren, mit hervortretenden schwarzen Augen und ziemlich vollen, rötlichen Wangen, die ihre Lippen zu einem Schmollmund vorschoben. Doch war sie in keiner Weise kokett: ihr natürlicher Gesichtsausdruck schien eine Mischung von Prüderie und Bestimmtheit zu sein, eine Kombination, die den Botschafter gleichgültig ließ. Er erfaßte den Großteil dessen, was sie sagte, ohne ihr je so recht seine volle Aufmerksamkeit zu schenken.

«Ah», sagte er am Ende, «es gab vor einigen Jahren ein Gerücht, irgendein Russo sei bis zum Gipfel des Berges gelangt.»

«Parrot», antwortete Miss Fergusson ohne ein Lächeln. «Parrot – wie unser Wort für Papagei. Kein Russo, denke ich. Dr. Friedrich Parrot. Professor an der Universität Dorpat.»

Der Botschafter nickte schräg mit dem Kopf, als sei es etwas unverschämt, mehr über die hiesigen Belange zu wissen als er.

«Es scheint mir recht und billig», fuhr Miss Fergusson fort, «daß der erste Reisende, der den Berg bestieg, auf dem die Arche zur Ruhe kam, den Namen eines Tieres trug. Zweifellos ein Teil des allumfassenden Ratschlusses des Herrn.»

«Zweifellos», antwortete der Botschafter mit einem Seitenblick auf Miss Logan, einen Anhaltspunkt für die Persönlichkeit ihrer Herrin heischend. «Zweifellos.»

Sie blieben eine Woche in der osmanischen Hauptstadt, keinesfalls lange genug, als daß Miss Logan sich an die unanständigen starrenden Blicke gewöhnt hätte, die sie an der *table d'hôte* empfing. Dann lieferten sich die beiden Damen der Favaid-i-Osmaniye aus, einer türkischen Gesellschaft, die mit Dampfschiffen nach Trapezunt fuhr. Die Unterkünfte waren beengt und nach Miss Logans Meinung weit schmutziger als alles, was ihr bislang begegnet war. Am ersten Morgen wagte sie sich an Deck und wurde nicht von einem, sondern von drei potentiellen Kavalieren angesprochen, von denen jeder gekräuselte Haare hatte und einen starken Geruch nach Bergamotte verströmte. Fortan blieb Miss Logan, obwohl sie doch ihrer Erfahrung wegen engagiert worden war, in der Kabine. Miss Fergusson behauptete, solche Unannehmlichkeiten nicht wahrzunehmen und von dem Getümmel der Dritte-Klasse-Passagiere an Bord ausgesprochen gefesselt zu sein; ab und an kam sie mit einer Beobachtung oder einer Frage zurück, die Miss Logan aus ihrem niedergeschlagenen Zustand aufrütteln sollte. Warum, so wollte ihre Dienstherrin wissen, waren die türkischen Frauen alle auf der linken Seite des Achterdecks untergebracht? Stand eine Absicht, sei es gesellschaftlicher oder religiöser Art, hinter dieser Verteilung? Miss Logan sah sich außerstande, eine Antwort zu geben. Nun, da sie

Neapel weit hinter sich gelassen hatten, fühlte sie sich zunehmend weniger sicher. Beim geringsten Anflug von Bergamotte erschauerte sie.

Als Miss Logan sich für die Reise in die asiatische Türkei engagieren ließ, hatte sie Miss Fergussons Hartnäckigkeit unterschätzt. Der Maultiertreiber, der sich davonstehlen wollte, der betrügerische Gastwirt, der verschlagene Zollbeamte – allen wurde die gleiche Bekundung unbeugsamen Willens zuteil. Miss Logan wußte nicht mehr zu sagen, wie oft man ihr Gepäck zurückgehalten oder ihnen erzählt hatte, zusätzlich zu der *tezkare*, die sie sich bereits verschafft hatten, sei noch eine *buyurulda* oder Sondergenehmigung erforderlich; Miss Fergusson aber, unter Mithilfe eines Dragomans, dessen eigenes kurzes Bekunden unabhängigen Denkens schon bald erstickt worden war, drängte, forderte und gewann. Sie war unermüdlich bereit, Dinge nach Landessitte zu diskutieren; sich mit einem Hausherrn hinzusetzen, zum Beispiel, und Fragen zu beantworten wie die, ob England kleiner sei als London und welches von beiden zu Frankreich gehöre und um wieviel größer die türkische Marine sei als die von England, Frankreich und Rußland zusammengenommen.

Miss Logan hatte weiter angenommen, daß ihre Reise, obgleich letztendlich frommen Zwecken dienend, vergnügliche Gelegenheiten zum Zeichnen bieten würde, der Betätigung, die die ersten Bande zwischen Dienstherrin und Begleiterin geknüpft hatte. Doch für Amanda Fergusson waren Altertümer ohne Reiz; sie hatte kein Verlangen nach der Besichtigung heidnischer Tempel des Augustus oder halberhaltener Säulen, die angeblich Kaiser Julian Apostata zu Ehren errichtet worden waren. Wenigstens bekundete sie Interesse an Landschaft und Natur. Als die beiden Damen von Trapezunt aus landeinwärts ritten, die Jagdpeitschen gegen die erwarteten Hundemeuten in Bereitschaft, erblickten sie Angoraziegen an Berghängen mit Zwergeichen, mattgelbe Kletterpflanzen, üppige Apfelgärten; sie hörten Heuschrecken, deren lautes Gezirpe schärfer und eindringlicher schien als das ihrer britischen Cousinen; und sie erlebten Sonnenuntergänge von eigenartigstem Lila und Rosarot. Es gab Felder mit Mais, Opium und Baumwolle; jähe Wogen von Rhododendren und gelben Azaleen; rotbeinige Rebhühner, Wiedehopfe und blaue Krähen. In den Zigana-Bergen gaben große Rothirsche aus vorsichtiger Entfernung sanft ihren Blick zurück.

In Erzerum konnte Miss Logan ihre Arbeitgeberin bewegen, die christliche Kirche zu besichtigen. Der Einfall erwies sich zunächst als glücklich, da Miss Fergusson auf dem Kirchhof Grabsteine und Kreuze entdeckte, deren keltisches Aussehen an die ihrer irischen Heimat gemahnte; ein beifälliges Lächeln flog über ihre pflichtbewußte Miene. Doch diese unerwartete Milde war nicht von langer Dauer. Beim Verlassen der Kirche bemerkten die beiden Damen eine junge Bauersfrau, die eine Votivgabe in einen Spalt an der Hauptpforte legte. Die Gabe erwies sich als ein menschlicher Zahn, zweifellos der Frau gehörig. Der Spalt war, wie eine weitere Untersuchung ergab, bis obenhin voll von gilbenden Schneide- und verwitterten Backenzähnen. Miss Fergusson äußerte sich mit kräftigen Worten über den volkstümlichen Aberglauben und die Verantwortung der Geistlichkeit. Die das Wort Gottes predigen, so erklärte sie, sollten nach dem Wort Gottes gerichtet und um so härter bestraft werden, so man sie schuldig fand.

Sie überquerten die Grenze nach Rußland, wobei sie an der Grenzstation einen neuen Führer engagierten, einen großen und bärtigen Kurden, der behauptete, mit den Bedürfnissen von Ausländern vertraut zu sein. Miss Fergusson sprach ihn in einer Sprache an, die Miss Logan eine Mischung aus Russo und Türkisch zu sein schien. Die Tage, da

Miss Logans fließendes Italienisch ihnen von Nutzen gewesen war, gehörten längst der Vergangenheit an; nachdem sie die Reise als Führer und Dolmetscher begonnen hatte, merkte sie nun, daß sie zu einem bloßen Anhängsel herabgesunken und ihr Status nicht viel höher war als der des verabschiedeten Dragomans oder des neueingestellten Kurden.

Als sie zu dritt nach Kaukasien weiterreisten, scheuchten sie Schwärme von Pelikanen auf, deren erdgebundene Unbeholfenheit sich im Fluge auf wundersame Weise verklärte. Miss Fergussons Verärgerung über den Zwischenfall in Erzerum begann sich zu legen. Als sie den östlichen Ausläufer des Aragaz passierten, blickte sie aufmerksam auf das sich langsam abzeichnende breite Massiv des Großen Ararat. Der Gipfel war verborgen, umhüllt von einem Kreis weißer Wolken, die in der Sonne glitzernd gleißten.

«Er hat einen Heiligenschein», rief Miss Logan aus. «Wie ein Engel.»

«Da haben Sie recht», entgegnete Miss Fergusson, mit einem leichten Nicken. «Leute wie mein Vater würden dem natürlich nicht zustimmen. Die würden uns erzählen, solche Vergleiche seien nichts als heiße Luft. Im wörtlichen Sinn.» Sie lächelte mit geschürzten Lippen, und Miss Logan, mit einem fragenden Blick, ermunterte sie, weiterzusprechen. «Diese Leute würden erklären, daß der Nimbus eine vollkommen natürliche Erscheinung sei. Während der Nacht und mehrere Stunden nach Sonnenaufgang ist der Gipfel klar zu sehen, doch wenn sich die Ebene in der Morgensonne erwärmt, steigt die heiße Luft auf und wird auf einer bestimmten Höhe zu Dampf. Am Ende des Tages, wo sich alles wieder abkühlt, verschwindet der Ring. Es ist überhaupt nicht überraschend für die … Wissenschaft», sagte sie mit einem mißbilligenden Ton auf dem letzten Wort.

«Es ist ein Zauberberg», bemerkte Miss Logan.

Ihre Herrin berichtigte sie. «Es ist ein *heiliger* Berg.» Sie gab einen ungeduldigen Seufzer von sich. «Es scheint für alles immer zwei Erklärungen zu geben. Deswegen wurde uns die Willensfreiheit gegeben, auf daß wir die richtige davon wählen. Mein Vater wollte nicht einsehen, daß seine Erklärungen ebenso auf einem Glauben gründeten wie meine. Einem Glauben an nichts. Für ihn wäre es nichts als Dampf und Wolken und aufsteigende Luft. Wer aber hat den Dampf geschaffen, wer hat die Wolken geschaffen? Wer hat dafür Sorge getragen, daß von allen Bergen gerade Noahs Berg Tag für Tag mit einem Wolkennimbus gesegnet sei?»

«Genau«, sagte Miss Logan, nicht gänzlich mit ihr einig.

An jenem Tag begegnete ihnen ein armenischer Geistlicher, der sie davon unterrichtete, daß der Berg, der ihr Ziel war, noch nie bestiegen worden sei und überdies nie würde bestiegen werden. Als Miss Fergusson höflich auf den Namen Dr. Parrot verwies, versicherte der Geistliche, daß sie sich irre. Vielleicht verwechsle sie Massis – wie er den Großen Ararat nannte – mit dem Vulkan viel weiter südlich, der bei den Türken Sippan Dagh heiße. Die Arche Noah sei, ehe sie ihre endgültige Ruhestätte gefunden habe, an den Gipfel des Sippan Dagh gestoßen und habe seine Spitze abgetragen, wodurch die inneren Feuer der Erde zutage getreten seien. Dieser Berg sei, soweit er wisse, dem Menschen zugänglich, Massis aber nicht. In diesem Punkt, wenn auch in keinem anderen, seien sich Christ und Muselman einig. Und außerdem, fuhr der Geistliche fort, sei es nicht so von der Heiligen Schrift belegt? Der Berg vor ihnen sei die Geburtsstätte der Menschheit; und er verwies die Damen, wobei er sich mit einschmeichelndem Lachen dafür entschuldigte, daß er ein so indiskretes Thema anschneide, auf die Autorität der Worte Unseres Heilands an Nikodemus, die da lauten, ein Mann könne kein zweites Mal in seiner Mutter Schoß eingehen und wiederum geboren werden.

Beim Abschied zog der Geistliche ein kleines schwarzes

Amulett aus der Tasche, das von jahrhundertelangem Tragen ganz glatt geworden war. Es sei, so behauptete er, ein Stück Bitumen, welches mit Gewißheit einst zum Rumpf der Arche Noah gehört habe und von großem Wert sei bei der Abwendung von Übel. Da die Damen ein solches Interesse an dem Berge Massis gezeigt hätten, würden sie vielleicht …

Miss Fergusson antwortete auf die vorgeschlagene Transaktion mit einem höflichen Hinweis: sollte es wahrhaft unmöglich sein, den Berg zu besteigen, so wäre die Wahrscheinlichkeit, daß sie glaubten, das Amulett könnte ein Stück Bitumen vom Schiff des Patriarchen sein, nicht eben groß. Der Armenier sah jedoch keinerlei Unvereinbarkeit zwischen seinen beiden Behauptungen. Vielleicht habe ein Vogel es heruntergetragen, so, wie die Taube den Ölzweig brachte. Oder es könnte von einem Engel hergebracht worden sein. Erzählte die Überlieferung nicht davon, wie der Heilige Jakob dreimal versucht habe, Massis zu besteigen, und wie ihm beim dritten Male ein Engel verkündet, daß es verboten sei, daß der Engel ihm aber eine hölzerne Planke von der Arche gegeben habe, und dort, wo er sie empfangen, sei das Kloster St. Jakobus gegründet worden?

Sie gingen auseinander, ohne daß ein Handel zustande kam. Miss Logan, von den Worten Unseres Herrn an Nikodemus peinlich berührt, dachte statt dessen über Bitumen nach: war das nicht das Material, das Künstler benutzten, um auf ihren Gemälden die Schatten zu schwärzen? Miss Fergusson andererseits war lediglich erzürnt: erstens über den Versuch, den Versen der Schrift eine alberne Bedeutung aufzunötigen; und zweitens über das schamlose geschäftstüchtige Gebaren des Geistlichen. Bisher hatte sie keinen sonderlich guten Eindruck von der Geistlichkeit des Orients gewonnen, die nicht nur dem Glauben an die Wunderkräfte menschlicher Zähne Vorschub leistete, sondern wahrhaftig auch mit falschen Reliquien Handel trieb. Es war ungeheuerlich. Sie sollten bestraft werden für so was. Mit Sicherheit würden sie das auch. Miss Logan beobachtete ihre Herrin mit Besorgnis.

Am nächsten Tag durchquerten sie eine nicht enden wollende Ebene voller Schilf und rauhem Gras, die nur von Trappenkolonien und den schwarzen Zelten kurdischer Stammesangehöriger aufgelockert wurde. In einem kleinen Dorf, einen Tagesritt vom Fuße des Berges entfernt, machten sie zur Nacht Rast. Nach einer Mahlzeit aus Weichkäse und gesalzenen Lachsforellen aus dem Göktschaj standen die beiden Frauen in der dunklen, aprikosenduftenden Luft und blickten zu dem Berg Noahs hin. Die Linie des Horizonts wies zwei gesonderte Crescendi auf: den Großen Ararat, eine geballte, breitschultrige Masse wie eine verstrebte Kuppel, und den Kleinen Ararat, ungefähr eintausendzweihundert Meter niedriger, ein eleganter Kegel mit glatten und regelmäßigen Seiten. Es kam Miss Fergusson gar nicht verstiegen vor, in der unterschiedlichen Gestalt und Höhe der beiden Ararats ein Sinnbild der Urtrennung der Menschheit in die zwei Geschlechter zu sehen. Diese Überlegung gab sie nicht an Miss Logan weiter, die sich für Transzendentales bislang auf bedrückende Weise unempfänglich gezeigt hatte.

Wie zur Bestätigung ihrer prosaischen Denkungsart tat Miss Logan an dieser Stelle kund, schon seit ihrer Kindheit hätte sie gern gewußt, wie die Arche sich auf dem Gipfel eines Berges habe halten können. Hatte die Bergspitze sich aus den Fluten gehoben und in den Kiel gebohrt und so das Schiff aufgespießt? Wenn nicht, wie sonst hatte die Arche einen jähen Absturz vermieden, als die Wasser zurückgingen?

«Andere vor Ihnen haben ähnliche Überlegungen angestellt», antwortete Miss Fergusson mit einem deutlichen Mangel an Duldsamkeit. «Marco Polo hat beharrlich behauptet, der Berg sei würfelförmig angelegt, was gewiß eine Erklärung gewesen wäre. Mein Vater wäre wohl seiner Meinung gewesen, hätte er sich mit dem Thema befaßt. Wir können aber sehen, daß das nicht der Fall ist. Diejenigen, die zur Spitze des Großen Ararat aufgestiegen sind, wissen zu berichten, daß sich dicht unter dem Gipfel ein sanft abfallendes Tal befindet. Es ist», erläuterte sie, als könnte Miss Logan die Angelegenheit anders nicht verstehen, «etwa halb so groß wie der Green Park in London. Es wäre ein ebenso natürlicher wie sicherer Ort für die Ausschiffung.»

«Die Arche ist also nicht ganz oben auf dem Gipfel gelandet?»

«Die Heilige Schrift behauptet nichts dergleichen.»

Als sie sich Ahira näherten, das beinahe zweitausend Meter über dem Meeresspiegel lag, wurde die Lufttemperatur erquicklicher. Drei Meilen unterhalb des Dorfes trafen sie auf die erste der geheiligten Anpflanzungen von Altvater Noah. Die Blüte der Weinstöcke war eben vorüber, und winzige dunkelgrüne Trauben hingen zwischen dem Laub. Ein Bauer legte seine grobe Hacke nieder und geleitete den unerwarteten Trupp zu dem Dorfältesten, der das dargebotene Schießpulver mit förmlichem Dank, doch wenig Verwunderung entgegennahm. Miss Logan war solche Höflichkeit bisweilen ärgerlich. Der Älteste benahm sich, als würde er ständig von Trupps weißer Frauen mit Schießpulver beschenkt.

Miss Fergusson hingegen blieb so pflichtbewußt und tüchtig wie eh und je. Es wurde ausgemacht, daß man die Damen später am Nachmittag zu dem Kloster St. Jakobus geleiten würde; diese Nacht würden sie im Dorf logieren und am folgenden Tag zu ihrer Andacht erneut in die Kirche zurückkehren.

Das Kloster lag neben dem Flüßchen Ahira im unteren Teil einer großen Kluft, die sich bis fast zum Gipfel des Berges hinaufzog. Es bestand aus einer kreuzförmigen Kirche, deren Stein aus erstarrter Lava gehauen war. Verschiedene kleine Wohngebäude schmiegten sich an ihre Seiten wie Ferkel an eine Sau. Als der Trupp in den Hof trat, wurde er dort von einem Geistlichen mittleren Alters erwartet, hinter dem die Kuppel von St. Jakobus aufragte. Er trug ein einfaches Gewand aus blauem Serge, mit einer spitzen Kapuzinerhaube; sein Bart war lang, von schwarzer Farbe mit Grau durchsetzt; an den Füßen hatte er wollene persische Strümpfe und gewöhnliche Hausschuhe. Eine Hand hielt den Rosenkranz; die andere war als Geste des Willkommens auf die Brust gelegt. Es drängte Miss Logan, vor dem Priester von Noahs Kirche niederzuknien; doch die Gegenwart und sichere Mißbilligung von Miss Fergusson, die eine große Kategorie religiöser Verhaltensweisen als «papistisch» abtat, hielt sie davon ab.

Der Hof ließ eher an einen Bauernhof denn an ein Kloster denken. Kornsäcke waren locker gegen eine Wand gestapelt; drei Schafe waren von der nahen Weide hereingewandert und nicht vertrieben worden; vom Boden kam ein widerwärtiger Geruch. Der Archimandrit lud sie lächelnd in seine Zelle, welche sich als eine der winzigen Behausungen erwies, die hart an die äußere Kirchenmauer gebaut waren. Als der Geistliche sie die etwa hundert Meter dorthin geleitete, berührte er, wie es schien zwecks höflicher, doch im Grunde unnötiger Führung, Miss Fergussons Ellenbogen.

Die Mönchszelle hatte stabile Lehmwände und eine Mörteldecke, die von einem stämmigen Mittelpfeiler gestützt wurde. Über einem Strohlager hing die primitive Ikone eines nicht zu identifizierenden Heiligen; die Gerüche vom Hof setzten sich hier fort. Miss Logan kam das bewundernswert einfach vor, Miss Fergusson verwahrlost. Das Gebaren des Archimandriten rief ebenfalls unterschiedliche Deutungen hervor: Miss Logan erkannte eine liebenswürdige Offenheit, wo Miss Fergusson nur hinterhältige Unterwürfigkeit sah. Miss Logan hatte den Eindruck, ihre Arbeitgeberin habe auf der langen Reise zum Berg Ararat womöglich ihren Vorrat an Höflichkeit erschöpft und sich nun in starre Gleichgültigkeit zurückgezogen. Als der Archimandrit andeutete, vielleicht würden die beiden Damen über Nacht gern im Kloster logieren, reagierte sie kurz angebunden und abweisend; als er sein gastfreundliches Angebot mit größerem Nachdruck wiederholte, war sie brüsk.

Der Archimandrit lächelte weiter, und seine Stimmung kam Miss Logan noch immer zuvorkommend vor. Da erschien ein Diener, der ein primitives Tablett trug, auf dem drei Hornbecher standen. Wasser aus dem Ahira-Bach, dachte Miss Logan; oder vielleicht diese säuerliche Milch, die ihnen gefällige Schäfer schon oftmals auf ihrer Reise gereicht hatten. Doch der Diener kam mit einem Weinschlauch zurück und goß daraus auf ein Zeichen hin eine Flüssigkeit in die Horngefäße. Der Archimandrit hob seinen Becher den Frauen entgegen und trank ihn ganz aus; woraufhin der Diener ihm erneut einschenkte.

Miss Fergusson nippte. Dann begann sie dem Archimandriten Fragen zu stellen, die bei Miss Logan ernsthafte Besorgnis auslösten. Dieses Gefühl wurde durch das Warten auf die Übersetzung des Führers noch verschärft.

«Dies ist Wein?»

«In der Tat.» Der Priester lächelte, als wolle er die Frauen ermuntern, diesem einheimischen Brauch zu frönen, der in ihrem fernen Land offensichtlich noch unbekannt war.

«Er wird aus Trauben gemacht?»

«Sie haben recht, meine Dame.»

«Sagen Sie, die Trauben, aus denen dieser Wein gemacht ist, wo werden sie angebaut?»

Der Archimandrit streckte beide Hände aus und beschrieb Kreise damit, um auf das umliegende Land zu verweisen.

«Und die Weinstöcke, von denen die Trauben gepflückt wurden, wer hat sie ursprünglich gepflanzt?»

«Unser großer Ahn und Vorvater, von dem wir alle abstammen, Noah.»

Miss Fergusson faßte das Gespräch bis dahin zusammen, obgleich das ihrer Begleiterin höchst unnötig erschien. «Sie bieten uns die vergorenen Trauben von Noahs Weinstöcken an?»

«Es ist mir eine Ehre, Madam.» Er lächelte wieder. Er schien einen besonderen Dank, zumindest aber einen Ausdruck des Erstaunens zu erwarten. Statt dessen stand Miss Fergusson auf, nahm Miss Logan den ungekosteten Wein ab und gab beide Becher dem Diener zurück. Ohne ein Wort verließ sie die Zelle des Archimandriten, rauschte auf eine Art aus dem Hof, die drei Schafe ihr instinktiv nachfolgen ließ, und begann den Berghang hinabzusteigen. Miss Logan machte dem Priester gegenüber ein paar vage Gesten und nahm dann die Verfolgung ihrer Arbeitgeberin auf. Sie durchquerten üppige Aprikosengärten ohne eine Bemerkung; sie ignorierten einen Schäfer, der ihnen eine Schale Milch anbot; wortlos kehrten sie in das Dorf zurück, wo Miss Fergusson, die nunmehr ihre kalkulierte Höflichkeit wiedergewonnen hatte, den Ältesten fragte, ob ihnen unverzüglich ein Quartier verschafft werden könne. Der alte Mann schlug sein eigenes Haus vor, das größte in Ahira. Miss Fergusson dankte ihm und bot als Gegenleistung ein kleines Päckchen Zucker, das würdevoll angenommen wurde.

An diesem Abend wurde in ihrem Zimmer ein niedriges Tischchen, nicht größer als ein Klavierstuhl, mit Speisen gedeckt. Man reichte ihnen *losch*, das dünne einheimische Brot, kaltes aufgeschnittenes Hammelfleisch, geschälte und halbierte hartgekochte Eier und die Früchte des Erdbeerbaums. Wein wurde ihnen keiner serviert, sei es, weil das die Sitte des Hauses war oder weil der Älteste von ihrem Besuch im Kloster Nachricht erhalten hatte. Statt dessen tranken sie wieder einmal Schafsmilch.

«Es ist eine Blasphemie», sagte Miss Fergusson schließlich. «Eine Blasphemie. Auf Noahs Berg. Er lebt wie ein Bauer. Er lädt Frauen ein, bei ihm zu wohnen. Er vergärt die Trauben unseres Stammvaters. Es ist eine Blasphemie.»

Miss Logan hütete sich, eine Antwort zu geben, geschweige denn für den liebenswürdigen Archimandriten einzutreten. Sie erinnerte sich daran, daß die Umstände ihres Besuchs sie der Gelegenheit beraubt hatten, den einer Planke der Arche Noah entsprungenen uralten Weidenbaum in Augenschein zu nehmen.

«Wir werden den Berg besteigen», sagte Miss Fergusson.

«Aber wir wissen doch gar nicht, wie man so etwas macht.»

«Wir werden den Berg besteigen. Sünde muß mit Wasser abgewaschen werden. Die Sünde der Welt wurde von den Wassern der Sintflut abgewaschen. Der Mönch begeht eine doppelte Blasphemie. Wir werden unsere Flaschen mit Schnee von dem heiligen Berg füllen. Der reine Saft von Noahs Reben, den zu suchen wir hierherkamen, ist unrein gemacht worden. Wir werden statt dessen reinigendes Wasser zurückbringen. Das ist der einzige Weg, die Reise noch zu retten.»

Miss Logan nickte, eher aus erschreckter Nachgiebigkeit denn aus Einverständnis.

Sie brachen im Jahre des Herrn 1840 am Morgen des 20. Juni von dem Dorfe Ahira auf, lediglich von ihrem kurdischen Führer begleitet. Der Älteste erläuterte bedrückt den Glauben der Dorfleute, daß der Berg heilig sei und niemand sich höher hinaufwagen solle als bis zu dem Kloster St. Jakobus. Er selber teile diesen Glauben. Er versuchte nicht, die Truppe vom Aufstieg abzubringen, bestand aber doch darauf, Miss Fergusson eine Pistole zu leihen. Sie brachte diese gut sichtbar an ihrem Gürtel an, obwohl sie weder Absicht noch Geschick hatte, sie zu gebrauchen. Miss Logan trug ein kleines Säckchen mit Zitronen, was man ihnen gleichfalls geraten hatte.

Die Damen zu Pferd hatten ihre weißen Schirme gegen die Morgensonne erhoben. Als Miss Fergusson aufblickte, gewahrte sie, wie sich um den Berggipfel der Heiligenschein aus Wolken zu bilden begann. Ein täglich wiederkehrendes Wunder, bemerkte sie zu sich selbst. Mehrere Stunden lang schienen sie kaum voranzukommen; sie überquerten eine öde Landschaft aus feinem Sand und gelblichem Lehm, die nur von ein paar verkrüppelten, dornigen Büschen unterbrochen wurde. Miss Logan beobachtete mehrere Schmetterlinge und zahlreiche Eidechsen, war aber insgeheim enttäuscht, daß von den der Arche entstiegenen Geschöpfen nur so wenige zu sehen waren. Sie hatte, mußte sie sich eingestehen, sich die Berghänge törichterweise wie eine Art Zoologischen Garten vorgestellt. Aber die Tiere waren ja geheißen worden, fortzugehen und sich zu mehren. Offenbar hatten sie gehorcht.

Sie erhaschten Blicke in felsige Schluchten, von denen keine auch nur den kleinsten Wasserlauf enthielt. Es schien ein unfruchtbarer Berg zu sein, so trocken wie ein Kalkhügel in Sussex. Dann, ein wenig höher, überraschte er die Damen, da er unvermittelt grünes Weideland und Rosenbüsche mit zarten rosa Blüten zum Vorschein brachte. Sie umrundeten eine Felsnase und stießen auf ein kleines Lager – drei oder vier kunstlose Zelte mit Mattenwänden und schwarzen Dächern aus Ziegenhaar. Miss Logan war etwas beunruhigt über die plötzliche Anwesenheit dieser Gruppe von Nomaden, deren Herde weiter unten am Hang zu sehen war, doch Miss Fergusson lenkte ihr Pferd direkt auf sie zu. Ein grimmig aussehender Mann, dessen verfilztes Haar dem Dach seines eigenen Zeltes glich, hielt ihnen eine unförmige Schale entgegen. Darin war säuerliche Milch mit Wasser vermischt, und Miss Logan trank etwas nervös. Die Damen nickten, lächelten und setzten ihren Weg fort.

«Haben Sie das als natürliche Geste der Gastfreundschaft angesehen?» fragte Amanda Fergusson unvermittelt.

Miss Logan dachte über diese merkwürdige Frage nach. «Ja», erwiderte sie, denn es waren ihnen vordem viele ähnliche Beispiele solchen Verhaltens begegnet.

«Mein Vater hätte gesagt, es wäre lediglich eine animalische Bestechung, um den Zorn der Fremden abzuwenden. Für ihn wäre es ein Glaubensartikel gewesen, so zu denken. Er hätte gesagt, diese Nomaden wären genau wie Käfer.»

«Wie Käfer?»

«Mein Vater interessierte sich für Käfer. Er hat mir erzählt, wenn man einen in eine Schachtel tut und auf den Deckel klopft, dann klopft er zurück, weil er meint, man wäre auch ein Käfer und würde sich als Ehepartner anbieten.»

«Ich bin nicht der Auffassung, daß sie sich wie Käfer betragen haben», sagte Miss Logan, wobei sie durch ihren Tonfall vorsichtig anklingen ließ, dies sei lediglich ihre private Meinung und Colonel Fergusson gegenüber keinesfalls abschätzig gemeint.

«Ich auch nicht.»

Miss Logan war die Gemütsverfassung ihrer Arbeitgeberin nicht ganz verständlich. Sie hatte eine so weite Strecke zurückgelegt, um für ihren Vater Fürbitte einzulegen, und schien nun statt dessen beständig mit seinem Geist zu rechten.

Am ersten Steilhang des Großen Ararat banden sie ihre Pferde an einen Dornbusch und fesselten ihnen die Vorderbeine. Von hier mußten sie zu Fuß weitergehen. Miss Fergusson ging, den Schirm erhoben und die Pistole am Gürtel, mit dem sicheren Schritt der Gerechten voraus; Miss Logan, ihr Säckchen mit Zitronen schwenkend, mühte sich, nicht zurückzufallen, als das Gelände steiler wurde; ihr kurdischer Führer, vollgepackt mit Gepäck, bildete die Nachhut. Sie würden zwei Nächte auf dem Berg verbringen müssen, wenn sie die Schneegrenze erreichen wollten.

Sie waren den ganzen Nachmittag kräftig gestiegen und machten nun kurz vor sieben, da der Himmel einen milderen Aprikosenschein annahm, auf einer Felsnase Rast. Zuerst konnten sie das Geräusch, oder was es zu bedeuten hatte, nicht genau bestimmen. Sie vernahmen ein leises Poltern, ein granitenes Grollen, woher es aber kam, ob von oben oder unterhalb, war nicht auszumachen. Dann begann der Boden unter ihren Füßen zu vibrieren, und es kam ein Krachen wie Donnerhall – ein innerer, unterdrückter, furchterregender Donner jedoch, der Laut eines urzeitlichen, unterirdischen Gottes, der gegen seine Gefangenschaft wütet. Miss Logan warf ihrer Dienstherrin einen furchtsamen Blick zu. Amanda Fergusson richtete ihren Feldstecher auf das Kloster St. Jakobus, und auf ihrem Gesicht lag ein Ausdruck prüder Lust, der ihre Gefährtin schockierte. Miss Logan war kurzsichtig, infolgedessen erfaßte sie eher aus Miss Fergussons Gesichtszügen als aufgrund eigener Beobachtung, was da vor sich ging. Als der Feldstecher endlich an sie weitergereicht wurde, konnte sie bestätigen, daß jedes Dach und jede Mauer der Klosterkirche und der kleinen Gemeinde, die sie erst an jenem Morgen verlassen hatten, durch die gewaltige Erschütterung eingestürzt waren.

Miss Fergusson erhob sich und begann energisch, ihren Aufstieg fortzusetzen.

«Sollten wir nicht den Überlebenden zu Hilfe eilen?» fragte Miss Logan fassungslos.

«Es wird keine geben», antwortete ihre Dienstherrin. Und fügte in schärferem Ton hinzu: «Es war eine Strafe, die sie zu gewärtigen hatten.»

«Eine Strafe?»

«Für Ungehorsam. Für das Vergären der Früchte von Noahs Weinstöcken. Dafür, daß sie eine Kirche bauten und dann Gott lästerten darinnen.» Miss Logan blickte Amanda Fergusson vorsichtig an, ungewiß, wie sie zum Ausdruck bringen sollte, daß ihrer bescheidenen und unkundigen Meinung nach die Strafe übermäßig hoch war. «Dies ist ein heiliger Berg», sagte Miss Fergusson kalt. «Der Berg, auf dem die Arche Noah ruhte. An dieser Stätte ist eine kleine Sünde eine große Sünde.»

Miss Logan brach ihr besorgtes Schweigen nicht; sie folgte einfach ihrer Arbeitgeberin, die weiter eine Rinne hochstieg. Oben wartete Miss Fergusson und wandte sich dann ihr zu. «Sie erwarten, daß Gott so ist wie der Lordoberrichter von London. Sie erwarten eine ganze Rede mit Erklärungen. Der Gott dieses Berges ist der Gott, der von der ganzen Welt nur Noah und seine Familie gerettet hat. Denken Sie daran.»

Miss Logan wurde von solchen Bemerkungen ernstlich verstört. Wollte Miss Fergusson das Erdbeben, das das Dorf Ahira vernichtet hatte, mit der großen Sintflut vergleichen? Wollte sie die Errettung zweier weißer Frauen und eines Kurden jener von Noahs Familie gleichsetzen? Bei den Vorbereitungen zu ihrer Expedition hatte man ihnen gesagt, daß der magnetische Kompaß auf einem Berg wie diesem nutzlos wäre, da die Felsen stark eisenhaltig seien. Es schien auf der Hand zu liegen, daß man hier auch in anderer Hinsicht die Orientierung verlieren konnte.

Was tat sie hier auf Noahs Berg neben einer Pilgerin, die zur Fanatikerin geworden war, und einem bärtigen Bauern, mit dem sie sich nicht verständigen konnte, während der

Fels unter ihnen explodierte wie das Schießpulver, das sie mitgenommen hatten, um sich bei den einheimischen Häuptlingen einzuschmeicheln? Alles legte ihren Abstieg nahe, doch sie gingen weiter nach oben. Der Kurde, von dem Miss Logan erwartet hätte, daß er beim ersten Beben der Erde die Flucht ergriffe, blieb bei ihnen. Vielleicht hatte er vor, ihnen die Kehle durchzuschneiden, während sie schliefen.

In der Nacht ruhten sie und setzten ihren Anstieg fort, sobald die Sonne aufging. Ihre weißen Schirme hoben sich leuchtend von dem rauhen Gelände des Berges ab. Hier war nur nackter Fels und Kies; es wuchs nichts außer Flechten; alles war ganz und gar vertrocknet. Sie hätten auch oben auf dem Mond sein können.

Sie stiegen aufwärts, bis sie den ersten Flecken Schnee erreicht hatten, der in einem langen, dunklen Einschnitt des Berghangs lag. Der Gipfel war etwas mehr als neunhundert Meter entfernt, und direkt über ihnen lag ein Eiskranz, der sich um den Großen Ararat herumzog. Hier auf dieser Höhe verwandelte sich die aus der Ebene aufsteigende Luft in Dampf und bildete den wunderbaren Nimbus. Der Himmel nahm langsam ein sanft leuchtendes Grün an, in dem fast kein Blau mehr war. Miss Logan war sehr kalt.

Die zwei Fläschchen wurden mit Schnee gefüllt und dem Führer anvertraut. Miss Logan sollte später noch oft versuchen, sich wieder ins Gedächtnis zu rufen, welche merkwürdige Heiterkeit in der Miene und welches Selbstvertrauen in der Haltung ihrer Dienstherrin gelegen hatte, als man sich an den Abstieg machte; sie stellte eine Zufriedenheit zur Schau, die an Selbstgefälligkeit grenzte. Sie hatten nicht mehr als ein paar hundert Meter zurückgelegt – der Kurde voran, Miss Logan die Nachhut bildend – und überquerten gerade eine Stelle mit grobem Geröll, wo der Abstieg eher ermüdend als gefährlich war, als Miss Fergusson stürzte. Sie fiel nach vorn und zur Seite und glitt gut zehn Meter den Abhang hinab, ehe der Kurde ihren Fall aufhalten konnte. Miss Logan blieb stehen, anfänglich vor Verwunderung, denn allem Anschein nach war Miss Fergusson auf einem kleinen Stück massiven Felses ausgeglitten, welches keine Gefahr hätte bergen sollen.

Sie lächelte, als man zu ihr kam, offenbar nicht bekümmert wegen des Bluts. Miss Logan ließ nicht zu, daß der Kurde Miss Fergusson verband; sie akzeptierte wohl Fetzen seines Hemds für diesen Zweck, bestand aber dann darauf, daß er ihnen den Rücken zuwende. Nach etwa einer halben Stunde stellten sie ihre Arbeitgeberin gemeinsam wieder auf die Füße, und die drei machten sich erneut auf den Weg, wobei sich Miss Fergusson mit einer seltsamen Nonchalance auf den Arm des Führers stützte, als werde sie in einer Kathedrale oder einem zoologischen Garten herumgeführt.

An jenem Tage legte man nur noch eine kurze Strecke zurück, denn Miss Fergusson verlangte häufig Rast. Miss Logan rechnete aus, wie weit entfernt ihre Pferde angebunden waren, und wurde nicht munterer dadurch. Gegen Einbruch der Nacht stießen sie auf zwei kleine Höhlen, die für Miss Fergusson aussahen, als habe Gott seinen Daumen in den Berghang gedrückt. Der Kurde betrat vorsichtig die erste der beiden, schnupperte nach wilden Tieren, dann winkte er die Damen hinein. Miss Logan bereitete das Lager und verabreichte ein wenig Opium; der Führer machte ihr unverständliche Gesten und verschwand. Er kehrte eine Stunde später mit ein paar verkrüppelten Büschen zurück, die er aus dem Fels hatte brechen können. Er machte ein Feuer; Miss Fergusson legte sich nieder, nahm ein wenig Wasser zu sich und schlief.

Als sie erwachte, tat sie kund, sie fühle sich schwach und ihre Knochen fühlten sich steif an in der Haut. Sie hatte weder Kraft noch Hunger. Den ganzen Tag über warteten sie in der Höhle, im Vertrauen darauf, daß Miss Fergussons Zustand sich bis zum nächsten Morgen bessern würde. Miss Logan begann, darüber nachzusinnen, welche Veränderungen mit ihrer Dienstherrin vorgegangen waren seit der Ankunft auf dem Berg. Der Zweck ihres Kommens war es gewesen, Fürbitte einzulegen für Colonel Fergussons Seele. Doch hatten sie bislang nicht gebetet; Amanda Fergusson schien noch immer mit ihrem Vater zu rechten; dabei hörte der Gott, den sie nunmehr verkündigte, sich nicht wie die Art von Gott an, die des Colonels hartnäckiges Sündigen wider das Licht leichthin vergeben würde. Hatte Miss Fergusson erkannt, oder zumindest beschlossen, daß ihres Vaters Seele verloren war, verstoßen, verdammt? War das passiert?

Als der Abend hereinbrach, gebot Miss Fergusson ihrer Begleiterin, die Höhle zu verlassen, während sie mit dem Führer sprach. Dies erschien unnötig, denn Miss Logan verstand nicht ein Wort Türkisch oder Russo oder Kurdisch oder wie die Mischung auch hieß, mit der sich die anderen beiden verständigten; doch sie tat wie geheißen. Sie stand draußen und sah zu einem cremigen Mond empor, von Angst erfüllt, es könnte ihr eine Fledermaus in das Haar fliegen.

«Sie legen mich so, daß ich den Mond sehen kann.» Man hob sie sachte an, wie eine alte Dame, und bettete sie näher an den Ausgang der Höhle. «Sie brechen morgen mit dem ersten Tageslicht auf. Ob Sie zurückkehren oder nicht, ist nicht von Belang.» Miss Logan nickte. Sie widersprach nicht, da sie wußte, sie würde nicht gewinnen; sie weinte nicht, da sie wußte, sie würde zurechtgewiesen. «Ich werde an die Heilige Schrift denken und den Willen Gottes erwarten. Auf diesem Berg zeigt sich der Wille Gottes äußerst deutlich. Ich kann mir keinen glücklicheren Ort denken, von wo Er mich heimholen könnte.»

Miss Logan und der Kurde wachten in der Nacht abwechselnd bei ihr. Der Mond, der nun fast voll war, schien auf den Boden der Höhle, wo Amanda Fergusson lag. «Mein Vater hätte dazu Musik haben wollen», sagte sie einmal. Miss Logans Lächeln tat eine Zustimmung kund, die ihre Herrin verärgerte. «Sie können unmöglich wissen, worauf ich anspiele.» Miss Logan stimmte unverzüglich ein zweites Mal zu.

Es trat Stille ein. Die trockene kalte Luft war von Holzfeuerduft erfüllt. «Er dachte, Bilder sollten sich bewegen. Mit Lichtern und Musik und Patentöfen. Er dachte, das wäre die Zukunft.» Miss Logan, nur wenig besser unterrichtet als zuvor, hielt es für das Sicherste, nicht darauf einzugehen. «Aber es war nicht die Zukunft. Sehen Sie den Mond an. Der Mond verlangt nicht nach Musik und bunten Lichtern.»

Bei einer kleinen, abschließenden Auseinandersetzung siegte Miss Logan doch – freilich eher durch energische Gesten denn durch Worte –, und die Flaschen mit geschmolzenem Schnee verblieben beide bei Miss Fergusson. Sie nahm auch ein paar Zitronen an. Bei Tagesanbruch machte sich Miss Logan, nunmehr die Pistole an ihrem Gürtel tragend, mit dem Führer auf den Weg den Berg hinunter. Sie war im Geiste entschlossen, doch unsicher über die beste Art des Vorgehens. So nahm sie zum Beispiel an, wenn die Einwohner von Ahira sich vor dem Erdbeben nicht auf den Berg wagen mochten, würden etwaige Überlebende sich nun wohl schwerlich dazu bereit finden. Sie könnte gezwungen sein, in einem entfernteren Dorf Hilfe zu suchen.

Die Pferde waren nicht mehr da. Der Kurde machte einen langen Laut im Kehlkopf, von dem Miss Logan vermutete, daß er Enttäuschung anzeigen sollte. Der Baum, an den die Pferde gebunden waren, stand noch da, die Pferde aber waren verschwunden. Miss Logan stellte sich vor, wie sie in Panik gerieten, als der Boden unter ihnen tobte, wie sie sich losrissen und die Fußfesseln gewaltsam mit sich fortschleiften, während sie von dem Berg flohen. Später, als sie sich mühsam hinter dem Kurden her zum Dorf Ahira schleppte, hielt Miss Logan eine andere Erklärung für wahrscheinlich: daß die Pferde von jenen gastfreundlichen Nomaden gestohlen wurden, die ihnen am ersten Morgen begegnet waren.

Das Kloster St. Jakobus war fast gänzlich zerstört, und sie passierten es, ohne anzuhalten. Als sie sich den Ruinen von Ahira näherten, bedeutete der Kurde Miss Logan, sie solle auf ihn warten, während er das Dorf erkunde. Zwanzig Minuten später kehrte er zurück und schüttelte mit einer allumfassenden Geste den Kopf. Als sie an den zerstörten Häusern entlanggingen, konnte Miss Logan nicht umhin, bei sich zu bemerken, daß das Erdbeben alle Einwohner getötet hatte und zugleich die Weinstöcke unversehrt ließ, die – wenn man Miss Fergusson Glauben schenken wollte – die eigentliche Ursache ihrer Versuchung und ihrer Bestrafung waren.

Es dauerte zwei Tage, bis sie eine menschliche Siedlung erreichten. In einem nach Südwesten gelegenen Bergdorf geleitete der Führer Miss Logan zu dem Haus eines armenischen Geistlichen, der leidlich Französisch sprach. Sie erläuterte die Notwendigkeit, unverzüglich einen Rettungstrupp zusammenzustellen und auf den Großen Ararat zurückzukehren. Der Geistliche erwiderte, der Kurde sei zweifellos in eben diesem Augenblick dabei, die Hilfsaktion zu organisieren. Etwas in seinem Betragen ließ darauf schließen, daß er vielleicht nicht so ganz an ihre Geschichte glaubte, sie sei den größten Teil des Weges zum Massis hinaufgestiegen, dessen Unzugänglichkeit doch Bauern wie Männern der Kirche gleichermaßen bekannt war.

Miss Logan wartete den ganzen Tag auf die Rückkehr des

Kurden, doch er kam nicht; und als sie am nächsten Morgen Erkundigungen anstellte, erfuhr sie, er habe den Ort verlassen, schon wenige Minuten nachdem er sie zum Hause des Geistlichen geführt habe. Miss Logan war über dieses judasartige Verhalten ärgerlich und betrübt und brachte das dem armenischen Geistlichen gegenüber mit kräftigen Worten zum Ausdruck; dieser nickte und erbot sich, für Miss Fergusson zu beten. Miss Logan nahm das an, machte sich aber zugleich ihre Gedanken über die Wirksamkeit schlichten Gebets in einer Gegend, wo die Leute ihre Zähne als Votivgabe opferten.

Erst mehrere Wochen später, als sie in ihrer stickigen Kabine auf einem schmutzigen Dampfer aus Trapezunt lag, sann sie darüber nach, daß der Kurde in der ganzen Zeit, da er bei ihnen war, Miss Fergussons Anweisungen mit peinlicher Genauigkeit und Ehrerbietung ausgeführt hatte; des weiteren, daß sie durchaus nicht wußte, was in jener letzten Nacht in der Höhle zwischen den beiden vorgegangen war. Vielleicht hatte Miss Fergusson den Führer angewiesen, ihre Begleiterin dorthin zu führen, wo sie in Sicherheit wäre, und sich dann davonzumachen.

Miss Logan sann auch über Miss Fergussons Sturz nach. Sie waren über eine Geröllhalde gegangen; es gab dort viele lose Steine, und man fand nur schwer Halt, aber in dem Moment hatten sie doch einen eher sanften Hang gequert, und eigentlich hatte ihre Dienstherrin auf einem recht ebenen Stück Granitboden gestanden, als sie fiel. Es war ein magnetischer Berg, wo ein Kompaß nicht funktionierte und man leicht die Orientierung verlor. Nein, das war es nicht. Im Grunde wollte sie der Frage ausweichen, ob Miss Fergusson ihren jähen Fall nicht womöglich selbst bewirkt hatte, um zu erreichen oder zu bestätigen, was immer sie hatte erreichen oder bestätigen wollen. Miss Fergusson hatte, als sie das erste Mal vor dem mit einem Heiligenschein umgebenen

Berg standen, behauptet, daß es für alles zwei Erklärungen gebe, daß jede davon den Einsatz des Glaubens verlange und daß uns die Willensfreiheit gegeben sei, damit wir unter ihnen wählen können. Dieses Dilemma sollte Miss Logan noch lange Jahre beschäftigen.

Drei einfache Geschichten

Eins

Ich war ein normaler Achtzehnjähriger: verhangen, gehemmt, nie gereist und überheblich; heftig gebildet, gesellschaftlich ahnungslos, emotionell überbordend. Jedenfalls waren die anderen Achtzehnjährigen, die ich kannte, auch alle so, drum nahm ich an, das sei normal. Ich wartete darauf, an die Uni zu gehen, und hatte gerade einen Job als Lehrer in einer privaten Vorbereitungsschule bekommen. Die Romane, die ich gelesen hatte, weissagten mir bombastische Rollen – als Hauslehrer auf dem alten steinernen Herrensitz, wo Pfauen in den Eibenhecken sitzen und im versiegelten Pfaffenwinkel bleiche Gebeine entdeckt werden; als naive Unschuld an einem exzentrischen Privatinstitut nahe der walisischen Grenze voll derber Trunkenbolde und verkappter Wüstlinge. Da würde es leichtsinnige Mädchen geben und unerschütterliche Butler. Die gesellschaftliche Moral der Geschichte ist bekannt: der Sohn der Leistungsgesellschaft infiziert sich mit Snobismus.

Die Realität erwies sich als heimischer. Ich unterrichtete ein Semester lang an einer Paukschule eine halbe Meile von zu Hause; und statt müßige Tage mit reizenden Kindern zu verbringen, deren dezidiert Hüte tragende Mütter lächelten, gönnerhaft taten und dann doch flirteten anläßlich eines endlosen, pollenschwangeren Schul-Sportfestes, war ich mit dem Sohn des ortsansässigen Buchmachers (er borgte mir sein Fahrrad: ich fuhr es zu Schrott) und der Tochter des Vorortsanwalts zusammen. Doch wer noch nie gereist ist, für den ist eine halbe Meile ganz schön weit; und mit achtzehn verspürt man schon ob der geringsten Abstufung der mittelständischen Gesellschaft Schauer und Scheu. An der Schule hing außerdem eine Familie dran; die Familie wohnte in einem Haus. Hier war alles anders und damit besser: die steifrückigen Messinghähne, der Schnitt des Treppengeländers, die echten Ölgemälde (wir hatten auch ein echtes Ölgemälde, aber nicht so echt wie die), die Bibliothek, die irgendwie mehr war als nur ein Zimmer voller Bücher, die Möbel, die so alt waren, daß sie den Holzwurm haben konnten, und die lässige Hinnahme ererbter Gegenstände. In der Halle hing ein amputiertes Ruderblatt: die schwarze Schaufel war in goldenen Lettern mit den Namen einer College-Achtermannschaft beschriftet, deren Mitglieder in sonnendurchglühten Vorkriegstagen alle je eine solche Trophäe verliehen bekommen hatten; das Stück wirkte unglaublich exotisch. Im Vorgarten war ein Luftschutzbunker, für den man sich zu Hause geschämt und den man einer energischen Tarnung mit winterhartem Immergrün unterzogen hätte; hier rief er nichts als amüsierten Stolz hervor. Die Familie paßte zum Haus. Der Vater war Spion; die Mutter war Schauspielerin gewesen; der Sohn trug Tab-Kragen und zweireihige Westen. Muß ich noch mehr sagen? Hätte ich damals genügend französische Romane gelesen, so hätte ich gewußt, was auf mich zukam; und natürlich war es hier, daß ich mich zum ersten Mal verliebte. Aber das ist eine andere Geschichte, oder wenigstens ein anderes Kapitel.

Gründer der Schule war der Großvater, und er hatte immer noch seine Wohnung dort. Obwohl er Mitte Achtzig war, hatte ihn erst vor kurzem ein listiger Vorgänger von mir aus dem Lehrplan gestrichen. Gelegentlich sah man ihn in seinem cremefarbenen Leinenjackett, mit Collegeschlips – Gonville and Caius, wie man erkennen sollte – und Schirmmütze (bei uns zu Hause wäre eine Schirmmütze ordinär gewesen; hier war sie hochvornehm und womöglich ein Indiz dafür, daß man mit Beaglehunden auf die Jagd zu gehen pflegte) durchs Haus wandern. Er war dann auf der Suche nach «seiner Klasse», die er nie fand, und redete von dem «Laboratorium», das nichts weiter war als eine nach hinten hinaus gelegene Küche mit einem Bunsenbrenner und fließend Wasser. An warmen Nachmittagen saß er mit einem tragbaren Radio Marke Roberts (die reine Holzbauweise lieferte, wie ich erfuhr, mehr Klangqualität als die Plastik- oder Metallgehäuse der von mir bewunderten Transistorradios) vor der Eingangstür und hörte den Cricket-Kommentar. Er hieß Lawrence Beesley.

Von meinem Urgroßvater abgesehen, war er der älteste Mann, dem ich je begegnet war. Sein Alter und sein Status riefen bei mir das übliche Gemisch aus Ehrerbietung, Angst und Frechheit hervor. Seine Hinfälligkeit – die geschichtsträchtig befleckten Kleider, der eiweiße Sabberfaden am Kinn – löste in mir einen unbestimmten pubertären Zorn aus auf das Leben und dessen unabwendbaren Abschiedszustand; eine Empfindung, die sich ohne weiteres umsetzen ließ in Haß auf die Person, die diesen Zustand durchmachte. Seine Tochter fütterte Mr. Beesley mit Babybrei aus der Dose, was mir erneut Bestätigung war für den bitteren Witz des Daseins im allgemeinen und die Verächtlichkeit dieses alten Mannes im besonderen. Ich erzählte ihm immer erfundene Cricketergebnisse. «84 auf 2, Mr. Beesley», rief ich im Vorbeigehen, wenn er in der Sonne unter den hochrankenden Glyzinien sein Nickerchen machte. «West Indies 790 auf 3 abgebrochen», behauptete ich steif und fest, wenn ich ihm auf einem Tablett sein Kinderessen brachte. Ich erzählte ihm Ergebnisse von Spielen, die nicht stattfanden, Ergebnisse von Spielen, die nie hätten stattfinden können, phantastische Ergebnisse, unmögliche Ergebnisse. Daraufhin nickte er immer, und ich schlich mich davon, kichernd über diese winzige Grausamkeit von mir und froh, daß ich gar kein so netter junger Mann war, wie er vielleicht dachte.

Zweiundfünfzig Jahre bevor ich ihn kennenlernte, hatte Lawrence Beesley als Passagier zweiter Klasse an der Jungfernfahrt der *Titanic* teilgenommen. Er war fünfunddreißig, hatte kurz zuvor seine Stelle als Naturwissenschaftslehrer am Dulwich College aufgegeben und überquerte deshalb den Atlantik – jedenfalls der späteren Familienlegende zufolge –, weil er mit halbem Herzen hinter einer amerikanischen Erbin her war. Als die *Titanic* auf ihren Eisberg stieß, entkam Beesley in dem unterbesetzten Rettungsboot Nr. 13 und wurde von der *Carpathia* aufgenommen. Unter den Erinnerungsstücken, die dieser achtzigjährige Überlebende in seinem Zimmer aufbewahrte, war auch eine Decke mit dem aufgestickten Namen des rettenden Schiffes. Die skeptischen Mitglieder seiner Familie behaupteten, die Decke hätte diesen Schriftzug zu einem wesentlich späteren Zeitpunkt erhalten als 1912. Sie amüsierten sich auch mit der Spekulation, ihr Ahnherr sei in Frauenkleidern von der *Titanic* entkommen. War es nicht so, daß Beesleys Name auf der ersten Liste der Geretteten fehlte und in der abschließenden Verlustmeldung tatsächlich bei den Ertrunkenen auftauchte? Das war doch gewiß ein handfester Beweis für die Hypothese, daß der falsche Leichnam, der zum geheimnisvollen Überlebenden geworden war, sich Unterröcke und eine hohe Stimme zugelegt hatte, bis er sicher in New York gelandet war, wo er seinen Fummel klammheimlich auf einer U-Bahn-Toilette ablegte?

Ich schloß mich dieser Theorie mit Vergnügen an, da sie meine Weltsicht bestätigte. Im Herbst jenes Jahres sollte ich in meinem Wohnschlafzimmer im College einen Zettel mit den folgenden Zeilen hinter den Spiegel klemmen: «Das Leben sei Betrug, worauf ein jeglich Ding hindeute, / so glaubte einst auch ich – und weiß ich heute.» Der Fall Beesley war mir da eine Bestätigung: Der Held der *Titanic* war ein Deckenfälscher und betrügerischer Transvestit; wie recht und billig war es daher, daß ich ihn mit falschen Cricketergebnissen versorgte. Und allgemeiner gesehen, Theoretiker behaupteten, das Leben laufe auf das Überleben der Tauglichsten hinaus: War die Beesley-Hypothese nicht ein Beweis dafür, daß die «Tauglichsten» bloß die Gerissensten waren? Die Helden, die wackeren Männer mit ihrer Vasallentreue, das gute Zuchtmaterial, selbst der Kapitän (vor allem der Kapitän!) – die sind alle edelmütig mit dem Schiff untergegangen; die Feiglinge hingegen, die Hasenfüße, die Betrüger fanden Gründe, sich in ein Rettungsboot zu verdrücken. War das nicht ein glatter Beweis dafür, wie es mit dem genetischen Pool des Menschen konstant abwärts ging, wie gutes Blut von schlechtem verdrängt wurde?

In seinem Buch *The Loss of the Titanic* sagt Lawrence Beesley nichts über Frauenkleider. Vom amerikanischen Verlag Houghton Mifflin in den Räumlichkeiten eines Bostoner Clubs untergebracht, schrieb er den Bericht in sechs Wochen nieder; dieser erschien keine drei Monate nach dem Untergang, den er beschreibt, und ist seitdem in Abständen immer wieder aufgelegt worden. Er hat Beesley zu einem der bekanntesten Überlebenden der Katastrophe gemacht, der fünfzig Jahre lang – direkt bis zu der Zeit, als ich ihn kennenlernte – regelmäßig von Marinehistorikern, Filmdokumentatoren, Journalisten, Souvenirjägern, Langweilern, Verschwörungstheoretikern und notorischen Prozeßhanseln konsultiert wurde. Wenn andere Schiffe an Eisbergen zugrunde gingen, wurde er von Zeitungsleuten angerufen, die sich brennend dafür interessierten, wie er sich das Schicksal der Opfer ausmalte.

An die vierzig Jahre nach seiner Rettung wurde er als Berater für den in den Pinewood Studios gedrehten Film *A Night to Remember* engagiert. Der Film wurde zum großen

Teil nach Einbruch der Dunkelheit gedreht; eine Nachbildung des Schiffes in halber Größe war so aufgehängt, daß sie in einem Meer aus schwarzen Samtfalten untergehen konnte. Beesley sah mehrere Abende hintereinander mit seiner Tochter bei den Aufnahmen zu, und das Folgende beruht auf dem, was sie mir davon berichtet hat.

Beesley war – was nicht weiter überraschend ist – von der wiederauferstandenen und erneut auf der Kippe stehenden *Titanic* fasziniert. Insbesondere war er versessen darauf, zu den Statisten zu gehören, die sich verzweifelt an der Reling drängten, als das Schiff versank – versessen darauf, könnte man sagen, in der Fiktion eine alternative Version von Geschichte zu erleben. Der Regisseur des Films war ebenso fest entschlossen, daß dieser Berater, dem der nötige Ausweis der Schauspielergewerkschaft fehlte, nicht auf Zelluloid erscheinen sollte. Beesley, der sich in jeder Notlage zu helfen wußte, fälschte den Ausweis, den man brauchte, um an Bord der Faksimile-*Titanic* gehen zu dürfen, kleidete sich in ein historisches Kostüm (kann ein Echo die Wahrheit dessen beweisen, was da geechot wird?) und stellte sich zwischen den Statisten auf. Die Scheinwerfer wurden angestellt und die Menge über ihren bevorstehenden Tod in den schwarzen Samtfalten instruiert. In allerletzter Minute, als eben die Kameras abfahren sollten, entdeckte der Regisseur, daß Beesley sich doch wahrhaftig bis zur Reling vorgeschummelt hatte; er nahm sein Megaphon und wies den betrügerischen Amateur an, so freundlich zu sein und auszusteigen. Und so konnte Lawrence Beesley zum zweiten Mal in seinem Leben nicht umhin, die *Titanic* im letzten Moment vor deren Untergang zu verlassen.

Als heftig gebildeter Achtzehnjähriger kannte ich Marxens Weiterentwicklung von Hegel: Die großen weltgeschichtlichen Tatsachen ereignen sich zweimal, das eine Mal als Tragödie, das andere Mal als Farce. Eine Illustration dieses Prozesses aber hatte mir gefehlt. Heute, Jahre danach, ist mir noch keine bessere untergekommen.

Zwei

Was hatte Jona überhaupt in dem Wal zu suchen? Sie stinkt ziemlich, diese Walfahrergeschichte, was zu erwarten war.

Das Ganze fing damit an, daß Gott Jona beauftragte, sich aufzumachen und wider Ninive zu predigen, einen Ort, der, trotz Gottes beachtlicher Leistungen im Zerstören sündiger Städte, eigensinniger- und unerklärlicherweise noch immer eine sündige Stadt war. Jona, dem die Aufgabe mißfiel – aus ungenannten Gründen, die vielleicht mit der Angst zu tun hatten, von orgienfeiernden Niniveanern zu Tode gesteinigt zu werden –, lief weg. In Japho bestieg er ein Schiff an das äußerste Ende der bekannten Welt: Tharsis, in Spanien. Er kapierte natürlich nicht, daß der Herr genau wußte, wo er war, und überdies die effektive Verfügungsgewalt über die Winde und Wasser des östlichen Mittelmeers besaß. Als sich ein Ungewitter von seltener Heftigkeit erhob, warfen die Schiffsleute, da sie ein abergläubisches Volk waren, das Los, um herauszufinden, welcher von den Menschen an Bord die Ursache des Übels war, und der kurze Strohhalm, der entzweigebrochene Dominostein oder die Pik-Dame fiel an Jona. Er wurde prompt über Bord geworfen und ebenso prompt von einem großen Fisch oder Wal verschlungen, den der Herr eigens zu diesem Zweck durch die Fluten dirigiert hatte.

In dem Walfisch betete Jona, drei Tage und drei Nächte lang, zum Herrn und schwor so überzeugend künftigen Gehorsam, daß Gott dem Fisch befahl, den Reumütigen auszuspeien. Es verwundert nicht weiter, daß Jona, als der Allmächtige ihn das nächste Mal nach Ninive abkommandierte, tat wie geheißen. Er ging und wetterte gegen die sündige Stadt und sagte, Ninive sei wie alle anderen sündigen Städte des östlichen Mittelmeers dem Untergang geweiht. Woraufhin die orgienfeiernden Niniveaner, genau wie Jona in dem Walfisch, reumütig wurden; woraufhin Gott beschloß, die Stadt doch noch zu verschonen; woraufhin Jona unglaublich wütend wurde, was ja nur normal ist für jemand, dem man eine Menge Scherereien gemacht hat, damit er die Botschaft der Zerstörung bringt, mit dem Erfolg, daß der Herr, seinem wohlbekannten, ja historisch verbürgten Gefallen an der Städtevernichtung zum Trotz, einen Rückzieher macht und es sich anders überlegt. Als ob das noch nicht gereicht hätte, zog Gott, unermüdlich bestrebt zu beweisen, daß er der Obermacker sei, jetzt noch ein raffiniertes Gleichnis für seinen Unterhund ab. Erst ließ er einen Kürbis wachsen, um Jona vor der Sonne zu schützen (unter «Kürbis» sollen wir uns so etwas wie eine Rizinuspflanze oder Christuspalme vorstellen, schnell wachsend und mit einem alles beschirmenden Blattwerk); dann, durch einen bloßen Wink mit dem seidenen Taschentuch, sandte er einen Wurm, um besagten Kürbis zu vernichten, so daß Jona qualvoll der Hitze ausgesetzt war. Gottes Erklärung für dieses kleine Straßentheater hörte sich an wie folgt: Du hast ja auch den Kürbis nicht gestraft, als er dich im Stich gelassen hat, nicht wahr; und genauso werde ich Ninive nicht strafen.

Das ist nicht gerade eine Spitzenstory, oder? Wie meistens im Alten Testament ist da ein lähmender Mangel an Willensfreiheit – oder auch nur der Illusion von Willensfreiheit – zu verzeichnen. Gott allein hat alle Karten in der Hand und macht alle Stiche. Das einzig Ungewisse ist, wie der Herr es diesmal anstellen wird: mit Trumpf Zwei einsteigen und auf das As ausspielen, mit dem As einsteigen und bis auf die Zwei runtergehen, oder eine Mischung davon. Und da man bei paranoiden Schizophrenen ja nie weiß, bringt dieses Element etwas Schwung in die Erzählung. Doch was ist von dieser Sache mit dem Kürbis zu halten? Als logisches Argument ist das nicht sehr überzeugend: daß Welten liegen zwischen einer Rizinuspflanze und einer Stadt mit 120000 Einwohnern, sieht doch jeder. Allerdings ist vielleicht genau das der Sinn der Sache, und der Gott des östlichen Mittelmeers wertet seine Geschöpfe nicht höher als Gemüsepflanzen.

Betrachten wir Gott einmal nicht als den Protagonisten und die Figur, die andere moralisch fertigmacht, sondern als den Autor dieser Geschichte, dann müssen wir ihm Punkte abziehen für Fabel, Motivation, Spannungsführung und Figurenzeichnung. Und doch hat seine schablonenhafte und ziemlich abstoßende Moralität ein sensationelles melodramatisches Moment – die Sache mit dem Walfisch. Erzähltechnisch wird die Zetazeen-Schiene ganz und gar nicht gut gehandhabt: Das Tier ist offensichtlich genauso ein Versatzstück wie Jona; sein schicksalhaftes Auftauchen gerade in dem Moment, als die Schiffsleute Jona über Bord werfen, stinkt doch geradezu nach *deus ex machina*; und sobald seine narrative Funktion erfüllt ist, wird der große Fisch lässig aus der Geschichte entlassen. Selbst der Kürbis kommt besser weg als der arme Wal, der nichts als ein schwimmendes Gefängnis darstellt, in dem Jona drei Tage lang seine Ungebühr gegen die Obrigkeit sühnt. Mit dem kleinen Finger schiebt Gott den Wabbelknast hin und her, wie ein Sandkasten-Admiral seine Flotte über die Seekarte stupst.

Und dennoch, trotz alledem stiehlt der Wal die Schau. Wir vergessen den allegorischen Gehalt der Geschichte (wie Babylon das ungehorsame Israel verschlingt), es ist uns ziemlich egal, ob Ninive gerettet wurde oder nicht, oder was mit dem wiedergekäuten Büßer passiert; aber der Walfisch bleibt uns in Erinnerung. Giotto zeigt, wie er an Jonas

Schenkeln mampft, und nur die Knie und die wild strampelnden Füße gucken noch raus. Brueghel, Michelangelo, Correggio, Rubens und Dalí haben die Sage ausgeschmückt. In Gouda gibt es ein Kirchenfenster, wo Jona aus dem Fischmaul kommt, wie ein Fußgänger aus dem Schlund einer Autofähre. Jona (dargestellt in allen Variationen vom faunischen Muskelmann bis zum bärtigen älteren Herrn) hat eine Ikonographie, ob deren Herkunft und Vielfalt Noah vor Neid erblassen würde.

Was fesselt uns denn so an Jonas Eskapade? Ist es der Moment des Verschlucktwerdens, das Hin und Her zwischen Gefahr und Erlösung, wo wir uns schon auf wundersame Weise vor der Gefahr des Ertrinkens gerettet sehen, bloß um dann der Gefahr anheimzufallen, bei lebendigem Leibe verschlungen zu werden? Sind es die drei Tage und drei Nächte im Bauche des Walfischs, die Vorstellung des Eingeschlossenseins, Erstickens, des Lebendigbegrabenseins? (Einmal, als ich den Nachtzug von London nach Paris nahm, befand ich mich unversehens in dem verschlossenen Schlafwagenabteil eines verschlossenen Wagens in einem verschlossenen Laderaum unter der Wasserlinie einer Kanalfähre; damals dachte ich nicht an Jona, aber meine Panik hatte vielleicht Ähnlichkeit mit seiner. Und spielt da noch eine eher lehrbuchmäßige Angst mit rein: Befällt uns angesichts des pulsierenden Wabbels das Entsetzen davor, in den Mutterleib zurückversetzt zu werden?) Oder beeindruckt uns das dritte Element der Geschichte am meisten, die Befreiung, der Beweis, daß es nach Einkerkerung und Fegefeuer auch Erlösung und Gerechtigkeit gibt? Wie Jona werden wir alle hin und her geworfen von den sturmgepeitschten Fluten des Lebens, machen einen scheinbaren Tod und ein tatsächliches Begräbnis durch, erlangen dann aber eine blendende Auferstehung, wenn die Türen der Autofähre sich auftun und wir wieder in das Licht und die Erkenntnis der Liebe

Gottes entlassen werden. Ist das der Grund, warum der Mythos in unserem Gedächtnis herumschwimmt?

Vielleicht – und vielleicht auch ganz und gar nicht. Als der Film *Der weiße Hai* herauskam, wurde vielfach versucht, seine magische Wirkung auf die Zuschauer zu erklären. War es der Rückgriff auf eine Ur-Metapher, einen archetypischen, weltweit bekannten Traum? Lebte er vom Gegensatz der Elemente Land und Wasser, dem Ausnutzen unserer Angst vor der Vorstellung eines Amphibiendaseins? Hatte es etwas damit zu tun, daß unsere kiementragenden Vorfahren vor Jahrmillionen aus dem Teich gekrochen sind, und seither lähmt uns der Gedanke an eine Rückkehr dorthin? Der englische Schriftsteller Kingsley Amis hat sich mit dem Film und seinen möglichen Interpretationen beschäftigt und ist zu folgendem Schluß gekommen: «Es geht darum, daß man verdammt Schiß davor hat, von einem verdammt großen Hai gefressen zu werden.»

Im Grunde ist es das, was uns bei der Geschichte von Jona und dem Walfisch noch immer packt: die Angst davor, von einem großen Geschöpf verschlungen zu werden, die Angst davor, gemampft, geschlürft, gegurgelt zu werden, heruntergespült mit einem Schluck Salzwasser und einem Schwarm Anchovis hinterher; die Angst davor, geblendet, umnachtet, erstickt, ersäuft, von Wabbel umschlossen zu werden; Angst vor dem Entzug von Sinneseindrücken, der einen bekanntlich in den Wahnsinn treibt; Angst vor dem Totsein. Wir reagieren genauso lebhaft wie jede andere todesbange Generation vor uns, seit irgendein sadistischer Seefahrer diese Legende erfunden hat im Bestreben, dem neuen Kabinenjungen einen Schreck einzujagen.

Wir sind uns natürlich im klaren, daß an der Geschichte überhaupt nichts Wahres dran sein kann. Als kultivierte Leute vermögen wir zu unterscheiden zwischen Mythos und Realität. Ein Wal kann vielleicht einen Menschen verschlucken, doch, das können wir als plausibel hinnehmen; aber wenn der erst einmal drin ist, kann er auf keinen Fall weiterleben. Erstens würde er ertrinken, und ertränke er nicht, so erstickte er; und höchstwahrscheinlich wäre er eh schon an einem Herzanfall gestorben, als er spürte, wie sich das Riesenmaul für ihn aufsperrte. Nein, es ist unmöglich, daß ein Mensch im Bauche eines Wals überlebt. Wir können zwischen Mythos und Realität unterscheiden. Wir sind kultivierte Leute.

Am 25. August 1891 wurde James Bartley, ein fünfunddreißigjähriger Matrose auf der *Star of the East*, vor den Falklandinseln von einem Pottwal verschluckt:

> Ich kann mich sehr gut an alles erinnern von dem Augenblick an, wo ich von dem Schiff fiel und spürte, wie meine Füße auf eine weiche Masse trafen. Ich schaute hoch und sah einen breitrippigen Baldachin von hellem Rosa und Weiß auf mich herabsinken, und im nächsten Moment fühlte ich mich hinabgezogen, mit den Füßen voran, und mir wurde klar, daß ich von einem Walfisch verschluckt wurde. Er zog mich tiefer und tiefer nach unten; eine Mauer aus Fleisch umgab mich und schloß mich von allen Seiten ein, doch der Druck war nicht schmerzhaft, und das Fleisch gab bei meiner geringsten Bewegung mit Leichtigkeit nach wie weicher Kautschuk.
>
> Plötzlich fand ich mich in einem Sack, viel größer als mein Körper, doch vollkommen dunkel. Ich tastete um mich herum; meine Hände berührten mehrere Fische, von denen manche anscheinend noch am Leben waren, denn sie wanden sich in meinen Fingern und entschlüpften zu meinen Füßen hin. Bald verspürte ich einen großen Schmerz im Kopf, und das Atmen wurde mir immer schwerer. Gleichzeitig spürte ich eine furchtbare Hitze; sie schien mich zu verzehren, wurde heißer und heißer.

Meine Augen wurden zu feurigen Kohlen in meinem Kopf, und ich glaubte jeden Augenblick, daß ich verdammt sei, im Bauche eines Walfisches zu verenden. Dies marterte mich, daß es nicht zu ertragen war, während zugleich die furchtbare Stille des entsetzlichen Gefängnisses mich niederdrückte. Ich versuchte mich zu erheben, Arme und Beine zu bewegen, zu schreien. Jedes Handeln war nun unmöglich, doch schien mein Verstand unnormal klar; und bei voller Einsicht in mein furchtbares Schicksal verlor ich schließlich jedes Bewußtsein.

Der Wal wurde später getötet und von der *Star of the East* längsseits genommen, deren Besatzung, nicht ahnend, wie nah ihr verlorener Kamerad sich befand, den restlichen Tag und einen Teil der Nacht mit dem Abspecken ihres Fangs zubrachte. Am nächsten Morgen machten sie Hebetaljen am Magen fest und zogen ihn an Deck. Aus seinem Innern schien eine schwache, krampfartige Bewegung zu kommen. In Erwartung eines großen Fisches oder vielleicht eines Hais schlitzten die Seeleute den Ranzen auf und entdeckten James Bartley: bewußtlos, Gesicht, Hals und Hände von den Magensäften weiß gebleicht, aber noch am Leben. Zwei Wochen lag er im Delirium, dann begann er sich zu erholen. Sein normaler Gesundheitszustand wurde schließlich wiederhergestellt, abgesehen davon, daß die Säuren alles Pigment aus seiner ungeschützten Haut gezogen hatten. Er blieb bis zum Tage seines Todes ein Albino.

M. de Parville, Wissenschaftsredakteur beim *Journal des Débats*, hat den Fall 1914 untersucht und ist dabei zu dem Schluß gekommen, der Bericht von Kapitän und Mannschaft sei «glaubwürdig». Moderne Wissenschaftler sagen, Bartley hätte im Bauche des Wals nicht mehr als ein paar Minuten lang überleben können, geschweige denn den halben Tag oder mehr, bis die nichtsahnenden Seeleute auf dem

Mutterschiff diesen Jona der Neuzeit befreiten. Doch glauben wir den modernen Wissenschaftlern, von denen keiner tatsächlich im Bauche eines Wals gewesen ist? Wir können uns mit dem berufsbedingten Skeptizismus doch bestimmt auf einen Kompromiß einigen. Wie wäre es denn mit Luftblasen (leiden Wale unter Blähungen wie jeder andere auch?) oder Magensäften, die durch irgendeine Walkrankheit in ihrer Wirksamkeit beeinträchtigt waren?

Und falls Sie Wissenschaftler sind odcr von gastrischen Zweifeln angesteckt, dann betrachten Sie es doch so. Viele Leute (ich eingeschlossen) glauben den Bartley-Mythos, genau wie Millionen den Jona-Mythos geglaubt haben. Sie mögen ihn nicht für wahr halten, aber es ist nun einmal so, daß die Geschichte nacherzählt, angepaßt, modernisiert worden ist; sie hat sich näher rangeschummelt. Statt Jona heißt es jetzt Bartley. Und eines Tages gibt es dann einen Fall, einen, den sogar Sie glauben, wo ein Seemann im Rachen eines Wals verschwand und aus seinem Bauch wieder herausgeholt wurde; vielleicht nicht nach einem halben Tag, vielleicht schon nach einer halben Stunde. Und dann glauben die Leute den Bartley-Mythos, den der Jona-Mythos gezeugt hat. Der springende Punkt ist nämlich: Nicht daß ein Mythos uns auf irgendein tatsächliches Ereignis zurück verweist, das auf seinem Weg durch das kollektive Gedächtnis phantasievoll umgedeutet wurde; sondern daß er uns vorwärts weist zu etwas, das geschehen wird, geschehen muß. Aus Mythos wird Realität, wie skeptisch wir auch sein mögen.

Drei

Am Sonnabend, dem 13. Mai 1939, lief das Passagierschiff *St Louis* um 20 Uhr aus seinem Heimathafen Hamburg aus. Es war ein Vergnügungsdampfer, und die Mehrzahl der 937 für die Transatlantikfahrt gebuchten Passagiere hatte ein Visum, das sie als «Touristen auf Vergnügungsreise» auswies. Diese Wörter waren jedoch eine Ausflucht und der Zweck der Reise nicht ein Ausflug, sondern Flucht. Fast alle Passagiere waren Juden, Flüchtlinge vor einem Nazistaat, der sie enteignen, deportieren und ausrotten wollte. Viele waren tatsächlich bereits enteignet worden, da Auswanderer aus Deutschland nicht mehr als die nominelle Summe von zehn Reichsmark mitnehmen durften. Diese erzwungene Armut machte sie geeigneter als Zielscheiben der Propaganda: Reisten sie lediglich mit dem zulässigen Betrag aus, konnte man sie als schäbige Untermenschen hinstellen, die sich davonmachten wie die Ratten; gelang es ihnen, das System zu überlisten, so waren sie Wirtschaftsverbrecher, die mit Diebesgut flohen. All das war normal.

Die *St Louis* hatte die Hakenkreuzfahne geflaggt, was normal war; zu ihrer Besatzung gehörten ein halbes Dutzend Gestapo-Agenten, was ebenfalls normal war. Die Reederei hatte den Kapitän angewiesen, für diese Reise billigere Fleischstücke zu laden, die Luxuswaren aus den Geschäften und die Gratispostkarten aus den Gesellschaftsräumen zu entfernen; der Kapitän umging solche Anweisungen jedoch weitgehend und verfügte, die Reise sollte anderen Kreuzfahrten der *St Louis* gleichen und, soweit es ging, normal sein. Als daher die Juden von einem Festland, wo sie verachtet, systematisch gedemütigt und eingesperrt worden waren, an Bord kamen, stellten sie fest, daß dieses Schiff rechtlich wohl zu Deutschland gehörte, unter der Hakenkreuzflagge fuhr und in den Gesellschaftsräumen große Hitlerbilder hängen hatte, daß die Deutschen, mit denen sie zu tun hatten, jedoch höflich, aufmerksam und sogar gehorsam waren. Das war anormal.

Keiner dieser Juden – von denen die Hälfte Frauen und Kinder waren – hatte die Absicht, in nächster Zukunft Deutschland wieder zu besuchen. Dennoch hatten sie alle, den Bestimmungen der Reederei entsprechend, Rückfahrkarten erwerben müssen. Der gezahlte Betrag sei, wie man ihnen sagte, zur Deckung «unvorhergesehener Eventualitäten» bestimmt. Bei der Landung in Havanna würden die Flüchtlinge von der Hamburg-Amerika-Linie eine Quittung für den nicht in Anspruch genommenen Teil des Fahrpreises erhalten. Das Geld selbst sei auf einem Sonderkonto in Deutschland hinterlegt: sollten sie je dorthin zurückkehren, könnten sie es sich auszahlen lassen. Selbst Juden, die mit der strengen Auflage, das Vaterland umgehend zu verlassen, aus dem KZ entlassen worden waren, mußten für Hin- und Rückfahrt bezahlen.

Mit den Fahrkarten zusammen hatten die Flüchtlinge auch eine Einreisegenehmigung vom Direktor der kubanischen Einwanderungsbehörde erworben, der sich persönlich dafür verbürgte, daß sie bei der Einreise in sein Land keinerlei Schwierigkeiten zu gewärtigen hätten. Die Einstufung als «Touristen auf Vergnügungsreise» ging auf ihn zurück; manchen Passagieren, vor allem den jüngeren, gelang im Laufe der Fahrt der bemerkenswerte Übergang vom verachteten Untermenschen zum vergnügungssuchenden Touristen. Vielleicht kam ihnen ihr Entkommen aus Deutschland ebenso wunderbar vor wie das von Jona aus dem Walfisch. Jeden Tag gab es Essen, Trinken und Tanz. Obwohl man die Besatzungsmitglieder von der Gestapo-Zelle aus vor Verstößen gegen das Gesetz zum Schutze des deutschen Blutes und der deutschen Ehre gewarnt hatte, entwickelten sich die sexuellen Aktivitäten wie normal auf einer Kreuzfahrt. Gegen Ende der Atlantiküberquerung fand der traditionelle Kostümball statt. Die Kapelle spielte Glenn Miller; die Juden kamen als Seeräuber, Matrosen und Hawaii-Tänzerinnen. Ein paar kühne Mädchen gingen als Haremsdamen in arabischen Gewändern, die sie aus Bettüchern gefertigt hatten – eine Verkleidung, die die Orthodoxeren an Bord unpassend fanden.

Am Samstag, dem 27. Mai, machte die *St Louis* im Hafen von Havanna fest. Um vier Uhr morgens wurde zum Wekken getutet, und eine halbe Stunde später ertönte der Gong zum Frühstück. Kleine Boote kamen zu dem Dampfer heraus; auf manchen waren Verkäufer von Kokosnüssen und Bananen, auf anderen Freunde und Verwandte, die Namen zur Reling hinauf riefen. Das Schiff hatte eine Quarantäneflagge aufgezogen, was normal war. Der Kapitän mußte bei der Gesundheitspolizei des Hafens bezeugen, daß sich kein «Idiot, Geisteskranker oder an einer ekelerregenden oder ansteckenden Krankheit Leidender» an Bord befinde. Als dies geschehen war, begannen Beamte der Einwanderungsbehörden mit der Abfertigung der Passagiere, prüften ihre Papiere und gaben ihnen bekannt, wo sie später auf dem Pier ihr Gepäck zu erwarten hätten. Die ersten fünfzig Flüchtlinge versammelten sich oben an der Leiter und warteten auf das Boot, das sie an Land bringen sollte.

Einwandern ist, wie Auswandern, ein Prozeß, bei dem Geld keine geringere Rolle spielt als Richtlinien oder Gesetze und oft mehr gilt als diese. Geld gibt dem Gastland – oder, im Falle Kubas, dem Transitland – das beruhigende Gefühl, daß die Neuankömmlinge dem Staat nicht zur Last fallen. Geld dient auch dazu, die Beamten zu bestechen, die für diese Entscheidung zuständig sind. Der Direktor der kubanischen Einwanderungsbehörde hatte an früheren Schiffsladungen von Juden eine Menge Geld verdient; der Präsident von Kuba hatte nicht genug daran verdient. Daher hatte der Präsident am 6. Mai eine Verfügung erlassen, mit der die Gültigkeit von Touristenvisa aufgehoben wurde, wenn der eigentliche Zweck der Reise die Einwanderung war. Waren die Menschen an Bord der *St Louis* von dieser Verfügung betroffen oder nicht? Das Schiff war nach Verkündung des Gesetzes von Hamburg ausgelaufen; andererseits waren die Einreisegenehmigungen schon vorher ausgestellt worden. Auf diese Frage konnte man viele Worte und viel Geld verwenden. Die Verfügung des Präsidenten trug die Nummer 937, was, wie abergläubischen Menschen hätte auffallen können, zugleich die Zahl der Gäste an Bord war, als die *St Louis* Europa verließ.

Es kam zu einer Verzögerung. Neunzehn Kubaner und Spanier durften an Land gehen, dazu drei Passagiere mit echten Visa; die rund 900 Juden warteten auf Nachricht von den Verhandlungen, an denen, in wechselnder Besetzung, der kubanische Präsident, sein Leiter der Einwanderungsbehörde, die Reederei, die örtliche Hilfsorganisation, der Kapitän des Schiffes und ein aus dem New Yorker Hauptquartier des Joint Distribution Committee eingeflogener Rechtsanwalt beteiligt waren. Diese Gespräche dauerten mehrere Tage. Zu berücksichtigen waren Faktoren wie Geld, Stolz, politische Ambitionen und die öffentliche Meinung in Kuba. Von einem war der Kapitän der *St Louis*, bei allem Mißtrauen gegen die einheimischen Politiker wie seine eigene Reederei, aber überzeugt: Sollte Kuba sich als unzugänglich erweisen, würden die Vereinigten Staaten, wo die meisten seiner Passagiere letztendlich einreiseberechtigt waren, sie bestimmt früher als versprochen aufnehmen.

Die verlassenen Passagiere waren zum Teil weniger zuversichtlich und ließen sich von den Ungewißheiten, dem Hinhalten, der Hitze zermürben. Sie hatten so lange gebraucht, um an einen sicheren Ort zu gelangen, und jetzt waren sie so nahe davor. In kleinen Booten kreisten Freunde und Verwandte weiterhin um den Dampfer, ein Foxterrier, der aus Deutschland vorausgeschickt worden war, wurde jeden Tag hinausgerudert und zur Reling und seinen fernen Besitzern hochgehalten. Ein Passagierkomitee wurde gebildet, dem die Schiffahrtsgesellschaft die Möglichkeit gab, unentgeltlich zu kabeln; es wurden Vermittlungsappelle an einflußreiche Leute gesandt, darunter auch an die Frau des kubanischen Präsidenten. Währenddessen wollten sich zwei Passagiere das Leben nehmen, einer mit einer Spritze und Beruhigungsmitteln, der andere, indem er sich die Pulsadern aufschnitt und ins Meer sprang; beide überlebten. Danach gab es, zur Vermeidung weiterer Selbstmordversuche, nächtliche Sicherheitspatrouillen; die Rettungsboote wurden ständig in Bereitschaft gehalten, und das Schiff wurde mit Scheinwerfern erleuchtet. Diese Maßnahmen erinnerten manche Juden an die Konzentrationslager, die sie kurz zuvor verlassen hatten.

Nach dem Absetzen ihrer 937 Auswanderer sollte die *St Louis* nicht leer aus Havanna auslaufen. Für die Rückreise nach Hamburg über Lissabon waren etwa 250 Passagiere gebucht. Ein Vorschlag war, daß zumindest 250 Juden aussteigen könnten, um für die an Land Platz zu machen. Doch wie würde man die 250 auswählen, die von der Arche gehen durften? Wer würde die Reinen von den Unreinen scheiden? Sollte es durch Los entschieden werden?

Die prekäre Lage der *St Louis* war keine unbeachtete Lokalangelegenheit. Die Fahrt wurde von der deutschen, britischen und amerikanischen Presse verfolgt. Der *Stürmer* kommentierte, falls die Juden ihre Rückfahrkarte nach

Deutschland in Anspruch nehmen sollten, würde man sie in Dachau und Buchenwald unterzubringen wissen. Im Hafen von Havanna gelang es unterdessen amerikanischen Reportern, auf das Schiff zu kommen, dem sie, vielleicht etwas unbedacht, nachgesagt hatten, es habe «die Welt beschämt». Diese Art von Publicity ist für Flüchtlinge nicht unbedingt hilfreich. Wenn die Schande schon für die ganze Welt galt, warum sollte dann ein einzelnes Land – das bereits viele jüdische Flüchtlinge aufgenommen hatte – es immer wieder auf sich nehmen? Die Welt empfand die Schande ganz offenbar nicht so stark, daß sie die Hand nach der Brieftasche ausgestreckt hätte. Folglich beschloß die kubanische Regierung, die Einwanderer zurückzuweisen, und befahl der *St Louis*, die Hoheitsgewässer der Insel zu verlassen. Das sollte nicht heißen, fügte der Präsident hinzu, daß er die Tür zu Verhandlungen zugeschlagen habe; nur daß er keine weiteren Angebote mehr in Betracht ziehen würde, ehe das Schiff den Hafen verlassen hätte.

Was kostet ein Flüchtling? Das kommt darauf an, wie verzweifelt er ist, wie reich sein Schutzherr, wie gierig sein Gastgeber. In einer Welt der Einreisegenehmigungen und Panik werden die Preise immer vom Anbieter bestimmt. Die Preise sind willkürlich, spekulativ und flüchtig. Dem Anwalt des Joint Distribution Committee, der ein Eröffnungsangebot von $ 50000 für die sichere Einreise der Juden unterbreitete, wurde bedeutet, es wäre von Vorteil, die Summe zu verdreifachen. Aber wenn schon verdreifachen, warum dann nicht noch einmal verdreifachen? Der Direktor der Einwanderungsbehörde – der bereits $ 150 pro Kopf für die nicht anerkannten Einreisegenehmigungen kassiert hatte – schlug der Schiffahrtsgesellschaft einen Beitrag von $ 250000 vor, um die Aufhebung von Verfügung Nummer 937 zu fördern. Ein angeblicher Unterhändler des Präsidenten schien der Meinung zu sein, die Juden könnten für

$ 1 000 000 an Land gebracht werden. Am Ende sollte die kubanische Regierung sich für eine Kaution von $ 500 pro Jude entscheiden. Dieser Preis hatte eine gewisse Logik für sich, da es die Sicherheitsleistung war, die jeder offizielle Einwanderer in dieses Land zu hinterlegen hatte. Die 907 Passagiere an Bord, die bereits ihre Hin- und Rückfahrkarte bezahlt hatten, die ihre Einreisegenehmigung gekauft hatten und sich dann offiziell mit zehn deutschen Mark pro Kopf begnügen mußten, würden also $ 453 500 kosten.

Als der Dampfer die Maschinen anwarf, stürmte eine Gruppe von Frauen das Fallreep; sie wurden von der kubanischen Polizei mit Pistolen zurückgetrieben. Während ihres sechstägigen Aufenthalts im Hafen von Havanna war die *St Louis* zu einer Touristenattraktion geworden, und ihre Abreise wurde von einer auf 100 000 Menschen geschätzten Menge verfolgt. Der Kapitän hatte von seinen Vorgesetzten in Hamburg die Erlaubnis erhalten, jeden Hafen anzusteuern, der seine Fahrgäste aufnehmen würde. Zuerst fuhr er träge in immer größeren Kreisen herum und wartete auf einen Rückruf nach Havanna; dann steuerte er nach Norden Richtung Miami. Als das Schiff die amerikanische Küste erreichte, wurde es von einem Kutter der US-Küstenwacht in Empfang genommen. Doch dieser scheinbare Willkommensgruß war eine Abweisung: der Kutter war da, um dafür zu sorgen, daß die *St Louis* nicht in die Hoheitsgewässer einfuhr. Das State Department hatte bereits beschlossen, den Juden, falls sie von Kuba zurückgewiesen würden, keine Einreise in die Vereinigten Staaten zu bewilligen. Hier spielte das Geld eine weniger direkte Rolle: hohe Arbeitslosigkeit und erprobte Ausländerfeindlichkeit waren Rechtfertigung genug.

Die Dominikanische Republik erbot sich, die Flüchtlinge zum standardisierten Marktpreis von $ 500 pro Kopf aufzunehmen; doch das war nur eine Neuauflage des kubanischen

Tarifs. Venezuela, Ecuador, Chile, Kolumbien, Paraguay und Argentinien wurden der Reihe nach angesprochen; alle lehnten es ab, die Schande der ganzen Welt allein auf sich zu nehmen. In Miami verkündete der Inspektor der Einwanderungsbehörde, die *St Louis* dürfe in keinem US-amerikanischen Hafen anlegen.

Der Dampfer, dem auf dem gesamten amerikanischen Kontinent die Einreise verweigert worden war, fuhr weiterhin nach Norden. Die Menschen an Bord waren sich darüber im klaren, daß sie sich dem Punkt näherten, wo das Schiff nach Osten abdrehen und dann unweigerlich nach Europa zurück steuern mußte. Dann, am Sonntag, dem 4. Juni, wurde um 16 Uhr 50 eine Nachrichtenmeldung aufgefangen. Offenbar hatte der Präsident von Kuba die Genehmigung zur Ausschiffung der Juden auf der Isla de Pinos gegeben, einer früheren Strafkolonie. Der Kapitän wendete die *St Louis* und nahm wieder Kurs nach Süden. Die Passagiere brachten ihr Gepäck nach oben an Deck. An diesem Abend war beim Dinner die Stimmung des Galaabends wieder da.

Am nächsten Morgen erhielt das Schiff, drei Fahrtstunden von der Isla de Pinos entfernt, ein Kabel: Die Genehmigung zur Ausschiffung war noch nicht bestätigt. Dem Passagierkomitee, das während der Krise ständig Telegramme mit der Bitte um Vermittlung an prominente Amerikaner geschickt hatte, fiel niemand mehr ein, den man noch kontaktieren könnte. Jemand schlug den Bürgermeister von *St Louis*, Missouri, vor, in der Annahme, die Namensgleichheit könnte vielleicht Mitgefühl wecken. Es wurde denn auch ein Kabel dorthin abgesandt.

Der kubanische Präsident hatte eine Kaution von $ 500 pro Flüchtling verlangt und zusätzlich eine Ergänzungsgarantie zur Deckung von Verpflegung und Unterkunft während der Transitperiode auf der Isla de Pinos. Der amerikanische Anwalt hatte (der kubanischen Regierung zufolge) insgesamt $ 443 000 geboten, jedoch zur weiteren Bedingung gemacht, dieser Betrag müsse nicht nur für die Flüchtlinge auf der *St Louis* reichen, sondern auch für 150 Juden auf zwei anderen Schiffen. Die kubanische Regierung sah sich nicht in der Lage, diesen Gegenvorschlag anzunehmen, und zog ihr Angebot zurück. Der Anwalt für das Joint Distribution Committee erklärte sich daraufhin voll und ganz mit der ursprünglichen kubanischen Forderung einverstanden. Die Regierung ihrerseits bedauerte, daß ihr Angebot bereits abgelaufen sei und nicht mehr erneuert werden könne. Die *St Louis* machte kehrt und nahm ein zweites Mal Kurs nach Norden.

Als das Schiff sich auf die Rückfahrt nach Europa machte, wurde inoffiziell bei der britischen und der französischen Regierung sondiert, ob ihre Länder die Juden nehmen würden. Die britische Antwort war, man würde es vorziehen, die gegenwärtigen Schwierigkeiten im weiteren Kontext der allgemeinen Flüchtlingssituation in Europa zu prüfen, sei aber möglicherweise bereit, eine sich an die Rückkehr nach Deutschland anschließende Einreise der Juden nach Großbritannien in Betracht zu ziehen.

Unbestätigte oder unbrauchbare Angebote waren von dem Präsidenten von Honduras, von einem amerikanischen Philanthropen, selbst von einer Quarantänestation in der Panama-Kanalzone eingegangen; das Schiff fuhr weiter. Das Komitee der Passagiere richtete seine Appelle an führende Persönlichkeiten der Politik und der Kirche in ganz Europa; seine Botschaften mußten jetzt allerdings kürzer ausfallen, da die Reederei die gebührenfreien Kabelmöglichkeiten zurückgenommen hatte. Ein Vorschlag, der zu diesem Zeitpunkt gemacht wurde, sah vor, daß die kräftigsten Schwimmer unter den Juden in Abständen über Bord springen sollten, um so die *St Louis* zum Anhalten und Umkehren zu zwingen. Das würde ihre Fahrt nach Europa aufhalten und mehr Zeit für Verhandlungen lassen. Die Idee wurde nicht aufgegriffen.

Der deutsche Rundfunk meldete, da kein Land die Schiffsladung Juden haben wolle, müsse das Vaterland sie wohl zurücknehmen und für ihren Unterhalt sorgen. Es war nicht schwer zu erraten, wo man für ihren Unterhalt sorgen würde. Wenn die *St Louis* gezwungen wäre, ihre Fracht von Entarteten und Kriminellen wieder in Hamburg abzuladen, würde das obendrein noch beweisen, daß die vorgebliche Anteilnahme der Welt nichts als Heuchelei war. Keiner wollte die schäbigen Juden haben, und somit hatte keiner das Recht zur Kritik, egal welchen Empfang das Vaterland den schmutzigen Parasiten bei ihrer Rückkunft bereitete.

An diesem Punkt nun versuchte eine Gruppe jüngerer Juden, das Schiff zu kapern. Sie stürmten die Brücke, doch konnte der Kapitän sie von weiteren Aktionen abbringen. Er seinerseits dachte sich den Plan aus, die *St Louis* vor Beachy Head in Brand zu stecken, wodurch die Retternation genötigt wäre, die Passagiere aufzunehmen. Dieses verzweifelte Vorhaben wäre vielleicht sogar ausgeführt worden. Schließlich, als viele die Hoffnung aufgegeben hatten und der Dampfer sich Europa näherte, gab die belgische Regierung bekannt, daß sie 200 der Passagiere aufnehmen werde. In den darauffolgenden Tagen erklärte sich Holland bereit, 194 aufzunehmen, Großbritannien 350 und Frankreich 250.

Nach einer Fahrt von 10000 Meilen legte die *St Louis* in Antwerpen an, 300 Meilen von ihrem Ausgangshafen entfernt. Es hatten sich bereits Vertreter der Hilfsorganisationen aus den vier beteiligten Ländern zusammengesetzt, um über die Verteilung der Juden zu befinden. Die meisten Menschen an Bord besaßen das Recht, letztendlich in die Vereinigten Staaten einzureisen, und hatten daher eine Nummer auf der amerikanischen Quotenliste zugeteilt bekommen. Es war zu beobachten, daß unter den Fürsorgern ein Wettkampf um Passagiere mit niedrigen Nummern ausbrach, da diese Flüchtlinge ihre Transitländer am frühesten verlassen würden.

In Antwerpen hatte eine nazifreundliche Jugendorganisation Flugblätter mit dem Slogan verteilt: «Auch wir wollen den Juden helfen. Wenn sie sich in unseren Büros melden, erhält jeder gratis einen Strick und einen langen Nagel.» Die Passagiere wurden ausgeschifft. Diejenigen, die in Belgien Aufnahme fanden, wurden in einen Zug gesetzt, dessen Türen abgeschlossen und dessen Fenster vernagelt waren; man sagte ihnen, diese Maßnahmen seien zu ihrem eigenen Schutz notwendig. Diejenigen, die in Holland Aufnahme fanden, kamen unverzüglich in ein von Stacheldraht und Wachhunden umgebenes Lager.

Am Mittwoch, dem 21. Juni, legte das britische Kontingent von der *St Louis* in Southampton an. Sie konnten darüber nachsinnen, daß ihre Irrfahrt auf See exakt vierzig Tage und vierzig Nächte gedauert hatte.

Am 1. September begann der Zweite Weltkrieg, und die Passagiere von der *St Louis* teilten das Schicksal des europäischen Judentums. Ihre Chancen stiegen und fielen mit dem Land, dem sie zugeteilt worden waren. Schätzungen darüber, wie viele überlebt haben, gehen auseinander.

ACHT

Stromaufwärts!

Postkarte
c/o Der Dschungel

Liebling,

grade noch Zeit für eine Karte – in einer halben Stunde fahren wir – das war die letzte Nacht mit unserem Johnny Walker, ab jetzt gibts einheimisches Feuerwasser oder gar nichts – denk dran, was ich Dir am Telefon gesagt hab, und laß es bloß nicht zu kurz schneiden. Ich liebe Dich – Dein Zirkus-Kraftmensch.

Brief 1

Mein allerliebster Liebling,

hab grade 24 Stunden in einem Bus hinter mir, wo das ganze Armaturenbrett voll war von St. Christophorussen, oder wie man die hierzulande übliche Version nennt. Meinetwegen hätte der Fahrer ruhig zu stärkeren Zaubermitteln greifen können – das alte Christentum hat sich anscheinend nicht besonders auf seinen Fahrstil ausgewirkt. Bei jeder Haarnadelkurve möchte man sich die Seele aus dem Leibe kotzen, ansonsten großartige Landschaft. Riesige Bäume, Berge – so in dem Stil – ich hab ein paar Ansichtskarten davon. Die ganze Mannschaft zur Zeit etwas durchgedreht – wenn ich mir noch einen Witz anhören muß wie «Dich haben sie wohl Caracas-triert», dann erwürge ich jemand, glaub ich. Na ja, bei so einem Job ist das normal. Nicht, daß ich so einen Job schon mal gemacht hätte, wird bestimmt ganz lustig. Will ich auch schwer hoffen, nach den ganzen Spritzen, die sie mir verpaßt haben, damit Beriberi und Konsorten mir vom Leibe bleiben.

Mal wo hinzukommen, wo man nicht ständig erkannt wird, ist auch eine Erleichterung. In Caracas ist ihnen meine Schnauze nämlich trotz Bart und Brille nicht entgangen. Am Flughafen sowieso, aber das ist ja normal. Nein, es war richtig komisch. Rat mal, in was sie mich gesehen haben? Nicht die «besonders wertvolle» Abteilung Existenzangst, Drehbuch von Pinter, Gewinner der Goldenen Palme, nichts dergleichen. Nein, diese schmierige kleine Ami-Serie, die ich für Hal Dukannstmichmalidis gemacht hab. Läuft hier IMMER noch. Die Kinder auf der Straße kommen angerannt und sagen, «Hey Mista Rick, wie gehts?» Was sagst Du dazu? Die Armut hier hats in sich. Aber nach Indien kann mich nichts mehr überraschen. Also, was hast Du jetzt mit Deinen Haaren gemacht? Ich hoffe, Du hast keine Dummheiten angestellt, bloß um mir eins auszuwischen, weil ich weggefahren bin. Ich weiß ja, wie Ihr Mädels seid: Erst heißt es Ich laß es mal kurz schneiden, um zu sehen wies aussieht, und dann Der Pedro vom Salon will im Augenblick nicht, daß ichs wachsen lasse, und dann An der Dingsbums Hochzeit muß ich top aussehen, da kann ich doch unmöglich hin, wenn es so halb ausgewachsen ist, und am Ende läßt Du es gar nicht wieder wachsen, und wenn ich nicht jede Woche davon anfang, glaubst Du, ich mags inzwischen doch, und wenn ich jede Woche davon anfang, glaubst Du, ich will auf Dir rumhacken, also fang ich eben nicht davon an, und dann hab ich den Salat. Und wenn Du sagst, es ist wegen dem Bart, ist das unfair, weil der Bart ist nicht meine Schuld, die haben sich halt im Dschungel nicht rasiert in dem Jahrhundert, wann immer das gewesen sein soll, klar hab ich ihn mir schon vorher wachsen lassen, aber so bin ich halt, ich denk mich gern so früh wie möglich in eine Rolle rein. Du weißt ja, was Dirk sagt, wie er mit den Schuhen anfängt, wenn die Schuhe stimmen, weiß er auch, wie die Figur sonst so ist, und bei mir ist es halt das Gesicht. Tut mir leid, daß Du das morgens als erstes zu sehen kriegst, aber dafür kann ja nicht jede behaupten, sie hätte mit einem Jesuiten geschlafen. Noch dazu einem uralten Jesuiten. Wetter sehr heiß, das gibt noch Wäscheprobleme. Ich nehm immer noch diese Pillen für den Bauch. Hab mit Vic über das Skript gesprochen, und er sagt, ich soll mir keine Sorgen machen, aber das sagen sie in dem Stadium ja immer, nicht? Ich hab ihm dasselbe gesagt wie Dir am Telefon, nämlich ob man ihm nicht was deutlich Menschlicheres geben könnte, weil Priester heutzutage nicht gerade Kassenrenner sind, und Vic hat gesagt, wir besprechen das, wenn wir näher dran sind. Mit Matt komm ich gut aus – klar wirds einen gewissen Konkurrenzkampf geben, wenn wir mal mit der Arbeit anfangen, aber er ist lange nicht so paranoid wie ichs mir vorgestellt hab, so die schulterklopfende Tour halt, aber so sind sie wohl, die Amis. Ich hab ihm meine Geschichte von Vanessa erzählt und er mir seine, und wir hatten sie beide schon mal gehört! Haben uns die letzte Nacht in der Stadt zusammen vollaufen lassen, bis wir stinko paralyrico waren, und dann in einem Restaurant den Zorbas-Tanz aufs Parkett gelegt! Matt wollte auch Teller zerschlagen, aber die meinten, das wäre bei ihnen nicht üblich, und haben uns rausgeschmissen! Und die Teller mußten wir auch bezahlen.

Weißt Du, wie die Postämter hier draußen heißen? Unsere Liebe Frau von der Kommunikation. Wahrscheinlich muß man auf die Knie, damit am nächsten Tag zugestellt wird. Nicht, daß wir hier je ein Postamt gesehen hätten, weit und breit nichts. Weiß der Himmel, ob ich diesen Brief aufgeben kann, bevor der Dschungel losgeht. Vielleicht treffen wir einen freundlichen Eingeborenen mit einem gegabelten Stock, der in die richtige Richtung will, und dann setz ich mein Breitwand-Lächeln auf und händige ihm das Schreiben aus. (Witz). Mach Dir keine Sorgen um mich. Ich liebe Dich,

– Charlie –

Brief 2

Liebling,

wenn Du in Deinem Album nach dem Foto suchst von unserer Wohnungseinweichung (Witz), wirst Du sehen, daß da was fehlt. Keine Angst – das hab ich. Es ist das, wo Du Dein Eichhörnchengesicht machst. Du bist bißchen naß geworden hier draußen – furchtbarer Wolkenbruch vor ein paar Tagen – aber Du läßt Dir immer noch ganz gern einen Kuß geben vor dem Schlafengehen. Vielleicht wirst Du von jetzt ab ein bißchen verkrumpelt, weil wir nämlich so schnell kein Hotel mehr zu sehen bekommen. Jetzt gibts nur noch Pfadfinderkram und Biwaks und Zelte. Hoffentlich krieg ich soviel Schlaf, wie ich brauche. Es ist schwer, so richtig voll Rohr zu arbeiten, wenn man nur ein paar Stunden gepennt hat. Jedenfalls sind wir jetzt richtig im Dschungel. Ständig gibt es Verzögerungen. So das Übliche – man macht aus, daß man an dem und dem Tag mit soundso vielen Leuten und soundso viel Gepäck auftaucht, und er bringt dich dann zur nächsten Stelle, und wenn man da ist, erzählt er dir, jetzt wär alles anders, und du hast nicht fünfzig gesagt sondern fünfzehn, und überhaupt sind die Preise gestiegen und so weiter und so furz, bis er das nötige Schmiergeld hat. Mein Gott, wenn so was passiert, möcht ich am liebsten ganz laut schreien Ich Will Arbeiten. Ich habs mal gemacht, als sich alles noch haariger entwickelte als sonst, da bin ich runter, wo irgendso ein Bandit uns übers Ohr hauen wollte, und bin ihm praktisch ins Gesicht gesprungen und hab ihn angebrüllt Ich Will Arbeiten, Himmelherrgottnochmal, Laß Mich Arbeiten, aber Vic hat gesagt, das wär nicht sonderlich hilfreich.

Später. Matt hat in den Fluß gepinkelt, und da ist einer von den Elektrofuzzis gekommen und hat ihm erklärt, das wäre keine gute Idee. Es gibt da anscheinend so winzigkleine Fische, die werden von der Wärme oder so angezogen und können in der Pisse raufschwimmen, während man am Pinkeln ist. Hört sich nicht sehr wahrscheinlich an, andererseits wenn man an die Lachse denkt. Jedenfalls schwimmen die geradewegs in deinen Pimmel rein, und wenn sie da mal drin sind, fahren sie seitwärts ein paar Stacheln aus und bleiben einfach da. Aua bis zum Gehtnichtmehr, um es gelinde auszudrücken. Der Elektrofuzzi sagt, du kriegst ihn nicht mehr raus, es ist, als hätte einer da drinnen einen Schirm aufgespannt, und du mußt dir den ganzen Apparat im Krankenhaus abschnippeln lassen. Matt wußte nicht, ob er ihm glauben soll, aber kann mans drauf ankommen lassen? Jedenfalls pinkelt im Moment keiner in den Fluß.

Später. Wir sind am Spätnachmittag den Fluß raufgetukkert, und die Sonne fing an, über diesen Riesenbäumen unterzugehen, und ein Schwarm großer Vögel, Reiher oder so, hat abgehoben, als wären es rosa Wasserflugzeuge, wie irgendwer meinte, und da ist der zweite Assistent plötzlich aufgestanden und hat gebrüllt. Das ist das Paradies, das ist verfickt noch mal das Paradies. Ich bin allerdings ein bißchen deprimiert, mein Schatz. Tut mir leid, daß ich Dir jetzt damit komme, ich weiß es ist nicht fair, weil bis Du diesen Brief kriegst, bin ich bestimmt wieder mopsfidel. Dieser scheiß Matt macht mich echt fertig. Kommt sich vor wie sonstwas. Als hätte keiner je einen Film gemacht außer ihm, und er schmeißt sich schwer ran bei den Technikern, damit ers leichter hat vor der Kamera, wo er dann fünf Jahre jünger aussieht, und ich krieg die glänzende Nase. Vic ist nicht hart genug für den Job, ehrlich gesagt. Da müßte so ein Studio-Boss von der alten Sklaventreiber-Garde her, wenn du mich fragst, nicht so ein sensibler Jungakadamiker, der zum Film gegangen ist, weil er die Wolken bei Antonioni gemocht und sich dann sone Neue-deutsche-Welle-Echtheits-Tour draufgeschafft hat. Sag doch mal selbst, da schleppen wir uns zu vierzigst in den Dschungel, bloß weil wir ihm das abgekauft haben, daß wir uns unbedingt in die Realität von ein paar mausetoten Jesuitenpriestern einarbeiten müssen. Wieso das auch für die Technik gilt, weiß ich nicht, aber Vic hat bestimmt eine Theorie, die das auch mit abdeckt. Daß wir zu Fuß reinmüssen und die Ausrüstung dann per Luftbrücke kommt, ist ja wohl eine ziemliche Wichserei. Er läßt uns nicht mal das Funktelefon benutzen, bis wir am Treffpunkt sind. Die Freundin von dem Kameraassistenten kriegt ein Kind, und er wollte die Zentrale in Caracas anrufen, ob es irgendwas Neues gibt, aber Vic hat nein gesagt.

Scheiß Wetter. Ständig diese scheiß Hitze. Schwitze wie ein Schwein, *comme un porco*. Mach mir immer noch Sorgen wegen dem Skript. Muß wohl selbst einiges umschreiben. Keine Chance, irgendwas gewaschen zu kriegen, außer wir treffen einen Stamm von Waschfrauen, die vor solchen Blechhütten auf Kundschaft warten, wie wir damals in dem Dorf in der Provence gesehen haben, weißt du noch? Scheiß Schild für Coca-Cola bei einer Handelsstation heute früh. Was sagst Du dazu: Hunderte von Meilen von jedem scheiß Kaff entfernt, und die Coke-Vertreter waren schon vor dir da und haben die Landschaft verschissen. Oder einer von Matts Kumpeln hat es da hingeknallt, damit er sich wie zu Hause fühlt. Tut mir leid all das.

Liebe Grüße, Charlie

Hallo meine Schöne!

Tut mir leid wegen dem Gejammer am Schluß vom letzten Brief. Ist jetzt alles viel besser. Erstmal haben wir alle wieder angefangen, in den Fluß zu pinkeln. Wir haben Fischefuzzi, wie wir ihn jetzt nennen, gefragt, wo er denn das herhat mit den Fischen, die die Pisse raufschwimmen, und er hat gesagt, er hätte so einen fetten Forschertypen in der Glotze daherlabern hören, was ganz plausibel klang. Aber dann haben wir etwas nachgehakt, und da hat er seinen entscheidenden Fehler gemacht. Er hat gesagt, dieser Forscher hätte gesagt, er hätte sich so Spezialunterhosen machen lassen, damit er gefahrlos in den Fluß pinkeln konnte. Er hätte sich einen Cricketschutz besorgt, hat Fischefuzzi gesagt, und den vorderen Teil rausgeschnitten und ein Teesieb reingesteckt. Was sagst Du dazu! Wenn man schon flunkert, dann möglichst unauffällig, so heißt doch die Regel, nicht? Tu nie zu viele Eier in den Pudding. Also haben wir Fischefuzzi erstmal gründlich ausgelacht, und dann hat jeder seinen Hosenstall aufgemacht und in den Fluß gepinkelt, egal ob er nun mußte oder nicht. Der einzige, der nicht mitgemacht hat, war Fischy, der mußte sein Gesicht wahren und hat steif und fest behauptet, daß es stimmt.

Das hat uns also etwas aufgemuntert, wie Du Dir denken kannst, aber so richtig gebracht hat es dann der erste Kontakt mit den Indianern. Ich mein, wenn man ausging von den Banditen auf dem Weg hierher («hier», falls Du das auf Deinem Schulmädchenatlas nachsehen willst, ist irgendwo in der Nähe des Mocapra), warum sollten dann ausgerechnet die Indianer Wort halten? Matt hat hinterher gesagt, er hätte so halb damit gerechnet, daß das Ganze für die Katz war, und ich hab ihm erzählt, das gleiche hätte ich auch gedacht. Aber da standen sie, alle vier, genau da, wo sie gesagt hatten, auf einer Lichtung an einer Flußbiegung, nackt wie die Natur sie schuf, standen ganz hoch aufgerichtet, wodurch sie immer noch nicht sehr groß wurden, und sahen uns ohne jede Furcht an. Auch ohne jede Neugier, seltsamerweise, was irgendwie komisch war. Man erwartet doch, daß sie einen knuffen wollen oder so. Aber sie standen einfach so da, als ob wir die komischen Typen wären und nicht sie, was ja auch völlig richtig ist, wenn mans recht bedenkt. Sie guckten zu, wie wir alles ausgeladen haben, und dann zogen wir los. Haben nicht angeboten, irgendwas zu tragen, was uns etwas erstaunt hat, aber andererseits sind sie wohl auch keine Sherpas, nicht wahr? Es sind offenbar an die zwei Tagesmärsche bis zu dem Rest von dem Stamm und dem Fluß, den wir suchen. Nach welchem Weg die sich richten, konnten wir überhaupt nicht erkennen – einen erstaunlichen Orientierungssinn müssen die hier im Dschungel haben. Du wärst hier verloren, das kann ich Dir sagen, mein Engel, wo Du doch noch nicht mal von Shepherd's Bush nach Hammersmith kommst ohne Polizei-Eskorte.* Wir sind ungefähr zwei Stunden lang marschiert und haben dann Rast gemacht für die Nacht und Fische gegessen, die die Indianer im Fluß gefangen haben, während sie auf uns warteten. Total müde, aber einiges erlebt heute. Küßchen.

* Witz (nicht ernstgemeint)

Später. Einen ganzen Tag lang unterwegs. Ein Glück, daß ich immer schön in der Sporthalle trainiert hab. Von der Technik fangen manche schon nach etwa einer halben Stunde an zu schnaufen, was auch kein Wunder ist, weil die sonst keine anderen Übungen machen, als die Beine unter einen Tisch zu strecken und mit dem Rüssel den Trog anzuvisieren. Ach ja, und die Hand heben, um noch eine Flasche zu bestellen. Matt ist ziemlich fit von den ganzen Filmen mit Außendreh, wo sie ihm die Muskeln auf der Brust mit Olivenöl eingeschmiert haben (allerdings nicht so fit, wie er sein sollte), und wir beide haben der Technik etwas zugesetzt, haben gesagt, im Dschungel gelten keine Gewerkschaftsregeln und so weiter. Das hätte denen überhaupt nicht gepaßt, wenn wir sie hier zurückgelassen hätten! Fischefuzzi, der etwas down ist, seit wir ihm seine Geschichte vermasselt haben, fand es furchtbar lustig, die Indianer Sitting Bull und Tonto und sowas zu nennen, aber natürlich haben sie das nicht verstanden, und überhaupt haben wir anderen ihn ziemlich kaltgestellt. Es war sowieso einfach nicht lustig. Die sind unglaublich, diese Indianer. Laufen splitterfasernackt durch den Wald, unglaublich behend, werden überhaupt nicht müde, haben mit einem Blasrohr einen Affen von einem Baum runtergeholt. Wir haben ihn zum Abendbrot gegessen, jedenfalls einige von uns, die Zimperlichen haben eine Dose Corned Beef aufgemacht. Ich habe Affe gegessen. Schmeckte ein bißchen wie Ochsenschwanz, nur viel röter. Bißchen faserig, aber sonst köstlich.

Dienstag. Weiß der Himmel, wie das Postsystem funktionieren soll. Im Augenblick geben wirs einfach Rojas – er ist vierter Assistent und von hier, und er ist zum Briefträger ernannt worden. Das heißt nur, daß er die Briefe in eine Plastiktüte steckt, damit sie nicht von Käfern oder Holzwürmern oder sonstwas aufgefressen werden. Wenn wir dann den Hubschrauber treffen, holt er die Post raus. Also keine Ahnung, wann Du diesen Brief kriegst.

Du fehlst mir (Pause, während ich mein Zirkus-Kraftmensch-Geheul anstimme). Heute hätten wir uns mit dem restlichen Stamm treffen sollen, aber wir sind nicht so fit, wie wir sein könnten. Ich möchte wetten, ein paar von der Technik haben gedacht, sie würden mitten in den Dschungel gefahren, und da würde alle paar Meilen ein Imbißwagen parken, und Mädchen mit Blumengirlanden um den Hals servieren ihnen Hamburger mit Pommes. Dick Mops, der Tonmann, hat womöglich ein Hawaiiiiii-Hemd mitgebracht.

Eins muß man Vic ja irgendwie lassen. Das kleinste Etat-Personal-Verhältnis seit Jahren. Ich und Matt sind unsere eigenen Stuntmänner (mit dieser Klausel hat der gute alte Norman die Dollars für mich wirklich hochgeschraubt). Und nicht mal jeden Tag Muster – der Hubschrauber kommt nur alle drei Tage her, weil Vic meint, das würde uns die Konzentration kaputtmachen, oder irgendwas intellektuell sicher noch Hochgestocheneres. Laborbericht über Funk, die Muster per Hubschrauber. Und das Studio hat zu allem ja und amen gesagt. Erstaunlich, nicht?

Nein, nicht erstaunlich, doch das weißt Du ja, mein Schatz. Die vom Studio meinen eben, Vic wär ein Genie, und sie haben ihm gegeben, was sie konnten, bis die Jungs von der Versicherung sich auf die Hinterbeine gestellt haben, denn da könnte ja ein großer Star aus dem Kanu fallen, und dann sind sie die Liste runtergegangen und haben ein paar Typen gefunden, deren Verlust die Industrie verschmerzen könnte.* Ich hab ja manchmal Randale gemacht, aber die denken wohl, wenn ich im Dschungel bin, kann ich den Job nicht hinschmeißen, und Matt ist launisch, das heißt, normalerweise arbeitet der gar nicht, bevor er nicht seinen Picknickkorb voll weißes Pulver kriegt, aber er scheint jetzt clean zu sein, und hier draußen schwingen sich ja nicht gar so viele Dealer im Tarzan-Stil von Baum zu Baum. Und auf Vics Bedingungen lassen wir uns ein, weil wir sowas verdammt nötig haben und im tiefsten Innern vielleicht auch meinen, Vic wär ein Genie.

* Witz. Na ja, so halbwegs. Wird bestimmt nicht wirklich gefährlich.

Ich frag mich, ob es ein Fehler war, gestern abend Affe zu essen. Hat mich heute eindeutig etwas aufgehalten, und Matt war auch viel hinterm Busch.

Später. Tschuldigung, Mittwoch. Haben den Stamm kennengelernt. Der schönste Tag meines Lebens. Natürlich abgesehen von dem, wo ich Dich zum ersten Mal gesehen habe, Baby. Plötzlich waren sie einfach da, als wir über einen Hügel kamen und unter uns einen Fluß sahen. Der vergessene Fluß und daneben das vergessene Volk – toll. Sie sind ziemlich klein, und man könnte sie für mollig halten, aber das sind alles Muskeln, und sie haben keinen Faden am Leibe. Die Mädchen sind noch hübsch dazu (keine Angst, mein Engel – durch und durch verseucht). Das Komische ist, daß es anscheinend gar keine alten Leute gibt. Oder vielleicht haben sie die irgendwo zurückgelassen. Aber wir hatten uns irgendwie vorgestellt, daß der ganze Stamm zusammen rumzieht. Verwirrend. Außerdem ist mir das Moskitozeug ausgegangen – jedenfalls das wirklich starke. Werd ziemlich viel gebissen. Vic sagt, keine Sorge – ob ich dachte, Pater Firmin hätte Insektenschutzmittel gehabt in jenen Zeiten? Ich hab gesagt, Authentizität schön und gut, aber ob meine ergebenen Fans mich wirklich mit dem ganzen Gesicht voller halbmeterbreiter Flecken auf der Leinwand sehen wollen? Vic hat mir gesagt, ich müßte leiden für meine Kunst. Ich hab Vic gesagt, er soll sich verpissen. Scheiß-Echtheits-Tour.

Donnerstag. Wir haben jetzt am Ufer unser Lager aufgeschlagen. Zwei Lager eigentlich, eins für Weiße (von denen die meisten braun mit roten Flecken sind) und eins für Indianer. Ich hab gesagt, warum machen wir nicht ein großes Lager, Herrgottnochmal. Ein paar von der Technik waren dagegen, weil sie dachten, dann würde man ihnen die Uhr klauen (was sagst Du dazu), und ein paar dafür, damit sie sich die Frauen näher betrachten könnten (was sagst Du dazu). Vic hat gesagt, er hielte zwei Lager für eine gute Idee, weil es ursprünglich wohl auch zwei gegeben hätte, und es würde die Indianer psychologisch darauf vorbereiten, ihre Ahnen zu spielen, worauf ich gesagt hab, das wär nur eine Rationalisierung von Elitedenken. Jedenfalls ging es dann ziemlich hoch her, und schließlich wurde einer von den Führern rübergeschickt, um mit den Indianern zu reden, und kam zurück mit der Nachricht, sie wollten ihr Lager sowieso nicht mit uns teilen, was wohl ziemlich komisch ist.

Hier kommt der Hubschrauber, deshalb mach ich jetzt Schluß.

Liebe Grüße, Charlie

Brief 4

Liebe Pips,
erstes Treffen! Sie haben den Generator und die übrige Ausrüstung eingeflogen. Große Aufregung (außer bei den Indianern, die das Ganze ignorierten). Essen, Fluppen. Kein Moskitozeug an Bord – stell Dir das mal vor. Und noch was – Vic wollte nicht, daß sie Zeitungen mitbringen, was mich total angestunken hat. Ich mein, wir sind ja keine kleinen Kinder mehr, oder? Wenn ich eine zwei Wochen alte Ausgabe vom *Independent* lese, versaut mir das doch nicht meine schauspielerische Leistung, oder? Oder wie seh ich das? Ich staune, daß Vic uns Briefe erlaubt. Keine für Charlie dabei. Ich weiß, ich hab gesagt, Du sollst nicht schreiben außer im Notfall, aber ich habs nicht so gemeint. Hast Du hoffentlich erraten.

Freitag. Sieh mal, ich weiß ja Du magst nicht drüber reden, aber ich glaub, es tut uns echt gut, daß wir jetzt eine Zeitlang getrennt sind. In vielerlei Hinsicht. Wirklich. Ich bin langsam sowieso zu alt zum Randalieren. FERNSEH-«LÜMMEL» CHARLIE: ‹MEINE RANDALE-ZEIT IST VORBEI›. Ich liebe Dich.

Pippaliebste, ich glaub wirklich, das kommt von den Indianern (ach ja, Samstag). Sie sind so offen, so direkt. Sind da, ohne einen Faden am Leib, sagen was sie denken, tun was sie wollen, essen wenn sie Hunger haben, lieben sich, als wärs das Natürlichste von der Welt*, und wenn ihr Leben zu Ende ist, legen sie sich zum Sterben hin. Da ist doch was dran. Ich will nicht sagen, daß ich das auch bringe, nicht einfach so, ich will nur sagen, ich fühle mich diesen Leuten ganz kameradschaftlich verbunden. Ich hab fast das Gefühl, ich wurde hierher geschickt, daß sie mir was über das Leben beibringen. Hört sich das sinnvoll an? Schon gut, mein Schatz, ich komm nicht mit einem Sparren durch die Nase zurück, aber vielleicht mit einem Sparren weniger im Kopf. Diese ganze Geschichte mit Linda – ich weiß, wir wollten nicht mehr drüber reden – aber ich komm mir hier draußen wie ein absoluter Scheißkerl vor. Daß ich Dir weh getan hab. Nicht die Wahrheit gesagt. Hier draußen, wo der vergessene Fluß zu meinen Füßen rauscht, wo ich die Namen von Vögeln lerne, deren Namen ich noch nicht mal auf Englisch kenne, hier habe ich ein gutes Gefühl wegen uns.

* Keine persönliche Erfahrung. Charlie bleibt sauber.

Sonntag. Es ist nicht einfach nur Verklärung durch die Distanz oder so. Es hat damit zu tun, daß ich *hier* bin. Weißt Du noch das mit den amerikanischen Astronauten, die zum Mond gefahren sind und völlig verändert wiederkamen, weil sie die Erde gesehen hatten, und sie sah aus wie jeder andere Planet auch, ganz klein und ganz weit weg? Einige von denen sind religiös geworden oder übergeschnappt, wenn ich mich recht erinnere, aber das Entscheidende ist, daß sie alle anders waren, als sie wiederkamen. So ungefähr ist es auch bei mir, nur mußte ich statt in die technologische Zukunft zeitlich zurückgehen. Eigentlich mein ich das gar nicht so, zeitlich zurück. Alle von der Technik hier glauben, die Indianer wären unheimlich primitiv, bloß weil sie keine Radios haben. Ich glaube, die sind unheimlich fortschrittlich und reif, weil sie keine Radios haben. Sie bringen mir etwas bei, ohne daß sie es wissen. Ich seh die Sachen jetzt viel mehr in ihrem wahren Licht. Herrgott, es tut mir verdammt leid, das mit Linda.

Montag. Haben lange aufgebaut, dann hats geregnet. Eins von den Mädchen gibt mir Sprachunterricht. Keine Angst, Eichhörnchen, bestimmt durch und durch verseucht.* Wollte herausfinden, wie die sich nennen, Du weißt schon, wie der Stamm heißt. Stell Dir vor, SIE HABEN KEINEN NAMEN FÜR SICH!!! und für ihre Sprache auch nicht. Ist das nicht erstaunlich!! Sowas von reif. Irgendwie als wär der ganze Nationalismus zum Fenster raus.

* So ein Schlagwort von der Technik. Wenn jemand anfängt, über Sex zu reden oder die Indianermädchen anzuschauen, sagt immer einer: «Bestimmt durch und durch verseucht.» In London wahrscheinlich nicht so lustig.

Dienstag. Das Feeling ist echt gut jetzt, wo wir angefangen haben. Alle ziehen am gleichen Strang. Kein son alberner Gewerkschaftsregeln-Scheiß. Jeder *macht mit*. Das ist bestimmt der Einfluß von den Indianern. Es ist genau, wie es sein sollte.

Mittwoch. Ich glaub, meine Aussprache wird langsam besser. Es gibt da so einen großen weißen storchähnlichen Vogel, der *thkarni* heißt. Ich glaub, so schreibt sich das. Jedenfalls, ich sag *thkarni*, wenn einer abhebt oder auf dem Wasser landet, und die Indianer finden das mächtig komisch. Sie kugeln sich vor Lachen. Na ja, sie können auch nicht besser Charlie sagen.

Donnerstag. Nicht viel los. Von 800 000 000 000 000 Moskitos gebissen. Matt macht dumme Witze. Wenn man genau hinguckt, hat er O-Beine, ich schwörs Dir.

Freitag. Schon erstaunlich, wenn man sichs so recht überlegt. Da ist dieser Indianerstamm, total unbekannt, hat noch nicht mal einen Namen für sich. Vor ein paarhundert Jahren suchen zwei Jesuiten-Missionare ihren Weg zurück zum Orinoco und stoßen auf diese Indianer, kriegen sie dazu, daß sie ein Floß bauen und dann die beiden Gottesmänner ein paarhundert Meilen nach Süden staken, während besagte Gottesmänner ihnen das Evangelium predigen und ihnen zusetzen, sie sollten Levis tragen. Kurz vor ihrem Bestimmungsort kentert das Floß, die Missionare ertrinken fast, und die Indianer verschwinden. Lösen sich im Dschungel auf und warden nie mehr gesehen, bis Vics Rechercheure sie vor einem Jahr aufstöbern. Jetzt helfen sie uns dabei, ein paarhundert Jahre später genau das Gleiche zu machen. Was ich für mein Leben gern wüßte, ist, ob der Stamm eine Erinnerung daran hat? Haben sie Balladen darüber, wie sie die zwei weißen Männer in Frauenkleidern zu der Großen Wasser-Anakonda im Süden gebracht haben, oder wie sie das halt ausdrücken würden? Oder sind die weißen Männer so spurlos aus dem Stammesgedächtnis verschwunden, wie der Stamm für den weißen Mann verschwunden ist? So viel Stoff zum Nachdenken. Und was wird sein, wenn wir fort sind? Werden sie wieder für zwei- oder dreihundert Jahre verschwinden? Oder für immer verschwinden, ausgelöscht von irgendeinem Killer-Virus, und es bleibt nicht mehr von ihnen über als ein Film, in dem sie ihre eigenen Vorfahren spielen? Ich bin nicht sicher, ob ich das im Kopf klarkriege.

Gesegnet seist Du, meine Tochter, sündige hinfort nicht mehr.*

Liebe Grüße, Charlie

* Witz!!

Nichts von Dir Sonntag oder Mittwoch. Hoffentlich hat Rojas morgen was. Hab doch nicht gewollt, daß Du nicht schreibst, egal was ich gesagt hab. Diesen Brief schick ich trotzdem ab.

Liebling,

für Reisen im Dschungel ist dieser Priesterrock bestimmt das unbequemste Kleidungsstück, das je erfunden wurde. Man schwitzt darin wie ein Schwein, *comme un porco*. Wie hat der alte Pater Firmin bloß seine Würde gewahrt, frag ich mich. Immerhin könnte man wohl sagen, er hat genauso für seine Religion gelitten, wie ich für meine Kunst leide.

Sonntag. Mein Gott, weißt Du was? Gestern abend hat Dick Mops, der Tonmann, in den Fluß gepinkelt, und da ist einer von den Indianern ganz aufgeregt angekommen, hat schwer rumgestikuliert, Zeichensprache, so eine Art Schwimmen mit den Händen und so weiter. Dick kapiert nicht – ja, er denkt, der Kerl will ihn abschleppen, was bißchen lächerlich ist, wenn man die Indianerfrauen gesehen hat, bis der Indianer losrennt und Miguel holt, der ist einer von den Führern. Noch mehr Gestikulieren und Erklären, und Dick zieht sich ziemlich fix die Hose zu. Weißt Du was? Der Indianer hat ihm von den kleinen Fischen erzählt, die in dem Fluß leben und – den Rest kannst Du Dir denken!!! Nicht sehr wahrscheinlich, daß dieser spezielle Angehörige von diesem speziellen Stamm am gleichen Abend wie Fischefuzzi englisches Fernsehen geguckt hat. Auch nicht sehr wahrscheinlich, daß Fischy genug von dem Eingeborenenjargon gelernt hat, daß er mit denen ein Ding drehen könnte. Also mußten wir uns halt damit abfinden, daß er die ganze Zeit recht gehabt hatte! Jungejunge, hatte der jetzt gut lachen.

Montag. Eins ist komisch. Während die Indianer anscheinend ungefähr begreifen, was wir tun – Retakes machen ihnen überhaupt nichts aus, und sie stören sich offenbar überhaupt nicht an diesem Riesenauge, das auf sie gerichtet ist –, scheinen sie das Prinzip des Schauspielerns nicht zu begreifen. Ich mein, klar stellen sie ihre Vorfahren dar und sind (für ein paar Mickymaus-Geschenke) durchaus bereit, uns ein Floß zu bauen und uns damit flußaufwärts zu bringen und sich dabei filmen zu lassen. Aber darüber hinaus machen sie nichts. Wenn Vic sagt Könntet ihr etwas anders stehen oder die Stange so handhaben, und will das vormachen, dann tun sies einfach nicht. Weigern sich absolut. Ein Floß staken wir so und so, und bloß weil ein weißer Mann uns dabei durch seine komische Maschine zuguckt, werden wir das in keiner Weise anders machen. Das andere ist noch unglaublicher. Sie glauben tatsächlich, wenn Matt und ich als Jesuiten verkleidet sind, dann sind wir tatsächlich Jesuiten. Sie denken, wir sind weggegangen, und dafür sind diese beiden Typen in schwarzen Kleidern aufgetaucht! Pater Firmin ist ein genauso realer Mensch für sie wie Charlie, obwohl ich mich freue, sagen zu können, daß sie Charlie lieber mögen. Aber man kann ihnen nicht begreiflich machen, was da vor sich geht. Die von der Technik meinen, das wär ziemlich blöd von ihnen, aber ich frag mich, ob das nicht unheimlich reif ist. Die von der Technik meinen, das wäre eine so primitive Zivilisation, daß sie noch nicht mal die Schauspielerei entdeckt haben. Ich frag mich, ob es nicht umgekehrt ist und sie eine Art Post-Schauspieler-Zivilisation sind, vielleicht die erste auf der Welt. So, als ob sies nicht mehr brauchen, darum haben sies vergessen und begreifen es nicht mehr. Eine Wahnsinnsidee!

Mittwoch. Hätte mehr über den Job erzählen sollen. Läuft nicht schlecht. Das Skript ist nicht so wie ichs in Erinnerung hatte, aber das ist es ja nie, normalerweise deshalb, weil sie was dran geändert haben. Mit Matt läßt sichs ganz gut arbeiten. Ich hab die Maske gebeten, ihm ein paar Moskitostiche zu verpassen, aber er hat rundweg abgelehnt. Hat gesagt, er wollte zur Abwechslung mal der Hübsche sein. Ganz schön komisch – ich mein, es ist eindeutig, daß er im tiefsten Innern denkt, er säh umwerfend gut aus! Ich erzähl ihm wohl lieber nicht, was Du über sein Gesicht gesagt hast, daß es aussieht, als wärs aus Corned Beef geschnitzt.

Donnerstag. Es ist was Schreckliches passiert. Ganz was Schreckliches. Einer von den Indianern ist vom Floß gefallen und ertrunken. Einfach weggespült. Wir haben ins Wasser gestarrt, das ziemlich unruhig war, und haben gewartet, daß der Indianer wieder auftaucht, ist er aber nicht. Natürlich haben wir gesagt, daß wir für heute aufhören zu arbeiten. Weißt Du was? Die Indianer wollten nichts davon hören. Wie richtige alte Hasen!

Freitag. Ich mache mir Gedanken über den Vorfall von gestern. Uns hat das viel mehr erschüttert als die Indianer. Ich meine, das muß doch von irgendwem der Bruder oder Mann oder was gewesen sein, aber da wurde nicht geheult oder so. Ich hatte so halb erwartet, daß es eine Zeremonie geben würde, wenn wir unser Nachtlager aufschlagen – ich weiß auch nicht, ein Kleiderbündel verbrennen oder was auch immer. Nichts dergleichen. Das übliche muntere Lagerfeuerleben ging weiter wie normal. Ich hab mich gefragt, ob sie den Kerl vielleicht nicht mochten, der da über Bord gegangen ist, aber das ist zu einfach. Vielleicht machen sie irgendwie nicht so einen Unterschied zwischen Leben und Tod. Vielleicht glauben sie nicht so wie wir, daß er «weg» ist – oder zumindest nicht ganz und gar weg. Weggegangen zu einer schöneren Stelle am Fluß. Ich hab das bei Matt ausprobiert, und der hat gesagt: «Hey Mann, ich wußte gar nicht, daß du Hippieblut in dir hast.» Matt ist nicht gerade der vergeistigtste und gebildetste Typ, den man je gesehen hat. Für ihn gilt, sich alleine durchs Leben zu schlagen, den Kopf hoch zu tragen, geradeaus zu schießen, Bräute durchzubumsen, wie er sich ausdrückt, und allen was zu husten, die ihm dumm kommen. Das scheint jedenfalls die Summe seiner Weisheit zu sein. Er denkt, die Indianer wären sowas wie niedliche Kinder, die den Videorecorder noch nicht erfunden haben. Schon komisch, daß so einer wie er dann einen Jesuitenpater spielt, der im Regenwald Dogmatikdiskussionen führt. Tatsache ist, er ist einer von den wirklich tüchtigen amerikanischen Schauspielern, deren Karriere von denen bestimmt werden, die ihr Image machen. Ich hab ihm erzählt, ich hätte mir mal ein halbes Jahr freigenommen und in der Provinz Reportoiretheater gemacht, bloß um wieder was mit richtiger Schauspielerei und einem richtigen Publikum zu tun zu haben, und er hat reagiert, als hätte ich einen Nervenzusammenbruch gehabt. Du kannst sagen, was Du willst, ich glaube, richtig spielen lernt man nur auf der Bühne. Matt kann sein Gesicht in jede beliebige Richtung verziehen und seine Fältchen um die Augen spielen lassen mit dem sicheren Gefühl, daß sein Pipimädchen-Publikum sich naßmacht. Aber kann er auch mit dem Körper spielen? Nenn mich ruhig altmodisch, aber mir kommts so vor, als würde ein Haufen amerikanischer Schauspieler sich einfach so einen wiegenden Gang zulegen und meinen dann, das muß reichen. Hab versucht, das alles Vic zu erklären, und der hat gesagt, ich mach mich prächtig, und Matt macht sich prächtig, und er denkt, auf der Leinwand funktionieren wir bestens zusammen. Manchmal wünsche ich mir wirklich, er würde ZUHÖREN, wenn ich was sag. Hier kommt die Post, oder vielmehr der Hubschrauber. Bis jetzt noch nichts von Dir.

Liebe Grüße, Charlie

Brief 6

Pippa, mein Liebling,

schau mal, ich weiß, wir haben gesagt, wir würden nicht mehr drüber reden, und vielleicht ist es nicht fair, weil ich weiß ja nicht, in welchem Zustand Du bist, wenn Du diesen

Brief kriegst, aber warum ziehen wir nicht einfach aufs Land und kriegen Kinder? Nein, ich bin nicht in den Fluß gefallen oder so. Du kannst Dir gar nicht vorstellen, wie gut mir das tut hier draußen. Ich hab den Kaffee nach dem Mittagessen aufgegeben und rauche fast gar nicht mehr. Machen die Indianer ja auch nicht, nicht wahr, sag ich mir. Die Indianer haben kein Bedürfnis, die mächtige Firma Philip Morris Inc. in Richmond Va. zu unterstützen. Wenn es hart auf hart geht, kauen sie manchmal auf einem kleinen grünen Blatt rum, ich schätze, das entspricht bei denen der Fluppe, die man sich gelegentlich reinzieht, wenn der Regisseur sich aufführt wie ein preisgekrönter Hornochse. Warum sollte ichs nicht auch so einschränken wie die? Und diese Sache mit Linda. Ich weiß, wahrscheinlich willst Du ihren Namen nie wieder hören, und wenn Du das willst, dann ist es auch versprochen, aber es hat doch alles mit London zu tun, nicht? Mit *uns* eigentlich überhaupt nicht. Bloß mit diesem scheiß London und dem ganzen Ruß da und den dreckigen Straßen und der Sauferei. Also, das ist doch eigentlich kein Leben, so in den Städten, nicht? Ich glaub auch, das kommt von den Städten, daß die Leute einander anlügen. Hältst Du das auch für möglich? Diese Indianer lügen nie, genau wie sie nicht wissen, wie man schauspielert. Keine Verstellung. Also, ich halte das überhaupt nicht für primitiv, ich halte das für verdammt reif. Und ich bin sicher, das kommt daher, daß sie im Dschungel leben und nicht in der Stadt. Sie sind die ganze Zeit von der Natur umgeben, und wenn die Natur eins nicht tut, dann lügen. Die geht einfach hin und macht ihre Sache, wie Matt sagen würde. Trägt den Kopf hoch und schießt geradeaus. Sie ist zwischendurch vielleicht mal nicht so nett, aber lügen tut sie nicht. Und deshalb glaub ich, das Land und Kinder sind die Lösung. Und wenn ich Land sage, dann mein ich nicht so ein Dorf drei Schritte von der Autobahn voller Leute genau wie wir, die beim Weinhändler um die Ecke australischen Chardonnay kaufen, und einen richtig breiten Dialekt hört man nur, wenn man das Radio anstellt und sich im Bad mal die *Archers* anhört. Ich meine, richtig aufs Land, irgendein versteckter Winkel – Wales vielleicht oder Yorkshire.

Sonntag. Die Sache mit dem Baby. Hat auf eine komische Art und Weise mit den Indianern zu tun. Du weißt, daß ich gesagt hab, sie sind alle phantastisch gesund, und trotzdem gibts keine alten Leute, obwohl wir dachten, sie ziehen zusammen in einer Gruppe rum? Also, ich hab Miguel endlich dazu gekriegt, daß er sie darauf anspricht, und wie sich rausstellt, gibt es deshalb keine alten Leute, weil sie nicht viel länger leben als bis ungefähr 35. Ich hab mich also geirrt, als ich dachte, sie sind ganz toll gesund und eine gute Reklame für den Dschungel. In Wahrheit kommen nur die ganz toll Gesunden überhaupt durch. Ziemliche Kehrtwendung. Aber was ich sagen wollte: Ich bin jetzt älter, als die meisten von diesem Stamm je sein werden, und da läufts mir schon kalt den Rücken runter. Und wenn wir auf dem Land leben würden, dann wärs nicht so, daß ich jeden Abend total erledigt nach Hause komme und umsorgt werden will und statt dessen ein quäkendes Kleinkind vorfinde. Wenn ich nur noch die großen Rollen nehme und nicht mehr diesen Fernsehscheiß, würd ich nur für die Dreharbeiten weggehen, und wenn ich dann da bin, dann bin ich richtig da. Verstehst Du? Ich könnte ihm ein Laufställchen bauen und so eine große Arche aus Holz kaufen, wo die ganzen Tiere drin sind, und könnte mir so ein Tragetuch besorgen, in dem man Babys rumträgt, wie die Indianer das schon jahrhundertelang haben. Dann würde ich rausgehen und durch die Moore streifen, damit wir beide Dir eine Zeitlang von der Pelle sind, was meinst Du? Übrigens, es tut mir wirklich leid, daß ich Gavin eine geklebt habe.

Montag. Bißchen deprimiert, Schatz. Hatte so eine alberne Kabbelei mit Vic über eine Textstelle. Sechs mickrige Wörter, aber ich *wußte* einfach, Firmin würde sie nicht sagen. Ich meine, ich *lebe* diesen Kerl nun schon drei Wochen lang, und jetzt will Vic mir sagen, wie ich reden soll? Er hat gesagt, okay, schreibs um, also hab ich alles eine Stunde lang aufgehalten, und danach sagt er, er wär nicht überzeugt. Wir habens trotzdem ausprobiert, weil ich darauf bestand, und weißt Du was? Dieser scheiß Matt war auch nicht überzeugt. Ich hab ihm gesagt, er könnte eine Zeile Text sowieso nicht von einer Zeile Koks unterscheiden, und überhaupt wäre sein Gesicht aus Corned Beef geschnitzt, und da hat er gedroht, mir eine reinzusemmeln. Blöder Scheißfilm.

Dienstag. Immer noch am Kochen.

Mittwoch. Erstaunliches Zeug. Du weißt, was ich gesagt hab, daß die Indianer nicht begreifen, was Schauspielerei ist. Also, in den letzten zwei Tagen sind Firmin und Antonio immer feindseliger gegeneinander geworden (was nicht weiter schwer ist bei dem Verhältnis, das Charlie und Matt im Augenblick zueinander haben), und man konnte regelrecht spüren, wie die Indianer mitgehen, sie haben das Ganze von ihrem Teil vom Floß aus verfolgt, als ob ihr Leben davon abhängt – was ja wohl irgendwie auch stimmt, weil wir uns darüber stritten, ob sie ein Recht auf Taufe und Rettung ihrer Seele hätten oder nicht. Das haben sie irgendwie gespürt, ich weiß nicht. Jedenfalls, heute hatten wir die Szene, wo Matt mich so halb aus Versehen mit dem Paddel schlagen muß. Bestes Balsaholz, natürlich, nicht daß die Indianer das wissen konnten, aber ich bin brav zu Boden gegangen, und Matt fing an so zu tun, als wär das aus Versehen passiert. Die Indianer sollten zugucken, was sich da abspielt, als ob die zwei weißen Männer in Röcken durchgedreht wären. So hatte man ihnen das gesagt. Aber das taten sie nicht. Sie kamen scharenweise zu mir rübergelaufen und fingen an, mir über das Gesicht zu streichen und mir die Stirn naß zu machen und so eine Art Klagegeheul anzustimmen, und dann gingen drei von ihnen auf Matt los, und das sah richtig gefährlich aus. Unglaublich! Sie hätten ihm wohl auch was angetan, wenn er nicht ziemlich fix die Soutane ausgezogen und sich wieder in Matt verwandelt hätte, woraufhin sie sich beruhigten. Erstaunlich! Da war nur der gute alte Matt, und dieser ekelhafte Pater Antonio war weg. Dann bin ich langsam aufgestanden, und sie haben alle glücklich angefangen zu lachen, als wär ich nun doch nicht tot. Das Gute dabei war, daß Vic weitergedreht hat, so daß wir alles draufgekriegt haben. Jetzt meint er, er kanns einarbeiten, was mir gut gefällt, denn wenn die Indianer so auf mich und Matt reagieren, dann ist das vielleicht ein Hinweis darauf, wie es bei den Fans laufen wird.

Donnerstag. Vic sagt, der Laborbericht über die Balgerei gestern war nicht ganz koscher. Ich möchte wetten, dieser scheiß Matt hat ihm zugesetzt – der wußte wahrscheinlich, daß die Kamera ihn mit einer scheiß Angst im Gesicht erwischt hat. Ich hab gesagt, warten wir ab, wie die Kopien werden, und Vic war einverstanden, aber da kamen keine guten Vibrations rüber. So läufts dann mit der Echtheits-Tour: wenn sie mal was Echtes kriegen, nehmen sie es nicht.

Freitag. Ich glaube nicht, daß das Skript was taugt, und das Ganze ist unterfinanziert, aber eins will ich dem Ding zugute halten, nämlich daß es eine *Aussage* hat. Ich mein, es schreckt nicht vor den großen Themen zurück. Bei den meisten Filmen geht es um gar nichts, nicht wahr, den Eindruck bekomm ich immer mehr. «Zwei Pater im Dschungel» (das singt der alte Fischefuzzi manchmal zu der Melodie von Red Sails in the Sunset) – sicher, aber es sagt was aus über den Konflikt, der sich zu allen Zeiten und in allen Zivilisationen durch das menschliche Leben zieht. Disziplin kontra Zügellosigkeit. Den Buchstaben des Gesetzes einhalten kontra dessen Geist einhalten. Mittel und Zweck. Aus den falschen

Gründen das Richtige tun kontra das Falsche tun aus den richtigen Gründen. Große Ideen wie die Kirche versinken in der Bürokratie. Das Christentum beginnt als Religion des Friedens und ist am Ende so gewalttätig wie andere Religionen. Das gleiche könnte man über den Kommunismus und alles andere auch sagen, alle großen Ideen. Ich glaube, in Osteuropa könnte dieser Film echt ziemlich subversiv sein, und das nicht mal deshalb, weil es da um Priester geht. Ob er da einen Verleih findet, ist eine andere Frage. Ich hab zu Fischy gesagt, der Film hat auch den Gewerkschaften was zu sagen, wenn sie ihn richtig verstehen würden, und er hat gesagt, er horcht und horcht. Pippa, mein Liebling, denk über die Baby-Sache nach, ja?

Dein Charlie

P. S. Heute ist was Komisches passiert. Nichts Schlimmes, gibt mir aber zu denken wegen den Indianern.

P. P. S. Keine Ahnung, warum Du nicht schreibst.

Brief 7

Liebste Pippa,

scheiß Dschungel. Gibt einfach nicht auf. Scheiß Wolken von Fliegen und Stechern und Summzeugs, und die ersten paar Wochen denkt man, na sowas, aber macht ja nichts, man wird ja nur gestochen wie alle andern auch, außer Matt mit seinem höchstpersönlichen NASA US-regierungsamtlichen Moskitoschutzmittel und Corned-Beef-Gesichtsschutz. Aber sie machen einfach weiter und weiter und scheißnochmalweiter. Nach einiger Zeit wünschst du dir nur noch, daß der Dschungel mal einen Tag Pause einlegt. Komm schon, Dschungel, heute ist Sonntag, mach Feierabend, möchte man schreien, aber der rattert weiter 24 Stunden am Tag. Ich weiß nicht. Vielleicht ist es auch gar nicht der Dschungel, sondern der Film. Man spürt, wie die Spannungen zunehmen. Matt und ich werden vor und hinter der Kamera immer gereizter zueinander. Der Film greift auf alles andere über. Sogar die Indianer sind sich anscheinend nicht ganz sicher, ob ich nicht die ganze Zeit Firmin bin und Matt Antonio. Es ist, als ob sie denken, ich wär *wirklich* Firmin, und dann tu ich ab und zu einfach so, als wär ich dieser weiße Mann namens Charlie. Alles total verdreht.

Sonntag. Diese Sache mit den Indianern. Ehrlich gesagt war ich ein bißchen sauer, als ich dahintergekommen bin, aber jetzt fang ich an, das von ihrem Standpunkt aus zu sehen. Ich hab Dir gesagt, daß ich Sprachunterricht nehme – sie ist wirklich ganz süß und keinen Faden am Leibe, aber wie gesagt, Du brauchst Dir keine Sorgen zu machen, mein Engel, bestimmt durch und durch verseucht, von allem anderen abgesehen, mein ich. Wie sich rausstellt, ist die Hälfte der Wörter, die sie mir beibringt, total verkehrt. Ich mein, es sind richtige Wörter, bloß sind es nicht die richtigen. Das erste, was ich so einigermaßen gelernt hab, war *thkarni*, und so heißt – hat sie wenigstens gesagt – dieser weiße Storch, den wir ständig gesehen haben. Wenn wir einen vorbeiflattern sahen, hab ich also immer *thkarni* gerufen, und die Indianer haben alle gelacht. Jetzt kommt raus – und das hab ich nicht von Miguel erfahren, sondern von unserem zweiten Führer, der die meiste Zeit von der Reise nicht viel gesagt hat –, daß *thkarni* das Indianerwort – also, um präzise zu sein, eins von ihren vielen Wörtern – ist für du-weißt-schon-was. Das Ding, wo die kleinen Fische aus dem Fluß reinschwimmen, wenn man nicht aufpaßt. Das gleiche gilt ungefähr für die Hälfte der Wörter, die ich von diesem frechen kleinen Biest gelernt hab. Insgesamt hab ich wohl etwa 60 gelernt, und die Hälfte davon sind Nieten – unanständige Wörter oder Wörter für irgendwas ganz anderes. Zunächst war ich nicht gerade hocherfreut, wie Du Dir denken kannst, aber ich glaub, eigentlich zeigt es nur, daß die Indianer einen irren Humor haben. Drum war ich entschlossen, ihnen zu zeigen, daß ich Spaß verstehen kann, und als das nächste Mal ein großer Storch angeflogen kam, tat ich so, als wüßte ich nicht, wie er heißt, und fragte mein Mädchen. *Thkarni*, sagte sie, ohne mit der Wimper zu zucken. Ich hab sehr verwirrt geguckt und kräftig den Kopf geschüttelt und gesagt nein, das kann nicht *thkarni* sein, denn *thkarni* ist das hier (nein, ich hab ihn nicht rausgeholt oder so – nur hingezeigt). Und dann hat sie gemerkt, daß die Sache aufgeflogen war, und hat angefangen zu kichern, und ich auch, um ihr zu zeigen, daß ich nicht böse war.

Montag. Nähern uns jetzt dem Ende. Fehlt nur noch die große Szene. Erstmal haben wir zwei Tage frei. Ich halte das für eine blöde Entscheidung von Vic, aber ich denk mir, er hat die Gewerkschaften im Nacken. Er sagt, es ist eine gute Idee, vor der großen Szene noch einmal aufzutanken. Ich meine, wenn der Fluß stimmt, dann mußt du dich tragen lassen. Schon gut, Schatz, ich red nicht wirklich so, ich mach das, um Matt zu ärgern, obwohl das normalerweise nicht klappt, weil er so dickfellig ist und glaubt, es würden sowieso alle so reden, also tu ichs wahrscheinlich zu meinem Privatvergnügen. «Hey, Matt», sag ich zu ihm: «Jetzt, wo der Fluß stimmt, müßten wir uns doch tragen lassen», und er nickt wie so ein alter Prophet in «Die Zehn Gebote». Jedenfalls ist der Plan so, heute und morgen frei, dann zwei Tage Proben für das Kentern von dem Floß, und Freitag dann der große Auftritt. Vielleicht hat Vic am Ende doch recht, wir müssen tatsächlich in Höchstform sein. Es geht nicht nur darum, es recht zu machen, sondern da kommt ja alles zusammen. Wir müssen uns Stricke umbinden lassen laut Vertrag, falls was passiert. *Keine Sorge*, Liebling, es ist nicht wirklich gefährlich. Wir drehen ein paar Aufnahmen für Zwischenschnitte an einer Stelle im Fluß, wo es Stromschnellen gibt, aber das eigentliche Kentern, das angeblich dort stattfindet, passiert nicht wirklich da. Die Technik hat so Maschinen, die alles aufschäumen, als ob da Katarakte sind, und der Holzfuzzi hat ein paar Felsen zusammengebastelt, die sie im Flußbett verankern und die dann genau wie echt aussehen. Brauchst Dir also keine Sorgen zu machen. Ich freu mich eigentlich drauf, obwohl wir natürlich schon wieder ein paarmal Streit deswegen hatten. Das Ding läuft so ab, daß beide Priester ins Wasser fallen, einer schlägt mit dem Kopf gegen einen Felsen, und der andere rettet ihn. Bloß, wer tut was? Ich meine, da sind diese zwei, die die ganze Strecke flußaufwärts mit Klauen und Zähnen miteinander streiten, und es gibt diese totale Spaltung in der Doktrin, der eine ist völlig autoritär und verbohrt (ich), und der andere ganz locker und lieb zu den Indianern (Matt). Ich meine, es wär viel wirkungsvoller, wenn der eine, der den Betonkopf darstellen soll und von dem man annehmen könnte, daß er den anderen ersaufen läßt, ihn in Wirklichkeit rettet, obwohl er seine Vorstellungen von den Indianern und seinen Plan, sie zu taufen, wenn sie zum Orinoco kommen, für Blasphemie hält. Aber nein, es muß *Matt* sein, der *mich* rettet. Vic sagt, so wäre das historisch der Fall gewesen, und Matt sagt, so hätte es in dem Skript gestanden, das er gelesen hat daheim in Gecksville, North Dakota, oder wo er gleich herkommt, und so würd ers auch spielen. «*Keiner* rettet Matt Smeaton», hat er gesagt. Hat er tatsächlich gesagt, kannst Du Dir das vorstellen? «*Keiner* rettet Matt Smeaton.» Ich hab gesagt, das würd ich mir merken für den Fall, daß ich ihn je erwische, wie er kopfüber mit einem Zeh an einem Skilift-Drahtseil hängt. Also wird alles so laufen wie im Skript.

Dienstag. Noch ein Ruhetag.

Später
Später
Später

– liebe Grüße, Charlie

Brief 8

Herrgott, Pippa. Herrgott. Ich habs einfach nicht geschafft, den letzten Brief weiterzuschreiben. Muntere Neuigkeiten von den Dreharbeiten. Konnte echt nicht weiterschreiben, nicht nach dem, was passiert ist. Aber ich bin okay. Wirklich, ich bin okay.

Später. Der arme alte Matt. Scheiß drauf, er war ein guter Kerl. Klar konnte er einem auf den Nerv gehen, aber bei so einem Job täte das auch der Heilige Franz von Assisi. Der hätte sich die ganze Zeit die Scheißvögel im Dschungel angeguckt statt seine Neger zu lesen. Tut mir leid, Liebste. Geschmacklos, ich weiß. Finde einfach nicht die richtigen Worte für die ganze Geschichte. Sehr down. Der arme alte Matt. Bin gespannt, wie Du davon erfährst und was Du dann denkst.

Herrgott, diese scheiß Indianer. Ich glaub, ich muß sterben. Ich kann kaum den Kuli hier halten. Schwitze wie ein Schwein, *comme un porco*. Herrgott, hab ich Dich lieb, Pippa, daran halt ich mich jetzt einfach fest.

C

Brief 9

Ich hol mir Dein Foto mit dem Eichhörnchengesicht raus und küsse es. Das ist das einzige, was zählt, Du und ich und daß wir Kinder kriegen. Tun wirs, Pippa. Deine Ma würde sich freuen, nicht wahr? Ich hab zu Fischy gesagt Hast du Kinder, da hat er gesagt Ja, die sind mein ein und alles. Ich hab den Arm um ihn gelegt und ihn umarmt, einfach so. Solche Sachen sind es, die alles am Laufen halten, nicht wahr?

Es stimmt, was sie sagen. Geh in den Dschungel, dann kriegst du raus, wie die Leute wirklich sind. Vic ist ein Jammerlappen, das hab ich schon immer gewußt. Jammert rum wegen dem Kackfilm. Ich hab gesagt, mach dir nichts draus, du kannst ja immer noch deine Memoiren an die Zeitung verkaufen. Das hat ihm nicht gefallen.

Warum haben sie das getan? Warum haben sie das getan?

Liebe Grüße, C

P. S. Wär schön gewesen, wenn Du mir geschrieben hättest. Wär jetzt eine echte Hilfe gewesen.

Brief 10

Es hätte mich erwischen können. Es hätte genausogut mich erwischen können. Wer entscheidet das? Entscheidet überhaupt irgendwer? He da oben im Himmel, ist da jemand?

Dieser Gedanke geht mir schon den ganzen Tag im Kopf rum. Ich hab zum alten Fischy gesagt Hast du Kinder, und er hat gesagt Ja, die sind mein ein und alles, und wir haben uns einfach umarmt, einfach so vor allen Leuten, und seitdem frag ich mich ständig, was das heißt. Mein ein und alles. Was heißt das? Man sagt solche Worte, und jeder weiß, was sie heißen, aber wenn man sie richtig anschaut, kann man sie nicht begreifen. Der Film ist so, der ganze Trip ist so. Du läufst rum und denkst, du weißt genau, was Sache ist, und dann bleibst du stehen und schaust hin, und es ergibt keinen

Sinn, und du denkst, vielleicht hats überhaupt nur Sinn ergeben, weil jeder so getan hat als ob. Hört sich das sinnvoll an? Ich mein, es ist so wie mit den Indianern und den unechten Felsen, die der Holzfuzzi zusammengebastelt hat. Die haben sie angeguckt und angeguckt, und je länger sie das taten, desto weniger haben sie verstanden. Am Anfang wußten sie, daß das Felsen waren, und am Ende wußten sie gar nichts mehr. Das konnte man an ihrem Gesicht sehen.

Ich geb diesen Brief jetzt Rojas. Er ist vor ein paar Minuten vorbeigekommen und hat gesagt Das ist jetzt der dritte Brief, den du heute schreibst, warum steckst du sie nicht alle in denselben Umschlag und sparst Porto? Ich bin aufgestanden, und denk Dir, ich möcht schwören, ich hab mich einen Moment lang in Firmin verwandelt, und ich hab gesagt, «Hör mal, Unsere Liebe Frau von der Kommunikation, ich schreib und du beförderst so viele scheiß Briefe pro Tag, wie es mir gerade paßt.» Na ja, Firmin hätte natürlich nicht scheiß gesagt, aber sein Tonfall war da. Irgendwie streng und angeödet von allem, was nicht wirklich vollkommen ist auf der Welt. Ich geh wohl am besten mal hin und entschuldige mich, sonst schmeißt er sie noch alle weg.

– Liebe Grüße, C –

Brief 11

Beim Warten auf den Hubschrauber

Pippa, mein Liebling,

wenn wir hier raus sind, werde ich Folgendes tun. Den größten verfickten Scotch trinken, den ich in Caracas kriegen kann. Das größte verfickte Bad nehmen, das ich in Caracas kriegen kann. Das längste Telefongespräch mit Dir führen, das ich haben kann. Ich höre schon Deine Stimme, wenn Du Dich meldest, als wär ich nur mal schnell in den

Laden gegangen nach ein paar Fluppen und hätte mich verspätet. Dann geh ich zur Britischen Botschaft und hol mir eine Ausgabe des *Daily Telegraph*, und es ist mir egal, ob sie schon Wochen alt ist, und ich les irgendwas, das ich mir normalerweise nicht anschaue, wie zum Beispiel die Naturseite, wenn sie sowas haben. Ich will mir sagen lassen, daß die Hausschwalbe nistet oder daß man mit ein bißchen Glück einen Dachs zu sehen kriegt. Ganz gewöhnliche Sachen, wie sie ständig passieren. Ich werd mir die Cricketergebnisse anschauen und so tun, als wär ich ein altes Clubmitglied aus der Provinz mit einem gestreiften Blazer und einem Pink Gin in der Kralle. Vielleicht les ich auch noch die Geburtsanzeigen. Emma und Nicholas freuen sich über Suzie, ein Schwesterchen für Alexander und Bill. Lieber alter Alexander, lieber Bill, sag ich dann, jetzt habt ihr eine kleine Suzie zum Spielen. Ihr müßt sanft mit ihr umgehen, ihr müßt sie euer ganzes Leben lang beschützen, sie ist eure kleine Schwester, seht zu, daß sie euer ein und alles wird. Herrgott, ich bin am Heulen, Pippa, die Tränen laufen mir nur so das Gesicht runter.

Liebe Grüße, C

Brief 12
Caracas, 21. Juli

Pippa, mein Liebling, ich kanns nicht fassen, ich meine, ich kanns einfach nicht fassen. Da sind wir endlich wieder in dem angelangt, was wir scherzhaft Zivilisation nennen, endlich wieder bei einem Telefon, das auch ein Transatlantik-Gespräch packen kann, da bin ich endlich an der Reihe, da komm ich endlich nach Hause durch, und dann bist Du nicht da. «Nummer kein Antwort, Sir.» Nochmal versuchen. «Nummer noch kein Antwort, Sir.» Nochmal versuchen. «Okay Sir, Nummer noch kein Antwort.» Wo bist Du? Ich will niemand anders anrufen. Ich will nicht Deine Ma anrufen und sagen Ah, ja wir hatten da ein bißchen Ärger, aber jetzt sind wir wieder in Caracas und Matt ist tot, stimmt, es war in den Nachrichten, aber ich will nicht drüber reden. Ich will einfach nur mit Dir reden, Schatz, und ich kann nicht.

Nochmal versucht.

Nochmal versucht.

Na schön, ich hab mir also eine Flasche Scotch besorgt, die an die 50 Pfund kostet, und wenn das Studio die nicht bezahlt, arbeite ich nie wieder für die, und einen großen Stapel von diesem labbrigen Hotel-Briefpapier. Die anderen sind losgezogen, die Stadt unsicher machen. Ich hätt das nicht gebracht. Ich muß immerzu an die letzte Nacht denken, wo wir hier waren – auch noch dasselbe Hotel und alles –, und wie Matt und ich ausgegangen sind und zusammen gesoffen haben, bis wir stinko paralytico waren, und dann den Zorbas-Tanz aufs Parkett gelegt haben und rausgeschmissen wurden, und wie Matt auf mich gezeigt und zu den Kellnern gesagt hat Hey, erkennt ihr Mista Rick aus «Parkway Peninsula» nicht, und sie haben mich nicht erkannt, und wir mußten die Teller bezahlen.

Wir hatten unsere Ruhetage gehabt, nur noch drei Tage Arbeit vor uns. Am ersten Morgen haben wir in den Katarakten geprobt, etwas zimperlich, ehrlich gesagt. Vic und die Technik waren am Ufer, Matt und ich waren auf dem Floß mit einem runden Dutzend Indianern, die paddelten und stakten. Zur Sicherheit hatten wir noch ein langes Tau an das Floß gebunden und an einem Baum am Ufer festgemacht – falls die Indianer die Herrschaft über das Floß verloren, würde es von dem Tau zum Halten gebracht. Matt und ich hatten Seile um wie laut Vertrag. Also haben wir vormittags einen Durchlauf gemacht, der okay war, dann waren wir nachmittags mit der Wirbelmaschine im seichten Wasser. Ich dachte, wir brauchen nicht noch einen Probentag, aber Vic hat drauf bestanden. Also sind wir am zweiten Morgen alle wieder rausgegangen, nur haben wir diesmal auch noch drahtlose Mikros getragen. Vic war sich noch nicht schlüssig, ob er nachsynchronisieren wollte oder nicht. Das Seil wurde an dem Baum festgemacht, die Technik baute sich am Ufer auf, und wir richteten uns auf drei oder vier Durchgänge vor der Kamera ein, bei denen Matt und ich so in unseren Streit über die Indianertaufe vertieft sind, daß wir die Gefahr hinter uns nicht sehen, die Zuschauer aber sehen sie. Was dann passiert ist, darüber hab ich jetzt schon eine Million Mal nachgedacht und immer noch keine Antwort gefunden. Es war bei unserem dritten Durchgang. Wir haben das Okay gekriegt, haben mit unserem Streit angefangen, und dann fiel uns etwas Merkwürdiges auf. Statt einem Dutzend waren nur zwei Indianer auf dem Floß, jeder nur mit einer Stange und ganz hinten. Wir haben wohl gedacht, daß Vic wahrscheinlich gesagt hat, Versuchts mal so, denn Matt und ich waren schon am Streiten, und daß er ein Profi war bis in die Fingerspitzen, sieht man daran, daß er so weitermachte wie normal. Ich im übrigen auch. Am Ende der Szene haben wir dann gemerkt, daß die Indianer nicht das taten, was sie normalerweise taten, nämlich ihre Stangen nehmen und das Floß anhalten. Sie stakten einfach weiter, und Matt brüllte, «Hey, ihr da, Schnitt», aber sie haben sich überhaupt nicht drum gekümmert, und ich weiß noch, wie ich dachte, vielleicht testen sie das Seil, ob es auch funktioniert, und Matt und ich drehten uns im selben Moment um und sahen, wo die Indianer uns hinsteuerten – mitten in einen Haufen Felsen und schäumendes Wasser – und da wußte ich, daß das Seil gerissen sein mußte oder so. Wir haben gebrüllt, aber bei dem Lärm von dem

Wasser, und wo wir ihre Sprache nicht kennen, war das natürlich zwecklos, und dann waren wir im Wasser. Ich hab an Dich gedacht, als wir gekentert sind, Pippa, hab ich ehrlich. Hab nur Dein Gesicht gesehen und versucht, an Dich zu denken. Dann hab ich zu schwimmen versucht, aber bei der Strömung und dieser scheiß Soutane – und dann, krach!, hab ich einen Schlag in die Rippen gekriegt, als hätt mich jemand getreten, und ich hab schon gedacht, ich bin hinüber, muß wohl ein Felsen sein, hab ich gedacht, und dann hab ich aufgegeben und bin irgendwie ohnmächtig geworden. In Wirklichkeit hatte das Seil, was sie mir angelegt haben, sich plötzlich zugezogen. Sonst kann ich mich an nichts mehr erinnern, bis ich am Ufer war und Wasser gespuckt und in den Schlamm gekotzt hab, während der Tonmann mir auf dem Rücken rumhämmerte und die Fäuste in den Magen drückte. Meine Leine hat gehalten, Matts Leine ist gerissen. So war das, ich hab einfach Glück gehabt.

Alle standen unter Schock, wie Du Dir denken kannst. Ein paar von der Technik haben versucht, am Ufer langzugehen – weißt du, manchmal findet man Leute eine Meile oder so flußabwärts an Äste geklammert, die über dem Wasser hängen. Aber das war nicht so. Sowas gibts strikt nur im Kino. Matt war weg, und die von der Technik kamen sowieso nicht weiter als 20 oder 30 Meter von der Stelle, wo sie sich aufgebaut hatten, weil es im Dschungel nicht gerade Treidelpfade gibt. «Wieso waren da nur zwei?» hat Vic andauernd gesagt. «Wieso nur zwei?» Sie haben nach den Indianern ausgeschaut, die ihnen beim Aufbauen geholfen hatten, aber die waren nicht da. Dann sind sie ins Lager zurück, und da war keiner außer Miguel, dem Dolmetscher, der mit einem von den Indianern ein langes Gespräch geführt hatte, und als er sich umdrehte, waren alle anderen Indianer abgehauen.

Dann haben wir nachgeguckt, was mit dem Seil an dem

Baum passiert war, und da war nichts mehr, es war einfach futsch. Was ziemlich komisch war, weil es doch mit so einem kunstvollen Knoten festgemacht war, der einfach nicht aufgehen kann. Zweifellos wie laut Vertrag. Verdammt verdächtig. Dann haben wir noch einmal mit Miguel geredet, und da stellte sich raus, daß der Indianer dieses lange Gespräch mit ihm angefangen hatte, bevor wir den Unfall gehabt haben konnten. Die haben also vermutlich gewußt, was passieren würde. Und als wir bei uns im Lager nachschauten, hatten sie alles mitgenommen – Kleider, Essen, Ausrüstung. Wozu haben sie die Kleider mitgenommen? Die ziehen sie ja nicht mal an.

Auf den Hubschrauber haben wir verdammt lange gewartet, das kann ich Dir sagen. Die Indianer hatten die Funkgeräte mitgenommen (die hätten auch den Generator abgeschleppt, wenn sie einen Kran gehabt hätten), und Caracas dachte, die wären einfach mal wieder ausgefallen, also kamen sie wie normal. Zwei Tage warten war wie zwei verdammte Monate. Ich dachte, ich hab vielleicht irgend so ein fieses Fieber, trotz der Spritzen. Scheints war das erste, was ich gesagt hab, als sie mich aus dem Fluß zogen und mir das Wasser aus dem Bauch prügelten und ich dann wieder zu mir kam: «Bestimmt durch und durch verseucht», und die Techniker konnten sich nicht mehr einkriegen vor hysterischem Gelächter. Kann mich zwar nicht erinnern, hört sich aber schon nach Charlie an. Dachte bereits, jetzt haben mich Beriberi und Konsorten erwischt. Aua bis zum Gehtnichtmehr, hab ich gedacht.

Warum haben die das getan? Darauf komm ich immer wieder zurück. Warum? Die meisten anderen denken, sie haben es getan, weil sie primitiv sind – Du weißt schon, keine Weißen, man darf den Eingeborenen nie trauen und so weiter. Das haut nicht hin. Ich hab sie nie für primitiv gehalten, und sie haben immer die Wahrheit gesagt (außer, als sie mir die Sprache beigebracht haben) und waren verdammt viel zuverlässiger als ein paar von den Weißen, die wir dabeihatten. Zuerst dachte ich, daß wir sie vielleicht mit irgendwas beleidigt hatten, wovon wir gar nichts wußten – eine fürchterliche Schmähung ihrer Götter oder so. Aber mir ist einfach nichts eingefallen.

Wie ich die Sache sehe, gibts da entweder eine Verbindung zu dem, was vor ein paarhundert Jahren passiert ist, oder eben nicht. Vielleicht ist es nur ein zufälliges Zusammentreffen. Es hat sich so ergeben, daß die Abkömmlinge von den ursprünglichen Indianern, deren Floß kenterte, auch das andere Floß unter sich hatten, das ungefähr an der gleichen Stelle im Fluß gekentert ist. Vielleicht halten diese Indianer es nur so und so lange aus, Jesuiten flußaufwärts zu staken, und rasten dann einfach instinktiv aus, werden wild und schubsen sie über Bord. Nicht sehr wahrscheinlich, nicht wahr? *Oder* es gibt eben doch eine Verbindung zwischen den beiden Vorfällen. Ich jedenfalls glaube das. Ich hab den Eindruck, daß die Indianer – unsere Indianer – wußten, was in jenen fernen Zeiten mit Pater Firmin und Pater Antonio passiert ist. Genau sowas wird doch überliefert, wenn die Frauen ihre Maniokwurzeln stampfen oder so. Wahrscheinlich spielen diese Jesuiten eine ziemlich große Rolle in der Geschichte der Indianer. Stell Dir vor, wie diese Geschichte von Generation zu Generation weitergegeben wird, und dabei wird sie jedesmal schriller und übertriebener. Und dann kommen wir daher, wieder so ein Haufen weißer Männer, die auch zwei Kerle in langen schwarzen Röcken dabeihaben, die auch den Fluß rauf zum Orinoco gestakt werden wollen. Klar, es gibt auch Unterschiede, sie haben so eine einäugige Maschine dabei und so weiter, aber im Grunde ist es genauso, und wir erzählen ihnen auch noch, daß es genauso ausgeht, indem das Floß kentert. Ich meine, es ist schwer, sich etwas Entsprechendes auszudenken, aber sagen wir mal, Du lebst im Jahre 2066 in Hastings, und eines Tages gehst Du an den Strand runter, und da kommen solche Wikingerschiffe auf Dich zu, und es steigen haufenweise Leute in Kettenpanzern und spitzigen Helmen aus und sagen, sie wären wegen der Schlacht von Hastings gekommen, und ob Du bitte schnell mal König Harold auftreiben würdest, damit sie ihn ins Auge schießen können, und es gäb auch eine Riesenbrieftasche voller Geld für Dich, damit Du Deine Rolle spielst. Zunächst mal würdest Du das doch ganz gerne machen, nicht wahr? Und dann denkst Du plötzlich darüber nach, warum *sie* wollen, daß Du das machst. Und da könntest Du darauf kommen – das ist nur so eine Idee von mir, Vic ist sich da nicht so sicher –, daß die (d. h. wir) zurückgekommen sind, um die Zeremonie aus einem Grund, der für ihren Stamm kolossal wichtig ist, noch einmal durchzuspielen. Vielleicht haben die Indianer gedacht, es ist was Religiöses, als ob man den 500. Jahrestag einer Kathedrale feiert oder so.

Und dann gibt es noch eine Möglichkeit – daß die Indianer den Streit zwischen den Jesuiten tatsächlich verfolgt und viel besser verstanden haben, als wir dachten. Sie – das heißt Matt und ich – haben sich über die Taufe für Indianer gestritten, und als das Floß gekentert ist, sah es so aus, als würde ich den Streit gewinnen. Immerhin war ich der ranghöhere Pater, und ich war gegen die Taufe – zumindest bis die Indianer sich am Riemen reißen und ein paar von ihren schmutzigen Angewohnheiten ablegen. Das haben die Indianer also vielleicht verstanden und das Floß umgekippt, weil sie Pater Firmin (mich!) umbringen wollten, damit Pater Antonio überlebt und sie tauft. Wie hört sich das an? Nur daß die Indianer beim ersten Mal gesehen haben, daß Firmin überlebt, und sie sind weggelaufen, weil sie Angst hatten, und das zweite Mal haben sie gesehen, daß sie Antonio umgebracht hatten, was genau das falsche Ergebnis für sie war, darum sind sie weggerannt, weil alles schiefgelaufen war.

Stimmt das? Ich weiß nur, daß alles viel verzwickter ist, als es in den Zeitungen je aussehen wird. Ich würde mich nicht wundern, wenn Hollywood ein Flugzeug schickt und die Indianer bombardiert, zur Strafe für den Tod von Matt. Oder ein Remake macht – verdammt, ja, das ist noch wahrscheinlicher. Wer kriegt Matts Rolle? Eine Wahnsinns-Karrierechance. Was sagst Du dazu?

Sitzen hier anscheinend für etwa eine Woche fest. Dieses scheiß Studio und seine scheiß Anwälte. Offenbar muß der Film irgendwie offiziell abgeblasen werden, und das dauert.

Ich bring das runter zu Unserer Lieben Frau von der Kommunikation und schick es per Eilpost. Mal was anderes, daß man es einem richtigen Postbeamten geben kann.

Alles Liebe, Charlie

Brief 13

Herrgott, sowas kannst Du mit mir nicht machen, und zwar überhaupt gar *nie*. Da bin ich zwei Tage aus diesem verfickten Dschungel raus, nachdem ich fast gestorben bin, und Du legst den Hörer auf. Sieh mal, ich habs Dir doch zu erklären versucht: Sie war zum Arbeiten hier draußen, es war ein totaler Zufall. Ich weiß, ich hab mich eine Zeitlang wie ein Schwein benommen, *comme un porco*, aber lies doch bitte mal alle meine Briefe aus dem Dschungel, dann siehst Du, daß ich ein anderer Mensch geworden bin. Es ist alles aus zwischen Linda und mir, das hab ich Dir schon vor meiner Abreise gesagt. Ich hab doch keine Kontrolle darüber, wo die Frau arbeitet, oder? Ja, ich hab gewußt, daß sie in Caracas sein würde, und Nein, ich hab Dir nichts davon gesagt, und Ja, das war falsch, aber wärs vielleicht besser gewesen, wenn ichs Dir erzählt hätte? Wie in aller Welt hast Du das überhaupt herausgekriegt? Nein, sie ist nicht hier; soweit ich weiß und es mich überhaupt kümmert, ist sie auf den Westindischen Inseln. In Gottes Namen, Pippa, fünf Jahre wirft man doch nicht einfach so weg.

– Dein Charlie –

P. S. Ich schicke das per Eilpost.

P. P. S. Caracas ist ein Dreckloch. Sitzen hier mindestens bis zum 4. fest.

P. P. P. S. Ich liebe Dich.

Telegramm

BITTE DRINGENDST CHARLIE ANRUFEN HOTEL INTERCONTINENTAL STOP LIEBE CHARLIE

Telegramm

HIMMELSWILLEN INTERCONTINENTAL ANRUFEN MÜSSEN DRINGENDST REDEN STOP LIEBE CHARLIE

Telegramm

ANRUFE DONNERSTAG MITTAG EURE ZEIT VIEL ZU BESPRECHEN STOP CHARLIE

Telegramm

VERDAMMT PIPPA GEH ANS TELEFON ODER RUF AN STOP CHARLIE

Brief 14

Liebe Pippa,
da Du anscheinend nicht auf Telegramme reagierst aus Gründen, die Du selbst am besten kennst, schreibe ich jetzt, damit Du weißt, daß ich nicht direkt nach Hause komme. Ich brauche Zeit und Raum, nicht nur um über die entsetzlichen Dinge hinwegzukommen, die ich durchgemacht habe und die Dich nicht sonderlich zu interessieren scheinen, sondern auch um darüber nachzudenken, wo wir zwei eigentlich stehen. Es bringt allem Anschein nach nichts, wenn ich sage, daß ich Dich trotz allem liebe, da Dich das anscheinend nur irritiert aus Gründen, die Du selbst am besten kennst und die Du weder erklären noch kommentieren willst. Ich melde mich, wenn ich weiß, wie ich zu der ganzen Sache stehe.

Charlie

P. S. Ich schick das per Eilpost.

P. P. S. Wenn das Ganze irgendwas mit diesem Schleimscheißer Gavin zu tun hat, brech ich ihm höchstpersönlich den höchstpersönlichen verfickten Hals. Ich hätte damals sowieso viel stärker zuhauen sollen. Und falls Du es noch nicht bemerkt hast, der hat noch nicht mal das Zeug zur Knallcharge an einer Provinzklitsche. Kein Talent. Keinen Saft in den Eiern.

Brief 15
Santa Lucia
Irgend so ein Scheißtag

Hör mal Du Sau, sieh zu, daß Du aus meinem Leben verschwindest, los, verschwinde doch, VERSCHWINDE. Du hast immer alles versaut, nicht wahr, das ist Dein eines großes Talent, alles zu versauen. Meine Freunde haben gesagt Mit der hast du nichts wie Ärger, und das wär doch das Letzte, daß ich die bei mir einziehen ließ, und ich war ein verdammter Idiot, daß ich nicht auf sie gehört hab. Herrgott, wenn Du meinst, ich wär egoistisch, solltest Du mal in den Spiegel gucken, Baby. Klar bin ich besoffen, was glaubst Du denn, das ist eine Methode, Dich mir aus dem Kopf zu schlagen. Jetzt sauf ich, bis ich stinko scheißparalytico bin. In vino scheiß veritas.

Charlie «Der Randalemacher»

P. S. Ich schick das per Eilpost

Telegramm

ANKOMME LONDON MONTAG FÜNFZEHNTER STOP ENTFERNE GEFÄLLIGST DICH SAMT ZEUG VORHER AUS WOHNUNG STOP SCHLÜSSEL DALASSEN STOP SCHLUSS STOP

In Klammern

Ich erzähle Ihnen jetzt mal was von ihr. Es ist dieser mittlere Abschnitt der Nacht, wenn kein Licht durch die Vorhänge dringt, das einzige Straßengeräusch das Gequengel eines heimkehrenden Romeos ist, und die Vögel noch nicht mit ihrem routinemäßigen und doch aufmunternden Geschäft begonnen haben. Sie liegt auf der Seite, von mir weggedreht. Ich kann sie in der Dunkelheit nicht sehen, doch nach dem gedämpften Auf und Ab ihres Atems könnte ich Ihnen einen Plan von ihrem Körper zeichnen. Wenn sie glücklich ist, kann sie stundenlang in der gleichen Stellung schlafen. Ich habe in den kloakigen Teilen der Nacht immer schön auf sie aufgepaßt, und ich kann bezeugen, daß sie sich nicht bewegt. Natürlich mag das einfach an guter Verdauung und ruhigen Träumen liegen; aber für mich ist es ein Zeichen von Glücklichsein.

Unsere Nächte sind verschieden. Sie fällt in den Schlaf wie jemand, der sich dem sanften Sog einer warmen Strömung hingibt, und läßt sich vertrauensvoll treiben bis zum Morgen. Ich falle widerstrebender in den Schlaf, schlage in den Wellen wild um mich, weil ich einen guten Tag nicht gehen lassen will oder noch über einen schlechten zu meckern habe. Unterschiedliche Strömungen ziehen sich durch unsere Perioden der Bewußtlosigkeit. Immer mal wieder geschieht es mir, daß die Angst vor Zeit und Tod, die Panik vor dem heranrückenden Nichts mich aus dem Bett katapultiert; die Füße auf dem Boden, den Kopf in der Hand, schreie ich dann sinnlos (und enttäuschend wenig wortgewaltig) «Nein, nein, *nein*», während ich wach werde. Dann muß sie den Horror von mir fortstreicheln, wie man einen Hund abspritzt, der aus einem dreckigen Fluß angebellt kommt.

Seltener kommt es vor, daß ihr Schlaf von einem Schrei durchbrochen wird und ich an der Reihe bin, mich mit fürsorglichem Eifer um sie zu kümmern. Ich bin grell wach, und sie läßt mich mit schlaftrunkenen Lippen den Grund ihres Aufschreis wissen. «Ein *ganz* großer Käfer», sagt sie, als ob sie mich eines kleineren wegen nicht belästigt hätte; oder «Die Stufen waren glitschig»; oder bloß (was mir so kryptisch vorkommt, daß es fast schon tautologisch ist) «Etwas Ekliges». Danach, wenn sie die klamme Kröte, die Handvoll Gossendreck losgeworden ist, seufzt sie und fällt in einen geläuterten Schlaf zurück. Ich liege wach, halte eine schleimige Amphibie umklammert, lasse eine Handvoll matschigen Schlick von einer Hand in die andere gleiten, verängstigt und voller Bewunderung. (Ich mache übrigens nicht geltend, grandiosere Träume zu haben. Der Schlaf demokratisiert die Angst. Hier ist der Schrecken eines verlorenen Schuhs oder verpaßten Zuges genauso groß wie der eines Guerillaüberfalls oder Atomkriegs.) Ich bewundere sie, weil sie das Schlafen, diese Arbeit, die wir alle machen müssen, jede Nacht, unaufhörlich, bis zu unserem Tod, viel besser hinkriegt als ich. Sie erledigt das wie ein weltgewandter Reisender, für den ein neuer Flughafen nichts Bedrohliches hat. Ich hingegen liege nachts mit abgelaufenem Paß da und bin dabei, einen Kofferkuli mit einem quietschenden Rad zum falschen Gepäckband zu schieben.

Jedenfalls … sie schläft, von mir weggedreht und auf der Seite. Es ist nicht gelungen, mich mit den üblichen Tricks und Lageveränderungen in Narkose zu versetzen, und so beschließe ich, mich an der weichen Zickzacklinie ihres Körpers einzurichten. Wie ich mich bewege und mein

Schienbein an eine Wade zu schmiegen beginne, deren Muskeln locker sind vom Schlaf, spürt sie, was ich tue, und ohne aufzuwachen streckt sie die linke Hand aus und zieht sich das Haar von den Schultern auf den Kopf hoch, so daß ich mich in ihren bloßen Nacken kuscheln kann. Jedesmal, wenn sie das tut, durchfährt mich ein Schauder der Liebe angesichts der Exaktheit dieser schlafenden Gefälligkeit. Tränen prickeln mir in den Augen, und ich muß mich zurückhalten, daß ich sie nicht aufwecke, um sie meiner Liebe zu versichern. In diesem Augenblick hat sie, unbewußt, einen geheimen Angelpunkt meiner Gefühle für sie berührt. Das weiß sie natürlich nicht; ich habe ihr nie etwas von dieser winzigen, präzisen nächtlichen Freude erzählt. Das heißt, jetzt bin ich wohl gerade dabei …

Sie meinen, in Wirklichkeit sei sie wach, wenn sie das tut? Es klingt vermutlich schon wie eine bewußte Gefälligkeit – eine entgegenkommende Geste, die aber wohl kaum bedeutet, daß die Wurzeln der Liebe tiefer reichen als das Bewußtsein. Skepsis Ihrerseits ist berechtigt: Wir sollten nur bis zu einem gewissen Grad nachsichtig sein mit Liebenden, die mit ihren Eitelkeiten den Politikern Konkurrenz machen können. Ich kann aber noch mehr Beweise liefern. Ihre Haare, müssen Sie wissen, fallen bis auf die Schultern. Doch vor ein paar Jahren, als man uns versprochen hatte, die Sommerhitze würde monatelang anhalten, ließ sie es kurz schneiden. Ihr Nacken war den ganzen Tag zum Küssen entblößt. Und wenn wir in der Dunkelheit unter dem einfachen Laken lagen, ich in kalabresischen Schweiß gebadet, und das Mittelstück der Nacht wohl kürzer, aber trotzdem noch schwer zu überwinden war – dann versuchte sie, wenn ich mich zu dem lockeren S neben mir umdrehte, sanft murmelnd, das nicht mehr vorhandene Haar von ihrem Nacken zu heben.

«Ich liebe dich», wispere ich in den schlafenden Nacken

hinein, «ich liebe dich.» Alle Romanautoren wissen, daß ihre Kunst ein indirektes Verfahren ist. Wenn ein Schriftsteller belehrende Anwandlungen verspürt, sollte er sich einen schmucken Kapitän zur See vorstellen, der den nahenden Sturm ins Auge faßt, von einem Instrument zum anderen saust wie ein goldbetreßtes Feuerrad und schneidige Befehle durch das Sprachrohr schickt. Doch da ist niemand unter Deck; der Maschinenraum ist gar nie eingerichtet worden und das Ruder vor Hunderten von Jahren abgebrochen. Der Kapitän mag eine sehr gute Schau abziehen und damit nicht nur sich selbst, sondern sogar ein paar Passagiere überzeugen; doch ob ihre schwimmende Welt durchkommt, hängt nicht von ihm ab, sondern von den tobenden Winden und störrischen Gezeiten, den Eisbergen und jähen Riffkanten.

Dennoch, es ist nur natürlich, daß der Romanschriftsteller sich ab und zu über die Umwege des Fiktionalen ärgert. Auf El Grecos «Begräbnis des Grafen Orgaz» in Toledo hat sich im unteren Teil eine Reihe von kantigen, Halskrausen tragenden Trauernden versammelt. Sie blicken mit theatralischem Schmerz hierhin und dorthin. Nur einer von ihnen schaut direkt aus dem Bild heraus, und er fixiert uns mit düsterem, ironischem Blick – einem Blick auch, der nicht geschmeichelt ist, wie wir nicht umhin können zu bemerken. Der Überlieferung nach ist diese Gestalt El Greco selbst. Das habe ich gemacht, sagt er. Das habe ich gemalt. Ich bin dafür verantwortlich, und daher sehe ich euch an.

Lyrikern fällt es anscheinend leichter, über die Liebe zu schreiben, als Prosaschriftstellern. Erstens mal verfügen sie über dieses flexible «Ich» (wenn ich «ich» sage, wollen Sie im nächsten oder übernächsten Absatz wissen, ob ich Julian Barnes meine oder eine erfundene Person; ein Lyriker kann zwischen beiden fluktuieren und Anerkennung für Gefühlstiefe und Objektivität zugleich einheimsen). Zum anderen können Lyriker anscheinend aus schlechter Liebe –

selbstsüchtiger, schäbiger Liebe – gute Liebesgedichte machen. Prosaschriftstellern geht die Fähigkeit zu solch bewundernswürdigen, unehrlichen Umwandlungen ab. Aus schlechter Liebe können wir nur Prosa über schlechte Liebe machen. Daher werden wir neidisch (und ein wenig mißtrauisch), wenn Dichter uns von Liebe reden.

Und dann schreiben sie so Sachen, die sich Liebesgedichte nennen. Die werden in Büchern zusammengefaßt, die sich DIE GROSSE FEST-ANTHOLOGIE VON LIEBESGEDICHTEN DER WELT FÜR VERLIEBTE nennen oder so. Dann gibt es Liebesbriefe; die werden zusammengefaßt in DER GOLDENE GÄNSEKIEL – EIN SCHATZKÄSTLEIN VON LIEBESBRIEFEN (im Postversand erhältlich). Aber es gibt kein Genre, das auf den Namen Liebesprosa hört. Das klingt unbeholfen, fast wie ein Widerspruch in sich. LIEBESPROSA – EIN HANDBUCH FÜR TRANTÜTEN. Zu finden in der Abteilung Laubsägearbeiten.

Die kanadische Schriftstellerin Mavis Gallant hat es so formuliert: «Das Geheimnis dessen, was ein Paar nun genau *ist*, stellt fast das einzige wahre Geheimnis dar, das uns noch bleibt, und wenn wir dem erst auf den Grund gekommen sind, brauchen wir keine Literatur mehr – und eigentlich auch keine Liebe.» Als ich das zum ersten Mal las, habe ich das Schachzeichen «!?» an den Rand gemalt, das einen Zug bezeichnet, der möglicherweise brillant, wahrscheinlich aber unvernünftig ist. Doch die Ansicht vermag mehr und mehr zu überzeugen, und das Zeichen wird abgeändert in «!!».

«Die Liebe ist, was von uns überlebt.» Zu diesem vorsichtig angesteuerten Schluß kommt Philip Larkin in seinem Gedicht «An Arundel Tomb». Die Zeile überrascht uns, denn sonst wirkte das Werk des Dichters meist so ernüchternd wie ein ausgewrungener Waschlappen. Wir lassen uns gerne aufmuntern; doch sollten wir erst einmal skeptisch und prosaisch gucken und bei dieser poetischen Floskel fragen: «Stimmt das auch?» Ist die Liebe das, was von uns überlebt? Es wäre schön, das zu glauben. Es wäre tröstlich, wenn die Liebe eine Energiequelle wäre, die nach unserem Tode weiterleuchtet. Bei den alten Fernsehapparaten blieb früher, wenn man sie abstellte, auf der Mitte der Mattscheibe ein Lichtklecks, der von der Größe eines Zweischillingstücks langsam immer kleiner wurde bis zu einem verlöschenden Pünktchen. Als Junge habe ich diesen Prozeß jeden Abend beobachtet, mit dem vagen Wunsch, ihn aufzuhalten (und der pubertär-melancholischen Empfindung, den Stecknadelkopf des menschlichen Daseins zu sehen, wie er sich unerbittlich in einem schwarzen Universum verlor). Soll die Liebe so noch eine Zeitlang weiterleuchten, nachdem der Apparat abgeschaltet worden ist? Ich persönlich kann das nicht so sehen. Wenn der Überlebende eines Liebespaares stirbt, stirbt auch die Liebe. Sollte irgend etwas von uns überleben, dann wahrscheinlich etwas anderes. Was von Larkin überleben wird, ist nicht seine Liebe, sondern seine Dichtung: das liegt auf der Hand. Und wenn ich den Schluß von «An Arundel Tomb» lese, muß ich jedesmal an William Huskisson denken. Er war Politiker und Financier, seinerzeit sehr bekannt; doch heute kennen wir ihn deshalb, weil er am 15. September 1830, bei der Eröffnung der Eisenbahnstrecke Liverpool–Manchester, der erste Mensch war, der von einem Zug überfahren und getötet wurde (das ist aus ihm *geworden*, dazu wurde er gemacht). Und hat William Huskisson geliebt? Und hat seine Liebe angedauert? Wir wissen es nicht. Was von ihm überlebt hat, ist einzig der Moment seiner letzten Unachtsamkeit; der Tod hat ihn zu einer lehrreichen Kamee über das Wesen des Fortschritts erstarren lassen.

«Ich liebe dich.» Zunächst einmal sollten wir diese Worte lieber ganz oben aufs Regal tun; in ein viereckiges Kästchen hinter Glas, das wir mit dem Ellenbogen einschlagen müssen; in einen Banktresor. Wir sollten sie nicht im Haus rumliegen lassen wie ein Röhrchen Vitamin C. Wenn die Worte zu leicht greifbar sind, gebrauchen wir sie ohne nachzudenken; dann können wir nicht widerstehen. Klar sagen wir, wir tun das nicht, aber dann tun wir's doch. Wir sind betrunken, oder einsam, oder – was am allerwahrscheinlichsten ist – wir machen uns einfach Hoffnungen verdammt noch mal, und schon sind die Worte weg, verbraucht, versaut. Wir denken, vielleicht sind wir ja verliebt, und da probieren wir aus, ob die Worte passen? Wie sollen wir wissen, was wir denken, ehe wir hören, was wir sagen? Kommen Sie mir bloß nicht so; das zieht nicht. Dies sind große Worte; wir müssen sicher sein, daß wir sie verdienen. Hören Sie sie sich noch einmal an: *I love you.* Subjekt, Verb, Objekt: der schlichte Satz, an dem es nichts zu rütteln gibt. Das Subjekt ist ein kurzes Wort, ein Hinweis darauf, wie der Liebende sich selbst zurücknimmt. Das Verb ist länger, jedoch unzweideutig, mit diesem aufschlußreichen Moment, wo die Zunge eifrig vom Gaumen schnellt, um den Vokal herauszulassen. Das Objekt hat, genau wie das Subjekt, keine Konsonanten und wird hervorgebracht, indem man die Lippen wie zu einem Kuß vorschiebt. *I love you.* Wie ernsthaft, wie gewichtig, wie befrachtet das klingt.

Ich stelle mir eine phonetische Verschwörung aller Sprachen der Welt vor. Sie fassen einen Konferenzbeschluß, daß der Satz stets nach etwas zu klingen hat, das man sich verdienen, um das man ringen, dessen man sich würdig erweisen muß. *Ich liebe dich:* ein nächtliches, verrauchtes Wispern, bei dem sich Subjekt und Objekt glücklich reimen. *Je t'aime:* ein anderes Verfahren, bei dem man erst einmal Subjekt und Objekt aus dem Weg räumt, damit man den langen Vokal der Verehrung voll auskosten kann. (Hier hat die Grammatik zugleich etwas Beruhigendes: wenn das Objekt an zweiter Stelle kommt, entpuppt sich das geliebte Wesen nicht plötzlich als jemand anderes.) *Ja tebja ljublju:* das Objekt wieder tröstlich an zweiter Stelle, doch diesmal sind – trotz des im Reim von Subjekt und Objekt liegenden Hinweises – auch Schwierigkeiten zu erahnen, Hindernisse, die man überwinden muß. *Ti amo:* das klingt vielleicht etwas zu sehr nach einem Aperitif, ist aber strukturell überzeugend, da Subjekt und Verb, der Täter und die Tat, im gleichen Wort eingeschlossen sind.

Man verzeihe mir das amateurhafte Vorgehen. Gern würde ich das Projekt einer philanthropischen Stiftung übergeben, die sich der Erweiterung der Gesamtheit menschlichen Wissens widmet. Sollen die ein Forschungsteam beauftragen, das den Satz in allen Sprachen der Welt untersucht, das schaut, was er für Variationen hat, das ergründet, was die Laute für den bedeuten, der diesen Satz hört, das herausfindet, ob sich mit dem Reichtum des Ausdrucks das Ausmaß des Glücks verändert. Eine Frage aus dem Publikum: Gibt es Stämme, in deren Lexikon die Worte *Ich liebe dich* fehlen? Oder sind die alle ausgestorben?

Wir müssen diese Worte in ihrem Kästchen hinter Glas aufbewahren. Und wenn wir sie herausholen, müssen wir vorsichtig mit ihnen umgehen. Männer sagen «Ich liebe dich», um eine Frau ins Bett zu kriegen; Frauen sagen «Ich liebe dich», um einen Mann vor den Traualtar zu kriegen; beide sagen «Ich liebe dich», um die Angst in Schach zu halten, um sich mit dem Wort von der Tat zu überzeugen, um sich zu versichern, daß der verheißene Zustand eingetreten, um sich einzureden, daß er noch nicht vorüber sei. Vor solchen Verwendungen müssen wir uns hüten. *Ich liebe dich* sollte nicht in die Welt hinausgehen, zu einem Zahlungsmittel, einem Handelspapier werden, uns Profit erwirtschaften. Das tut es, wenn wir es lassen. Doch sparen Sie sich diesen willfährigen Satz auf, um ihn in einen Nacken zu flüstern, aus dem soeben das nicht vorhandene Haar fortgewischt worden ist.

Ich bin gerade nicht bei ihr; das haben Sie vielleicht schon erraten. Das transatlantische Telefon gibt ein spöttisches Das-kennen-wir-schon-Echo von sich. «I love you», und noch ehe sie antworten kann, höre ich mein metallisches anderes Ich erwidern: «I love you.» Damit kann man sich nicht zufriedengeben; im Echo sind die Worte Allgemeingut geworden. Ich versuche es noch einmal, mit dem gleichen Ergebnis. *I love you I love you* – jetzt ist es zu einem Trällerlied geworden, einen turbulenten Monat lang populär und dann den Kaschemmen überlassen, wo es von pummeligen Rockern mit Fett im Haar und Sehnsucht in der Stimme dazu benutzt wird, den Mädchen, die sich in der ersten Reihe winden, an die Wäsche zu gehen. *I love you I love you*, wobei der an der Leadgitarre kichert und dem Drummer die Zunge feucht im offenen Mund liegt.

Wir müssen bei der Liebe, ihrer Sprache und ihren Gesten präzise sein. Wenn sie unsere Rettung sein soll, müssen wir sie so klar betrachten, wie wir lernen sollten, den Tod zu betrachten. Sollte Liebe in der Schule unterrichtet werden? Erste Klasse: Freundschaft; zweite Klasse: Zärtlichkeit; dritte Klasse: Leidenschaft. Warum nicht? Man bringt Kindern bei, wie man kocht und Autos repariert und miteinander vögelt, ohne schwanger zu werden; und die Kinder, so nehmen wir an, können das alles viel besser als wir früher, doch was nützt ihnen das, wenn sie von der Liebe nichts verstehen? Da erwartet man, daß sie sich alleine durchwursteln. Da soll die Natur übernehmen, wie die automatische Steuerung beim Flugzeug. Nur funktioniert die Natur, der wir immer dann die Verantwortung aufladen, wenn wir etwas nicht verstehen, nicht besonders gut, wenn sie auf Automatik gestellt ist. Vertrauensvolle Jungfrauen haben bei ihrer Einberufung zur Ehe nie festgestellt, daß die Natur alle

Antworten parat hatte, wenn sie das Licht ausmachten. Vertrauensvolle Jungfrauen hatten gesagt bekommen, die Liebe sei das gelobte Land, eine Arche, auf der man sich zu zweit vor der Sintflut retten könne. Eine Arche mag sie ja sein, doch eine, auf der die Menschenfresserei grassiert; eine Arche, auf der ein verrückter Graubart das Kommando führt, der Ihnen seinen Tannenholz-Knüppel über den Kopf haut und Sie jeden Augenblick über Bord werfen kann.

Fangen wir vorne an. Liebe macht Sie glücklich? Nein. Liebe macht die geliebte Person glücklich? Nein. Liebe bringt alles in Ordnung? Nein, wahrhaftig nicht. Natürlich hab ich das alles früher mal geglaubt. Wer hat das nicht (und wer glaubt es nicht immer noch, irgendwo in der Psyche unter Deck?). Das sagen schließlich alle unsere Bücher, unsere Filme; so klingen Tausende von Geschichten aus. *Wozu* wäre die Liebe denn da, wenn sie nicht alles löste? Gerade die Heftigkeit unseres Verlangens läßt doch bestimmt den Schluß zu, daß Liebe, einmal erreicht, das tägliche Weh lindert, eine mühelose Schmerzfreiheit bewirkt?

Ein Paar liebt sich, aber glücklich sind sie nicht. Was schließen wir daraus? Daß einer von beiden den anderen nicht wirklich liebt; daß sie sich in einem gewissen Maß lieben, aber nicht genug? Ich bestreite dieses *wirklich*; ich bestreite dieses *genug*. Ich habe in meinem Leben zweimal geliebt (was mir wie ziemlich viel vorkommt), einmal glücklich, einmal unglücklich. Von der unglücklichen Liebe habe ich am meisten über das Wesen der Liebe gelernt – allerdings nicht damals, sondern erst Jahre danach. Daten und Einzelheiten – setzen Sie die nach Gutdünken ein. Aber ich liebte und wurde geliebt, und zwar lange, viele Jahre lang. Zuerst war ich schamlos glücklich, strotzte vor solipsistischer Freude; doch die meiste Zeit war ich auf eine verwirrende, nagende Weise unglücklich. Habe ich sie nicht genug geliebt? Ich wußte, ich liebte sie genug – und ich schob ihretwegen meine halbe Zukunft auf. Hat sie mich nicht genug geliebt? Ich wußte, sie liebte mich genug – und sie gab meinetwegen ihre halbe Vergangenheit auf. Jahrelang haben wir nebeneinander gelebt und uns an der Frage aufgerieben, was an der von uns erfundenen Gleichung falsch sei. Gegenseitige Liebe ergab nicht automatisch Glück. Eigensinnig beharrten wir darauf, daß es das müsse.

Und später wurde ich mir klar darüber, was ich von der Liebe dachte. Wir stellen sie uns als eine aktive Kraft vor. Meine Liebe *macht* sie glücklich, ihre Liebe *macht* mich glücklich – was soll daran falsch sein? Es ist falsch; es gaukelt einem einen verkehrten Modellbegriff vor. Es impliziert, daß die Liebe ein Zauberstab sei, ein Stab, der den verworrensten Knoten löst, den Zylinder von Taschentüchern überquellen, die Luft von Tauben durchflattern läßt. Das Modell stammt aber nicht aus der Magie, sondern aus der Teilchenphysik. Meine Liebe macht sie, kann sie nicht glücklich *machen*; meine Liebe kann in ihr lediglich die Fähigkeit zum Glücklichsein freisetzen. Und nun erscheint die Sache eher verständlich. Wieso kann ich sie nicht glücklich machen, wieso kann sie mich nicht glücklich machen? Ganz einfach: Die erwartete Atomreaktion findet nicht statt, der Strahl, mit dem Sie die Teilchen bombardieren, hat die falsche Wellenlänge.

Nun ist die Liebe keine Atombombe, also nehmen wir lieber einen heimeligeren Vergleich. Ich schreibe diesen Text bei einem Freund in Michigan. Es ist ein normales amerikanisches Haus mit allen Geräten, die die Technik erträumt (außer einem Gerät zur Glücksherstellung). Gestern hat er mich vom Flughafen Detroit hierhergebracht. Als wir in die Einfahrt einbogen, holte er eine Fernbedienung aus dem Handschuhfach; auf einen gebieterischen Druck hin hoben sich die Garagentore. Dies ist das Modell, das ich vorschlagen möchte. Sie kommen zu Hause an – oder glauben es wenigstens –, und wie Sie auf die Garage zufahren, wollen Sie den gewohnten Zaubertrick anwenden. Nichts passiert; die Tore bleiben zu. Sie machen es noch einmal. Wieder nichts. Zuerst verwirrt, dann unruhig, dann wütend und ungläubig stehen Sie mit laufendem Motor in der Einfahrt; Sie stehen da Wochen, Monate, Jahre und warten, daß die Tore aufgehen. Aber Sie sind im falschen Auto, vor der falschen Garage, warten beim falschen Haus. Eins der Probleme ist dies: Das Herz ist nicht herzförmig.

«Wir müssen einander lieben oder sterben», hat W. H. Auden geschrieben, was E. M. Forster zu der Erklärung veranlaßte: «Weil er einmal geschrieben hat ‹Wir müssen einander lieben oder sterben›, kann er mir befehlen, und ich folge ihm.» Auden allerdings war mit dieser berühmten Zeile aus «September 1, 1939» nicht zufrieden. «Das ist eine verdammte Lüge!» war sein Kommentar, «Sterben müssen wir so oder so.» Beim Nachdruck des Gedichts änderte er daher die Zeile zu dem logischeren «Wir müssen einander lieben und sterben» ab. Später hat er sie ganz gestrichen.

Dieser Wechsel von *oder* zu *und* gehört zu den berühmtesten Berichtigungen in der Lyrik. Als ich das erste Mal darauf stieß, fand die aufrichtige Unerbittlichkeit, mit der Auden der Kritiker den Dichter Auden revidierte, meinen Beifall. Da hört sich eine Zeile umwerfend schön an, ist aber nicht wahr, also weg damit – so ein Ansatz ist auf erfrischende Weise frei von schriftstellerischer Selbstverliebtheit. Jetzt bin ich mir da nicht mehr so sicher. *Wir müssen einander lieben und sterben* hat sicher die Logik für sich; gleichzeitig ist es für das Thema der menschlichen Belange ungefähr so interessant, und so bemerkenswert, wie *Wir müssen Radio hören und sterben* oder *Wir müssen daran denken, den Kühlschrank abzutauen, und sterben*. Auden war seine eigene Rhetorik zu Recht verdächtig; wer aber sagt, die Zeile *Wir müssen einander lieben oder sterben* sei unwahr, weil wir so oder so sterben (oder weil die, die nicht lieben, nicht auf der Stelle dahinscheiden), sieht die Dinge eng oder läßt vieles außer acht. Es gibt ebenso logische, und einleuchtendere, Lesarten der Zeile mit *oder*. Die erste, auf der Hand liegende ist: Wir müssen einander lieben, denn wenn wir das nicht tun, bringen wir uns am Ende noch gegenseitig um. Die zweite ist: Wir müssen einander lieben, denn wenn wir das nicht tun, wenn die Triebkraft unseres Lebens nicht die Liebe ist, könnten wir genausogut tot sein. Das ist doch wohl keine «verdammte Lüge», wenn einer behauptet, daß diejenigen, die ihre tiefste Befriedigung aus anderen Dingen ziehen, ein leeres Leben leben, anmaßende Krabben sind, die in geborgter Schale über den Meeresgrund klappern.

Dies ist ein schwieriges Terrain. Wir müssen präzise sein, und wir dürfen nicht sentimental werden. Wollen wir die Liebe so listenreichen, muskelbepackten Begriffen wie Macht, Geld, Geschichte und Tod entgegensetzen, dürfen wir uns nicht auf Selbstbeweihräucherung oder abgehobene Vagheiten zurückziehen. Von den unspezifischen Behauptungen der Liebe, ihrer grandiosen Fähigkeit zum Isolationismus profitieren nur ihre Feinde. Wo fangen wir also an? Liebe mag Glück produzieren oder auch nicht; ob sie das zu guter Letzt nun tut oder nicht, zuerst einmal wirkt sie aufputschend. Haben Sie je so schön geredet, so wenig Schlaf gebraucht, so rasch Lust auf eine weitere Runde Sex bekommen, wie wenn Sie frisch verliebt waren? Anämische Menschen beginnen zu glühen, und normale Gesunde werden unerträglich. Als nächstes verleiht sie rückgratstreckendes Selbstvertrauen. Man hat das Gefühl, zum ersten Mal im Leben aufrecht zu stehen; solange dieses Gefühl anhält, ist man zu allem fähig, kann man es mit der ganzen Welt aufnehmen. (Sollen wir diesen Unterschied machen: Liebe hebt das Selbstvertrauen, während sexuelle Eroberungen lediglich das Ego stärken?) Dann verleiht sie noch einen klaren

Blick: sie ist ein Scheibenwischer für die Augäpfel. Haben Sie je so klar gesehen, wie wenn Sie frisch verliebt waren?

Wenn wir die Natur betrachten, sehen wir da, wo die Liebe ins Spiel kommt? Eigentlich nicht. Es gibt vereinzelte Arten, die sich offenbar auf Lebenszeit paaren (doch man stelle sich mal vor, was für Ehebruchchancen die ganzen Langstreckenwanderungen über die Meere und Langstrecken-Nachtflüge bieten); im großen und ganzen aber sehen wir nichts als Machtausübung, Dominanzverhalten und das Ausnutzen sexueller Verfügbarkeit. Feministinnen und Chauvinisten haben eine unterschiedliche Interpretation der Natur. Die Feministin sucht nach Beispielen für uneigennütziges Verhalten im Tierreich und sieht das Männchen hier und da Aufgaben übernehmen, die in der menschlichen Gesellschaft als «Frauensache» gelten können. Denken Sie mal an den Kaiserpinguin: da brütet das Männchen, wobei es das Ei auf den Füßen herumträgt und monatelang mit einer Falte des Unterbauchs vor der antarktischen Witterung schützt ... Tja, erwidert der Chauvinist, und was ist mit dem See-Elefanten-Bullen? Liegt den ganzen Tag nur am Strand rum und fickt jedes Weibchen, das ihm unter die Augen kommt. Leider stimmt es wohl, daß das Benehmen des See-Elefanten eher die Norm ist als das des Pinguin-Männchens. Und da ich mein Geschlecht ganz gut kenne, bin ich geneigt, die Beweggründe des letzteren in Zweifel zu ziehen. Vielleicht hat sich das Pinguin-Männchen ja bloß ausgerechnet, wenn man auf Jahre hinaus in der Antarktis festsitzt, dann ist es das gescheiteste, zu Hause zu bleiben und auf das Ei aufzupassen und das Weibchen dafür zum Fischefangen in die eiskalten Fluten zu schicken. Vielleicht hat es sich die Sache einfach zu seinem Vorteil zurechtgelegt.

Wo also kommt die Liebe ins Spiel? Sie ist nicht unbedingt notwendig, oder? Wir können Dämme bauen, wie der Biber, ohne Liebe. Wir können komplexe Gesellschaften organisieren, wie die Biene, ohne Liebe. Wir können große Entfernungen überwinden, wie der Albatros, ohne Liebe. Wir können den Kopf in den Sand stecken, wie der Vogel Strauß, ohne Liebe. Wir können als Art aussterben, wie der Dodo, ohne Liebe.

Ist sie eine nützliche Mutation, die zum Überleben der Rasse beiträgt? Das seh ich nicht. Ist die Liebe, zum Beispiel, Kriegern eingeimpft worden, damit sie noch härter um ihr Leben kämpfen, da sie die kerzenbeschienene Erinnerung an den heimischen Herd in tiefster Seele mit sich tragen? Wohl kaum: Die Geschichte der Welt lehrt uns, daß eine neue Pfeilspitzenform, ein gewiefter General, ein voller Bauch und die Aussicht auf Plünderung die kriegsentscheidenden Faktoren sind, und nicht sentimentale Gemüter, die von der Heimat schwafeln.

Ist die Liebe dann ein in Friedenszeiten aufgekommener Luxus, wie Quiltnähen? Etwas, das angenehm, vielschichtig, aber unwesentlich ist? Eine Zufallsentwicklung, kulturell verstärkt, die rein zufällig nun mal eben Liebe ist und nicht irgendwas anderes? Manchmal glaube ich das. Im äußersten Nordwesten der Vereinigten Staaten gab es einmal einen Indianerstamm (keine Erfindung von mir), der ein ausgesprochen leichtes Leben hatte. Seine Isolation war ein Schutz gegen Feinde, und das Land, das die Indianer bebauten, war von grenzenloser Fruchtbarkeit. Sie brauchten bloß eine verschrumpelte Bohne über die Schulter zu werfen, und schon schoß eine Pflanze aus der Erde und ließ Schoten auf sie herabregnen. Sie waren gesund, zufrieden und zeigten keinerlei Neigung zu Vernichtungsfeldzügen. Als Ergebnis davon hatten sie eine Menge Zeit zur Verfügung. Bestimmt haben sie sich mit Sachen hervorgetan, auf die sich müßige Gesellschaften spezialisieren; bestimmt wurden ihre Korbflechtereien das reinste Rokoko, ihre erotischen Fertigkeiten gymnastischer, ihre Verwendung von zerstoßenen Blättern zum Herbeiführen betäubender Trancen immer effizienter. Von diesen Aspekten ihres Lebens wissen wir nichts, dafür wissen wir aber, was in der reichlich vorhandenen Freizeit ihre Hauptbeschäftigung war. Sie haben sich gegenseitig bestohlen. Das taten sie gerne, und das feierten sie. Wenn sie aus ihrem Wigwam wankten und schon wieder ein makelloser Tag vom Pazifik her angeschmust kam, da schnüffelten sie die honiggetränkte Luft und fragten sich gegenseitig, was sie letzte Nacht so getrieben hätten. Als Antwort kam dann das verschämte Eingeständnis von – oder die selbstgefällige Prahlerei mit – Diebstahl. Old Redface hat mal wieder von Little Wolf die Decke gemopst gekriegt. Na, sieh mal an! Der macht sich, unser Little Grey Wolf. Und was hast du so getrieben? Ich? Och, ich hab bloß die Augenbrauen oben vom Totempfahl geklaut. Ach, doch nicht schon wieder. Laangweilig.

Sollen wir uns die Liebe so vorstellen? Unsere Liebe ist genausowenig Überlebenshilfe für uns wie die Diebereien der Indianer. Und doch gibt sie uns unsere Individualität, unsere Lebensziele. Nehmen Sie diesen Indianern ihre fröhlichen Diebestouren, und sie hätten es nicht mehr so leicht mit ihrem Selbstverständnis. Ist sie also nichts als eine aus der Art geschlagene Mutation? Für die Ausbreitung unserer Rasse brauchen wir sie nicht; ja, sie ist einer geordneten Zivilisation abträglich. Mit dem sexuellen Verlangen wäre es viel leichter, wenn wir uns um Liebe nicht zu kümmern brauchten. Mit der Ehe wäre es einfacher – und vielleicht wäre sie dauerhafter –, wenn uns die Liebe nicht juckte, wenn wir bei ihrem Eintreffen nicht so übeschwenglich wären, und so voller Angst, daß sie vergeht.

Wenn wir die Geschichte der Welt betrachten, dann scheint es verwunderlich, daß die Liebe mit einbezogen wird. Sie ist ein Auswuchs, eine Monstrosität, ein verspäteter Nachtrag zur Tagesordnung. Sie läßt mich an diese halben Häuser denken, die es nach den üblichen Kriterien des Kartenlesens gar nicht geben dürfte. Vor ein paar Wochen bin ich in Nordamerika zu folgender Adresse gegangen: 2041 $^{1}/_{2}$ Yonge Street. Der Besitzer von 2041 muß irgendwann einmal eine kleine Parzelle verkauft haben, und dann wurde dieses nur halb numerierte, nur halb anerkannte Haus errichtet. Und doch können Menschen ganz gemütlich darin leben, nennen Menschen es ihr Zuhause … Tertullian hat über den christlichen Glauben gesagt, er sei wahr, weil er unmöglich sei. Vielleicht ist Liebe wesentlich, weil sie unnötig ist.

Für mich ist SIE der Mittelpunkt der Welt. Die Armenier glaubten, der Ararat sei der Mittelpunkt der Welt; aber der Berg wurde unter drei große Reiche aufgeteilt, und die Armenier bekamen letzten Endes gar nichts davon ab, deshalb werde ich diesen Vergleich lieber nicht weiterführen. *I love you.* Ich bin wieder zu Hause, und die Worte haben kein spöttisches Echo mehr. *Je t'aime. Ti amo* (mit Soda). Und wer keine Zunge hat, keine frohlockende Sprache, würde folgendes tun: die Hände mit den Handflächen nach innen an den Handgelenken kreuzen; die gekreuzten Handgelenke aufs Herz (oder jedenfalls mitten auf die Brust) legen; dann die Hände ein kurzes Stück nach außen bewegen und sie zum Gegenstand seiner Liebe hin öffnen. Das ist ebenso beredt wie Sprechen. Und stellen Sie sich mal vor, was da für zärtliche Modulationen möglich sind, was für Feinheiten mit sich küssenden Knöcheln, zueinander passenden Handflächen und den neckischen Fingerspitzen gebildet werden können, die in ihren Kuppenwirbeln den Beweis unserer Individualität enthalten.

Doch zueinander passende Handflächen sind irreführend. Das Herz ist nicht herzförmig, das ist eins von unseren Problemen. Nicht wahr, wir stellen uns so eine Muschel mit zwei ordentlichen Schalen vor, deren Form eine Chiffre dafür ist, wie die Liebe zwei Hälften, zwei Separatheiten, zu einem Ganzen vereinigt? Wir stellen uns dieses pralle Symbol heftig errötet und daher scharlachrot vor, scharlachrot auch vom Blut eines Schwellkörpers. Ein medizinisches Fachbuch bringt keine sofortige Ernüchterung; hier wird das Herz so übersichtlich dargestellt wie die Londoner Untergrundbahn. Aorta, linke und rechte Lungenarterie und -venen, linke und rechte Schlüsselbeinarterie, linke und rechte Kranzarterie, linke und rechte Halsschlagader ... es sieht elegant aus, zweckmäßig, ein zuverlässiges Netz von pumpenden Röhren. Hier läuft das Blut pünktlich, denkt man.

Fakten, die nachklingen:

– Das Herz ist das erste Organ, das sich beim Embryo entwickelt; wenn wir noch nicht größer sind als eine Weiße Bohne, ist unser Herz schon zu sehen und pumpt munter drauflos;
– beim Kind ist das Herz proportional viel größer als beim Erwachsenen: $^{1}/_{130}$ des Gesamtkörpergewichts gegenüber $^{1}/_{300}$;
– im Laufe des Lebens unterliegen Größe, Form und Lage des Herzens beträchtlichen Veränderungen;
– nach dem Tode nimmt das Herz die Form einer Pyramide an.

Das Ochsenherz, das ich bei Corrigans kaufte, wog 1 Kilo und 276 Gramm und kostete 2 £ 42 p. Das größte erhältliche Exemplar vom Tier; aber auch eins, das auf den Menschen Anwendung findet. «Sein Herz war stark wie das eines Ochsen»: ein Ausdruck aus Empiregeschichten, Abenteuergeschichten, Kindheitsgeschichten. Jene tropenbehelmten Kavaliere, die das Rhinozeros mit einer einzigen wohlgezielten Kugel aus der Armeepistole ins Jenseits beförderten, während die Tochter des Colonels hinter dem Affenbrotbaum kauerte, hatten ein schlichtes Gemüt, aber – wenn dieser Ochse irgendein Maßstab war – kein schlichtes Herz. Das Organ war schwer, kompakt, blutig, zusammengeballt wie eine kämpferische Faust. Im Gegensatz zu der Eisenbahnnetzkarte aus dem Buch erwies sich das Wahre Herz als verschlossen und mit seinen Geheimnissen zurückhaltend.

Ich schnitt es mit einer Freundin zusammen auf, einer Radiologin. «Der hätte es eh nicht mehr lange gemacht, dieser Ochse», bemerkte sie. Wäre es das Herz eines Patienten von ihr gewesen, hätte der sich nicht mehr durch allzu viele Dschungel mit dem Buschmesser geschlagen. Unsere eigene kleine Exkursion wurde mit einem Sabatier-Küchenmesser vollzogen. Wir schlugen uns bis zum linken Herzvorhof und der linken Herzkammer durch und bewunderten die porterhousesteakartige Muskelmasse. Wir streichelten das seidige Rue-de-Rivoli-Futter, bohrten die Finger in Ausgangswunden. Die Venen waren Stretchelastik, die Arterien klumpige Tintenfische. Ein post-mortaler Blutklumpen lag wie eine Burgunderschnecke in der linken Herzkammer. Des öfteren verirrten wir uns in diesem zusammengeballten Fleisch. Die beiden Herzhälften lösten sich nicht voneinander, wie ich mir das so schön vorgestellt hatte, vielmehr hielten sie sich verzweifelt umklammert wie ertrinkende Liebende. Wir schnitten zweimal in dieselbe Herzkammer, im Glauben, wir hätten die andere gefunden. Wir bewunderten das raffinierte Ventilklappensystem und die *chordae tendineae*, die dafür sorgen, daß die einzelnen Ventile sich nicht zu weit öffnen: ein kräftiges kleines Gurtwerk, das verhindert, daß die Fallschirmkappe überdehnt wird.

Nachdem wir damit fertig waren, lag das Herz für den Rest des Tages auf einem befleckten Zeitungspapierbett, zu einem nicht sehr vielversprechenden Abendessen degradiert. Ich sah in Kochbüchern nach, was ich damit anfangen könnte. Ich fand auch ein Rezept, für gefülltes Herz mit Reis und Zitronenstückchen, das aber nicht sehr verlockend klang. Den Namen, den die Dänen – deren Erfindung es ist – ihm gegeben haben, hat es ganz bestimmt nicht verdient. Sie nennen dieses Gericht Glühende Liebe.

Erinnern Sie sich noch an dieses Paradoxon der Liebe, der ersten Wochen und Monate der Glühenden Liebe (großgeschrieben, wie das Rezept) – an das Zeit-Paradoxon? Sie sind verliebt, an einem Punkt, wo Stolz und Furcht in Ihnen im Widerstreit liegen. Ein Teil von Ihnen möchte, daß die Zeit langsamer geht: Denn dies, sagen Sie sich, ist die schönste Zeit Ihres ganzen Lebens. Ich bin verliebt, das möchte ich auskosten, es studieren, schmachtend damit herumliegen; möge das Heute ewig währen. Das ist Ihre poetische Seite. Doch Sie haben auch eine prosaische Seite, und die fleht die Zeit an, nicht langsamer zu werden, sondern sich zu beeilen. Woher willst du denn wissen, daß das Liebe ist, flüstert Ihre prosaische Seite wie ein skeptischer Anwalt, es ist ja erst seit ein paar Wochen, ein paar Monaten da. Ob dies das Wahre ist, kannst du erst wissen, wenn du in, na ja, mindestens einem Jahr oder so immer noch das gleiche empfindest (und sie auch); nur so läßt sich nachweisen, daß du nicht einem flüchtigen Libellenirrtum aufgesessen bist. Bring diesen Teil, sosehr du ihn auch genießt, so schnell wie möglich hinter dich; dann erst kannst du herausfinden, ob du wirklich verliebt bist.

Ein Foto wird in einer Schale mit Flüssigkeit entwickelt. Davor war es nur ein leeres Stück Fotopapier, eingeschlossen in einen lichtundurchlässigen Umschlag; jetzt hat es eine Funktion, ein Bild, eine Gewißheit. Wir lassen das Foto rasch in die Fixierschale gleiten, um diesen klaren, verletzlichen Moment zu wahren, das Bild zu verfestigen, damit es nicht abblättert, wenigstens ein paar Jahre lang stabil bleibt.

Aber was ist, wenn man es in das Fixierbad taucht und die Chemikalien wirken nicht? Es könnte doch sein, daß dieses Fortschreiten, diese amouröse Regung, die Sie verspüren, sich nicht stabilisieren läßt. Haben Sie je gesehen, wie sich ein Bild erbarmungslos weiterentwickelt, bis die gesamte Fläche schwarz, der zu feiernde Moment ausgelöscht ist?

Ist er normal, dieser Zustand der Liebe, oder anormal? Statistisch gesehen ist er, natürlich, anormal. Auf einem Hochzeitsfoto sind die interessanten Gesichter nicht die von Braut und Bräutigam, sondern die der umstehenden Gäste: die jüngere Schwester der Braut (ob es mir auch geschieht, das Unerhörte?), der ältere Bruder des Bräutigams (ob er mit ihr so reinfällt, wie ich mit diesem Miststück reingefallen bin?), die Mutter der Braut (was da für Erinnerungen wach werden), der Vater des Bräutigams (wenn der Junge wüßte, was ich jetzt weiß – wenn *ich* bloß gewußt hätte, was ich jetzt weiß), der Pfarrer (seltsam, wie diese altehrwürdigen Gelübde selbst Leute, die sonst keinen Ton herausbringen, zur Beredsamkeit bewegen), der mürrisch dreinblickende Halbwüchsige (wozu wollen die bloß *heiraten*?) und so weiter. Das Paar im Zentrum ist in einem zutiefst anormalen Zustand; aber versuchen Sie mal, ihnen das beizubringen. Sie kommen sich normaler vor denn je. *Das* ist normal, sagen sie zueinander; die ganze Zeit davor, die wir für normal hielten, war überhaupt nicht normal.

Und diese Überzeugtheit vom Normalsein, diese Gewißheit, daß die Liebe ihr innerstes Sein entwickelt und fixiert hat und ihm nun für immer einen Rahmen geben wird, verleiht ihnen eine rührende Arroganz. Und das ist entschieden anormal: wann ist Arroganz sonst schon rührend? Hier ja. Schauen Sie sich das Foto noch mal an: vertiefen Sie sich in die hinter dem glücklichen Zähnebleck verborgene, ernsthafte Selbstzufriedenheit des Augenblicks. Wie sollte man da nicht gerührt sein? Wenn ein Paar seine Liebe geräuschvoll kundtut (vor ihnen hat ja noch keiner geliebt – jedenfalls nicht richtig – oder?), kann man sich darüber ärgern, aber nicht lustig machen. Auch wenn da etwas ist, das einen emotionellen Konformisten höhnisch grinsen läßt – wenn Alter, Aussehen, Bildung, Ambitionen auseinanderklaffen, daß es kracht –, hat das Paar in diesem Moment eine Schutzlackierung: die Speicheltröpfchen des Gelächters perlen einfach ab. Der junge Mann am Arm einer älteren Frau, die an einem Dandy hängende Vogelscheuche, der an eine gastliche Frau gekettete Asket: sie kommen sich alle zutiefst normal vor. Und das sollte uns rühren. Bestimmt betrachten *sie* uns mit Nachsicht, weil wir nicht so offensichtlich, so ungehörig verliebt sind; doch sollten wir ihnen gegenüber diskrete Nachsicht üben.

Verstehen Sie mich nicht falsch. Ich will nicht eine Form von Liebe als vorteilhafter gegenüber einer anderen empfehlen. Ich weiß nicht, ob besonnene oder leichtsinnige Liebe besser, begüterte oder mittellose Liebe sicherer, heterosexuelle oder homosexuelle Liebe sexyer, verheiratete oder unverheiratete Liebe stärker ist. Ich mag vielleicht eine belehrende Anwandlung verspüren, aber das ist hier nicht die Spalte «Trost und Rat». Ich kann Ihnen nicht sagen, ob Sie verliebt sind oder nicht. Wenn Sie fragen müssen, sind Sie es wahrscheinlich nicht, das ist mein einziger Rat (und selbst der könnte falsch sein). Ich kann Ihnen nicht sagen, wen man lieben oder wie man lieben soll: ein Unterrichtskurs darüber würde sich bestimmt zur Hälfte damit befassen, wie man es nicht macht (das ist wie bei der Schriftstellerei – man kann den Leuten nicht beibringen, wie man schreibt oder was man schreibt, sondern nur nutzbringend aufzeigen, wo sie etwas falsch machen, und ihnen so Zeit sparen). Aber ich kann Ihnen sagen, warum man lieben soll. Weil die Weltgeschichte, die beim halben Haus der Liebe nur haltmacht, um es mit dem Bulldozer über den Haufen zu fahren, ohne die Liebe lächerlich ist. Die Geschichte der Welt wird tierisch überheblich ohne Liebe. Unsere Zufallsmutation ist wesentlich, weil sie unnötig ist. Liebe kann die Geschichte der Welt nicht ändern (dieser Unsinn mit Kleopatras Nase ist wirklich nur was für sentimentale Gemüter), aber sie kann etwas viel Wichtigeres: uns lehren, der Geschichte die Stirn zu bieten, zu ignorieren, wie sie daherstolziert mit vorgerecktem Kinn. Deine Bedingungen sind für mich nicht akzeptabel, sagt die Liebe; tut mir leid, mich kannst du nicht beeindrucken, und übrigens, was hast du da eigentlich für eine alberne Uniform an? Wir verlieben uns natürlich nicht, um der Welt bei ihren Ego-Problemen auf die Sprünge zu helfen; doch das gehört zu den Auswirkungen der Liebe, die einigermaßen sicher sind.

Liebe und Wahrheit, das ist die lebenswichtige Verbindung. Haben Sie je so viel Wahres gesagt, wie wenn Sie frisch verliebt waren? Haben Sie die Welt je so klar gesehen? Liebe läßt uns die Wahrheit erkennen, macht es uns zur Pflicht, die Wahrheit zu sagen. Im Bett liegen / Im Bett lügen: horchen Sie auf die warnende Widersee in der Ähnlichkeit dieser beiden Ausdrücke. *Wer im Bett liegt, lügt nicht:* das klingt wie eine paradoxe Sentenz aus einem Philosophie-Lehrbuch für Erstkläßler. Aber es ist mehr (und weniger) als das: die Beschreibung einer moralischen Verpflichtung. Lassen Sie doch das Augenrollen, das schmeichlerische Stöhnen, das Orgasmusvortäuschen. Sagen Sie mit Ihrem Körper die Wahrheit, selbst wenn diese Wahrheit nicht melodramatisch ist. Im Bett kann man ausgezeichnet lügen, ohne erwischt zu werden, da kann man im Dunkeln schreien und grunzen und danach protzen, wie oft man es «gebracht» habe. Sex ist nicht Schauspielkunst (egal, wie sehr wir unser eigenes Drehbuch bewundern); Sex hat mit Wahrheit zu tun. Wie man sich im Dunkeln kuschelt, entsprechend sieht man die Geschichte der Welt. So einfach ist das.

Wir lassen uns von der Geschichte angst machen; wir lassen uns von Daten einschüchtern.

Eins-und-vier-und-neun-und-zwei
begann Columbus' Segelei

Und was dann? Wurden alle klüger? Hörten die Leute auf, neue Ghettos zu bauen, um darin die alten Verfolgungen fortzuführen? Hörten sie auf, die alten Fehler zu machen, oder neue Fehler, oder alte Fehler in neuer Version? (Und ereignen die Dinge sich zweimal in der Geschichte: das erste Mal als Tragödie, das zweite Mal als Farce? Nein, das wäre zu grandios, ein zu überlegtes Verfahren. Die Geschichte rülpst bloß, und der Geschmack kommt wieder hoch von dem Butterbrot mit rohen Zwiebeln, das sie vor ein paar hundert Jahren verschlungen hat.)

Daten sagen nicht die Wahrheit. Sie schnauzen uns an – links, rechts, links, rechts, bißchen dalli, ihr elendes Pack. Sie wollen uns einreden, wir kämen stetig voran, machten stetig Fortschritte. Aber was war nach 1492?

Eins-und-vier-und-neun-und-drei
die Heimkehr nach der Fahrerei

Solche Daten mag ich. Feiern wir doch 1493, und nicht 1492; die Rückkehr, nicht die Entdeckung. Was war 1493? Der zu erwartende Ruhm, natürlich, die königlichen Lobreden, die heraldischen Rangerhöhungen auf dem Columbus-Wappen. Aber da war auch folgendes. Vor der Abreise war für den ersten Menschen, der die Neue Welt sichten würde, ein Preis von 10 000 Maravedies ausgesetzt worden. Ein gewöhnlicher Matrose hatte diesen Preis gewonnen, doch als die Expedition zurückkehrte, meldete Columbus selbst Anspruch darauf an (die Taube drängt den Raben einmal mehr aus der Geschichte heraus). Der Matrose machte sich enttäuscht nach Marokko auf, wo er, wie man sagt, zum Renegaten wurde. Es war ein interessantes Jahr, 1493.

Geschichte ist nicht das, was passiert ist. Geschichte ist nur, was die Historiker uns erzählen. Da gab es ein Muster, einen Plan, eine Bewegung, Expansion, den Vormarsch der Demokratie; sie ist ein Gobelin, ein Fluß von Ereignissen, eine komplexe Erzählung, logisch zusammenhängend, erklärbar. Aus einer guten Geschichte ergibt sich die nächste. Erst gab es da Könige und Erzbischöfe mit ein wenig göttlichem Gefummel hinter den Kulissen, dann den Vormarsch von Ideen und die Bewegungen der Massen, dann kleine örtliche Begebenheiten, die Größeres zu bedeuten hatten, aber ständig geht es um Verbindungen, Fortschritt, Bedeutung, dies hat zu dem geführt, dies ist aufgrund dessen passiert. Und wir, die wir Geschichte lesen, Geschichte erleiden, wir versuchen aus dem Muster hoffnungsvolle Schlüsse zu ziehen, den Weg nach vorn zu finden. Und wir klammern uns an Geschichte als eine Folge von Salonbildern, Konversationsstücken, deren Beteiligte wir uns leicht ins Leben zurückdenken können, obwohl wir es doch die ganze Zeit eher mit einer Multimedia-Collage zu tun haben, wo die Farbe mit einer Anstreicherrolle und nicht mit dem Rotmarderpinsel aufgetragen ist.

Die Geschichte der Welt? Nichts als Stimmen, die im Dunkeln widerhallen; Bilder, die ein paar hundert Jahre lang leuchten und dann verlöschen; Geschichten, alte Geschichten, die sich bisweilen anscheinend überlappen; seltsame Bezüge, belanglose Verbindungen. Wir liegen hier in unserem Krankenhausbett der Gegenwart (was man heutzutage für schöne saubere Laken kriegt) und bekommen blubbernde Tagesnachrichten in den Arm getropft. Wir glauben zu wissen, wer wir sind, auch wenn wir nicht so recht wissen, warum wir hier sind und wie lange wir bleiben müssen. Und während wir uns in bandagierter Ungewißheit quälen und winden – sind wir freiwillige Patienten? –, konfabulieren wir. Wir denken uns eine Geschichte aus, um die Tatsachen zu überspielen, die wir nicht kennen oder nicht akzeptieren können; wir lassen ein paar wahre Tatsachen stehen und spinnen eine neue Geschichte drum herum. Nur mildernde Konfabulation vermag unsere Panik und unseren Schmerz zu lindern; und das nennen wir Geschichte.

Eins will ich der Geschichte zugute halten. Sie findet immer alles wieder. Wir versuchen, Sachen zu verbergen, aber die Geschichte läßt nicht locker. Sie hat die Zeit auf ihrer Seite, die Zeit und die Wissenschaft. Wie grimmig wir auch unseren ersten Gedanken ausstreichen und schwärzen, die Geschichte findet doch einen Weg, ihn zu lesen. Wir begraben unsere Opfer im geheimen (erdrosselte Prinzen, verstrahlte Rentiere), doch die Geschichte entdeckt, was wir mit ihnen angestellt haben. Wir haben die *Titanic*, scheinbar für immer, in den krakenschwarzen Tiefen verloren, aber man hat sie wieder zutage gefördert. Vor gar nicht langer Zeit wurde das Wrack der *Medusa* gefunden, vor der Küste Mauretaniens. Auf Schätze war nicht zu hoffen, das wußte man; nach einhundertfünfundsiebzig Jahren wurden lediglich noch ein paar Kupfernägel vom Rumpf der Fregatte und ein paar Kanonen geborgen. Trotzdem sind sie hin und haben sie gefunden.

Was kann Liebe sonst noch? Wenn wir sie an den Mann bringen wollen, sollten wir herausstreichen, daß sie ein Ausgangspunkt bürgerlicher Tugend ist. Man kann niemanden lieben ohne phantasievolle Einfühlung, ohne daß man die Welt aus einem anderen Blickwinkel zu sehen beginnt. Ohne diese Fähigkeit kann man kein guter Liebhaber, kein guter Künstler oder Politiker sein (man kann sich so durchmogeln, aber das meine ich nicht). Zeigen Sie mir mal einen Tyrannen, der ein großer Liebhaber war. Womit ich nicht meine, ein großer Ficker; daß Macht ein Aphrodisiakum ist (auch ein Auto-Aphrodisiakum), weiß jeder. Sogar unser demokratischer Held Kennedy hat Frauen bedient, wie ein Fließbandarbeiter Autokarosserien abspritzt.

Immer wieder flackert, in diesen letzten sterbenden Millennien des Puritanismus, die Diskussion um den Zusammenhang von sexuellem Wohlverhalten und der Ausübung von Macht auf. Wenn ein Präsident die Hosen nicht zulassen kann, verliert er dann das Recht, uns zu regieren? Wenn ein Staatsdiener seine Frau betrügt, wird er dann auch eher seine Wähler betrügen? Ich persönlich würde mich lieber von einem Ehebrecher, einem sexuellen Wüstling regieren lassen als von einem pingeligen Keuschheitsfanatiker oder zugeknöpften Ehemann. Wie Verbrecher sich meist auf bestimmte Verbrechen spezialisieren, so spezialisieren sich korrupte Politiker normalerweise auf eine Form der Korruptheit: die Sex-Schurken bleiben beim Ficken, die Bestechlichen bei ihren Schmiergeldern. Aus diesem Grund wäre es sinnvoller, nachweisliche Ehebrecher zu wählen, statt sie aus dem öffentlichen Leben herauszuhalten. Ich sage ja nicht, daß wir ihnen verzeihen sollen – im Gegenteil, wir müssen ein Schuldbewußtsein in ihnen entfachen. Dieses nützliche Gefühl können wir jedoch manipulieren, indem wir ihr Sündigen auf den erotischen Bereich beschränken und so eine ausgleichende Integrität beim Regieren erzeugen. Das ist jedenfalls meine Theorie.

In Großbritannien, wo die meisten Politiker Männer sind, ist es bei der Konservativen Partei Tradition, daß man die Ehefrauen potentieller Kandidaten zu einem Gespräch bittet. Das ist, natürlich, eine erniedrigende Veranstaltung, wo die örtlichen Parteimitglieder die Frau auf ihre Normalität hin abklopfen. (Ist sie geistig zurechnungsfähig? Ist sie solide? Hat sie die richtige Hautfarbe? Hat sie vernünftige Ansichten? Ist sie ein Flittchen? Würde sie sich auf Fotos gut machen? Können wir sie im Wahlkampf einsetzen?) Man stellt diesen Frauen, die brav versuchen, sich gegenseitig an solidarischer Langweiligkeit zu übertrumpfen, viele Fragen, und die Frauen schwören feierlich, sich gemeinsam mit ihrem Gatten für Atomwaffen und die Unantastbarkeit der Familie einzusetzen. Doch die wichtigste Frage stellt man ihnen nicht: «Liebt Ihr Mann Sie?» Das sollte nicht als eine bloß praktische (Ist Ihre Ehe frei von Skandalen?) oder sentimentale Frage mißverstanden werden; es ist eine präzise Erkundigung nach der Eignung des Kandidaten, andere Menschen zu vertreten. Es ist eine Prüfung seiner phantasievollen Einfühlung.

Bei der Liebe müssen wir präzise sein. Ah, womöglich wollen Sie Beschreibungen? Wie sehen ihre Beine aus, ihre Brüste, ihre Lippen, welche Farbe haben die bewußten Haare? (Tja, tut mir leid.) Nein, bei der Liebe präzise zu sein heißt, daß man auf das Herz achtet, sein Pulsieren, seine Gewißheiten, seine Wahrheit, seine Macht – und seine Unzulänglichkeiten. Nach dem Tod wird das Herz eine Pyramide (es hat schon immer zu den Weltwundern gehört); doch selbst im Leben ist das Herz nie herzförmig gewesen.

Legen Sie das Herz neben das Gehirn, und sehen Sie sich den Unterschied an. Das Gehirn ist ordentlich, segmentiert, in zwei Hälften geteilt, wie in unserer Vorstellung das Herz ganz klar zu sein hätte. Mit dem Gehirn kann man umgehen, meint man; es ist ein aufmerksames Organ, und es ermuntert einen, es zu verstehen. Das Gehirn sieht vernünftig aus. Sicher, es ist kompliziert mit diesen ganzen Falten und Runzeln und Rillen und Taschen; es hat etwas von einer Koralle, so daß man sich fragt, ob es insgeheim vielleicht die ganze Zeit in Bewegung ist und sich still und leise ausbaut, ohne daß man es selber merkt. Das Gehirn hat seine Geheimnisse, doch wenn Kryptologen, Irrgartenbaumeister und Chirurgen sich zusammentun, werden sich diese Rätsel sicher lösen lassen. Mit dem Hirn kann man umgehen, wie gesagt; es sieht vernünftig aus. Wohingegen das Herz, das menschliche Herz, leider ein verdammtes Schlamassel ist.

Die Liebe ist antimechanisch, antimaterialistisch: deshalb ist schlechte Liebe immer noch gute Liebe. Sie kann uns zwar unglücklich machen, aber sie besteht darauf, daß das Mechanische und Materielle nicht unbedingt das Sagen haben müssen. Die Religion ist jämmerlich prosaisch geworden, oder aber hoffnungslos verrückt, oder bloß noch geschäftstüchtig – wenn sie Spiritualität mit wohltätigen Spenden verwechselt. Die Kunst gewinnt mit dem Niedergang der Religion an Selbstvertrauen und posaunt ihr Transzendieren der Welt hinaus (und sie überdauert, sie überdauert! die Kunst besiegt den Tod!), doch ist diese Kunde nicht allen zugänglich, und wo sie zugänglich ist, nicht immer ermutigend oder willkommen. Also müssen Religion und Kunst der Liebe den Vorrang lassen. Sie gibt uns unsere Menschlichkeit und auch unseren Mystizismus. An uns ist mehr dran als nur wir.

Natürlich macht sich die materialistische Argumentationsweise über die Liebe her; sie macht sich über alles her. Liebe läßt sich reduzieren auf Pheromone, sagt sie. Dieses Hüpfen des Herzens, dieser klare Blick, dieses Aufgeputschtsein, diese moralische Entschiedenheit, diese Verzückung, diese bürgerliche Tugend, dieses gemurmelte *Ich liebe dich*, das wird alles von einem kaum wahrnehmbaren Geruch hervorgerufen, den ein Partner ausströmt und der andere im Unterbewußtsein wittert. Wir sind bloß eine etwas ansehnlichere Ausgabe von jenem Käfer, der sich in seiner Schachtel den Kopf einrennt, wenn er Bleistiftklopfen hört. Glauben wir das? Na ja, glauben wir es mal für den Moment, denn es macht den Triumph der Liebe noch größer. Woraus besteht eine Geige? Aus Holzstückchen und Stückchen von Schaf-Innereien. Erniedrigt und banalisiert ihre Bauweise die Musik? Im Gegenteil, sie erhebt die Musik noch mehr.

Und dabei sage ich nicht, die Liebe mache Sie glücklich – vor allen Dingen sage ich das nicht. Ja, ich neige sogar zu der Ansicht, daß die Liebe Sie unglücklich macht: sei es sofort unglücklich, da die Unmöglichkeit einer Verbindung Sie martert, oder später unglücklich, wenn der Holzwurm über Jahre still vor sich hin genagt hat und der Bischofsthron zusammenbricht. Aber man kann dieser Meinung sein und trotzdem darauf beharren, daß die Liebe unsere einzige Hoffnung sei.

Sie ist unsere einzige Hoffnung, auch wenn sie uns enttäuscht, obwohl sie uns enttäuscht, weil sie uns enttäuscht. Verliere ich jetzt an Präzision? Worauf ich aus bin, ist der richtige Vergleich. Liebe und Wahrheit, ja, das ist die wesentlichste Verbindung. Jeder weiß, daß objektive Wahrheit unerreichbar ist, daß wir bei jedem Ereignis eine Vielzahl von subjektiven Wahrheiten haben, die wir in ihrem Wert einschätzen und dann zu Geschichte konfabulieren, zu einer gottgeschauten Version dessen, was nun «wirklich» passiert sei. Diese gottgeschaute Version ist geschummelt – bezaubernd und unmöglich, Schummelei eben, wie diese mittelalterlichen Gemälde, auf denen sich in unterschiedlichen Teilen des Bildes alle Stationen der Passion Christi gleichzeitig abspielen. Das wissen wir und müssen dabei doch glauben, daß objektive Wahrheit erreichbar sei; oder wir müssen glauben, daß sie zu 99 Prozent erreichbar sei; oder wenn wir das nicht glauben können, müssen wir glauben, daß 43 Prozent objektiver Wahrheit besser seien als 41 Prozent. Wir müssen das, denn wenn wir es nicht tun, dann sind wir verloren, verfallen wir einem betörenden Relativismus, halten wir von der Version des einen Lügners genausoviel wie von der eines anderen Lügners, schlagen wir die Hände über dem Kopf zusammen, weil alles so verwirrend sei, lassen wir zu, daß der Sieger nicht nur auf die Beute Anspruch erhebt, sondern auch auf die Wahrheit. (Welche Wahrheit ist uns übrigens lieber, die des Siegers oder die des Besiegten? Sind Stolz und Mitleid größere Verfälscher als Scham und Furcht?)

Und so ist es auch mit der Liebe. Wir müssen daran glauben, sonst sind wir verloren. Vielleicht erreichen wir die Liebe nicht, oder wir erreichen sie und stellen dann fest, daß sie uns unglücklich macht; trotzdem müssen wir daran glauben. Tun wir das nicht, dann kapitulieren wir einfach vor der Geschichte der Welt und vor anderer Leute Wahrheit.

Sie wird schiefgehen, diese Liebe; wahrscheinlich geht sie schief. Dieses verdrehte Organ ist, wie der Klumpen Ochsenfleisch, hinterhältig und verschlossen. Unser derzeitiges Modell des Universums ist das der Entropie, das sich für den Tagesgebrauch so übersetzen läßt: Es geht alles zur Sau. Doch wenn die Liebe uns enttäuscht, müssen wir trotzdem weiter an sie glauben. Ist jedes Molekül so kodiert, daß alles zur Sau geht, daß die Liebe Enttäuschung bringt? Kann sein. Trotzdem müssen wir an die Liebe glauben, genau wie wir an Willensfreiheit und objektive Wahrheit glauben müssen. Und wenn die Liebe eine Enttäuschung ist, sollten wir der Geschichte der Welt die Schuld geben. Hätte sie uns nur in Ruhe gelassen, dann hätten wir glücklich sein können, hätten wir glücklich bleiben können. Unsere Liebe ist vergangen, und schuld ist die Geschichte der Welt.

Aber das kommt erst noch. Vielleicht kommt es auch nie. Nachts kann man der Welt trotzen. Ja, es stimmt, das geht, wir können der Welt die Stirn bieten. Vor Aufregung beginne ich mich zu regen und zu strampeln. Sie bewegt sich und gibt einen unterirdischen, unterseeischen Seufzer von sich. Nicht aufwecken. Jetzt scheint es eine großartige Wahrheit zu sein, aber am Morgen erscheint der Gedanke vielleicht nicht mehr wert, sie deshalb zu stören. Sie gibt einen sanfteren, kleineren Seufzer von sich. Ich ahne die Landkarte ihres Körpers neben mir in der Dunkelheit. Ich drehe mich auf die Seite, mache die parallele Zickzacklinie und warte auf den Schlaf.

NEUN

Projekt Ararat

Es ist ein schöner Nachmittag, und Sie fahren durch die Outer Banks von North Carolina – die schmucklose Vorübung der Atlantikküste für die Florida Keys. Sie überqueren den Currituck Sound von Point Harbor nach Anderson, dann weiter nach Süden auf der 158, und bald sind Sie in Kitty Hawk. Hinter den Dünen finden Sie das Wright Brothers National Memorial; aber vielleicht heben Sie sich das für später auf, jedenfalls ist es sowieso nicht das, was Sie von Kitty Hawk in Erinnerung behalten. Nein, in Erinnerung behalten Sie dies: Auf der rechten, der westlichen Straßenseite steht, den hohen Bug dem Meer zugewandt, eine Arche. Sie ist scheunengroß, hat Holzlattenwände und ist braun angestrichen. Wie Sie sich nun belustigt und im Vorbeifahren danach umdrehen, wird Ihnen klar, daß das eine Kirche ist. Wo man normalerweise den Namen des Schiffes und vielleicht seinen Heimathafen sehen würde, ist statt dessen die Funktion der Arche zu lesen: GOTTESDIENST-CENTER steht da. Sie sind vorgewarnt worden, sich in den beiden Carolinas auf alle möglichen religiösen Auswüchse gefaßt zu machen, und daher tun Sie es als ein Stück fundamentalistisches Rokoko ab, irgendwie ganz witzig, aber nein, deswegen anzuhalten brauchen Sie nicht.

Später am Abend nehmen Sie die 7-Uhr-Fähre von Hatteras nach Ocracoke Island. Es ist kühl, Vorfrühling, und es ist Ihnen ein bißchen kalt und verloren zumute in der Dunkelheit, auf dem schwarzen Wasser, während der Große Wagen verkehrt herum in einem grellen, von Universal Pictures ausgeliehenen Himmel über Ihnen hängt. Auch die Fähre ist ängstlich, ihr riesiger Scheinwerferstrahl wirft sich auf das Wasser zwanzig Meter voraus; geräuschvoll, doch ohne innere Überzeugung, zuckelt sie des Wegs zwischen den Markierungslampen, rot, grün und weiß. Erst jetzt, wo Sie aufs Deck hinausgehen und Ihr Atem sich in der Luft verdichtet, denken Sie an diese nachgemachte Arche zurück. Daß sie da steht, hat natürlich einen bestimmten Zweck, und hätten Sie angehalten und nachgedacht, statt nur fröhlich den Fuß vom Gaspedal zu nehmen, hätten Sie vielleicht gespürt, was sie zu bedeuten hat. Sie waren unterwegs zu dem Ort, wo der Mensch sich zum ersten Mal in die Luft erhob; statt dessen werden Sie an ein früheres, grundlegenderes Ereignis erinnert, als der Mensch zum ersten Mal auf das Meer hinausfuhr.

Die Arche stand noch nicht da, als Spike Tiggler damals im Jahre 1943, erst ein oder zwei Jahre aus den kurzen Hosen heraus, von seinem Vater nach Kitty Hawk mitgenommen wurde. Sie wissen doch, wer Spike Tiggler war? Herrgott, das weiß doch *jeder*. Spike Tiggler war der Typ, der auf dem Mond den Football geworfen hat. Der Typ, der auf dem Mond diesen verdammten Football geworfen hat? Genau. Der längste Paß in der Geschichte der National Football League, vierhundertfünfzig Yards in die ausgestreckten Hände eines Vulkankraters hinein. Touchdown! hat er da gebrüllt und kam es knackend und rauschend hier unten auf der Erde bei uns an. Touchdown Tiggler, so hieß er bei der hälsereckenden Welt, mindestens einen oder zwei Sommer lang. Touchdown Tiggler, der Typ, der einen Football in die Kapsel schmuggelte (wie er das wohl angestellt hat?). Wissen Sie noch, wie die ihn fragten, warum er das gemacht hat, und er bloß so ein Pokerface aufsetzte? «Ich wollte mich schon immer mal bei den Redskins bewerben», hat er gesagt. «Jetzt hoff ich nur, daß die Jungs auch zugeguckt haben.» Die Jungs hatten tatsächlich zugeguckt, wie sie auch bei seiner Pressekonferenz zuguckten, und sie schrieben Touchdown einen Brief mit der Bitte, ob sie den Football haben könnten, und boten einen Preis dafür, der uns auch heute noch durchaus anständig vorkommt. Aber Spike hatte ihn weit weg in dem Aschenkrater da liegenlassen – falls mal ein Running Back vom Mars oder von der Venus vorbeikommen sollte.

Touchdown Tiggler, so nannten sie ihn auf dem Transparent, das über der Straße in Wadesville, North Carolina hing, einer Kleinstadt mit einer einzigen Bankfiliale, wo die Tankstelle gleichzeitig als Schnapsladen fungieren mußte, um auch nur annähernd so was wie Profit zu machen. WADESVILLE BEGRÜSST MIT STOLZ SEINEN BESTEN SOHN, TOUCHDOWN TIGGLER. Alle kamen auf die Straße raus an dem heißen Morgen im Jahre 1971, als Tiggler in einer offenen Filmstar-Limousine durch die Stadt fuhr. Sogar Mary-Beth, die Spike zwanzig Jahre zuvor gewisse Freiheiten gestattet und dann ein, zwei Wochen lang in Ängsten geschwebt hatte und die kaum ein gutes Wort über ihn zu sagen wußte, bis er für Projekt Apollo ausgewählt wurde, kam zu dem Ereignis angelaufen und erinnerte die Leute in ihrer Umgebung daran – sie hatte deren Gedächtnis vorher bereits mehrfach aufgefrischt –, daß es einmal eine Zeit gegeben hatte, als sie und Spike sich, nun ja, sehr nahe standen. Schon damals, verkündete sie, habe sie erkannt, daß er es einmal weit bringen würde. Wie weit hat er's denn bei dir gebracht, Mary-Beth, fragte eine der schlagfertigeren verheirateten jungen Frauen der Stadt, und Mary-Beth lächelte holdselig, wie die Jungfrau Maria in einem Malbuch, wissend, daß sie so oder so nur an Status gewinnen konnte.

Unterdessen war Touchdown Tiggler am Ende der Main Street angelangt und wendete bei dem Friseurladen namens Hair Force, der sich auch eines Pudels annahm, wenn man ihn hintenrum reinbrachte, und während die Lautsprecheranlage endlos «I am just a country boy / Who's always known the love and joy / Of coming home ...» spielte, wurde Spike Tiggler dreimal von der einen Seite begrüßt und dreimal von der anderen. Das Kabrio kam langsam voran, denn nach der ersten rasanten Triumphrunde hatte sich Spike hinten auf die Lehne gesetzt, damit ihn jeder sehen konnte, und wenn der Wagen dann an der als Schnapsladen fungierenden Tankstelle vorbeischneckte, schrie der Besitzer Buck Weinhart jedesmal «Fährst du oder melkst du?», eine Anspielung auf Spikes Gewohnheit, langsame Fahrer anzupöbeln in jenen Zeiten, als sie zusammen die Stadt unsicher gemacht hatten. Sechsmal brüllte Buck «Hey Spike, fährst du oder melkst du?», und Spike, eine stämmige dunkelhaarige Gestalt, winkte mit einem Guter-alter-Kumpel-Nicken zurück. Später, bei einem Essen der städtischen Honoratioren im Wadesville Diner, dem Imbißlokal, das Spike einst grandios vorgekommen war, ihn nun aber an eine Leichenhalle denken ließ, hielt der heimgekehrte Held – der zunächst etwas fremd wirkte mit seinem Astronautenhaarschnitt und Geschäftsleute-Anzug, in dem er aussah, als wollte er ein Präsident Eisenhower werden – eine Rede des Inhalts, daß man stets in Erinnerung behalten sollte, wo man herkommt, egal, wie weit man weggeht; das wurde von den Anwesenden für gut und würdig befunden, und einer von denen, die spontan auf Spike Tigglers Worte eingingen, schlug gar vor, zu Ehren der Großtat ihres Lieblingssohnes sollten sie Wadesville von der Karte streichen und die Stadt in Moonsville umbenennen, ein Gedanke, der eine Blütezeit von ein paar Wochen erlebte und dann still dahinschied, zum Teil aufgrund des Widerstandes von Old Jessie Wade, der letzten noch lebenden Enkelin von Ruben Wade, einem fliegenden Händler, der damals zu Beginn des Jahrhunderts befunden hatte, das Land hier in der Gegend eigne sich zum

Anbau von Kürbissen. Die Kürbisse waren ein Reinfall, wie sich herausstellen sollte, aber das war ja kein Grund, dem Mann jetzt an die Ehre zu gehen.

Spike Tiggler war in Wadesville nicht immer so beliebt gewesen wie an jenem Tag im Jahre 1971, und nicht nur die Mutter von Mary-Beth hatte ihn ungebärdig gefunden und bedauert, daß der Krieg so früh zu Ende gegangen war und sie den jungen Tiggler nicht mehr nach Osten verfrachten konnten, wo er sich mit den Japsen anlegen sollte, statt sich hier mit der halben Stadt anzulegen. Er war fünfzehn, als die Bombe auf Hiroshima fiel, ein Ereignis, das Mary-Beths Mutter aus rein lokalpolitischen Gründen beklagte; doch zu gegebener Zeit bekam auch Spike seinen Krieg und flog F-86-Maschinen zum Yalu Jiang hoch. Achtundzwanzig Einsätze, zwei MiG-15 abgeschossen. Für Wadesville Grund genug zum Feiern, obwohl Tiggler damals nicht zurückkam, und auch danach noch eine Zeitlang nicht. Wie er 1975, bei seinem ersten Spendenaufruf im Moondust Diner (eine Namensänderung, der selbst Jessie Wade zugestimmt hatte), erklären sollte, wird der Lebenslauf eines Mannes, ja jeder Lebenslauf, von Flucht und Wiederkehr bestimmt. Flucht und Wiederkehr, Flucht und Wiederkehr, wie die Gezeiten, die im Albermale Sound und den Pasquotank River hinauf bis Elizabeth City ihr Spiel treiben. Die Ebbe zieht uns alle mit hinaus, und mit der Flut kommen wir dann alle wieder zurück. Von den Zuhörern waren einige die meiste Zeit ihres Lebens nie weit aus Wadesville hinausgekommen, daher konnte man nicht verlangen, daß sie darüber eine Meinung hatten, und Jeff Clayton bemerkte hinterher, als er vor ein paar Jahren durch Fayetteville und um Fort Bragg herumgefahren sei, um sich die World Golf Hall of Fame in Pinehurst anzusehen und dann rechtzeitig für seine Ration Bier von Alma wieder daheim zu sein, da sei ihm das eigentlich nicht so vorgekommen wie die Gezeiten im Pasquotank River; aber was wußte Jeff Clayton schon, und alle waren sich einig, daß man im Zweifelsfall schon eher Spike vertrauen sollte, da Spike schließlich nicht nur in der Welt draußen, sondern – wie die alte Jessie Wade selbst es so eindrucksvoll formuliert hatte – dazu noch aus der Welt draußen gewesen war.

Laut Spike Tiggler hatte die Sache mit dem Flucht-und-Wiederkehr-Zyklus in seinem Leben erstmals an jenem Tag «klick» gemacht, als sein Vater ihn nach Kitty Hawk mitnahm, lange bevor die nachgemachte Arche als Gottesdienst-Center errichtet wurde. Damals gab es da nur die flache Rollbahn und den flachen offenen Himmel darüber, und dann, auf der anderen Seite einer leeren Landstraße, wo kaum je mal ein Laster in der Ferne blitzte, ein paar flache Dünen und die sanft schäumende See. Wenn andere Kinder sich von den Verlockungen einer tosenden Großstadt mit Lippenstift und Jazz angezogen fühlten, war es für Spike die ruhevolle Schlichtheit von Land, Meer und Himmel bei Kitty Hawk. So jedenfalls erklärte er das bei einer anderen Abendgesellschaft innerhalb seiner Spendenaktion, und man glaubte ihm, auch wenn weder Mary-Beth noch Buck Weinhart ihn seinerzeit je so hatten reden hören.

Spike Tigglers Heimatstadt war entschieden für die Demokraten und noch entschiedener für die Baptisten. Am Sonntag nach seinem Ausflug nach Kitty Hawk bekundete Spike vor der Church of the Holy Water eine nun doch allzu respektlose Begeisterung für die Wright Brothers, und die alte Jessie Wade hielt dem Dreizehnjährigen entgegen, wenn Gott gewollt hätte, daß wir fliegen, hätte er uns auch Flügel gegeben. «Aber daß wir Auto fahren, das hat Gott gewollt, nicht?» gab Jung-Spike zurück, eine Spur zu rasch, als daß man es noch höflich hätte nennen können, und deutete dabei wahrhaftig auf den frischpolierten Packard, in dem seine betagte Widersacherin die knapp zweihundert Meter zur

Kirche zurückgelegt hatte; woraufhin Spikes Vater ihn darauf hinwies, daß der Herr, wäre nicht gerade Sabbath, sehr wohl gewollt haben könnte, daß Spike ein paar hinter die Ohren kriege. Diesen Wortwechsel, und nichts von Land und Meer und Himmel, hatten die Einwohner von Wadesville noch in Erinnerung von Spike Tigglers Umgangston so um 1943.

Zwei Jahre vergingen, zu früh für Mary-Beths Mutter fiel die Bombe auf Hiroshima, und Spike entdeckte, daß, wenn Gott ihm schon keinen fahrbaren Untersatz gegeben hatte, sein Vater ihm wenigstens ab und zu einen lieh. An warmen Abenden spielten Buck Weinhart und er ihr Spiel, auf einer Nebenstraße ein langsames Automobil aufs Korn zu nehmen und hinter ihm herzufahren, bis sie mit dem Kühler beinah bei dem andern im Kofferraum waren. Wenn sie dann schwungvoll ausscherten und vorbeirauschten, johlten beide im Chor: «Fährst du oder melkst du, Mann?» Im selben Auto und ungefähr zur gleichen Zeit sagte Spike mit hoffnungsvollen Stielaugen zu Mary-Beth: «Aber wenn Gott nicht gewollt hat, daß wir ihn gebrauchen, warum hat er ihn denn da hingetan?» – ein Ausspruch, der sein Anliegen um Wochen zurückwarf, da Mary-Beth ihrem Wesen nach kirchengläubiger war als Jung-Spike und dieses sein Freiersprüchlein sowieso nicht das überzeugendste, das sich je einer ausgedacht hat. Ein paar Wochen später war Spike jedoch wieder auf dem Rücksitz gelandet und murmelte «Ich weiß wirklich nicht, wie ich leben könnte ohne dich, Mary-Beth», und das hat dann anscheinend gewirkt.

Nicht lange danach ging Spike von Wadesville weg, und mehr oder weniger das nächste, was die Stadt von ihm hörte, war, daß er jetzt draußen in Korea einen F-86 Sabre-Jet flog und zusah, daß die kommunistischen MiGs nicht über den Yalu Jiang kamen. Es hatte einer ganzen Reihe von Momenten und Gefühlen bedurft, die nicht alle logisch miteinander verbunden waren, um ihn dorthin zu bringen, und wenn Spike sein Leben auf einen Comic strip zu reduzieren versuchte, wie er das manchmal tat, dann sah er sich zunächst auf den Dünen bei Kitty Hawk stehen und aufs Meer hinausschauen; dann Mary-Beth an die Brust fassen, ohne abgewiesen zu werden, und denken: «Dafür kann mich Gott nicht tot umfallen lassen, ganz bestimmt nicht»; und dann bei Sonnenuntergang mit Buck Weinhart im Auto fahren und warten, daß die ersten Sterne herauskommen. Liebe zu Maschinen war natürlich auch dabei, und Patriotismus und das starke Gefühl, daß er in seiner blauen Uniform ziemlich schnittig aussah; aber irgendwie waren die früheren Sachen stärker in seiner Erinnerung geblieben. Das meinte er auch, als er dann 1975 bei seinem ersten Spendenaufruf davon sprach, daß das Leben einen dahin zurückbringt, wo man angefangen hat. Es war zweifellos klug, daß er diese allgemeine Empfindung nicht an konkreten Erinnerungen festmachte, sonst hätte er beispielsweise Mary-Beth wohl keine Spende entlocken können.

Außer dem Auto seines Vaters und einer grollenden Mary-Beth ließ Spike auch seinen Glauben in Wadesville zurück, als er von dort wegging. Zwar trug er in allen Formularen der Navy brav «baptistisch» ein, dachte aber nicht mehr an die Gebote des Herrn, die heilige Gnade oder die eigene Erlösung, nicht einmal an den schlimmen Tagen, wenn von seinen Flieger-Kollegen – seinen Freunden, Herrgottnochmal – einer ins Gras biß. Da war ein Freund futsch, aber deshalb suchte man doch keinen Funkkontakt zum Allmächtigen. Spike war ein Flieger, ein Mann der Wissenschaft, ein Ingenieur. Auf Papieren und Formularen konnte man sich ja zu Gott bekennen, genau wie man sich am Stützpunkt vorgesetzten Offizieren unterordnete; aber am meisten er selbst, der wahre Spike Tiggler, der Junge, der es von einem geliehenen Auto auf einer ruhigen Straße zu einem brüllenden Jagdbomber im leeren Himmel gebracht hatte, war er dann, wenn er nach einem steilen Aufstieg die silbernen Schwingen in die Horizontale brachte, hoch oben in der klaren Luft südlich des Yalu Jiang. Da hatte er die Dinge vollkommen im Griff, und gleichzeitig war er ganz für sich. Das war das Leben, und der einzige Mensch, der ihn im Stich lassen konnte, war er selbst. Auf die Nase seiner F-86 hatte Spike das Motto «Fährst du oder melkst du?» gemalt als Warnung an jede MiG, die das Pech hatte, daß Lieutenant Tiggler sich an ihren Arsch ranpirschte.

Nach dem Krieg in Korea ließ er sich an die Navy's Test Pilot School in Patuxent River, Maryland, versetzen. Als die Russen ihren ersten Sputnik starteten und Projekt Mercury in Angriff genommen wurde, meldete Spike sich freiwillig, auch wenn eine innere Stimme – und die äußeren Stimmen einer ganzen Reihe von Fliegern – beharrlich meinte, für die ersten Flüge könnten sie genausogut einen Schimpansen nehmen, Herrgott, die würden *tatsächlich* einen Schimpansen nehmen. Der Job bestand einzig darin, in einer Rakete zu fliegen; man war ein Stück Ladung, aus dem Drähte herausguckten, ein Fleischklumpen, an dem die Wissenschaftler was zu studieren hatten. Ein Teil von ihm war nicht enttäuscht, als er nicht unter den ersten sieben Auserwählten war, ein anderer Teil von ihm aber doch; bei der nächsten Runde bewarb er sich wieder, und diesmal klappte es. Der *Fayetteville Observer* brachte es auf der ersten Seite mit Foto, was Mary-Beth veranlaßte, ihm zu vergeben und zu schreiben; da Spikes neue Frau Betty aber allem Anschein nach gerade eine eifersüchtige Periode hatte, tat er, als hätte er dieses Mädchen da aus Wadesville vergessen, und ihr Brief blieb ohne Antwort.

Im Sommer 1974 stand Spike Tiggler oben auf dem Mond und warf einen Football-Paß über vierhundertfünfzig Yards. Touchdown! Das geschah während eines dreißigminütigen

Zeitraums, für den keine besonderen Aufgaben vorgesehen waren, so daß die beiden Typen auf dem Mond einfach ihrer Neugier folgen durften. Na ja, Spike war immer schon neugierig gewesen, wie weit man da oben in der dünnen Atmosphäre einen Football werfen konnte, und jetzt wußte er es. Touchdown! Die Stimme aus dem Kontrollzentrum klang nachsichtig, und sein Astronautenkollege Bud Stromovicz auch, als Spike sagte, er wollte mal rüberhüpfen und seinen Ball wieder holen. Er zog über die tote Landschaft wie ein Eselhase mit Schläuchen. Der Mond kam Spike ziemlich wüst und heruntergekommen vor, und der Staub, den er aufwirbelte und der sich in Zeitlupe wieder setzte, war wie Sand von einem schmutzigen Strand. Sein Football lag neben einem kleinen Krater. Er kickte ihn sacht in die staubtrokkene Mulde, dann drehte er sich um, weil er sehen wollte, welche Strecke er zurückgelegt hatte. Die Mondfähre, fast außer Sichtweite, wirkte winzig und zerbrechlich, eine Spielzeugspinne mit einer keuchenden Batterie. Spike neigte nicht sonderlich zu privaten Überlegungen bei einem Einsatz – zumal der Arbeitsplan so angelegt war, daß er vom Grübeln abhielt –, aber plötzlich wurde ihm klar, daß er und Bud (plus Mike, der noch in der Kommandokapsel über ihnen kreiste) so weit vom Rest der Menschheit entfernt waren, wie das zur Zeit ging. Gestern hatten sie die Erde aufgehen sehen und dabei zwar jede Menge Witze gerissen, aber es war doch ein erhabener Anblick gewesen, der so ziemlich alles auf den Kopf stellte. Jetzt, gerade hier, hatte er das Gefühl, am äußersten Rand von allem zu sein. Wenn er noch zehn Meter ginge, würde er glatt von der Flügelspitze der Erde fallen und Helm über Arsch ins abgrundtiefe All trudeln. Obwohl er wußte, daß so etwas wissenschaftlich gar nicht möglich war, kam es Spike Tiggler dennoch so vor.

Exakt in diesem Moment sagte eine Stimme zu ihm: «Suche die Arche Noah.»

«Nachricht nicht verstanden», antwortete er, in der Annahme, es sei Bud.

«Hab kein Wort gesagt.» Diesmal war es Buds Stimme. Spike erkannte sie, und auf jeden Fall kam sie über seine Kopfhörer wie sonst auch. Die andere Stimme schien direkt gekommen zu sein, um ihn herum zu sein, in ihm, nahe bei ihm, laut und doch vertraulich.

Er hatte gut zehn Meter Richtung Mondfähre zurückgelegt, als die Stimme ihren Befehl wiederholte: «Suche die Arche Noah.» Spike machte weiter seine luftigen Mondhopser und fragte sich, ob ihm da jemand einen Streich spielte. Aber es hätte ihm niemand einen Rekorder in den Helm stecken können – es war kein Platz da, er hätte es gemerkt, das hätten sie nicht zugelassen. Mit so einem Streich könnte man jemanden zum Wahnsinn treiben; zwar hatten ein oder zwei von seinen Astronauten-Kollegen einen ziemlich verschrobenen Humor, doch ging der im allgemeinen nicht weiter, als daß sie einem einen Stopfen aus der Melonenscheibe rausschnitten, Senf in das Loch strichen und den Stopfen wieder einsetzten. Das hier wäre eine Nummer zu groß für sie.

«Du findest sie auf dem Berg Ararat, in der Türkei», sprach die Stimme weiter. «Suche sie, Spike.»

Es gab da Elektroden, die die meisten Körperreaktionen von Spike aufzeichneten, und er schätzte, beim Durchgehen dieses Einsatzabschnitts würde man die Nadeln wie wild über die Diagramme hüpfen sehen. Er traute sich durchaus zu, für diesen Fall dann eine Tarngeschichte zu erfinden. Jetzt im Moment wollte er einfach nur darüber nachdenken, was er da gehört hatte, was das bedeuten könnte. Als er zur Mondfähre zurückkam, machte er daher einen Witz darüber, daß der Wide Receiver mal wieder den Ball verschlafen habe, und dann war er wieder ein normaler Astronaut, das heißt jemand, der die Verwandlung eines Testpiloten in einen Schimpansen, Nationalhelden, Stuntman, potentiellen Kongreßabgeordneten oder – wahlweise – das künftige Aushängeschild in den Aufsichtsräten Dutzender von Aktiengesellschaften durchlief. Er war nicht der erste Mensch auf dem Mond, aber so viele würde es nie geben, daß er nicht eine Rarität bliebe, Ruhm und Belohnungen einstreichen könnte. Spike Tiggler kannte sich da ein bißchen aus und Betty noch viel besser, was ihrer Ehe zu verschiedenen Gelegenheiten dienlich gewesen war. Er hatte sich ein großes, sportliches Mädchen mit guter Figur zu angeln gemeint, das in den Flitterwochen *The Joy of Cooking* las und seine Ängste für sich behielt, wenn er zu spät zum Stützpunkt zurückkam; doch wie sich herausstellte, war Betty mit den Fortpflanzungsgewohnheiten des Dollar weitaus besser vertraut als er. «Du übernimmst das Fliegen, und ich übernehme das Denken», sagte sie manchmal zu ihm, was so klang, als wollte sie ihn aufziehen, oder jedenfalls taten sie beide meistens, als sei dem so. Spike Tiggler wandte sich also wieder seinem Auftrag zu, erfüllte seinen Arbeitsplan und ließ niemanden ahnen, daß jetzt irgend etwas anders war, daß jetzt alles anders war.

Nach dem Wassern kamen das persönliche Hallo-wiegeht's aus dem Weißen Haus, dann die medizinische Untersuchung, die Einsatzbesprechung, der erste Anruf bei Betty, die erste *Nacht* wieder mit Betty zusammen ... und der Ruhm. In den pulsierenden Großstädten, denen er immer mißtrauisch gegenübergestanden hatte – im blasierten Washington, im zynischen New York, im ausgeflippten San Francisco –, kam Spike Tiggler groß raus; in North Carolina dann gigantisch. Papierschlangen wurden ihm schüsselweise auf den Kopf gestülpt wie Spaghetti; seine rechte Hand erfuhr die Gratulationsmüdigkeit; er wurde geküßt, umarmt, getätschelt, geklapst, geknufft. Kleine Jungs langten ihm in die Westentasche und bettelten schamlos um etwas Mondstaub. Hauptsächlich wollten die Leute einfach *bei* ihm, für ein paar Minuten neben ihm sein, die Luft einatmen, die er ausatmete, und den Mann aus dem Weltraum anstaunen, der gleichzeitig der Mann aus dem Nachbarbezirk war. Monatelang hatte man ihn vom Atlantik bis zum Pazifik fieberhaft geknuddelt, da verkündete das Parlament des Staates North Carolina, voller Stolz auf seinen Jungen und ein bißchen eifersüchtig, weil er offenbar irgendwie zum Allgemeingut der Nation geworden war, man werde eine Medaille prägen lassen und sie im Rahmen einer besonderen Feierstunde verleihen. Und welcher Ort wäre da sinniger, so hieß es einmütig, als Kitty Hawk, auf dem flachen Land unter dem flachen Himmel?

Sinnige Worte wurden an jenem Nachmittag gesprochen, doch vermochte Spike ihnen nur halb zu folgen; Betty hatte etwas Neues an, sogar mit Hut, und brauchte die Bestätigung, daß sie umwerfend aussah, was sie auch tat, doch sie bekam sie nicht. Eine große Goldmedaille, mit der Kitty Hawk auf der einen und der Apollo-Kapsel auf der anderen Seite, wurde ihm um den Hals gehängt; seine Hand wurde ein paar dutzendmal mehr malträtiert; und während er allen ein höfliches Lächeln und Nicken zukommen ließ, dachte er die ganze Zeit an den Moment während der Fahrt, den Moment, der ihm Gewißheit gab.

Es war herzlich, um nicht zu sagen schmeichelhaft zugegangen auf dem Rücksitz der Limousine des Gouverneurs, und Betty hatte so hübsch ausgesehen, daß er dachte, er sollte es ihr sagen, doch war er zu schüchtern, das vor dem Gouverneur und seiner Frau zu tun. Es gab die übliche Unterhaltung über die Schwerkraft und die Mondhopserei und wie die Erde aufgeht und sagen Sie, wie ist das, wenn man mal muß, als er plötzlich, gerade als sie sich Kitty Hawk näherten, die Arche neben der Straße stehen sah. Eine riesige, gestrandete Arche, mit hochgezogenem Bug und Heck und

Holzlattenwänden. Der Gouverneur folgte nachsichtig Spikes Kopf bei seinem Schwenk um 180 Grad und beantwortete dann seine Frage, ohne daß diese gestellt worden wäre. «So 'ne Art Kirche», sagte der Gouverneur. «Die haben sie vor kurzem hier hingesetzt. Ist wahrscheinlich 'ne ganze Ladung Tiere drin.» Er lachte, und Betty fiel vorsichtig mit ein.

«Glauben Sie an Gott?» fragte Spike unvermittelt.

«Hätt ich sonst Gouverneur von North Carolina werden können?» kam die aufgeräumte Antwort.

«Nein, glauben Sie an *Gott*», wiederholte Tiggler, mit einer Direktheit, die man leicht als etwas mißverstehen konnte, das sie nicht gut brauchen konnten.

«Schatz», sagte Betty ruhig.

«Ich glaub, wir sind wahrhaftig schon fast da», sagte die Frau des Gouverneurs und strich mit der weißbehandschuhten Hand eine Kellerfalte in ihrem Kleid glatt.

Abends im Hotelzimmer war Betty zunächst versöhnlich gestimmt. Es muß schon ein Streß sein, dachte sie, auch wenn es sonst himmlisch ist. *Mir* würde es keinen Spaß machen, immer wieder auf ein Podium zu steigen und zum fünfzigsten Mal allen zu erzählen, wie das nun war und mit was für Stolz es mich erfüllt hat, selbst wenn es mich tatsächlich mit Stolz erfüllt hätte und ich wirklich zum fünfzigsten Mal darüber reden wollte. Also bemutterte sie ihn ein bißchen und fragte, ob er müde sei, und versuchte ihn zu bewegen, irgendeine Entschuldigung herauszurücken, warum er nicht *ein*mal, nicht ein einziges Mal *den ganzen verdammten Tag lang* etwas über ihr Kleid gesagt hatte, wo sie doch so unsicher war, ob Primelgelb wirklich ihre Farbe sei. Aber das klappte nicht, und daher fragte Betty, die sich nie schlafen legen konnte, ehe alles offen ausgesprochen war, ob er einen Drink wolle und warum er ihnen kurz vor der Feierstunde plötzlich so komisch gekommen sei, und wenn er ihre ehrliche Meinung hören wolle: Wenn er sich die künftige Karriere, auf die sie beide sich geeinigt hätten, am schnellsten vermasseln wolle, brauche er nur weiterhin Gouverneure aus heiterem Himmel zu fragen, ob sie an Gott glaubten oder nicht, Herrgottnochmal. Für wen er sich eigentlich halte?

«Mein Leben hat sich geändert», sagte Spike.

«Willst du mir damit was sagen?» Betty war normal mißtrauisch und konnte nicht darüber hinwegsehen, wie viele Briefe ein berühmter Mann so von unbekannten Frauen erhält, von der realen und allen potentiellen Mary-Beths dieser Welt.

«Ja», antwortete er. «Man kehrt wieder dahin zurück, von wo man aufgebrochen ist. Ich habe 240 000 Meilen zurückgelegt, um den Mond zu sehen – und das wirklich Sehenswerte war die Erde.»

«Du brauchst tatsächlich einen Drink.» Sie hielt inne, schon halb bei der Minibar, aber er hatte nichts gesagt, keine Bewegung, keine Geste gemacht. «Scheiße, *ich* brauch einen Drink.» Sie setzte sich mit einem Sour Mash neben ihren Mann und wartete.

«Als ich klein war, nahm mich mein Pa mit nach Kitty Hawk. Ich war zwölf, dreizehn. Das hat mich zum Flieger gemacht. Von dem Tag an wollte ich nichts anderes werden.»

«Ich weiß, Schatz.» Sie nahm seine Hand.

«Ich bin zur Navy gegangen. Ich war ein guter Flieger. Ich habe mich nach Pax River versetzen lassen. Ich hab mich freiwillig für das Projekt Mercury gemeldet. Zuerst haben sie mich nicht genommen, aber ich bin drangeblieben, und zum Schluß haben sie mich genommen. Ich wurde für das Projekt Apollo aufgestellt. Ich hab das ganze Training absolviert. Ich bin auf dem Mond gelandet ...»

«Ich weiß, Schatz.»

«... und da ... *da*», fuhr er fort und drückte Bettys Hand, während er sich anschickte, ihr zum ersten Mal davon zu erzählen, «... hat Gott mir befohlen, die Arche Noah zu suchen.»

«Mhm.»

«Ich hatte gerade eben den Football geworfen. Ich hatte gerade eben den Football geworfen und ihn wiedergefunden und in einen kleinen Krater gekickt und überlegte, ob ich außerhalb der Reichweite der Kamera war und ob sie auf Foul erkennen würden, falls sie das sehen, da spricht Gott zu mir. *Suche die Arche Noah.*» Er sah zu seiner Frau hinüber. «Es war wie – da bist du nun ein erwachsener Mann, und du kommst bis auf den Mond, und was machst du da? Wirfst einen Football durch die Gegend. Wird Zeit, daß du das kindische Zeug ablegst, das wollte Gott mir sagen.»

«Wieso weißt du, daß das Gott war, Schatz?»

Spike ignorierte die Frage. «Ich habe keinem davon erzählt. Ich weiß, ich hab keine Halluzinationen, ich weiß, ich hab gehört, was ich gehört hab, aber ich sag nichts davon. Vielleicht bin ich nicht ganz sicher, vielleicht will ich es vergessen. Und was passiert? Genau an dem Tag, als ich nach Kitty Hawk zurückkomme, wo das Ganze vor all den Jahren angefangen hat, genau an dem Tag, als ich zurückkomme, sehe ich diese gottverdammte Arche. *Vergiß nicht, was ich dir gesagt habe* – das ist die Botschaft Gottes, nicht wahr? Laut und deutlich. Das hat es zu bedeuten. *Geh nur und hol dir deine Medaille, aber vergiß nicht, was ich dir gesagt habe.*»

Betty nahm einen Schluck von ihrem Whisky. «Und was hast du jetzt vor, Spike?» Normalerweise sagte sie, wenn es um seine Karriere ging, *wir* und nicht *du*; diesmal stand er allein da.

«Ich weiß noch nicht. Ich weiß noch nicht.»

Der NASA-Psychiater, den Betty konsultierte, hatte eine Nick-Tour drauf, als wollte er ihr zu verstehen geben, sie müßte ihm schon viel abwegigere Dinge erzählen, ehe er seinen Stift hinwerfen und zugeben würde, der Kerl hätte nicht mehr alle Tassen im Schrank, sei hochgradig plemplem. Er nickte und führte dann aus, er und seine Kollegen hätten gewisse *Anpassungsschwierigkeiten* durchaus vorausgesehen, schließlich gehe es jemand, der zum Mond fahre und auf die Erde zurücksehe, bestimmt ganz ähnlich wie dem ersten Burschen, der je auf dem Kopf gestanden und sich die Aussicht von dort angeguckt habe, was Auswirkungen haben könne auf das *Verhaltensmuster*, und bei dem Streß von dem Flug und dem enormen Medienrummel um die Einsätze wäre es nicht weiter verwunderlich, wenn es zu der einen oder anderen *Realitätsverschiebung* gekommen sein sollte, doch gebe es keinen Grund zu der Annahme, daß das schwerwiegende oder anhaltende Folgen haben könnte.

«Sie antworten nicht auf meine Frage.»

«Was ist Ihre Frage?» Der Psychiater war sich nicht bewußt, daß sie eine gestellt hatte.

«Ist mein Mann – ich weiß nicht, was der Fachausdruck ist, Doktor – ist mein Mann übergeschnappt?»

Nun gab es noch mehr Bewegungen des Kopfes, diesmal auf horizontaler statt vertikaler Ebene, und es wurden Beispiele von *Wahrnehmungsstörungen* gegeben, und Spikes Akten wurden durchgesehen, wo er jedesmal standhaft *baptistisch* eingetragen hatte, und es kam Betty so vor, als wäre der Psychiater eher überrascht gewesen, wenn Spike da oben auf dem Mond Gott *nicht* zu sich hätte sprechen hören, und als sie den Psychiater fragte «Aber hat Spike Halluzinationen gehabt?», antwortete er bloß «Was meinen Sie?», was das Gespräch in Bettys Augen nicht sonderlich voranbrachte, ja, es war fast schon so, als wäre *sie* verrückt, weil sie zweifelte an ihrem Mann. Ein Ergebnis der Unterredung war, daß Betty mit dem Gefühl fortging, ihren

Mann verraten zu haben, statt ihm zu helfen; und das andere war, daß es drei Monate später, als Spike seine Entbindung von dem Raumfahrtprogramm beantragte, nicht eben viel ernsthaften Widerstand gegen sein Gesuch gab, solange das Ganze nicht hochgespielt würde, denn aus dem Bericht des Psychiaters ging klar hervor, daß Spike nicht alle Tassen im Schrank hatte, hochgradig plemplem war, total übergeschnappt, und daß er nach eingehender persönlicher Begutachtung des Mondes wohl zum Schluß gekommen war, daß dieser aus grünem Käse bestehe. Es erfolgten also ein Wechsel zu einem Schreibtischjob in der allgemeinen Medienwerbung, dann eine Versetzung zurück in die Navy-Schulung, doch es war noch kein Jahr seit seiner Herumhopserei in der grauen Asche vergangen, da trug Spike Tiggler wieder Zivil, und Betty überlegte, was wohl passierte, wenn einem beim Absahnen die Schöpfkelle aus der Hand fiel.

Als Spike verkündete, für die erste Veranstaltung seiner Spendenaktion habe er den Moondust Diner in Wadesville gemietet, begann Betty zu überlegen, ob es nicht das schmerzloseste wäre, *The Joy of Cooking* zuzuschlagen und sich um eine rasche Scheidung zu bemühen. Spike hatte jetzt schon fast ein Jahr lang überhaupt nichts getan, außer daß er eines Tages losgezogen war und sich eine Bibel gekauft hatte. Danach pflegte er im Laufe des Abends zu verschwinden, und sie fand ihn dann auf der hinteren Veranda wieder, die Heilige Schrift aufgeschlagen auf den Knien und die Augen zu den Sternen erhoben. Ihre Freunde waren erschöpfend verständnisvoll: schließlich war es bestimmt hart, von *da oben* zurückzukommen und sich wieder an den täglichen Trott gewöhnen zu müssen. Betty war klar, daß der Ruhm von Touchdown Tiggler noch durchaus ein paar Jahre reichen konnte, ohne daß man nachtanken müßte, und es war ihr ebenso klar, daß sie mit Unterstützung rechnen konnte – denn Berühmtwerden und dann Durchdrehen war nicht nur amerikanisch, sondern fast schon urpatriotisch –, aber sie fühlte sich trotzdem betrogen. Da hatte sie jahrelang alles für Spikes Karriere getan, hatte sich im ganzen Land herumschieben lassen, nie ein richtiges Zuhause gehabt, immer nur gewartet, gehofft auf die große Auszahlung ... und dann, als sie kam, als die großen runden Dollars aus dem Automaten geregnet kamen, was machte Spike da? Statt seinen Hut aufzuhalten und sie aufzufangen, verzog er sich auf die hintere Veranda und glotzte sich die Sterne an. Darf ich Ihnen meinen Mann vorstellen, der da mit der Bibel auf den Knien und der zerrissenen Hose und dem komischen Blick in den Augen. Nein, der ist nicht überfallen worden, dem ist bloß beim Absahnen die Schöpfkelle aus der Hand gefallen.

Als Betty Spike fragte, was sie zu seinem ersten öffentlichen Auftritt im Moondust Diner anziehen solle, lag ein gewisser Sarkasmus in ihrer Stimme; und als Spike entgegnete, er habe ihr primelgelbes Kleid immer besonders gerne gemocht, das sie sich gekauft habe anläßlich der Verleihung seiner Medaille in Kitty Hawk, da hörte sie in ihrem Innern erneut eine Stimme, die ganz gewiß nicht dem Allmächtigen gehörte und das Wort *Scheidung* flüsterte. Aber das Seltsame war, daß er es anscheinend ernst meinte: zweimal – einmal, bevor sie gingen, und dann noch einmal, als sie von der Bundesautobahn abbogen – machte er eine Bemerkung darüber, wie gut sie aussehe. Das war eine neue Entwicklung, die nicht zu übersehen war. Neuerdings meinte er immer, was er sagte, und sagte einfach nur, was er meinte, nicht mehr. Seine Lustigkeit, seine Neckereien, seine Tollkühnheiten hatte er anscheinend samt seinem Football in dem Krater da oben gelassen (eigentlich war das überhaupt eine blöde Nummer gewesen und hätte schon früher ein paar Glocken bei ihr klingeln lassen sollen). Spike war ernsthaft geworden; er war langweilig geworden. Er sagte immer noch, daß er sie liebte, und Betty glaubte ihm das auch, obwohl sie sich manchmal fragte, ob das für ein Mädchen genug sei. Aber er hatte keinen Mumm mehr. Wenn das geschah, wenn man das kindische Zeug ablegte, dann hatte das kindische Zeug, in Bettys Augen, doch eine Menge für sich gehabt.

Der Moondust Diner war voll an jenem Aprilabend 1975, als Spike Tiggler seinen ersten Spendenaufruf startete. Fast die ganze Stadt war da, dazu noch ein paar Zeitungsleute und ein Fotograf. Betty fürchtete das Schlimmste. Sie malte sich Schlagzeilen aus wie GESPERRTER ASTRONAUT: «GOTT SPRACH ZU MIR» und MANN AUS WADESVILLE – NICHT ALLE TASSEN IM SCHRANK. Nervös saß sie neben ihrem Mann, während der Ortsgeistliche ihn in der Gemeinde willkommen hieß, in der er aufgewachsen war. Es wurde geklatscht; Spike nahm sanft ihre Hand und ließ sie nicht mehr los, bis er aufstand und anfing zu sprechen.

«Es ist schön, wieder hier zu sein», sagte Spike und sah sich im Saal um, indem er denen, die er wiedererkannte, grüßend zunickte. «Erst neulich hab ich auf meiner hinteren Veranda gesessen und zu den Sternen aufgeschaut und daran gedacht, was ich für ein Kind war, damals in Wadesville. Ich muß so um die fünfzehn, sechzehn gewesen sein, und ich glaube, ich war ein ganz schöner Schlingel, und die alte Jessie Wade, Gott hab sie selig, ich nehme an, viele von euch werden sich noch an Jessie erinnern, die hat zu mir gesagt: ‹Junger Mann, so wie du rumrennst und brüllst und schreist, fliegst du eines Tages noch mal in die Luft› – und ich meine, die alte Jessie Wade hatte ganz schön Köpfchen, denn viele Jahre später hab ich genau das getan, nur hat sie leider nicht mehr erlebt, wie ihre Prophezeiung in Erfüllung gegangen ist, Gott hab sie selig.»

Bettys Überraschung hätte nicht größer sein können. Er zog eine Schau ab. Er zog eine gottverdammte Schau mit ihnen ab. Sonst hatte er nie sonderlich begeistert von Wadesville gesprochen; die Geschichte mit der alten Jessie Wade hatte sie überhaupt noch nie gehört; aber da stand er jetzt, erinnerte sich an alles und strich den Leuten von daheim den Honig ums Maul. Er erzählte ihnen haufenweise Geschichten über seine Kindheit und dann noch ein paar darüber, wie er Astronaut gewesen war, weswegen sie schließlich in erster Linie gekommen waren, aber das Ganze lief darauf hinaus, daß Spike ohne diese Leute nicht über Fayetteville hinausgekommen wäre, daß *diese Leute* ihn eigentlich auf den Mond hinaufgebracht hatten, nicht die Schlauköpfe im Kontrollzentrum mit ihren Drähten in den Ohren. Eine ebenso große Überraschung für Betty war, daß er diesen Teil seiner Ansprache mit der ganzen alten Lustigkeit und den Neckereien hielt, die sie für verloren gehalten hatte. Und dann kam er zu der Stelle darüber, daß der Lebenslauf jedes Menschen eine Abfolge von Flucht und Wiederkehr sei, Flucht und Wiederkehr, wie bei dem Wasser im Pasquotank River (und da dachte Jeff Clayton dann, auf der Fahrt zur World Golf Hall of Fame in Pinehurst sei das aber nicht so gewesen); und er erklärte, inwiefern man immer wieder zu den Dingen und Orten zurückkehre, von denen man ausgegangen sei. So, wie er Wadesville vor Jahren verlassen hatte und jetzt wieder da war; wie er seine ganze Kindheit hindurch regelmäßig die Church of the Holy Water besucht hatte, später vom Wege des Herrn abgekommen, nun aber wieder dorthin zurückgekehrt war – was Betty neu war, wenn auch kaum unerwartet für sie.

Und so, fuhr er fort, kommen wir jetzt zum ernsten Teil des Abends, zum Zweck dieser Veranstaltung (und Betty hielt den Atem an, dachte *hochgradig plemplem*, wie sollen sie das jetzt auf die Reihe kriegen, daß Gott ihm erzählt hat, er soll seinen Football in dem Krater lassen und statt dessen losgehen und die Arche suchen). Doch Betty hatte Spike einmal mehr unterschätzt. Von Mondbefehlen des Allmächtigen erwähnte er nichts, kein einziges Wort. Er berief sich mehrfach auf seinen Glauben, und dann kam noch mal die ganze Sache, daß man wieder dahin zurückkehrt, wo man hergekommen ist, und er erwähnte die Schwierigkeiten, die bei dem Raumfahrtprogramm zu überwinden waren; als er dann schließlich anfing zu erklären, wie er auf seiner hinteren Veranda zu den Sternen hochgeschaut und über solche Dinge nachgedacht hatte und daß er meinte, nach so langen Jahren sei es an der Zeit, danach zu suchen, wo wir herkommen, und daß er vorhabe, eine Expedition zu organisieren, um zu bergen, was noch zu finden sei von der Arche Noah, die – wie jeder wisse – auf dem Gipfel des Berges Ararat liege nahe der türkisch-iranischen Grenze, da hörte sich das alles ganz sinnvoll, wie eine logische Abfolge an. Im Grunde bot sich das Projekt Ararat geradezu an als nächstes Unternehmen für die NASA; manche Hörer mochten gar zu dem Schluß kommen, die NASA sei ein wenig eigennützig, ein wenig materialistisch und engstirnig, wenn sie sich ausschließlich auf die Raumfahrt konzentriere, wo es doch andere Projekte gab, die Herz und Seele des Steuerzahlers näherstanden und man größeren Nutzen ziehen könnte aus den Segnungen dieser hochentwickelten Technologie.

Er hat eine Schau abgezogen, er hat eine gottverdammte Schau abgezogen, dachte Betty, als sich ihr Mann unter dem Lärmen des Saals setzte. Er hat Geld noch nicht mal erwähnt, er hat sie nur gebeten, ihn mit ihrer Gegenwart zu beehren, während er sie an ein paar Gedanken teilhaben ließ, und sollten sie zu dem Schluß kommen, daß er vernünftig denke, dann würde er seinen Hintern in Bewegung setzen und sich nach Leuten umschauen, die ihm helfen könnten. Ganz mein alter Spike, murmelte Betty zu ihrem eigenen Erstaunen, auch wenn es ein ziemlich anderer Spike war als der, den sie geheiratet hatte.

«Mrs. Tiggler, wie stehen Sie zu dem Projekt Ihres Mannes?» wurde sie gefragt, als beide Hand in Hand vor dem Fotografen vom *Fayetteville Observer* standen.

«Oh, ich stehe hundertprozentig hinter ihm», antwortete sie, wobei sie mit bräutlichem Lächeln zu Spike aufschaute. Der *Observer* berichtete das, und der Reporter brachte es sogar fertig zu schreiben, wie umwerfend Mrs. Tiggler in ihrem senffarbenen Kleid mit passendem Hut ausgesehen habe (*Senf!* sagte Betty zu Spike, *der ißt sein Rindfleisch wahrscheinlich immer mit Primeln dazu*). Als sie an dem Abend nach Hause kamen, schien Spike ganz aufgeladen, wie sie ihn schon bald ein Jahr lang nicht mehr gesehen hatte, und es stand außer Frage, daß er sich mit seiner Bibel auf die hintere Veranda unter den Sternen verdrücken könnte; nein, er drängte sie geradezu ins Schlafzimmer, wo sie schon eine ganze Zeitlang nicht viel anderes getan hatten als schlafen, und Betty, die auf dieses Ereignis zwar nicht vorbereitet, aber ganz und gar nicht ärgerlich darüber war, murmelte in ihrem Privatkode etwas von Badezimmer, aber Spike sagte, das sei doch jetzt wirklich egal, und es gefiel Betty ganz gut, daß er so gebieterisch war.

«Ich liebe dich», sagte Spike später in dieser Nacht.

Aus den paar Zeilen im *Fayetteville Observer* wurde ein Artikel in der *Greensboro News and Record*, aus diesem wiederum eine kleine Agenturmeldung. Danach wurde es still, doch Spike blieb zuversichtlich und dachte an die Freudenfeuer, die er als Kind immer angeschaut hatte, wo es aussah, als würde überhaupt nichts passieren, bis das Ganze schlagartig in Flammen aufging; und siehe da, er hatte recht, denn plötzlich strahlte er von der Titelseite der *Washington Post* und der *New York Times*. Dann kamen die Leute vom Fernsehen an, was wieder eine Runde Journalisten in Bewegung setzte, gefolgt von ausländischen Fernsehstationen und ausländischen Journalisten, und die ganze Zeit arbeiteten Betty und Spike (sie waren jetzt wieder ein Team, wie am Anfang) hart daran, das Projekt Ararat auf die Schiene zu kriegen. Den Reportern wurden Presseinfos mit einer Aufstellung der neuesten Spenden und Zuwendungen in die Hand gedrückt, ob es sich nun um fünfzig Dollar von einer Nachbargemeinde handelte oder eine Schenkung von Seilen und Zelten eines bekannten Geschäfts. Bald ragte in Spikes und Bettys Vorgarten ein großes hölzernes Kampagne-Thermometer auf: jeden Montagmorgen zog Spike, mit dem Pinsel in der Hand, die Quecksilbersäule ein paar Zentimeter höher.

Es lag nahe, daß Spike und Betty diese kritische Periode gern mit dem Abschuß einer Rakete verglichen: der Countdown ist aufregend, der Augenblick der Zündung ein Nervenkitzel, aber bis man diesen Kaventsmann von einem Silberrohr erschauern, sich sprungbereit machen und dann Richtung Himmel durchboxen sieht, besteht immer noch die Chance eines peinlichen und sehr öffentlichen Riesenreinfalls. Jetzt, da sie beschlossen hatte, ihren Mann hundertprozentig zu unterstützen, wollte Betty alles, nur das nicht. Sie war nicht sonderlich religiös und wußte im tiefsten Innern nicht so recht, was sie von Spikes Erlebnis auf dem Mond halten sollte; doch wenn sie eine Gelegenheit erkannte, dann packte sie die auch beim Schopf. Nach einem Jahr trübseligen Bibelstudiums, währenddessen ihre Freunde sich so verdammt mitfühlend gezeigt hatten, daß sie hätte schreien können, war es gar nicht so schlecht, daß Spike Tiggler wieder in den Schlagzeilen stand. Nach dem Projekt Apollo nun das Projekt Ararat – was könnte näherliegen als diese Weiterentwicklung, dieser winzige Schritt im Alphabet? Und niemand, keine einzige Zeitung, hatte auch nur angedeutet, daß Spike nicht alle Tassen im Schrank haben, daß er hochgradig plemplem sein könnte.

Spike managte das Ganze ziemlich gut und erwähnte niemals, wie Gott Präsident Kennedy gespielt und die ganze Sache ins Rollen gebracht hatte. Das machte es Betty leichter, bei Leuten Interesse zu wecken, die bestimmt auf der Hut gewesen wären, wenn sie an dem Plan irgendwas Verrücktes gewittert hätten. Selbst der Gouverneur von North Carolina ließ sich dazu bewegen, Spike seine rüde Frage nach der Echtheit seines Glaubens zu verzeihen, und erklärte sich wohlwollend bereit, bei einem Wohltätigkeitsessen zu $ 100 pro Gedeck in Charlotte zu präsidieren. Bei solchen Anlässen trug Betty Primelgelb mit einer Regelmäßigkeit, die Freunde für unnötig, wenn nicht gar unmodisch hielten; doch Spike beharrte darauf, daß dies seine Glücksfarbe sei. Wenn Spike mit Reportern sprach, bat er sie bisweilen, das Kleid seiner Frau zu erwähnen, das, wie sie zweifellos bemerkt hätten, senffarben sei. Manch ein fauler oder farbenblinder Journalist tat ihm auch brav den Gefallen, was Spike beim Zeitunglesen in sich hineinglucksen ließ.

Er trat auch als Gast in einer Reihe religiöser Fernsehshows auf. Manchmal zitterte Betty vor Sorge, wenn sich nach den Werbespots schon wieder so ein Vertretertyp im Dreiteiler einblendete und zur Begrüßung verkündete, die Liebe Gottes sei wie das stille Zentrum eines Wirbelsturmes, und einer seiner Gäste heute im Studio sei tatsächlich in einem Wirbelsturm gewesen und könne den vollkommenen Frieden in seinem Innern bezeugen; dies aber habe nichts anderes zu bedeuten, als daß das Christentum ein Glaube sei, der einen beständig vorwärtstreibe, da man in einem Wirbelsturm nicht stillstehen könne, was ihn zu seinem zweiten Gast bringe, Spike Tiggler, der seinerzeit noch schneller geflogen sei als ein Wirbelsturm, jetzt aber auf der Suche nach jenem stillen Zentrum, jenem vollkommenen Frieden, gelobt sei der Herr. Und Spike, der sich wieder seinen Astronautenhaarschnitt und einen blauen Anzug zugelegt hatte, gab immer höflich Antwort und erwähnte kein einziges Mal – was der Vertretertyp nur allzu gern gehört hätte –, daß Gott *genau da* gewesen sei, in seinem Helm drin, und ihm ins Ohr geflüstert habe. Er kam als gut und schlicht und aufrichtig rüber, was dazu beitrug, daß die Schecks für das Projekt Ararat eintrudelten, zu Händen von Betty Tiggler, die sich natürlich ein Gehalt auszahlte.

Es wurde ein Komitee gebildet: Reverend Lance Gibson, der fast im ganzen Staat geachtet oder doch bekannt war, manchen eine Spur zu fundamentalistisch, aber nicht so verschroben, daß er vernünftiges Geld abgeschreckt hätte; Dr. Jimmy Fulgood, ehemaliger College-Basketball-Star und nunmehr Geologe und Sporttaucher, durch den die Expedition wissenschaftliches Ansehen gewinnen würde; und Betty selbst, Vorsitzende, Koordinatorin und Schatzmeisterin. Der Gouverneur willigte ein, auf den Briefbögen als Schirmherr zu fungieren; und die einzige Panne bei dem ganzen Ararat-Countdown war, daß es nicht gelang, das Projekt als gemeinnützige Einrichtung anerkannt zu bekommen.

Manche Journalisten, die über eine gewisse Bücherweisheit verfügten, fragten Spike gerne, wieso er dermaßen sicher sei, daß die Arche auf dem Ararat zu finden sein werde. Stand nicht im Koran, sie sei auf dem Berg Judi angelandet, mehrere hundert Kilometer entfernt, an der irakischen Grenze? Und sagte nicht auch die jüdische Tradition etwas anderes aus, die den Standort irgendwo im Norden Israels festlegte? An der Stelle pflegte Spike jeweils leicht auf den Charme-Hebel zu drücken und zu erwidern, natürlich habe jeder ein Recht auf seine eigene Meinung, und wenn ein israelischer Astronaut in Israel auf die Suche gehen wollte, sollte ihm das nur recht sein, und wenn ein koranischer Astronaut dasselbe im Irak täte, wäre ihm das auch recht. Skeptische Reporter gingen mit dem Gedanken fort, daß

Tiggler wohl ein schlichtes Gemüt sein mochte, aber schlicht dumm war er nicht.

Eine weitere ab und zu gestellte Frage war, ob die Arche – einmal angenommen, ihr theoretischer Standort könnte bestimmt werden – in den vergangenen soundso viel tausend Jahren nicht höchstwahrscheinlich verrottet sei oder von Termiten aufgefressen worden. Und wieder ließ Spike sich nicht aus der Reserve locken und schon gar nicht dazu verleiten, daß er offenbarte, woher er wußte, daß sie gar nicht verrottet oder von Termiten gefressen worden sein konnte, da schließlich Gottes Gebot, die Arche zu suchen, ganz klar darauf hindeutete, daß noch etwas davon übrig war. Statt dessen verwies er den Fragesteller auf die Bibel, die er, der Fragesteller, anscheinend nicht dabeihabe, die ihm aber offenbaren würde, daß die Arche aus Tannenholz bestehe, das allgemeiner Übereinstimmung nach äußerst fest sei und daher wahrscheinlich gegen Verrottung wie auch Termiten resistent; dann führte Spike Beispiele von verschiedenen Dingen an, die sich wunderbarerweise über die Jahrhunderte erhalten hatten – in Gletschern entdeckte Mammute, an denen das Fleisch so frisch war wie das Nackensteak aus dem Giant-Supermarkt zu Hause; und er schloß mit der Überlegung, wenn schon etwas wunderbarerweise dank Gottes allmächtigem Ratschluß über die Jahrhunderte erhalten bleiben sollte, bot sich dann die Arche nicht sozusagen an?

Reverend Lance Gibson konsultierte Kirchenhistoriker von baptistischen Universitäten, um zu ermitteln, wie man gegenwärtig über den Standort der Arche dachte; Jimmy Fulgood ging unterdessen den mutmaßlichen Wind- und Gezeitenverhältnissen zur Zeit der Sintflut nach. Als die beiden ihre Erkenntnisse zusammenwarfen, gaben sie mehr und mehr einer wenige Kilometer vom Gipfel entfernten Gegend auf der Südostseite des Berges den Vorzug. Klar, stimmte Spike zu, da würden sie zu suchen anfangen, aber was meinten sie zu seinem Plan, ganz oben zu beginnen und dann spinnwebartig weiter nach unten zu gehen, so daß der Boden systematisch abgesucht würde? Jimmy sah schon, daß Spike sich dabei allerhand gedacht hatte, und wußte das zu schätzen, doch vom Bergsteigerischen her, so meinte er, könne er das Vorgehen nicht unterstützen, woraufhin Spike sich ihm in diesem Punkt beugte. Jimmys Gegenvorschlag war, daß Spike seine Verbindungen zur NASA und zur Navy spielen lassen und ein paar gute Luftaufklärungsfotos von dem Berg besorgen sollte, die könnten sie dann vergrößern und schauen, ob sich irgendwo was Archenähnliches entdecken ließe. Spike sah durchaus, daß das ein sinnvolles Vorgehen wäre, wußte aber nicht recht, ob Gott wirklich wollte, daß sie Abkürzungen nähmen. War nicht die ganze Vision des Projekts die einer Art christlicher Pilgerfahrt, und hatten die alten Pilger sich nicht stets kümmerlich durchgeschlagen? Er wollte nicht etwa sagen, daß sie in puncto Zelte und Seile und Stiefel und Armbanduhren was anderes als das Allerbeste nehmen sollten, meinte aber doch, sie sollten sich hoffnungsvoll von etwas anderem als moderner Technologie leiten lassen, wenn sie erst einmal dort oben wären.

Reverend Gibsons seelsorgerische Pflichten hinderten ihn, die Reise in die Türkei zu machen, doch wollte er geistlichen Beistand leisten und den Allmächtigen mit Hilfe des Gebets beständig daran gemahnen, daß zwei andere Mitglieder seines Komitees sich in einem fernen Lande um die Belange des Herrn kümmerten. Betty würde zu Hause bleiben und die Anfragen der Presse auffangen, die sich bestimmt überschlagen würde. Der Expeditionstrupp – Spike und Jimmy – sollte im Juli dieses Jahres, 1977, aufbrechen. Sie wollten keine Voraussagen machen, wie lange sie fortbleiben würden. Es trachte keiner, schneller zu schießen als der Herrgott, sagte Reverend Gibson, er wolle denn eine Kugel in den Bauch kriegen.

Ausrüstungsgegenstände verschiedenster Art waren von Gönnern, Kirchengemeinden und Überlebenstrainings-Ausstattern gestiftet worden; beim Auspacken der Pakete, von denen welche noch am Vorabend der Abreise eintrafen, wunderte sich Betty, wie mancherorts das Projekt offenbar eingeschätzt wurde. Manche Gaben machten nun wirklich keinen allzu christlichen Eindruck. Nach einem flüchtigen Blick auf Tiggler's Expeditionssaal hätte man zu dem Schluß kommen können, Spike und Jimmy seien ein Paar nackter Flüchtlinge, die als gedungene Killer ausgesandt würden, um einen Großteil der Osttürkei zu vernichten.

Sie ließen eine Menge alter Kleider zurück, mehrere automatische Waffen, vier Blendgranaten, eine Garrotte und ein paar von einem Fanatiker gestiftete Selbstmordpillen. Ihre Bordladung enthielt eine extraleichte Campingausrüstung, Vitamintabletten, eine japanische Kamera mit einer von diesen neuen Zoomlinsen, Kreditkarten, American-Express-Reiseschecks, Joggingschuhe, einen halben Liter Bourbon, Thermo-Unterwäsche und -Socken, eine große Plastiktüte mit Kleieflocken für regelmäßige Verdauung, Pillen gegen Durchfall, ein Infrarot-Nachtsichtgerät, Wasserreinigungstabletten, gefriergetrocknete Lebensmittel in Vakuumverpackung, ein Hufeisen als Glücksbringer, Taschenlampen, Zahnseide, Reservebatterien für ihre Elektrorasierer, zwei Fahrtenmesser, die scharf genug waren, um Tannenholz zu schneiden oder einem Angreifer den Bauch aufzuschlitzen, Moskitoschutzmittel, Sonnencreme und die Bibel. Als Jimmy heimlich ihr Gepäck durchsah, fand er da die zusammengelegte Hülle eines Footballs und ein kleines Preßluftgerät, um ihn aufzublasen; er packte das sorgfältig wieder ein, mit nachsichtigem Grinsen. Als Spike heimlich das Gepäck durchsah, fiel ihm eine Packung Präservative in die Hände, die er wegwarf und Jimmy gegenüber nie erwähnte. Das Komitee beratschlagte, was die Expedition als Freundschaftsgaben zur Verteilung an die Bauern der Osttürkei mitnehmen sollte. Betty dachte an ein paar bunte Ansichtskarten von Spike oben auf dem Mond, aber Spike meinte, das würde nicht den richtigen Ton treffen, da sie ja nicht auf einem privaten Egotrip waren, sondern sich um die Belange des Herrn kümmerten. Nach einigem Nachdenken nahmen sie zweihundert Anstecker zum Andenken an die Amtseinführung von Präsident Jimmy Carter mit seiner lieblichen First Lady Rosalynn mit; ein Freund von Reverend Gibson hatte sie ihnen weit unter dem Selbstkostenpreis überlassen können – und war froh, den Krempel loszusein.

Sie flogen nach Ankara, wo sie sich Fräcke leihen mußten für das großartige Diner, das der Botschafter für sie gab. Spike verbarg seine Enttäuschung darüber, daß die meisten Gäste über Raumfahrt reden wollten und ausgesprochen wenig Lust zeigten, ihn über das Projekt Ararat zu befragen. Später zeigten sie sich unbeeindruckt, um nicht zu sagen ausgesprochen knickerig, als Spike sie in seiner Tischrede als gute Patrioten zu weiteren Spenden aufrief.

Die Nachricht, die Betty zwecks Anmietung eines Jeeps oder Landrovers über Interchurch Travel nach Erzurum geschickt hatte, war wohl nicht durchgekommen, weshalb die Expedition in einem großen Mercedes fortgesetzt wurde. Nach Osten bis Horasan, dann Ost-Südost Richtung Doğubeyazıt. Die Landschaft war hübsch, so irgendwie blaßgrün und blaßbraun zugleich. Sie aßen frische Aprikosen und verteilten Abbildungen der lächelnden Carters an kleine Kinder, von denen manche sich zu freuen schienen, andere allerdings weiterhin Dollars oder, wenn das nichts nützte, Kugelschreiber verlangten. Das Militär war überall, was Spike veranlaßte, über die strategische Bedeutung dieser Gegend nachzudenken. Jimmy war neu, daß am Ararat – oder Ağrı Dağı, wie die Einheimischen ihn beharrlich nannten – noch vor rund hundert Jahren drei große

Reiche aufeinandergetroffen waren, nämlich Rußland, Persien und die Türkei, und der Berg unter den dreien aufgeteilt gewesen war.

«Find ich nicht richtig, daß die Sowjets ein Stück davon abgekriegt haben», war Jimmys Kommentar.

«Damals waren die wohl noch keine Sowjets», sagte Spike. «Die waren Christen wie wir, als sie einfach bloß Russen waren.»

«Vielleicht hat der Herr ihnen da ihr Stück Berg weggenommen, als sie Sowjets wurden.»

«Vielleicht», antwortete Spike, nicht völlig sicher, wann die Grenzen sich verschoben hatten.

«Damit sein heiliger Berg nicht in die Hände der Ungläubigen fällt.»

«Schon verstanden», sagte Spike, etwas irritiert. «Aber die Türken sind wohl auch nicht grade Christen.»

«Aber nicht so ungläubig wie die Sowjets.» Jimmy wollte seine Theorie offenbar nicht gleich beim ersten Einwand aufgeben.

«Alles klar.»

Auf der Straße nördlich von Doğubeyazıt schrie Spike, Jimmy solle das Auto anhalten. Sie stiegen aus, und Spike deutete auf einen kleinen Bach. Das Wasser darin floß sachte, doch unbestreitbar bergauf.

«Gelobt sei der Herr», sagte Spike Tiggler und kniete nieder zum Gebet. Jimmy neigte den Kopf um ein paar Grad, blieb aber stehen. Nach ein paar Minuten ging Spike zu dem Mercedes zurück und füllte zwei Plastikflaschen mit Wasser aus dem Bach.

«Dies ist das Land der Wunder», verkündete er, als sie sich wieder auf den Weg machten.

Jimmy Fulgood, Geologe und Sporttaucher, ließ ein paar Meilen verstreichen, dann versuchte er zu erklären, warum es wissenschaftlich nicht unmöglich sei, daß ein Bach bergauf fließe. Bedingung sei, daß das Wasser weiter oben am Berg eine bestimmte Masse und einen bestimmten Druck habe sowie daß das scheinbar bergauf gehende Stück einen relativ kleinen Teil eines insgesamt abwärts laufenden darstellte. Man hatte über das Phänomen, soweit er wußte, bereits verschiedentlich berichtet. Spike, der am Steuer saß, nickte fröhlich wie nur was vor sich hin. «Kann schon sein, daß es sich so erklären läßt», bemerkte er schließlich. «Der Punkt ist aber, wer hat das gemacht, daß das Wasser da bergauf fließt? Wer hat's genau da hingetan, damit wir's sehen, wenn wir auf dem Weg zum Ararat hier vorbeikommen? Der Liebe Gott, der war's. Dies ist das Land der Wunder», wiederholte er mit einem zufriedenen Nicken.

Jimmy hatte Spike immer für eine optimistische Natur gehalten; hier in der Türkei wurde er geradezu überschwenglich. Weder Moskitos noch Pannen machten ihm zu schaffen; seine Trinkgelder zeugten von wahrhaft christlicher Großzügigkeit; und er hatte die Angewohnheit, bei jeder Kuh, bei der sie auf der Straße vorbeikamen, das Fenster runterzukurbeln und ihrem Besitzer, oder einfach der Landschaft im allgemeinen, zuzurufen: «Fährst du oder melkst du, Mann?» Das konnte einem zuweilen auf den Geist gehen, aber Jimmy wurde zu hundert Prozent aus Projektmitteln bezahlt, also ertrug er diese Hochstimmung, wie er auch schlechte Laune ausgehalten hätte.

Sie fuhren, bis die Straße zu Ende war und die Umrisse des Großen und des Kleinen Ararat vor ihnen aufragten.

«Bißchen wie Mann und Frau, nicht?» bemerkte Spike.

«Wie meinste das?»

«Bruder und Schwester, Adam und Eva. Der Große da und dann die hübsche kleine Süße daneben. Weißte? *Und schuf sie einen Mann und ein Weib.*»

«Meinst du, der Herr hat damals an so was gedacht?»

«Der Herr denkt an alles», sagte Spike Tiggler. «Zu jeder

Zeit.» Jimmy Fulgood sah die Zwillingsgestalten da vorne an und behielt die Überlegung für sich, daß Betty Tiggler einige Zentimeter größer war als Spike.

Sie sortierten ihre Ausrüstung, ehe sie sich den zwei Füßen überließen, mit denen der Herr sie ausgestattet hatte. Den Bourbon ließen sie im Kofferraum, aus dem Gefühl heraus, es wäre unrecht, auf dem Berge des Herrn alkoholische Getränke zu konsumieren; für die Carter-Anstecker hatten sie jetzt keine Verwendung mehr. Ihre Reiseschecks, das glückbringende Hufeisen und die Bibel nahmen sie mit. Beim Umpacken der Vorräte erwischte Jimmy Spike dabei, wie er den aufblasbaren Football in seinen Rucksack schmuggelte. Dann schlugen sie die südlichen Zugangswege zu dem Berg ein, der schlaksige Ex-Basketballstar ein paar Meter hinter dem ausgelassenen Astronauten, wie ein rangniedriger Offizier hinter einem General hertrottet. Aus geologischem Interesse wäre Jimmy gern ab und zu stehengeblieben und hätte sich das Gestein angesehen; doch Spike bestand immer darauf, daß sie vorwärtsmachten.

Sie waren allein auf dem Berg und fanden diese Einsamkeit erhebend. Auf den unteren Hängen sahen sie Eidechsen, weiter oben Steinböcke und Wildziegen. Sie kletterten über die Operationshöhe von Falken und Bussarden hinaus, auf die Schneegrenze zu, wo einzig noch ab und zu ein kleiner Fuchs durchwitschte, sonst bewegte sich hier nichts mehr. In den kalten Nächten machte Jimmy beim grellen und zischenden Schein ihrer Gaslampe seine Eintragungen ins Expeditionsbuch, und Spike las in seiner Bibel.

Sie begannen am Südosthang, dem Bereich lauwarmer Übereinstimmung von Kirche und Wissenschaft. Sie drangen in felsige Schluchten vor und schauten in kahle Höhlen hinein. Jimmy war sich nicht sicher, was sie finden sollten, die ganze Arche, vollständig erhalten – was hieße, daß sie wahrscheinlich nicht zu übersehen wäre –, oder nur bedeutungsvolle Reste: das Ruder vielleicht oder ein paar noch mit Bitumen abgedichtete Planken.

Ihr erster grober Überblick förderte nichts zutage, was sie weder überraschte noch enttäuschte. Sie überschritten die Schneegrenze und hielten auf den Gipfel zu. Gegen Ende ihres Aufstiegs begann der Himmel sich langsam zu verfärben, und als sie die Spitze erreichten, sah er leuchtend grün aus. Diese Gegend war wirklich voller Wunder. Spike kniete nieder zum Gebet, und Jimmy schloß sich ihm für kurze Zeit an. Direkt unter ihnen lag ein sanft abfallendes Schneetal, das zu einem Nebengipfel hinunterführte. Das hätte eine natürliche Ruhestätte für die Arche abgegeben. Aber sie suchten dort vergebens.

Die Nordseite des Berges war von einem enormen Spalt zerrissen. Spike deutete dahin, wo diese Kluft zu Ende ging, gute tausend Meter unter ihnen, und sagte, dort unten habe einst ein Kloster gelegen. Richtige Mönche und alles. 1840 habe dann, sagte er, ein furchtbares Erdbeben den Berg erwischt und so durchgeschüttelt wie ein Hund eine Ratte, und da sei die kleine Kirche eingestürzt und das Dorf unterhalb davon auch, der Name fange irgendwie mit A an. Offenbar seien alle umgekommen, und wenn nicht gleich dabei, dann doch kurz danach. Siehst du diesen Spalt hier, also vier oder fünf Tage nach dem Beben sind da angestauter Schnee und Wasser runtergekommen. Dem hat überhaupt nichts standgehalten. Wie die Rache des Herrn. Hat das Kloster und das kleine Dorf vom Erdboden gefegt.

Jimmy Fulgood nickte ernsthaft in sich hinein, während er sich die Geschichte anhörte. Das alles, sagte er sich, war passiert, als die Sowjets dieses Stück Berg besessen hatten. Klar waren sie damals Russen, und Christen dazu, aber es bewies, daß der Herr die Sowjets eindeutig auf dem Kieker hatte, sogar schon ehe sie Sowjets waren.

Sie suchten drei Wochen lang. Jimmy fragte sich, ob die

Arche wohl tief in dem Eiskranz begraben sein mochte, der sich um den Berg herumzog; Spike hielt das gleichfalls für möglich, doch würde der Herr ihnen dann bestimmt irgendeinen Hinweis geben. Der Herr würde sie doch nicht auf den Berg schicken und dann den eigentlichen Grund dafür, daß er sie dorthin geschickt hatte, vor ihnen verstecken: das sei nicht die Art des Herrn. In diesem Punkt beugte Jimmy sich Spike. Sie suchten mit bloßem Auge, Fernglas und Infrarot-Nachtsichtgerät. Spike wartete auf ein Zeichen. War er sicher, daß er das Zeichen erkennen würde, wenn es käme? Vielleicht sollten sie da suchen, wohin der Wind sie blies. Sie suchten da, wohin der Wind sie blies. Sie fanden nichts.

Jeden Tag, wenn die Sonne die Ebene unter ihnen aufheizte und die warme Luft nach oben stieg, bildete sich ein Wolkenring um die Bergspitze und schnitt ihnen die Sicht auf die unteren Hänge ab; und jede Nacht, wenn die Luft sich abkühlte, löste die Wolke sich auf. Nach drei Wochen kamen sie herunter, um weiteren Proviant aus dem Kofferraum des Mercedes zu holen. Sie fuhren zum nächsten Dorf, von wo Spike eine Karte an Betty schickte, auf der stand «Keine Nachrichten sind Gute Nachrichten», was Betty nicht allzu klar vorkam. Dann kehrten sie auf den Berg zurück und suchten noch einmal drei Wochen lang. In dieser Zeit gab es Vollmond, und Spike schaute jede Nacht zu ihm hinauf und dachte daran, daß die gegenwärtige Mission in dem Treibstaub da oben begonnen hatte. Eines Nachts stand Jimmy dicht neben ihm und sah sich mit ihm das cremige, zerfurchte Gestirn an. «Sieht wirklich aus wie Cremetorte», meinte Jimmy abschließend, mit einem nervösen Lachen. «Eher wie ein dreckiger Sandstrand, wenn man mal oben ist», antwortete Spike. Er sah weiter hinauf und wartete auf ein Zeichen. Es kam kein Zeichen.

Bei ihrem dritten Aufenthalt auf dem Berg – sie waren

sich einig, daß das für dieses Jahr der letzte sein sollte – machte Spike dann eine Entdeckung. Sie waren gut tausend Meter unterhalb des Gipfels und hatten gerade ein tückisches Geröllfeld überquert, als sie auf zwei nebeneinanderliegende Höhlen stießen. Gerade, als wenn der Herr zwei Finger in den Fels gesteckt hätte, wie sie übereinstimmend meinten. Mit dem unverbesserlichen Optimismus, den Jimmy hochherzig ertrug, verschwand der frühere Astronaut frohgemut in der ersten Höhle; erst war Stille, dann kam ein widerhallendes Geheul. Jimmy dachte an Bären – sogar an den sagenhaften Schneemenschen –, bis das andauernde Geheul, fast ohne ein Atemholen dazwischen, in ein Schlachtenbummler-Triumphgeschrei überging.

Nicht weit vom Eingang der Höhle fand Jimmy Spike Tiggler auf den Knien beim Beten. Ein menschliches Skelett lag vor ihm. Jimmy sank neben Spike nieder. Selbst auf den Knien behielt der frühere Basketballstar einen Größenvorteil gegenüber dem Ex-Astronauten. Spike machte seine Taschenlampe aus, und Jimmy tat es ihm nach. In dem kalten Dunkel vergingen ein paar Minuten reinster Stille, dann murmelte Spike: «Wir haben Noah gefunden.»

Jimmy antwortete nicht. Nach einer Weile knipsten sie ihre Taschenlampen wieder an, und die beiden Lichtstrahlen erforschten ehrfürchtig das Skelett vor ihnen. Es lag mit den Füßen zum Höhlenausgang und sah, soweit sie beide das beurteilen konnten, vollkommen intakt aus. Ein paar Stoffetzen – einige weiß, andere von einer gräulichen Farbe – hingen zwischen den Knochen.

«Gelobt sei der Herr», sagte Spike Tiggler.

Sie schlugen ihr Zelt ein paar Meter weiter unten am Hang auf und durchsuchten dann die andere Höhle. Insgeheim hoffte Spike, sie würden vielleicht Noahs Frau finden oder das Logbuch der Arche, aber es gab keine weiteren Entdeckungen. Später, als der Abend dunkelte, zischte auf einmal Preßluft im Zelt, und dann warf Spike Tiggler seinen Football über die Felsen des Großen Ararat dem zögernden Jimmy Fulgood in die Arme. Wieder und wieder knallte der Ball in Jimmys große Ex-Basketballspieler-Hände. Seine eigenen Returns waren oft schwach, aber davon ließ Spike sich nicht stören. An dem Abend warf er immer weiter, bis die Luft kalt war und die beiden Gestalten nur noch von dem aufgehenden Mond erhellt wurden. Selbst da sah Spike noch ausgezeichnet; Jimmy spürte, wie der Football mit der nächtlichen Präzision einer Fledermaus auf ihn zusteuerte. «Hey, Spike», rief er einmal, «du hast doch nicht dieses Infrarot-Ding auf, oder?», und sein kaum noch sichtbarer Partner antwortete mit einem Glucksen.

Nachdem sie gegessen hatten, nahm Spike seine Taschenlampe und ging zu Noahs Grab zurück, wie er es mittlerweile getauft hatte. Jimmy blieb, sei es aus Takt oder aus Aberglaube, im Zelt zurück. Etwa eine Stunde später berichtete Spike, daß das Skelett so lag, daß der sterbende Noah aus der Höhle herausschauen und den Mond sehen konnte – eben den Mond, auf dem Spike Tiggler erst vor kurzem gestanden hatte. «Gelobt sei der Herr», sagte er noch einmal, als er den Reißverschluß am Zelt für die Nacht zuzog.

Nach einer Weile stellte sich heraus, daß keiner von beiden schlief. Jimmy hustete leise. «Spike», sagte er, mit einer gewissen Vorsicht, «ich ... äh ... wie ich das sehe, stehen wir vor einem Problem.»

«Wir stehen vor einem Problem? Wir stehen vor einem *Wunder*!» entgegnete Spike.

«Klar stehen wir vor einem Wunder. Aber gleichzeitig stehen wir vor einem Problem.»

«Sag schon, wo siehst du das Problem, Jimmy.» Der Tonfall war belustigt, tolerant, beinahe gönnerhaft; der Tonfall eines Quarterback, der wußte, auf seinen Arm war Verlaß.

Jimmy blieb vorsichtig, da er sich selbst nicht ganz sicher war, was er nun glauben sollte. «Also, sagen wir mal, ich denke jetzt einfach mal laut, Spike, und sagen wir mal, ich will im Moment alles negativ sehen.»

«Gut.» Nichts konnte Spikes Stimmung momentan etwas anhaben. Dieses Gemisch von unbändiger Heiterkeit und Erleichterung erinnerte ihn an die Wasserung.

«Wir suchen die Arche, ja? Du hast ... *gesagt* bekommen, wir würden die Arche finden.»

«Klar. Werden wir auch. Bestimmt beim nächsten Versuch.»

«Aber wir haben die Arche gesucht», beharrte Jimmy. «Wir haben ... du hast ... *gesagt* bekommen, wir sollen die Arche suchen.»

«Wir wollten Silber, jetzt haben wir Gold.»

«Schon gut. Ich frag mich nur ... ist Noah nicht irgendwohin losgezogen, als die Arche gelandet war? Ich mein, er hat doch noch ein paar hundert Jahre gelebt, nicht wahr, in der Bibel?»

«Klar. Dreihundertfünfzig. Klar. Dieses Dorf, von dem ich dir erzählt hab, als wir ganz oben waren, Ahira. Da hat Noah seine erste Siedlung gehabt. Hat seine Weinstöcke da angepflanzt. Seinen ersten Bauernhof angelegt. Seiner Familie wieder ein Heim gegeben.»

«Das war *Noahs* Dorf?»

«Na klar. Unten im sowjetischen Sektor», fügte Spike flachsend hinzu.

Jetzt blickte Jimmy immer weniger durch. «Gott hat also zugelassen, daß Noahs Siedlung bei einem Erdbeben zerstört wurde?»

«Muß wohl einen Grund gehabt haben. Hat er immer. Überhaupt, das ist nicht der Punkt. Der Punkt ist, Noah hat sich da unten angesiedelt. Vielleicht ist er weitergezogen, vielleicht nicht. Dennoch, was liegt näher, als daß er zum

Ararat zurückkehrt, um sich begraben zu lassen? Als er spürte, daß er der Zeit müde ward? Womöglich hat er sich diese Höhle da gleich gesichert, als er von der Arche kam. Und beschlossen, zum Zeichen der Dankbarkeit und seines Gehorsams vor Gott, weil er ihn beschützt hat, würde er seine alten Knochen den Berg hochschleppen, wenn er wüßte, daß seine Stunde gekommen sei. Wie die Elefanten im Dschungel.»

«Spike, diese Knochen da in der Höhle – sehen die nicht ... sehen die nicht etwas, wie soll ich sagen, gut erhalten aus? Ich mein, ich spiel jetzt einfach den Advocatus Diaboli, verstehst du.»

«Keine Angst, Jimmy, du machst das prächtig.»

«Aber sie sehen doch gut erhalten aus?»

«Jimmy, wir reden hier über Zeichen und Wunder. Da kannst du doch *erwarten*, daß sie gut erhalten aussehen, nicht wahr? Noah war ein ganz besonderer Typ. Überhaupt, wie alt war er denn, als er starb? Neunhundertfünfzig Jahre. Er hatte große Gnade gefunden vor dem Herrn. Also, wenn der so starke Knochen hatte, daß sie ihn tausend Jahre lang rumschleppen konnten, da erwartet man doch wohl nicht, daß sie in der Normzeit verwesen, oder?»

«Ich hab schon begriffen, was du meinst, Spike.»

«Hast du noch was auf dem Herzen?» Jimmys Zweifel schienen ihm willkommen zu sein, da er sicher war, jeden Ball annehmen zu können, den man ihm zuwarf.

«Ah, was genau machen wir jetzt?»

«Wir verkünden es der ganzen Welt, das machen wir. Die Welt aber wird sich freuen. Und viele Seelen werden zum Glauben finden dank dieser Entdeckung. Und es wird wiederum eine Kirche errichtet werden an diesem Berghang, eine Kirche über Noahs Grab.» Gestaltet wie eine Arche, vielleicht. Oder gar wie ein Apollo-Raumschiff. Das wäre sinniger, das würde den Kreis schließen.

«Was die Auswirkungen angeht, da bin ich mit dir einig, Spike. Darf ich dir trotzdem noch was sagen. Du und ich, wir sind beide Männer des Glaubens.»

«Auch Männer der Wissenschaft», sagte der Astronaut zu dem Geologen.

«Alles klar. Und als Männer des Glaubens wollen wir natürlich unseren Glauben vor jeder unnötigen Verleumdung bewahren.»

«Sowieso.»

«Tja, also bevor wir die Neuigkeit verkünden, sollten wir, als Männer der *Wissenschaft*, vielleicht überprüfen, was wir als Männer des Glaubens entdeckt haben.»

«Soll heißen?»

«Soll heißen, ich glaube, wir sollten unsere große Klappe halten, bis wir ein paar Labortests mit Noahs Kleidern durchgeführt haben.»

Nun war Schweigen in der anderen Hälfte des Zelts, da Spike zum ersten Mal klar wurde, daß nicht jeder Mensch auf Erden zwangsläufig die Hände zusammenschlagen würde, wie sie es getan hatten, als die Astronauten vom Mond zurückkamen. Schließlich sagte er: «Ich glaube, du denkst richtig, Jimmy. Du hast mich auch irgendwie ins Grübeln gebracht, ob wir da nicht vor einem Problem stehen mit den Kleidern.»

«Wie meinst du das?»

Jetzt war Spike dran, den Skeptiker zu spielen. «Nun ja, ich mein nur mal. Du erinnerst dich an die Geschichte mit Noahs Blöße? Wie seine Söhne ihn zugedeckt haben? Also, wir können sicher sein, daß Noahs Knochen etwas Besonderes sind, aber heißt das, daß auch seine Kleider etwas Besonderes sind?» Er machte eine Pause, dann fuhr er fort. «Ich bin nicht der Meinung, daß wir den ungläubigen Thomassen ein gefundenes Fressen frei Haus liefern sollten. Was, wenn Noah nun hier in seinem Sterbegewand aufgebahrt lag, und ein paar hundert Jahre später ist das alles zu Staub und Asche zerfallen. Dann kommt so ein Pilger daher – vielleicht ein Pilger, der den Rückweg vorbei an den Stämmen der Ungläubigen nicht mehr geschafft hat – und findet die Leiche. Als treffe einer noch einmal auf Noahs Blöße. Also gibt der Pilger Noah *seine* Kleider – was auch erklären würde, wieso er es nie geschafft hat, zurückzukehren, um die Kunde zu verbreiten. Das heißt aber, wir kriegen beim Kohlenstoffdatierungs-Test eine schwere Fehlanzeige.»

«Stimmt», sagte Jimmy. Es folgte eine lange Stille, als fordere jeder den anderen so halb heraus, den nächsten logischen Schritt zu tun. Schließlich tat Jimmy ihn. «Ich wüßte gern, wie die Rechtslage ist.»

«Nnn», erwiderte Spike, nicht entmutigend.

«Was glaubst du, wem Noahs Knochen gehören? Abgesehen», fügte Jimmy hastig hinzu, «vom Allmächtigen Herrn.»

«Es könnte Jahre dauern, bis wir durch alle Instanzen sind. Du weißt ja, wie die Juristen sind.»

«Klar», sagte Jimmy, der noch nie in einem Gerichtssaal gewesen war. «Ich glaube nicht, daß der Herr von uns erwartet, daß wir den ganzen Gerichtsweg durchlaufen. Uns sozusagen auf den Kaiser berufen oder so.»

Spike nickte und dämpfte seine Stimme, obwohl sie allein waren auf dem Berg des Herrn. «Die Burschen da bräuchten nicht viel, oder?»

«Nein. Nein. Nicht viel, schätze ich.» Jimmy ließ seinen kurzen Traum von einem Navy-Hubschrauber fahren, der den ganzen Plunder auf dem Luftweg fortschaffen würde.

Ohne weitere Diskussionen kehrten der Ex-Astronaut und der sporttauchende Geologe mit zwei zitternden Taschenlampen zu der Höhle zurück, um zu einer Entscheidung zu kommen, welche Teile von Noahs Skelett aus der Osttürkei herausgeschmuggelt werden sollten. Pietät, Bequemlichkeit und Gier waren als stumme Zeugen dabei. Schließlich nahmen sie einen kleinen Knochen von der linken Hand und einen Halswirbel, der aus der richtigen Lage gefallen und über das rechte Schulterblatt gerollt war. Jimmy nahm den Fingerabschnitt und Spike den Halsknochen. Sie waren sich einig, daß es verrückt wäre, nicht getrennt nach Hause zu fliegen.

Spike nahm die Route über Atlanta, aber das hatte die Presse spitzgekriegt. Nein, zum gegenwärtigen Zeitpunkt könne er nichts sagen. Ja, das Projekt Ararat habe einen guten Start gehabt. Nein, keine Probleme. Nein, Dr. Fulgood komme mit einem anderen Flug, er habe vor seiner Abreise noch ein paar Dinge in Istanbul zum Abschluß bringen müssen. Was für Dinge? Ja, es werde zu gegebener Zeit eine Pressekonferenz geben, und ja, er, Spike Tiggler, hoffe, bei der Gelegenheit präzise, vielleicht auch erfreuliche Nachrichten für sie zu haben. Wie fühlen Sie sich (ganz in Primelgelb gekleidet), Mrs. Tiggler? Oh, ich stehe hundertprozentig hinter meinem Mann, bin begeistert, ihn wiederzuhaben.

Reverend Gibson gab, nach langem Zögern und vielen Gebeten, seine Zustimmung, die beiden Teile von Noahs Skelett einer wissenschaftlichen Analyse zu unterziehen. Sie schickten den Wirbel und die Fingerspitze nach Washington, über einen Mittelsmann ihres Vertrauens, der behauptete, sie in Griechenland ausgegraben zu haben. Betty war gespannt, ob Spike es geschafft hatte, die Schöpfkelle zum Absahnen wieder zu fassen zu kriegen.

Washington meldete, die zur Untersuchung eingeschickten Knochen seien etwa hundertfünzig Jahre alt, plus / minus zwanzig Jahre. Sie lieferten unaufgefordert die Auskunft mit, bei dem Wirbelknochen handle es sich mit an Sicherheit grenzender Wahrscheinlichkeit um den einer Frau.

Meeresdunst zieht träg über das schwarze Wasser, während die 7-Uhr-Fähre von Cape Hatteras nach Ocracoke Island unterwegs ist. Jede Nacht muß das Schiff erneut seinen Weg suchen, als sei es das erste Mal. Markierungslampen, weiß und grün und rot, leiten das Schiff auf seinem bangen Kurs. Nachdem Sie aufs Deck hinausgegangen sind, die Schultern hochziehend gegen die Kälte, schauen Sie nach oben; doch diesmal sind die Sterne hinter dem Dunst verschwunden, und man kann nicht sehen, ob da ein Mond sein soll oder nicht. Sie ziehen noch mal die Schultern hoch und gehen in die verräucherte Kabine zurück.

Hundert Meilen weiter westlich, im Moondust Diner, gibt Spike Tiggler, eine Plastikflasche mit Wasser aus einem bergauffließenden Bach emporhaltend, den Start des zweiten Projekts Ararat bekannt.

ZEHN

Der Traum

Ich habe geträumt, ich sei aufgewacht. Das ist der älteste aller Träume, und den habe ich gerade gehabt. Ich habe geträumt, ich sei aufgewacht.

Ich war in meinem eigenen Bett. Das kam mir etwas verwunderlich vor, aber nach kurzem Nachdenken leuchtete es ein. In wessen Bett sollte ich sonst aufwachen? Ich sah mich um und sagte: «Na, na, na» zu mir. Kein besonders grandioser Gedankengang, gebe ich zu. Andererseits, finden wir bei großen Ereignissen je die rechten Worte?

Es klopfte an der Tür, und eine Frau kam herein, seitwärts und rückwärts zugleich. Das hätte eigentlich ungeschickt aussehen müssen, tat es aber nicht; nein, es war ganz gewandt und elegant. Sie trug ein Tablett, deshalb war sie auch so hereingekommen. Als sie sich umdrehte, sah ich, daß sie eine Art Uniform anhatte. Eine Krankenschwester? Nein, sie sah eher aus wie die Stewardeß einer Fluggesellschaft, von der man noch nie gehört hat. «Der Zimmerservice», sagte sie mit einem leichten Lächeln, als sei sie diese Dienstleistung nicht gewohnt, oder als sei ich sie nicht gewohnt; oder beides.

«Der Zimmerservice?» wiederholte ich. Wo ich herkomme, gibt es so was nur im Film. Ich setzte mich auf im Bett und merkte, daß ich nichts anhatte. Wo war mein Pyjama hin? Das war neu. Neu war auch, daß es mir kein bißchen peinlich war, als ich mich im Bett aufsetzte und merkte, daß sie mich nackto arscho bis zu den Hüften sehen konnte, falls Sie verstehen, was ich meine. Das war gut.

«Ihre Kleider sind im Schrank», sagte sie. «Lassen Sie sich Zeit. Sie haben den ganzen Tag heute. Und», wie sie mit einem deutlichen Lächeln hinzufügte, «den morgen auch.»

Ich sah auf mein Tablett hinunter. Dieses Frühstück muß ich Ihnen beschreiben. Es war das Frühstück meines Lebens, soviel steht fest. Zunächst mal die Grapefruit. Also, Sie wissen ja, wie eine Grapefruit so ist: wie sie einem Saft aufs Hemd spritzt und ständig aus der Hand glitscht, wenn man sie nicht mit einer Gabel oder dergleichen festhält, wie das Fruchtfleisch immer an diesen undurchsichtigen Häutchen klebt und dann plötzlich abgeht, und die halbe Haut hängt noch dran, wie sie immer sauer schmeckt und man trotzdem ein schlechtes Gewissen hat, wenn man Zucker obendrauf tut. So ist eine Grapefruit doch, nicht wahr? Und jetzt erzähl ich Ihnen von *dieser* Grapefruit. Erst mal war das Fleisch rosa, nicht gelb, und jedes Segment bereits sorgfältig von dem anhaftenden Häutchen befreit. Die Frucht selbst war mit einem Dorn oder einer Gabel am Boden der Schüssel verankert, so daß ich sie nicht festzuhalten oder auch nur anzufassen brauchte. Ich sah mich nach dem Zukker um, aber nur so aus alter Gewohnheit. Der Geschmack schien zwei Teile zu haben – so etwas Scharfes wie zum Aufwecken, und gleich danach ein Schwall von Süße; und diese kissenartigen Klümpchen (die etwa kaulquappengroß waren) schienen jedes einzeln in meinem Mund aufzuplatzen. Es war die Grapefruit meiner Träume, das kann ich Ihnen sagen.

Ich schob die ausgenommene Hülle zur Seite wie ein Kaiser und hob eine Silberkuppel von einem wappengeschmückten Teller. Natürlich wußte ich, was darunter sein würde. Drei Scheiben gegrillter durchwachsener Speck ohne Knorpel und Kruste, das krosse Fett funkelnd wie ein Freudenfeuer. Zwei Eier, gebraten, deren Dotter milchig aussah, weil man das Fett beim Braten darüber geschöpft hatte, wie es sich gehört, und die Eiweißränder liefen in filigraner Goldlitze aus. Eine Grilltomate, die ich am besten dadurch beschreiben kann, was sie nicht war. Es war kein in sich zusammenfallender Kelch mit Stiel, Kernen, Fasern und rotem Wasser, es war etwas Kompaktes, Schnittfestes, durch und durch gleichmäßig Gegartes und schmeckte – ja, daran erinnere ich mich vor allem – nach Tomate. Das Würstchen: auch das kein Schlauch aus lauwarmem Pferdefleisch mit einem Pariser drumrum, sondern von dunkler Umbrafarbe und saftig ... ein ... ein Würstchen, das ist das einzig richtige Wort. Alle anderen, die Würstchen, die ich in meinem früheren Leben genossen zu haben glaubte, hatten bloß probiert, so zu werden; sie hatten vorgesungen – und sie würden die Rolle bestimmt nicht kriegen. Da war noch ein kleiner halbmondförmiger Beilagenteller mit einer halbmondförmigen Silberhaube. Ich hob sie hoch: ja, da waren meine Speckkrusten, extra gegrillt, und warteten darauf, daß ich sie knabberte.

Der Toast, die Orangenmarmelade – na, die können Sie sich vorstellen, die können Sie sich selbst zusammenträumen. Aber von der Teekanne muß ich Ihnen erzählen. Der Tee war, natürlich, das einzig Wahre und schmeckte, als hätte das persönliche Gefolge eines Radschas ihn gepflückt. Was nun die Teekanne angeht ... Einmal, vor Jahren, habe ich eine Pauschalreise nach Paris gemacht. Ich habe mich von den anderen abgesetzt und bin da herumgelaufen, wo die feinen Leute wohnen. Da, wo sie einkaufen und essen gehen, jedenfalls. An einer Ecke kam ich an einem Café vorbei. Es sah nicht besonders vornehm aus, und einen Augenblick lang dachte ich daran, mich da reinzusetzen. Ich hab es dann aber nicht getan, denn an einem Tisch sah ich einen Mann beim Teetrinken. Als er sich eine neue Tasse einschenkte, sprang mir ein kleiner Gegenstand ins Auge, der mir geradezu wie der Inbegriff des Luxus vorkam: An der

Tülle der Kanne war ein von drei feinen Silberkettchen baumelndes Teesieb befestigt. Als der Mann die Kanne bis zum Gießwinkel anhob, schwenkte dieses Sieb aus, um die Blätter aufzufangen. Ich konnte es nicht fassen, daß man einmal ernsthafte Gedanken darauf verwendet hatte, wie man diesem teetrinkenden Herrn die unglaubliche Bürde abnehmen könnte, mit der freien Hand zu einem normalen Sieb zu greifen. Ich ging mit einem gewissen Gefühl der Selbstgerechtigkeit von jenem Café fort. Jetzt hatte ich eine Teekanne auf meinem Tablett, die die Insignien eines schicken Pariser Cafés trug. An ihrer Tülle war mit drei Silberkettchen ein Sieb befestigt. Plötzlich leuchtete mir das ein.

Nach dem Frühstück stellte ich das Tablett auf meinem Nachttisch ab und ging an den Schrank. Da waren sie alle, meine Lieblingskleider. Das Sportsakko, das ich immer noch gern hatte, selbst als die Leute schon anfingen zu sagen, wie apart, haben Sie das aus zweiter Hand gekauft, noch zwanzig Jahre, und es ist wieder modern. Die Cordhosen, die meine Frau weggeworfen hatte, weil der Hosenboden nicht mehr zu flicken war; aber irgendwer hatte es doch geschafft, die Hose zu flicken, und sie sah so gut wie neu aus, allerdings nicht so neu, daß man nicht an ihr gehangen hätte. Meine Hemden empfingen mich mit offenen Armen, und warum auch nicht, schließlich waren sie noch nie in ihrem Leben so gehätschelt worden – alle in Reih und Glied auf samtbezogenen Bügeln. Da waren Schuhe, deren Tod ich bedauert hatte; Socken, die nun wieder entlocht waren; Krawatten, die ich mal in einem Schaufenster gesehen hatte. Es war keine Garderobe, um die Sie mich beneiden würden, aber darum ging es nicht. Ich war beruhigt. Ich würde wieder ich selber sein. Ich würde mehr als ich selber sein.

Neben dem Bett war ein Klingelzug mit Quaste, den ich vorher nicht bemerkt hatte. Ich zog daran, dann genierte ich mich ein bißchen und krabbelte wieder unter die Decke. Als die Krankenschwester-Stewardeß hereinkam, patschte ich mir auf den Bauch und sagte: «Wissen Sie was, das könnte ich gleich noch mal essen.»

«Das wundert mich nicht», antwortete sie. «Ich hatte schon halb erwartet, daß Sie das sagen.»

Ich bin den ganzen Tag nicht aufgestanden. Ich frühstückte zum Frühstück, frühstückte zum Mittagessen und frühstückte zum Abendbrot. Das schien mir ein gutes System zu sein. Wegen des Mittagessens brauchte ich mir bis morgen keine Sorgen zu machen. Oder vielmehr, wegen des Mittagessens brauchte ich mir auch morgen keine Sorgen zu machen. Ich brauchte mir morgen wegen gar nichts Sorgen zu machen. Zwischen dem Mittagessen-Frühstück und dem Abendbrot-Frühstück (ich lernte dieses Siebsystem wirklich schätzen – man kann beim Einschenken mit der freien Hand sein Croissant weiteressen) schlief ich mich gut aus. Dann ging ich unter die Dusche. Ich hätte auch ein Bad nehmen können, aber es kommt mir vor, als hätte ich Jahrzehnte in der Badewanne verbracht, daher ging ich statt dessen unter die Dusche. Ich fand einen gesteppten Bademantel mit meinem Monogramm in Goldlitze auf der Brusttasche. Er paßte gut, aber ich dachte, dieses Monogramm ist einen Furz zu hoch für meinen Arsch. Ich war nicht hier, um rumzuprotzen wie ein Filmstar. Wie ich noch auf diese goldenen Schnörkel starrte, verschwanden sie vor meinen Augen. Ich zwinkerte, und weg waren sie. Mit der normalen Tasche wirkte der Bademantel noch mal so bequem.

Am nächsten Tag wachte ich auf – und frühstückte wieder. Das Frühstück war genauso gut wie die drei vorher. Das Frühstücksproblem war jetzt ganz klar gelöst.

Als Brigitta das Tablett holen kam, sagte sie leise: «Einkaufen?»

«Natürlich.» Es war genau das, was mir vorgeschwebt hatte.

«Wollen Sie einkaufen gehen oder einkaufen bleiben?»

«Einkaufen gehen», sagte ich, ohne den Unterschied so recht zu begreifen.

«Klar.»

Der Bruder meiner Frau ist einmal nach zehn Tagen Florida zurückgekommen und hat gesagt: «Wenn ich mal tot bin, will ich nicht in den Himmel kommen, ich will in Amerika einkaufen gehen.» An diesem zweiten Morgen begann ich zu begreifen, was er meinte.

Als wir bei dem Supermarkt ankamen, fragte Brigitta, ob ich laufen wollte oder fahren. Ich sagte, fahren wir doch, das klingt lustig – eine Antwort, die sie anscheinend erwartet hatte. Wenn ich's mir recht überlege, hat ihr Job wohl auch seine langweiligen Seiten – ich meine, wir reagieren wahrscheinlich alle so ziemlich gleich, nicht wahr? Jedenfalls, wir sind gefahren. Die Einkaufswagen sind motorisierte Maschendrahtkarren, die wie Autoscooter rumflitzen, nur daß sie nie zusammenstoßen dank irgendeiner Vorrichtung mit einem elektrischen Auge. Gerade wenn man meint, jetzt kracht's, weicht man auf einmal dem entgegenkommenden Wagen aus. Macht schon Spaß, wenn man so zusammenstoßen will.

Das System beherrscht man schnell. Man hat eine Plastikkarte, die man neben den Waren, die man kaufen will, in einen Schlitz schiebt, dann drückt man die gewünschte Menge. Nach ein, zwei Sekunden kommt die Karte wieder raus. Dann wird das Zeug automatisch geliefert und auf die Rechnung gesetzt.

Ich habe mich gut amüsiert in meinem Drahtkarren. Ich weiß noch, wenn ich in den alten Zeiten, den früheren Zeiten, einkaufen ging, da sah ich manchmal kleine Kinder in einem Einkaufswagen sitzen wie in einem Käfig, und die Eltern schoben sie in der Gegend rum; das hatte mich immer neidisch gemacht. Jetzt war das vorbei. Und, mein Gott, was habe ich an dem Morgen alles gekauft! Diese rosa Grapefruits habe ich denen praktisch alle abgeschleppt. Jedenfalls kam es mir so vor. Ich kaufte ein fürs Frühstück, ich kaufte ein fürs Mittagessen, ich kaufte ein fürs Abendbrot, ich kaufte ein für zweite Frühstücke, Nachmittagstees, Knabbereien zum Aperitif, Mitternachtsgelage. Ich kaufte Obst, das ich nicht mit Namen nennen konnte, Gemüse, das ich noch nie gesehen hatte, seltsame neue Fleischstücke von vertrauten Tieren und vertraut wirkende Stücke von Tieren, die ich noch nie gegessen hatte. In der australischen Abteilung fand ich Krokodilschwanz-Steak, Filet vom Wasserbüffel, *terrine de kangourou*. Ich hab alles gekauft. Ich habe die Gourmet-Vitrine geplündert. Gefriergetrocknetes Hummer-Soufflé mit kandierten Kirschenhälften garniert: wie konnte ich bei so etwas widerstehen?

Was den Getränketresen betrifft ... Ich hatte keine Ahnung, daß so viele verschiedene Rauschmittel ersonnen worden waren. Ich persönlich stehe ja vor allem auf Bier und Schnaps, aber ich wollte nicht voreingenommen wirken, deshalb kaufte ich auch ein paar Kisten Wein und Cocktails. Die Flaschenetiketten waren eine große Hilfe: sie gaben genauestens an, wie betrunken der Inhalt einen machen würde, wobei auch Faktoren wie Geschlecht, Gewicht und Körperfett berücksichtigt wurden. Es gab da eine Sorte durchsichtigen Alkohol mit einem ganz schäbigen Etikett. Er hieß Stinko-Paralytiko (made in Yugoslavia), und da stand: «Von dieser Flasche werden Sie so betrunken wie noch nie.» Na, davon mußte ich doch einfach einen Kasten nehmen, oder?

Das war eine reife Leistung für einen Vormittag. Vielleicht die beste Vormittagsleistung, die es je gegeben hatte. Und im übrigen brauchen Sie gar nicht die Nase zu rümpfen über mich. Sie hätten es auch nicht viel anders gemacht. Ich meine, sagen wir mal, Sie wären nicht einkaufen gegangen, was hätten Sie statt dessen gemacht? Ein paar Berühmtheiten kennengelernt, Sex gehabt, Golf gespielt? Es gibt ja nicht unendlich viele Möglichkeiten – das ist ein Punkt, den man bei dem Ganzen nicht vergessen sollte, was diesen Ort hier betrifft so gut wie jenen anderen. Und wenn ich erst mal einkaufen gegangen bin, dann ist das eben das, was Leute wie ich tun. Ich rümpfe ja auch nicht die Nase, weil Sie erst mal Berühmtheiten kennengelernt oder Sex gehabt oder Golf gespielt hätten. Jedenfalls, das ist zu gegebener Zeit auch alles drangekommen. Wie gesagt, so verschieden sind wir gar nicht.

Als wir zurückkamen, war ich … nicht eigentlich müde – müde wird man nicht – nur irgendwie gesättigt. Diese Einkaufswagen hatten Spaß gemacht; ich glaubte nicht, daß ich mir je die Mühe machen würde zu laufen – ja, wenn ich's recht bedenke, habe ich in dem Supermarkt überhaupt niemanden laufen sehen. Dann war es Zeit fürs Mittagessen, und Brigitta kam mit dem Frühstück. Danach machte ich ein Nickerchen. Ich hatte erwartet, daß ich träumen würde, weil ich immer träume, wenn ich mich nachmittags hinlege. Hab ich aber nicht. Ich hätte gern gewußt warum.

Brigitta weckte mich mit Tee und den von mir ausgesuchten Keksen. Es waren Rosinenkekse, eine Sonderausführung für Menschen wie mich. Ich weiß ja nicht, wie Sie dazu stehen, aber ich habe mein Leben lang beklagt, daß die nicht genug Rosinen in die Rosinenkekse tun. Selbstverständlich will man nicht *zu viele* Rosinen im Keks haben, sonst hätte man ja nur einen Rosinenklops und keinen Keks, aber ich war immer der Meinung, der proportionale Anteil der Zutaten könnte reguliert werden. Nach oben zugunsten der Rosinen, natürlich – sagen wir, auf etwa fifty-fifty. Und so hießen diese Kekse auch, wie mir jetzt wieder einfällt: Fifty-Fifties. Ich habe dreitausend Packungen davon gekauft.

Ich schlug die Zeitung auf, die Brigitta aufmerksamerweise auf das Tablett gelegt hatte, und hätte fast meinen Tee verschüttet. Nein, ich *habe* meinen Tee verschüttet – nur macht man sich wegen so was keine Sorgen mehr. Die Meldung stand auf der ersten Seite. Na, da gehörte sie ja auch hin, nicht wahr? Leicester City war Pokalsieger geworden. Ungelogen, Leicester City war tatsächlich Pokalsieger geworden! Hätten Sie nicht gedacht, nicht wahr? Na ja, *Sie* vielleicht, wenn Sie nichts von Fußball verstehen. *Ich* versteh aber ein bißchen was von Fußball, und ich war mein Leben lang für Leicester City, und *ich* hätte das nicht gedacht, darum geht's. Verstehen Sie mich nicht falsch, ich will meine Mannschaft nicht runtermachen. Es ist eine gute Mannschaft, manchmal eine sehr gute, bloß die großen Spiele gewinnen sie anscheinend nie. Meister in der zweiten Liga, so oft Sie wollen, o ja, aber englischer Meister sind sie nie geworden. Vizemeister, einmal, klar, kein Problem. Was jedoch den Pokal angeht ... Tatsache, unbestreitbare Tatsache ist: Die ganze Zeit, wo ich für Leicester City war, (und die ganze Zeit davor auch) sind sie nie Pokalsieger geworden. Sie haben eine sehr gute Nachkriegsbilanz, was das Erreichen der Endrunden betrifft – und das Nichtgewinnen des Pokals genauso. 1949, 1961, 1963, 1969, das sind die schwarzen Jahre, und ein oder zwei von diesen Niederlagen waren in meinen Augen besonders unglücklich, ich denke da vor allem an ... Okay, ich merke schon, Fußball interessiert Sie nicht so besonders. Ist ja auch egal, solange Sie die wesentliche Tatsache begreifen, daß Leicester City immer nur Kleckerkram gewonnen hatte, und jetzt hatten sie zum ersten Mal in der Vereinsgeschichte den Pokal geholt. Der Zeitung zufolge war das Spiel auch noch mordsspannend gewesen: Leicester City gewann 5:4 in der Verlängerung, nachdem sie sage und schreibe viermal im Rückstand gelegen hatten. Was für eine Leistung! Was für ein Zusammenspiel von Können und reiner Charakterstärke! Ich war stolz auf die Jungs. Brigitta würde mir morgen das Video besorgen, ich war sicher, daß sie das konnte. Einstweilen trank ich etwas Champagner zu dem Frühstück, das ich zum Abendbrot aß.

Die Zeitungen waren toll. In gewisser Weise ist mir von den Zeitungen noch am meisten geblieben. Leicester City wurde Pokalsieger, wie ich wohl bereits erwähnt habe. Man hat ein Mittel gegen Krebs gefunden. Meine Partei hat jede einzelne Parlamentswahl gewonnen, bis jeder einsah, daß ihre Vorstellungen richtig sind, und die Opposition zum größten Teil umschwenkte und sich uns anschloß. Jede Woche wurden kleine alte Omis im Fußballtoto reich. Sexualverbrecher gingen in sich, wurden wieder in die Gesellschaft entlassen und führten ein untadeliges Leben. Flugpiloten lernten, wie man ein Flugzeug vor einem Zusammenstoß in der Luft bewahrt. Alle schafften ihre Atomwaffen ab. Der englische Nationaltrainer stellte das ganze Team von Leicester City *en bloc* bei der Fußball-WM auf, und sie brachten den Jules-Rimet-Pokal zurück (nachdem sie im Finale Brasilien mit einem denkwürdigen 4:1 geschlagen hatten). Beim Zeitungslesen färbte die Druckerschwärze nicht auf die Finger ab, und die Artikel färbten nicht auf den Geist ab. Kinder waren wieder unschuldige Wesen; Männer und Frauen waren nett zueinander; keiner mußte sich die Zähne plombieren lassen; und die Frauen hatten nie Laufmaschen in den Strümpfen.

Was habe ich in dieser ersten Woche sonst noch gemacht? Wie gesagt, ich habe Golf gespielt und Sex gehabt und Berühmtheiten kennengelernt, und es ging mir überhaupt nie schlecht. Ich fange mal mit dem Golf an. Also, ich war nie ein besonders guter Spieler, aber es hat mir immer Spaß gemacht, auf einem öffentlichen Golfplatz rumzuhacken, wo der Rasen wie eine Kokosmatte ist und keiner sich die Mühe macht, seine Divots wieder zurückzutun, weil da eh schon so viele Löcher im Fairway sind, daß man gar nicht mehr rauskriegt, wo der eigene Divot herkommt. Trotzdem, ich hatte die meisten berühmten Plätze im Fernsehen gesehen und wollte mal – na ja, das Golf meiner Träume spielen. Und als ich dann spürte, wie mein Driver da am ersten Tee Kontakt kriegte, und den Ball ein paar hundert Meter weit abzischen sah, da wußte ich, ich war im siebten Himmel. Meine Schläger lagen perfekt in der Hand; die Fairways waren von luxuriöser Elastizität und hielten einem den Ball hin, wie ein Kellner auf einem Tablett etwas zu trinken anbietet; und mein Caddie (ich hatte noch nie einen Caddie gehabt, aber er behandelte mich wie Arnold Palmer) war stets mit einem nützlichen Rat bei der Hand, doch niemals aufdringlich. Der Golfplatz hatte anscheinend alles – Flüsse und Seen und antike Brücken, Teile am Meer wie die Links in Schottland, Flecken mit blühendem Hartriegel und Azaleen wie in Augusta, Buchenhaine, Kiefern, Farnkraut und Stechginster. Es war ein schwieriger Platz, aber er gab einem Chancen. Ich spielte an jenem sonnigen Morgen eine 67er Runde, das war fünf unter Par und zwanzig Schläge besser, als ich auf dem öffentlichen Platz je gewesen war.

Ich war so zufrieden mit meiner Runde, daß ich Brigitta bei meiner Rückkehr fragte, ob sie Sex mit mir haben wollte. Sie sagte, natürlich, furchtbar gern, sie finde mich sehr attraktiv, und obwohl sie nur die obere Hälfte gesehen habe, sei sie ziemlich sicher, daß der Rest auch in gutem Betriebszustand sei; zwar gebe es da ein paar geringfügige Probleme, wie daß sie wahnsinnig in einen anderen verliebt sei und in ihren Arbeitsbedingungen stehe, daß Angestellte gefeuert würden, wenn sie mit Neuankömmlingen sexuelle Beziehungen eingingen, und sie habe ein leichtes Herzleiden, was bedeute, daß jede zusätzliche Anstrengung gefährlich sein könnte, aber wenn ich ihr ein paar Minuten Zeit ließe, würde sie kurz weggehen und sich auf der Stelle in sexy Unterwäsche werfen. Tja, ich wog also das Für und Wider meines Vorschlags ein Weilchen in meinem Innern ab, und als sie wiederkam, nichts als Parfüm und Dekolleté, sagte ich ihr, ich glaube, daß wir es nach Abwägung aller Umstände wohl besser lassen sollten. Sie war ziemlich enttäuscht und setzte sich mir gegenüber und schlug die Beine übereinander, was ein hübscher Anblick war, das kann ich Ihnen versichern, aber ich blieb unerbittlich. Erst später – am nächsten Morgen, genaugenommen – wurde mir klar, daß *sie* eigentlich *mir* einen Korb gegeben hatte. Auf so nette Art hatte ich noch nie einen Korb bekommen. Die machen hier sogar das Schlechte gut.

An dem Abend trank ich eine Magnum-Flasche Champagner zu meinem Stör mit Pommes (einen Kater kriegt man hier auch nicht) und wollte eben mit dem Gedanken an den gekonnten Backspin einschlafen, den ich am Sechzehnten mit meinem Wedge hingelegt hatte, damit ich den Ball auf der oberen Etage des zweistufigen Grüns hielt, da spürte ich, daß die Bettdecke gelüpft wurde. Erst meinte ich, das sei Brigitta, und hatte ein bißchen Gewissensbisse von wegen ihrer Herzsache und daß sie ihren Job verliere und einen anderen liebe, aber als ich meinen Arm um sie schlang und «Brigitta?» flüsterte, da flüsterte eine Stimme zurück: «Nein, nicht sein Brigitta», und der Akzent war anders, ganz rauh und ausländisch, und dann merkte ich an anderen Dingen, daß es sich nicht um Brigitta handelte, obwohl Brigitta in vielerlei Hinsicht eine attraktive Dame war. Was dann geschah – und mit «dann» will ich nicht sagen, es wäre ein kurzer Zeitraum gewesen –, ist, nun ja, schwer zu beschreiben. Ich kann nicht mehr sagen als, am Vormittag hatte ich eine 67er Runde gespielt, was fünf unter Par war und zwanzig Schläge unter meiner früheren Bestleistung, und was in der Nacht folgte, war eine vergleichbare Leistung. Ich möchte, verstehen Sie, meine liebe Frau auf diesem Gebiet nicht gern kritisieren; es ist nur, daß nach ein paar Jahren, Sie wissen schon, und die Kinder, und man ist müde, tja, da läßt es sich nicht vermeiden, daß man sich gegenseitig runterzieht. Es ist immer noch schön, aber man tut irgendwie, was nötig ist, nicht wahr? Was ich übersehen hatte, war: So, wie ein Paar sich gegenseitig runterziehen kann, kann ein anderes Paar sich gegenseitig hochziehen. Wow! Ich wußte gar nicht, daß ich das bringe! Ich wußte gar nicht, daß das irgendwer bringt! Jeder von uns beiden schien instinktiv zu wissen, was der andere wollte. Das hatte ich bisher eigentlich noch nie erlebt. Nicht, verstehen Sie, daß das so klingen soll, als wollte ich meine liebe Frau kritisieren.

Ich hatte erwartet, daß ich beim Aufwachen müde sein würde, aber es war wieder eher so ein Gefühl wohliger Sattheit, wie nach dem Einkaufen. Hatte ich das alles nur geträumt? Nein: Da lagen zwei lange rote Haare auf meinem Kissen, die bestätigten, daß es real war. Die Farbe bewies auch, daß meine Besucherin definitiv nicht Brigitta gewesen war.

«Haben Sie gut geschlafen?» fragte sie mit einem ziemlich unverschämten Lächeln, als sie mein Frühstück brachte.

«Es war ein rundum guter Tag», erwiderte ich, vielleicht ein wenig großspurig, weil mir schwante, daß sie Bescheid wußte. «Außer», fügte ich rasch hinzu, «daß ich das von Ihrem Herzleiden erfahren habe. Das tut mir wirklich leid.»

«Oh, ich werd mich irgendwie durchwursteln», sagte sie. «Die Pumpe wird es schon noch ein paar tausend Jahre machen.»

Wir gingen einkaufen (ich war noch nicht so träge, daß ich einkaufen bleiben wollte), ich las die Zeitung, aß zu Mittag, spielte Golf, versuchte, mir mit einem von diesen Dickens-Videos etwas Literatur reinzuziehen, aß Stör und Pommes, machte das Licht aus und hatte kurz darauf Sex. Es war ein guter Tagesablauf, beinahe perfekt, wie mir schien, und ich hatte wieder eine 67er Runde gespielt. Wenn ich bloß am Achtzehnten nicht in den Hartriegel geschlagen hätte – ich glaube, ich war einfach zu aufgedreht –, hätte ich mir eine 66, oder sogar eine 65, in die Karte eintragen können.

Und so ging das Leben weiter, wie man so schön sagt. Bestimmt monatelang – vielleicht auch länger; nach einer gewissen Zeit hört man auf, nach dem Datum auf der Zeitung zu schauen. Ich merkte, daß die Entscheidung richtig gewesen war, nicht mit Brigitta Sex zu haben. Wir wurden gute Freunde.

«Was passiert», fragte ich sie eines Tages, «wenn meine Frau kommt?» Meine liebe Frau war, wie ich vielleicht erläutern sollte, damals nicht bei mir.

«Ich dachte mir schon, daß Sie sich deswegen womöglich Sorgen machen.»

«Oh, *deswegen* mache ich mir keine Sorgen», sagte ich auf meine nächtliche Besucherin bezogen, weil das Ganze ein bißchen so war, wie wenn man als Geschäftsmann auf Auslandsreise ist, denk ich mir, oder nicht? «Ich meine, so ganz allgemein.»

«Allgemein gibt es nicht. Es liegt bei Ihnen. Und ihr.»

«Wird sie was dagegen haben?» fragte ich, wobei ich mich diesmal eindeutiger auf meine Besucherin bezog.

«Wird sie es erfahren?»

«Ich glaube, es wird da Probleme geben», sagte ich, nun wieder allgemeiner sprechend.

«Hier ist der Ort, wo die Probleme gelöst werden», gab sie zurück.

«Wenn Sie meinen.» Ich gewann allmählich die Überzeugung, daß sich alles entwickeln könnte wie erhofft.

Zum Beispiel hatte ich immer diesen Traum gehabt. Also, ich meine eigentlich keinen Traum, ich meine etwas, das ich mir sehr gewünscht habe: meinen Urteilsspruch. Nein, das klingt nicht richtig, das klingt so, als ob ich wollte, daß mir mit einer Guillotine der Kopf abgehackt oder daß ich ausgepeitscht würde oder so. Nichts dergleichen. Nein, ich wollte, daß man ein *Urteil* über mich spreche, verstehen Sie? Das wollen wir doch alle, nicht wahr? Ich wollte, hm, so eine Art Bilanz, ich wollte, daß mein Leben begutachtet würde. So was bekommen wir nicht, außer wir erscheinen vor Gericht oder werden von einem Psychiater untersucht, was mir beides nie passiert war, und es hat mich eigentlich nicht weiter enttäuscht, schließlich war ich ja kein Verbrecher oder Spinner. Nein, ich bin ein normaler Mensch, und ich wollte nur, was eine Menge normaler Menschen wollen. Ich wollte, daß mein Leben begutachtet würde. Verstehen Sie?

Eines Tages fing ich an, das meiner Freundin Brigitta zu erklären, nicht ganz sicher, ob ich das irgendwie besser ausdrücken könnte als eben, aber sie begriff sofort. Sie sagte, das sei eine sehr beliebte Bitte, die Sache sei nicht schwer in die Wege zu leiten. Also ging ich ein paar Tage später hin. Ich bat sie, zur moralischen Unterstützung mitzukommen, und sie willigte ein.

Zuerst war es genau, wie ich gedacht hatte. Da war ein imposantes altes Gebäude mit Säulen und einer Menge Wörter auf lateinisch oder griechisch oder so obenrum eingemeißelt, und Lakaien in Uniform, weswegen ich froh war, daß ich zu diesem Anlaß auf einem neuen Anzug bestanden hatte. Drinnen war eine riesige Treppe, eine von denen, die sich teilen und in entgegengesetzten Richtungen einen großen Bogen beschreiben und sich dann oben wieder treffen. Überall gab es Marmor und frischpoliertes Messing und ausgedehnte Mahagoniflächen, denen man ansehen konnte, daß sie nie den Holzwurm kriegen würden.

Der Saal war nicht riesig, doch das machte nichts. Wesentlicher war, daß er die richtige Atmosphäre hatte, förmlich, aber nicht zu einschüchternd. Er war fast gemütlich, mit altem Samt hier und da, der schon ziemlich schäbig aussah, nur daß sich hier ernsthafte Geschichten abspielten. Und es war ein netter alter Herr, der mich drangenommen hat. Bißchen wie mein Vater – nein, eher wie ein Onkel, würde ich sagen. So freundliche Augen, und er sah einem gerade ins Gesicht; man merkte, der ließ nicht mit sich spaßen. Er habe alle meine Unterlagen gelesen, sagte er. Und da lagen sie auch, griffbereit, die Geschichte meines Lebens, alles, was ich getan und gedacht und gesagt und gefühlt hatte, der ganze Kram auf einem Haufen, das Gute und das Schlechte. Da war ein ziemlicher Stapel zusammengekommen, wie man sich vorstellen kann. Ich wußte nicht recht, ob ich ihn ansprechen dürfe, aber ich hab es dann einfach getan. Ich hab gesagt, Sie lesen aber schnell, keine Frage. Er sagte, er habe eine Menge Übung darin, und darüber lachten wir ein bißchen. Dann warf er einen kurzen Blick auf seine Uhr – nein, er machte das ganz höflich – und fragte mich, ob ich mein Urteil hören wolle. Ich merkte, wie ich mich gerade aufrichtete und die Hände zu Fäusten ballte und mit den Daumen an der Hosennaht anlegte. Dann nickte ich und sagte «Ja, Sir» und wurde schon etwas nervös, das kann ich Ihnen sagen.

Er sagte, ich sei okay. Nein, ich mache keine Witze, genau das hat er gesagt: «Sie sind okay.» Ich habe irgendwie gewartet, daß er weiterredet, aber er senkte den Blick, und ich sah, wie seine Hand nach dem obersten Dokument von einer anderen Akte griff. Dann blickte er auf, lächelte ein bißchen und sagte: «Nein, wirklich, Sie sind okay.» Ich nickte erneut, und diesmal wandte er sich wirklich wieder seiner Arbeit zu, also drehte ich mich um und ging. Als wir draußen waren, gestand ich Brigitta, ich sei etwas enttäuscht, und sie sagte, das seien die meisten, aber ich sollte das nicht persönlich nehmen, also tat ich's auch nicht.

So um die Zeit fing ich an, Berühmtheiten kennenzulernen. Anfangs war ich ein bißchen schüchtern und bat nur um Filmstars und Sportler, die ich bewunderte. Ich lernte Steve McQueen kennen, zum Beispiel, und Judy Garland; John Wayne, Maureen O'Sullivan, Humphrey Bogart, Gene Tierney (ich hatte schon immer eine Schwäche für Gene Tierney) und Bing Crosby. Ich lernte Duncan Edwards und die anderen Manchester-United-Spieler von dem Münchner Flugzeugunglück kennen. Ich lernte eine ganze Reihe Leicester-City-Jungs aus der Anfangszeit kennen, deren Namen Ihnen wahrscheinlich zum größten Teil nichts sagen.

Nach einem Weilchen wurde mir klar, daß ich jeden kennenlernen konnte, den ich wollte. Ich lernte John F. Kennedy kennen und Charlie Chaplin, Marilyn Monroe, Präsident Eisenhower, Papst Johannes XXIII., Winston Churchill, Rommel, Stalin, Mao Tse-tung, Roosevelt, General de Gaulle, Lindbergh, Shakespeare, Buddy Holly, Patsy Cline, Karl Marx, John Lennon und Queen Victoria. Die meisten von ihnen waren nett, alles in allem, irgendwie natürlich, überhaupt nicht hochnäsig oder herablassend. Sie waren genau wie richtige Leute. Ich bat darum, Jesus Christus kennenzulernen, aber sie sagten, da wären sie sich nicht so sicher, daher habe ich es nicht forciert. Ich habe Noah kennengelernt, aber wie zu erwarten gab es da ein gewisses Sprachproblem. Manche Leute wollte ich einfach nur angukken. Hitler, zum Beispiel, also das ist ein Mann, dem ich nie die Hand geben würde, aber sie haben das so organisiert, daß ich mich hinter einem Gebüsch verstecken konnte, während er einfach vorbeigegangen ist, in seiner widerlichen Uniform, in voller Lebensgröße.

Raten Sie mal, was dann passierte? Ich habe angefangen, mir Sorgen zu machen. Ich habe mir wegen der lächerlichsten Dinge Sorgen gemacht. Wegen meiner Gesundheit, zum Beispiel. Ist das nicht verrückt? Vielleicht hatte es damit zu tun, daß Brigitta mir von ihrem Herzleiden erzählt hat, jedenfalls bildete ich mir plötzlich ein, bei mir würde dieses und jenes nicht stimmen. Wer hätte das für möglich gehalten? Ich wurde ganz etepetete und ernährungsbewußt; ich legte mir ein Rudergerät und einen Heimtrainer zu, ich stemmte Gewichte; ich ließ Salz und Zucker, tierische Fette und Cremetörtchen weg; sogar meinen Konsum von Fifty-Fifties schränkte ich auf eine halbe Packung pro Tag ein. Ich hatte auch Phasen, wo ich mir um meinen Haarwuchs, meine Supermarktfahrerei (waren die Wagen eigentlich so sicher?), meine sexuelle Leistungsfähigkeit und mein Bankkonto Sorgen machte. Warum machte ich mir Sorgen um mein Bankkonto, wo ich nicht mal eine Bank hatte? Ich stellte mir vor, im Supermarkt würde meine Karte nicht mehr funktionieren, ich hatte Gewissensbisse, daß man mir offenbar so viel Kredit gewährte. Womit hatte ich das verdient? Meistens ging es mir natürlich prächtig, so mit Einkaufen, Golf, Sex und dem Kennenlernen von Berühmtheiten. Aber zwischendurch dachte ich immer mal wieder, wenn ich nun nicht alle 18 Löcher schaffe? Wenn ich mir die Fifty-Fifties eigentlich nicht leisten kann? Schließlich gestand ich diese Gedanken Brigitta. Sie meinte, es sei wohl Zeit, mich in andere Hände zu übergeben. Brigittas Arbeit war getan, so was deutete sie an. Ich war traurig und fragte, was ich ihr als Zeichen meiner Dankbarkeit kaufen könnte. Sie sagte, sie habe alles, was sie brauche. Ich versuchte, ein Gedicht zu schreiben, weil sich «Brigitta» auf «liebt er» reimt, doch danach fand ich nur noch «Gewitter» und «Zwitter», daher gab ich irgendwie auf, und überhaupt dachte ich, derartige Gedichte habe sie wahrscheinlich schon.

Danach sollte sich Margaret um mich kümmern. Sie sah seriöser aus als Brigitta, so mit elegantem Kostüm und jedes Haar an seinem Platz – die Sorte Mensch, die bei der Wahl der Geschäftsfrau des Jahres in die Endrunde kommt. Ich hatte ein bißchen Angst vor ihr – auf jeden Fall konnte ich mir nicht vorstellen, daß ich ihr Sex vorschlagen würde, wie ich es bei Brigitta getan hatte – und erwartete so halb, daß sie meinen bisherigen Lebensstil mißbilligen würde. Aber das tat sie natürlich nicht. Nein, sie sagte bloß, sie nehme an, ich sei mit den Annehmlichkeiten inzwischen recht gut vertraut, und sie sei für mich da, falls ich mehr als nur praktische Unterstützung brauche.

«Ich habe da eine Frage», sagte ich bei unserer ersten Begegnung. «Es ist albern, daß ich mir Sorgen mache um meine Gesundheit, nicht wahr?»

«Ganz unnötig.»

«Und es ist albern, mir Sorgen zu machen um Geld?»

«Ganz unnötig», antwortete sie.

Irgend etwas in ihrem Tonfall deutete darauf hin, daß ich mir bloß die Mühe machen müßte, genauer hinzusehen, um Dinge zu finden, die es wert wären, mir darum Sorgen zu machen; ich bin dem nicht weiter nachgegangen. Dazu hatte ich noch Zeit genug. Zeit war etwas, das mir nie ausgehen würde.

Also, ich bin wahrscheinlich nicht der fixeste Denker der Welt, und in meinem früheren Leben neigte ich dazu, einfach immer das zu erledigen, was ich tun mußte oder tun wollte, und nicht zu viel darüber nachzugrübeln. Ist doch normal, nicht wahr? Aber gib den Leuten genug Zeit, da kommen sie plötzlich auf Ideen und fangen an, die eine oder andere gewichtigere Frage zu stellen. Zum Beispiel, wer war hier eigentlich verantwortlich, und warum hatte ich die Leute noch kaum gesehen? Ich hatte mir vorgestellt, daß es so eine Art Eintrittsmusterung geben würde oder vielleicht eine laufende Beurteilung; doch abgesehen von dem, ehrlich gesagt ziemlich enttäuschenden, Urteil dieses alten Kauzes, der gesagt hatte, ich sei okay, hatte man mich in Ruhe gelassen. Sie ließen mich jeden Tag abhauen und mein Golfspiel verbessern. Durfte ich alles als selbstverständlich hinnehmen? Erwarteten sie etwas von mir?

Dann war da diese Geschichte mit Hitler. Man wartete hinter dem Gebüsch, und er spazierte vorbei, eine untersetzte Gestalt in einer widerlichen Uniform mit einem falschen Lächeln im Gesicht. Schön und gut, jetzt hatte ich ihn gesehen, und meine Neugier war befriedigt, aber, na ja, ich mußte mich doch fragen, was hatte der überhaupt hier zu suchen? Bestellte der sich sein Frühstück wie jeder andere auch? Ich hatte bereits gemerkt, daß er seine eigenen Sachen tragen durfte. Hieß das, daß er gleichfalls Golf spielen und Sex haben konnte, wenn er wollte? Wie funktionierte das hier?

Dann waren da diese Sorgen um meine Gesundheit und Geld und die Supermarktfahrerei. Darum an sich machte ich mir keine Sorgen mehr, ich machte mir Sorgen wegen der Tatsache, daß ich mir Sorgen gemacht hatte. Was hatte es damit alles auf sich? Waren das mehr als ganz normale Anpassungsschwierigkeiten, wie Brigitta gemeint hatte?

Ich glaube, das Golf hat mich schließlich dazu gebracht, daß ich mich wegen einiger Erläuterungen an Margaret wandte. Es war nicht zu bezweifeln, in den Monaten und Jahren, wo ich auf diesem herrlichen, luxuriösen Platz mit seinen kleinen Tricks und Versuchungen gespielt hatte (wie oft hatte ich den Ball am kurzen Elften ins Wasser gesetzt!), war mein Spiel unendlich viel besser geworden. Das sagte ich eines Tages auch zu Severiano, meinem persönlichen Caddie: «Mein Spiel ist unendlich viel besser geworden.» Er stimmte mir zu, und erst später, zwischen Abendbrot und Sex, fing ich an darüber nachzudenken, was ich da gesagt hatte. Ich hatte auf dem Platz mit 67 angefangen, und allmählich wurde mein Score immer niedriger. Vor einem Weilchen schlug ich regelmäßig eine 59, und jetzt, bei wolkenlosem Himmel, bewegte ich mich langsam auf die 50 zu. Mit dem Driver kam ich mühelos auf 320 Meter, meine Pitch-shots waren nicht wiederzuerkennen, meine Putts sausten ins Loch wie von der Schnur gezogen. Ich sah mich mit dem angestrebten Score auf 40 runtergehen, dann – ein psychologisches Schlüsselmoment – die 36er-Schwelle durchbrechen, das heißt im Durchschnitt zwei Schläge pro Loch, dann weiter runter bis auf 20. *Mein Spiel ist unendlich viel besser geworden*, dachte ich und wiederholte für mich das Wort *unendlich*. Aber genau das konnte es, natürlich, nicht: für meine Fortschritte mußte es ein Ende geben. Eines Tages würde ich eine Runde Golf mit 18 Schlägen spielen, dann würde ich Severiano ein paar Drinks spendieren, später mit Stör und Pommes und Sex feiern – und was dann? Hat je einer, selbst hier, eine Runde Golf mit 17 Schlägen gespielt?

Margaret hörte nicht auf einen Klingelzug mit Quaste wie die blonde Brigitta; ja, man mußte sich über Videophon einen Termin holen.

«Ich mache mir Sorgen wegen dem Golf», fing ich an.

«Das ist eigentlich nicht mein Fachgebiet.»

«Nein. Wissen Sie, als ich hier ankam, habe ich eine 67 gespielt. Jetzt bin ich fast bei 50 angelangt.»

«Das hört sich nicht wie ein Problem an.»

«Und ich werde mich weiter verbessern.»

«Herzlichen Glückwunsch.»

«Und eines Tages spiele ich dann die Runde mit 18 Schlägen.»

«Ihr Ehrgeiz ist bewundernswert.» Sie klang, als wollte sie sich über mich lustig machen.

«Aber was mache ich dann?»

Sie zögerte. «Versuchen, jedesmal eine 18er Runde zu spielen?»

«So funktioniert das nicht.»

«Wieso nicht?»

«Es funktioniert einfach nicht so.»

«Ich bin sicher, es gibt viele andere Plätze ...»

«Dasselbe Problem», sagte ich, womit ich ihr, vermutlich etwas grob, ins Wort fiel.

«Also, Sie können ja zu einer anderen Sportart übergehen, nicht? Und dann wieder zum Golf zurückkehren, wenn Sie das andere müde werden?»

«Aber das Problem ist dasselbe. Ich hätte eine Runde mit 18 Schlägen gespielt. Golf wäre aufgebraucht.»

«Es gibt viele andere Sportarten.»

«Die wären irgendwann auch aufgebraucht.»

«Was essen Sie jeden Morgen zum Frühstück?» So, wie sie nickte, als ich es ihr sagte, hatte sie die Antwort bestimmt schon gekannt. «Na, sehen Sie. Sie essen jeden Morgen das gleiche. Sie werden das Frühstück auch nicht müde.»

«Nein.»

«Also, dann denken Sie sich das mit dem Golf doch so wie mit dem Frühstück. Vielleicht werden Sie es nie müde werden, eine 18er Runde zu spielen.»

«Vielleicht», sagte ich zweifelnd. «Für mich hört sich das so an, als hätten Sie noch nie Golf gespielt. Und überhaupt, das ist auch so was.»

«Was?»

«Das Müdewerden. Man wird nicht müde hier.»

«Soll das eine Beschwerde sein?»

«Ich weiß nicht.»

«Müdigkeit läßt sich arrangieren.»

«Sicher», antwortete ich. «Aber ich möchte wetten, das ist dann so eine wohlige Müdigkeit. Nicht so eine hundsmäßige Müdigkeit, wo man bloß noch sterben will.»

«Finden Sie nicht, daß Sie jetzt etwas pervers werden?» Sie klang kurzangebunden, fast schon ungeduldig. «Was haben Sie denn gewollt? Was haben Sie sich erhofft?»

Ich nickte vor mich hin, und wir machten erst mal Schluß. Mein Leben ging weiter. Das war auch so eine Floskel, die mich ziemlich zum Grinsen reizte. Mein Leben ging weiter, und mein Golfspiel verbesserte sich unendlich. Ich machte alle möglichen anderen Dinge:

- Ich unternahm mehrere Kreuzfahrten;
- ich lernte Kanufahren, Bergsteigen, Ballonfahren;
- ich geriet in alle möglichen Gefahren und kam davon;
- ich erforschte den Dschungel;
- ich schaute mir eine Gerichtsverhandlung an (war nicht mit dem Urteil einverstanden);
- ich versuchte mich als Maler (gar nicht so schlecht, wie ich dachte!) und als Chirurg;
- ich verliebte mich natürlich immer wieder;
- ich tat, als wäre ich der letzte Mensch auf der Welt (und der erste).

Das hieß alles nicht, daß ich mit dem aufhörte, was ich seit meiner Ankunft hier immer getan hatte. Ich hatte Sex mit einer wachsenden Anzahl Frauen, manchmal gleichzeitig; ich aß immer seltenere und seltsamere Sachen; ich lernte Berühmtheiten aus den hintersten Winkeln meines Gedächtnisses kennen. Zum Beispiel lernte ich alle Fußballer kennen, die es je gegeben hatte. Ich fing mit den berühmten an, dann kamen die, die ich bewunderte, die aber nicht besonders berühmt waren, dann die Durchschnittlichen, dann die, bei denen ich mich erinnerte, wie sie hießen, aber nicht mehr, wie sie aussahen oder wie sie spielten; zum Schluß fragte ich nach den einzigen, die ich noch nicht kennengelernt hatte, nach den gemeinen, langweiligen, brutalen Spielern, die ich überhaupt nicht bewunderte. Es machte mir keinen Spaß, sie kennenzulernen – sie waren außerhalb des Spielfeldes genauso gemein, langweilig und brutal wie auf dem Spielfeld –, aber ich wollte nicht, daß mir die Fußballer ausgingen. Dann gingen mir die Fußballer aus. Ich beantragte wieder ein Treffen mit Margaret.

«Ich habe alle Fußballer kennengelernt», sagte ich.

«Von Fußball verstehe ich leider auch nicht viel.»

«Und ich habe überhaupt keine Träume», fügte ich in klagendem Ton hinzu.

«Wozu sollten die denn gut sein», antwortete sie. «*Wozu* sollten die denn gut sein?»

Ich spürte, daß sie mich gewissermaßen auf die Probe stellte, um zu sehen, wie ernst es mir war. Lief das Ganze auf mehr als bloße Anpassungsschwierigkeiten hinaus?

«Ich glaube, mir steht eine Erklärung zu», verkündete ich – ein bißchen großspurig, das muß ich zugeben.

«Fragen Sie, was Sie wollen.» Sie lehnte sich in ihrem Bürostuhl zurück.

«Also, ich will da ganz klar sehen.»

«Ein bewundernswerter Ehrgeiz.» Sie redete so ein bißchen geschwollen daher.

Ich dachte, ich fang am besten ganz vorne an. «Also, wir sind hier im Himmel, nicht wahr?»

«O ja.»

«Tja, und wie ist das mit den Sonntagen?»

«Ich kann Ihnen nicht folgen.»

«Sonntags», sagte ich, «soweit ich das durchschaue, denn ich achte nicht mehr allzusehr auf die Wochentage, spiele ich Golf, gehe einkaufen, esse Abendbrot, habe Sex, und es geht mir nie schlecht dabei.»

«Ist das nicht … perfekt?»

«Das soll jetzt bitte nicht undankbar klingen», sagte ich vorsichtig, «aber wo ist Gott?»

«Gott. Wollen Sie Gott? Ist es das, was Sie wollen?»

«Kommt es darauf an, was ich will?»

«Genau darauf kommt es an. Wollen Sie Gott?»

«Ich hab wohl gedacht, es wäre nicht so rum. Ich hab wohl gedacht, entweder wäre da einer, oder da wäre keiner. Ich würde rausfinden, wie es nun damit steht. Ich hab nicht gedacht, daß das irgendwie von mir abhängt.»

«Natürlich tut es das.»

«Oh.»

«Heutzutage ist der Himmel demokratisch», sagte sie. Dann fügte sie hinzu: «Jedenfalls ist er das, wenn Sie das so wollen.»

«Wie meinen Sie das, demokratisch?»

«Wir drängen den Leuten den Himmel nicht mehr auf», sagte sie. «Wir hören auf ihre Bedürfnisse. Wenn sie einen wollen, können sie ihn haben; wenn nicht, dann nicht. Und da bekommen sie natürlich auch die Art von Himmel, die sie wollen.»

«Und welche Art wollen sie so im allgemeinen?»

«Nun, sie wollen eine Fortsetzung des Lebens, haben wir den Eindruck. Nur ... besser, versteht sich.»

«Sex, Golf, Einkaufen, Abendessen, Berühmtheiten kennenlernen und daß es einem nie schlecht geht?» fragte ich, ein bißchen in der Defensive.

«Das ist unterschiedlich. Doch wenn ich ehrlich sein soll, würde ich sagen, so furchtbar unterschiedlich ist es dann doch nicht.»

«Nicht wie früher.»

«Ah, früher.» Sie lächelte. «Das war, natürlich, vor meiner Zeit, aber doch, die Träume vom Himmel waren einmal viel anspruchsvoller.»

«Und die Hölle?» fragte ich.

«Was ist damit?»

«Gibt es eine Hölle?»

«Ach, nein», antwortete sie. «Das war nur notwendige Propaganda.»

«Das hat mich nämlich beschäftigt. Weil ich Hitler begegnet bin.»

«Das tun viele. Er ist so eine Art ... Touristenattraktion, im Grunde genommen. Wie fanden Sie ihn?»

«Oh, ich hab ihn nicht *kennengelernt*», sagte ich bestimmt. «Er ist ein Mann, dem ich nicht die Hand geben würde. Ich hab hinter einem Gebüsch beobachtet, wie er vorbeigegangen ist.»

«Ah, ja. Ziemlich viele machen es lieber so.»

«Und da hab ich mir gedacht, wenn der hier ist, kann es keine Hölle geben.»

«Ein einleuchtender Schluß.»

«Nur so interessehalber», sagte ich, «was macht *er* denn so den ganzen Tag?» Ich stellte mir vor, daß er jeden Nachmittag zu den Berliner Olympischen Spielen von 1936 ging und zuschaute, wie die Deutschen alles gewannen, während Jesse Owens stürzte, dann zurück zu seinem Sauerkraut, Wagner und einen Aufhupfer mit einer vollbusigen Blondine rein arischen Geblüts.

«Tut mir leid, aber wir respektieren anderer Leute Privatsphäre.»

«Natürlich.» Das war recht so. Ich hätte es auch nicht gemocht, wenn jeder gewußt hätte, was ich so trieb, wenn ich es mir richtig überlegte. «Es gibt also gar keine Hölle?»

«Na ja, es gibt etwas, das wir Hölle nennen. Aber es ist eher wie ein Vergnügungspark. Sie wissen schon, da kommen Skelette rausgefahren und erschrecken einen, man kriegt Äste ins Gesicht, Stinkbomben, so Zeug. Bloß um einem einen schönen Schrecken einzujagen.»

«Einen schönen Schrecken», bemerkte ich, «im Gegensatz zu einem üblen Schrecken?»

«Genau. Wir haben den Eindruck, das ist alles, was die Leute heutzutage wollen.»

«Wissen Sie, wie der Himmel früher war?»

«Was, der Alte Himmel? Ja, wir wissen, wie der Alte Himmel war. Es ist in den Annalen verzeichnet.»

«Und was ist daraus geworden?»

«Oh, er hat sozusagen dichtgemacht. Die Leute wollten ihn nicht mehr. Die Leute brauchten ihn nicht mehr.»

«Ich kannte aber ein paar Leute, die sind zur Kirche gegangen, haben ihre Babys taufen lassen, haben keine unanständigen Wörter gebraucht. Was ist mit denen?»

«Oh, solche kriegen wir auch», sagte sie. «Für die ist gesorgt. Sie beten und danken Gott ungefähr so, wie Sie Golf spielen und Sex haben. Sie scheinen sich wohl zu fühlen, scheinen zu haben, was sie wollten. Wir haben ihnen sehr hübsche Kirchen gebaut.»

«Existiert Gott für sie?» fragte ich.

«Oh, gewiß.»

«Aber für mich nicht?»

«Es sieht nicht so aus. Es sei denn, Sie wollen Ihren Himmelsbedarf ändern. Ich selbst kann das allerdings nicht erledigen. Ich könnte Sie aber weiterverweisen.»

«Ich habe wohl erst mal genug zum Nachdenken.»

«Schön. Also dann, bis zum nächsten Mal.»

In der Nacht habe ich schlecht geschlafen. Beim Sex war ich nicht richtig bei der Sache, obwohl sie sich alle die größte Mühe gaben. War es die Verdauung? Hatte ich den Stör zu schnell runtergeschlungen? Ich fing ja schon wieder an, mir Sorgen zu machen um meine Gesundheit.

Am nächsten Morgen brauchte ich auf dem Golfplatz 67 Schläge. Mein Caddie Severiano tat so, als wäre das die beste Runde, die er mich je hatte spielen sehen, als wüßte er nicht, daß ich 20 Schläge besser sein konnte. Danach ließ ich mir den Weg beschreiben und fuhr in die einzige Richtung, wo man schlechtes Wetter sah. Wie erwartet war die Hölle eine große Enttäuschung: Das Unwetter auf dem Parkplatz war vielleicht noch das Beste. Arbeitslose Schauspieler liefen herum, die andere arbeitslose Schauspieler mit langen Gabeln piekten und in Bottiche stießen, auf denen «Siedendes Öl» stand. Pseudotiere mit umgeschnallten Plastikschnäbeln hackten auf Schaumgummileichen ein. Ich sah Hitler mit einem bezopften Mädchen im Arm in der Geisterbahn fahren. Es gab Fledermäuse und knarrende Sargdeckel und einen Gestank nach faulenden Dielen. Ob das die Leute wollten? «Erzählen Sie mir vom Alten Himmel», sagte ich in der folgenden Woche zu Margaret.

«Es war so ziemlich, wie eure Schilderungen davon sind. Ich meine, das ist ja das Prinzip des Himmels, daß man bekommt, was man will, was man erwartet. Ich weiß, manche Leute meinen, es sei anders, daß man bekommt, was man verdient hat, aber dem ist nie so gewesen. Die müssen wir dann eben eines Besseren belehren.»

«Ärgern sie sich denn?»

«Meistens nicht. Die Leute bekommen lieber, was sie wollen, als was sie verdient haben. Manche haben sich allerdings darüber aufgeregt, daß andere nicht genügend malträtiert würden. Zu ihrer Erwartung vom Himmel gehörte offenbar, daß andere in die Hölle kämen. Nicht sehr christlich.»

«Und waren sie alle ... körperlos? War es nur Seelenleben und so weiter?»

«In der Tat. Das wollten die so. Oder jedenfalls in gewissen Epochen. Die Einstellung zur Entkörperlichung war über die Jahrhunderte großen Schwankungen unterworfen. Im Augenblick wird, zum Beispiel, recht großer Wert darauf gelegt, den eigenen Körper und die eigene Persönlichkeit zu behalten. Das kann aber auch nur eine vorübergehende Phase sein, wie alle anderen.»

«Wieso lächeln Sie?» fragte ich. Ich war ziemlich erstaunt. Ich hatte gedacht, Margaret sei nur dazu da, Informationen zu geben, wie Brigitta. Doch sie hatte offensichtlich ihre eigene Meinung und genierte sich nicht, sie anderen mitzuteilen.

«Nur deshalb, weil es manchmal komisch ist, wie hartnäckig die Leute an ihrem Körper festhalten wollen. Sicher, manchmal bitten sie um kleine chirurgische Eingriffe. Aber es ist, als ob, sagen wir mal, eine andere Nase oder gestraffte

Wange oder eine Handvoll Silikon alles ist, was sie von der perfekten Vorstellung ihrer selbst trennt.»

«Was ist aus dem Alten Himmel geworden?»

«Oh, nachdem die neuen Himmel gebaut waren, hat er sich noch ein Weilchen gehalten. Aber es gab zunehmend weniger Nachfrage danach. Die Leute waren offenbar mehr an den neuen Himmeln interessiert. Was auch nicht weiter erstaunlich war. Wir blicken weit voraus hier.»

«Was ist aus den Alt-Himmlischen geworden?»

Margaret zuckte die Achseln, etwas selbstgefällig, wie der Planbeauftragte irgend so eines Unternehmens, wenn seine Vorhersagen bis auf die letzte Stelle hinter dem Komma eingetroffen sind. «Die sind weggestorben.»

«Einfach so? Sie meinen, Sie haben ihnen ihren Himmel geschlossen, und darum sind sie weggestorben?»

«Nein, ganz und gar nicht, im Gegenteil. So funktioniert das nicht. Nach der Verfassung hätte es so lange einen Alten Himmel gegeben, wie die Alt-Himmlischen einen wollten.»

«Gibt es irgendwelche Alt-Himmlischen hier?»

«Ich glaube, es sind noch ein paar da.»

«Kann ich einen kennenlernen?»

«Leider wollen sie keinen Besuch haben. Früher ja. Aber die Neu-Himmlischen hatten eine Tendenz, sich aufzuführen wie in einem Kuriositätenkabinett, zeigten immerzu mit den Fingern und stellten dumme Fragen. Also wollten die Alt-Himmlischen nichts mehr mit ihnen zu tun haben. Sie haben mit niemandem mehr gesprochen, außer mit anderen Alt-Himmlischen. Dann sind sie allmählich weggestorben. Jetzt sind nicht mehr viele da. Wir haben sie natürlich markiert.»

«Sind sie körperlos?»

«Manche ja, andere nicht. Es kommt auf die Sekte an. Denjenigen, die körperlos sind, fällt es natürlich nicht sehr schwer, den Neu-Himmlischen aus dem Weg zu gehen.»

Ja, das leuchtete ein. Eigentlich leuchtete alles ein, außer der Hauptsache. «Und was soll das heißen, die anderen sind weggestorben?»

«Jeder hat die freie Wahl wegzusterben, wenn er will.»

«Davon hatte ich keine Ahnung.»

«Nein, es muß ja ein paar Überraschungen geben. Wollten Sie tatsächlich alles vorhersagen können?»

«Und wie sterben sie? Bringen sie sich selber um? Bringt ihr sie um?»

Margaret wirkte etwas schockiert ob meiner krassen Vorstellungen. «Gottes willen, nein. Wie gesagt, heutzutage geht es demokratisch zu. Wenn man wegsterben will, tut man es. Man muß es nur lange genug wollen, dann klappt es schon, es geschieht einfach. Der Tod hat nichts mehr mit Zufall oder düsterer Unvermeidlichkeit zu tun, wie beim ersten Mal. Hier herrscht die totale Willensfreiheit, wie Sie bestimmt schon gemerkt haben.»

Ich war nicht sicher, ob ich das alles richtig begriff. Ich mußte jetzt erst mal weggehen und darüber nachdenken. «Sagen Sie», fragte ich, «diese Probleme, die ich mit dem Golf und dem Sorgenmachen hatte. Reagieren andere Leute auch so?»

«O ja. Wir erleben es oft, daß Leute um schlechtes Wetter bitten, zum Beispiel, oder daß etwas schiefgeht. Es fehlt ihnen was, wenn nie was schiefgeht. Manche wollen Schmerzen haben.»

«Schmerzen?»

«Gewiß. Na ja, Sie haben sich doch neulich auch beschwert, daß Sie nicht so müde werden, daß Sie – ich glaube, so haben Sie es ausgedrückt – bloß noch sterben wollen. Ich fand, das war ein interessanter Ausdruck. Die Leute wollen Schmerzen haben, das ist gar nicht so ungewöhnlich. Wir hatten es auch schon, daß sie Operationen beantragten. Ich meine, nicht nur kosmetische, sondern richtige.»

«Kriegen sie die?»

«Nur wenn sie wirklich darauf bestehen. Wir versuchen, darauf hinzuweisen, daß der Wunsch nach einer Operation in Wirklichkeit etwas anderes zu bedeuten hat. Normalerweise stimmen sie uns zu.»

«Und wie groß ist der Prozentsatz derer, die sich dafür entscheiden wegzusterben?»

Sie sah mir offen ins Gesicht, und ihr Blick gebot mir, ruhig zu bleiben. «Oh, hundert Prozent, natürlich. Über viele Tausende von Jahren, nach der alten Zeitrechnung, natürlich. Aber ja doch, jeder entscheidet sich dafür, früher oder später.»

«Also ist es genau wie beim ersten Mal? Am Ende stirbt man immer?»

«Ja, nur dürfen Sie nicht vergessen, daß die Lebensqualität hier viel höher ist. Die Leute sterben, wenn sie wirklich genug haben, nicht vorher. Beim zweiten Mal ist es viel befriedigender, weil es gewollt ist.» Sie hielt inne, dann fügte sie hinzu: «Wie gesagt, wir sorgen für das, was die Leute wollen.»

Ich hatte ihr nicht die Schuld zuschieben wollen. So einer bin ich nicht. Ich wollte nur herausfinden, wie das System funktioniert. «Also ... selbst solche Leute, religiöse Leute, die hierherkommen, um Gott in alle Ewigkeit zu preisen ... die werfen schließlich nach ein paar Jahren, hundert Jahren, tausend Jahren das Handtuch?»

«Gewiß. Wie gesagt, es gibt noch ein paar Alt-Himmlische, aber die werden kontinuierlich weniger.»

«Und wer bittet zuerst um den Tod?»

«Ich glaube, *bitten* ist das falsche Wort. Es geht ums Wollen. Da kommen keine Fehler vor. Wenn man es genügend will, stirbt man, das war immer das grundlegende Prinzip.»

«Und?»

«Und nichts. Ja, um Ihre Frage zu beantworten – die

Leute, die zuerst sterben wollen, sind leider ein bißchen so wie Sie. Leute, die eine Ewigkeit von Sex, Bier, Drogen, schnellen Autos wollen – so in der Art. Erst können sie ihr Glück gar nicht fassen, und dann, ein paar hundert Jahre später, können sie ihr Pech nicht fassen. Solche Leute sind sie also, merken sie plötzlich. Sie müssen für immer sie selbst bleiben. Tausende und Abertausende von Jahren sie selbst bleiben. Sie neigen dazu, als erste wegzusterben.»

«Ich nehme nie Drogen», sagte ich mit Nachdruck. Ich war ziemlich sauer. «Und ich besitze nur sieben Autos. Das ist hierzulande nicht sehr viel. Und ich fahre noch nicht mal schnell damit.»

«Nein, natürlich nicht. Ich habe nur in allgemeinen Vergnügungsbegriffen gedacht, verstehen Sie.»

«Und wer hält am längsten durch?»

«Tja, bei diesen Alt-Himmlischen gab es ein paar ziemlich zähe Kunden. Diese Gottesdienste haben sie Ewigkeiten bei der Stange gehalten. Heutzutage … Juristen halten sich ganz gut. Sie kauen mit Hingabe ihre alten Fälle durch, und dann die von anderen Leuten. Das kann ewig dauern. Bildlich gesprochen», fügte sie rasch hinzu. «Und Gelehrte, die halten sich in der Regel wie sonstwer. Die sitzen am liebsten rum und lesen alle Bücher, die es gibt. Und dann streiten sie mit Begeisterung darüber. Manche dieser Streitereien –» sie drehte die Augen gen Himmel – «dauern Tausende und Abertausende von Jahren. Offenbar hält sie das einfach jung, aus irgendeinem Grund, dieses Streiten über Bücher.»

«Was ist mit den Leuten, die Bücher schreiben?»

«Oh, die halten nicht halb so lange aus wie diejenigen, die sich darüber streiten. Bei Malern und Komponisten ist es das gleiche. Irgendwie wissen die, wann sie ihre besten Werke geschaffen haben, und dann schwinden sie sozusagen dahin.»

Ich dachte, eigentlich sollte ich jetzt deprimiert sein, war ich aber nicht. «Sollte ich jetzt nicht deprimiert sein?»

«Natürlich nicht. Sie sind zu Ihrem Vergnügen hier. Sie haben bekommen, was Sie wollten.»

«Vermutlich schon. Vielleicht kann ich mich bloß nicht an den Gedanken gewöhnen, daß ich irgendwann sterben will.»

«Lassen Sie es auf sich zukommen», sagte sie, energisch, aber freundlich. «Lassen Sie es auf sich zukommen.»

«Übrigens, eine letzte Frage noch –» ich sah sie mit ihren Bleistiften herumspielen und sie schön ordentlich nebeneinanderlegen –, «wer sind Sie genau?»

«Wir? Oh, wir sind Ihnen auffallend ähnlich. Im Grunde könnten wir Sie sein. Vielleicht sind wir Sie.»

«Ich komme noch mal wieder, wenn ich darf», sagte ich.

Die nächsten paar hundert Jahre – es kann auch länger gewesen sein, ich zählte nicht mehr nach der alten Zeitrechnung – arbeitete ich ernsthaft an meinem Golfspiel. Nach einiger Zeit spielte ich jedesmal eine 18er Runde, und das Erstaunen meines Caddies wurde zur Routine. Ich gab Golf auf und fing mit Tennis an. Bald darauf hatte ich alle Größen aus der Hall of Fame auf Schiefer, Lehm, Rasen, Holz, Beton, Teppichboden geschlagen – auf jedem Boden ihrer Wahl. Ich gab Tennis auf. Ich spielte im Pokalendspiel für Leicester City, und wir holten den Cup (mein drittes Tor, ein Wahnsinns-Kopfball aus elf Meter Entfernung, hat das Spiel entschieden). In Madison Square Garden legte ich Rocky Marciano in der vierten Runde flach (in den letzten ein, zwei Runden habe ich ihn ein bißchen geschont), drückte den Marathon-Rekord auf 28 Minuten und gewann die Darts-Weltmeisterschaften; mein Durchgang mit 750 Läufen beim Eintages-Länderspiel gegen Australien auf dem Cricket-Platz von Lords ist wohl nicht so schnell zu übertreffen. Nach einer Weile kamen mir Olympische

Goldmedaillen langsam wie Kleingeld vor. Ich gab den Sport auf.

Ich ging ernsthaft einkaufen. Ich aß mehr Kreaturen, als auf der Arche Noah je gesegelt sind. Ich trank jedes Bier der Welt und noch ein paar dazu, wurde zum Weinkenner und becherte die besten je eingebrachten Jahrgänge; sie waren allzu bald alle. Ich lernte haufenweise Berühmtheiten kennen. Ich hatte mit immer vielfältigeren Partnern auf immer vielfältigere Art Sex, aber es gibt nun mal nur soundso viele Partner und soundso viele Arten. Übrigens, verstehen Sie mich nicht falsch: Ich will mich nicht beklagen. Ich hab echt jede Minute genossen. Ich will bloß sagen, ich wußte, was ich tat, während ich es tat. Ich suchte nach einem Ausweg.

Ich probierte, verschiedene Vergnügungen zu kombinieren, und fing an, Sex mit Berühmtheiten zu haben (nein, ich sag nicht, mit wem – sie baten mich um Diskretion). Ich fing sogar an zu lesen. Ich dachte daran, was Margaret gesagt hatte, und versuchte – oh, ein paar Jahrhunderte oder so – mit anderen Leuten, die dieselben Bücher gelesen hatten, über Bücher zu streiten. Aber das schien mir ein ziemlich trockenes Leben zu sein, jedenfalls verglichen mit dem Leben selbst, und nicht verlängerungswürdig. Ich versuchte sogar, mich den Leuten anzuschließen, die in der Kirche sangen und beteten, aber das war eigentlich nichts für mich. Ich tat es nur, weil ich alle Aspekte abdecken wollte vor dem Gespräch mit Margaret, das – wie ich wußte – das letzte sein würde. Sie sah fast genauso aus, wie sie bei unserer ersten Begegnung vor ein paar tausend Jahren ausgesehen hatte; aber andererseits, ich auch.

«Ich hab da so eine Idee», sagte ich. Na ja, nach so langer Zeit muß man ja schließlich mal was liefern, nicht wahr? «Hören Sie, wenn man im Himmel bekommt, was man will, wie steht es dann, wenn man jemand sein will, der die Ewigkeit nie müde wird?» Ich lehnte mich zurück und kam mir eine Spur dummdreist vor. Zu meiner Überraschung nickte sie, fast wie zur Ermunterung.

«Sie können es gerne versuchen», sagte sie. «Ich könnte Ihre Versetzung in die Wege leiten.»

«Aber ...?» fragte ich, denn ich wußte, daß da ein *Aber* sein würde. «Ich leite Ihre Versetzung in die Wege», wiederholte sie. «Das ist eine reine Formsache.»

«Sagen Sie mir erst, was das *Aber* ist.» Es sollte sich nicht unhöflich anhören. Andererseits wollte ich mir auch nicht ein paar tausend Jahre nutzlos um die Ohren schlagen, wenn ich mir die Zeit sparen konnte.

«Man hat das schon versucht», sagte Margaret mit deutlichem Mitgefühl, als wolle sie mir wirklich nicht weh tun.

«Und was ist das Problem? Was ist das *Aber*?»

«Tja, anscheinend gibt es da eine logische Schwierigkeit. Man kann nicht jemand anderes werden, ohne nicht mehr man selbst zu sein. Das hält keiner aus. Jedenfalls ist das unser Eindruck», fügte sie hinzu, womit sie so halbwegs durchblicken ließ, ich könnte der erste Mensch sein, der dieses Problem knackte. «Jemand – jemand, der offenbar so sportbegeistert war wie Sie, hat gesagt, es sei, als würde man vom Läufer zum Perpetuum mobile. Nach einer gewissen Zeit will man einfach wieder laufen. Klingt das einleuchtend?»

Ich nickte. «Und jeder, der das probiert hat, hat seine Rückversetzung beantragt?»

«Ja.»

«Und danach haben sich alle entschlossen, wegzusterben?»

«Jawohl. Und lieber früher als später. Vielleicht sind noch ein paar von denen da. Ich könnte sie holen lassen, wenn Sie sie fragen wollen.»

«Ich glaube es Ihnen auch so. Ich habe mir schon gedacht, daß meine Idee einen Haken hat.»

«Tut mir leid.»

«Nein, bitte, entschuldigen Sie sich nicht.» Ich konnte mich gewiß nicht darüber beklagen, wie man mich behandelt hatte. Alle waren von Anfang an fair zu mir gewesen. Ich holte tief Luft. «Ich habe den Eindruck», fuhr ich fort, «der Himmel ist eine sehr gute Idee, eine perfekte Idee, könnte man sagen, aber nicht für uns. Nicht, wenn man so ist wie wir.»

«Wir nehmen nicht gern Einfluß darauf, zu welchem Schluß die Leute kommen», sagte sie. «Aber ich kann Ihren Standpunkt auf jeden Fall verstehen.»

«Wozu ist das Ganze also gut? Warum haben wir einen Himmel? Warum haben wir diese Träume vom Himmel?» Sie schien darauf nicht antworten zu wollen, vielleicht aus professionellen Gründen, aber ich bedrängte sie. «Na los, lassen Sie mich ein paar Ideen hören.»

«Vielleicht, weil Sie das brauchen», schlug sie vor. «Weil Sie ohne den Traum nicht auskommen. Dafür braucht man sich nicht zu schämen. Mir kommt das ganz normal vor. Allerdings steht zu vermuten, daß Sie keinen Himmel verlangen würden, wenn Sie vorher schon wüßten, wie er ist.»

«Oh, da bin ich mir nicht so sicher.» Es war doch alles sehr vergnüglich gewesen: das Einkaufen, der Golf, der Sex, das Kennenlernen von Berühmtheiten, daß es einem nie schlecht ging, daß man nicht tot war.

«Immer alles zu bekommen, was man will, ist nach einer gewissen Zeit fast so, wie nie etwas zu bekommen, was man will.»

Am nächsten Tag spielte ich, zur Erinnerung an alte Zeiten, noch eine Runde Golf. Ich war kein bißchen aus der Übung: achtzehn Löcher, achtzehn Schläge. Ich hatte das Ballgefühl nicht verloren. Dann frühstückte ich zum Mittagessen und frühstückte zum Abendbrot. Ich guckte mir mein Video mit dem 5:4-Sieg von Leicester City im Pokalendspiel an, obwohl es nicht mehr dasselbe war, da ich ja wußte, was passierte. Ich trank eine Tasse heiße Schokolade mit Brigitta, die netterweise vorbeikam, um mich zu besuchen; später hatte ich Sex, allerdings nur mit einer Frau. Danach seufzte ich und drehte mich um, in dem Bewußtsein, daß ich am nächsten Morgen anfangen würde, meine Entscheidung zu treffen.

Ich habe geträumt, ich sei aufgewacht. Das ist der älteste aller Träume, und den habe ich gerade gehabt.

Anmerkung des Autors

Kapitel 3 beruht auf Gerichtsverfahren und tatsächlichen Fällen, die in *The Criminal Prosecution and Capital Punishment of Animals* von E. P. Evans (1906) beschrieben sind. Der erste Teil von Kapitel 5 übernimmt Fakten und Sprache der 1818 in London erschienenen Übersetzung von Savigny und Corréard, *Narrative of a Voyage to Senegal*; der zweite Teil hat Lorenz Eitners beispielhaftem Werk *Géricault: His Life and Work* (Orbis, 1982) Wesentliches zu verdanken. Der dritte Teil von Kapitel 7 stützt sich sachlich auf *The Voyage of the Damned* von Gordon Thomas und Max Morgan-Witts (Hodder, 1974). Ich danke Rebecca John für ihre große Hilfe bei den Recherchen; Anita Brookner und Howard Hodgkin dafür, daß sie mir kunstgeschichtlich auf den Zahn gefühlt haben; Rick Chiles und Jay McInerney für das Überprüfen meiner Amerikanischkenntnisse; Dr. Jackey Davis für chirurgische Hilfeleistungen; Alan Howard, Galen Strawson und Redmond O'Hanlon; sowie Hermione Lee.